中華文化促進會主持編纂

國家"十一五"~"十四五"重點圖書出版規劃項目

中國社會科學院哲學社會科學創新工程學術出版資助項目

出品人　王石　段先念

今注本二十四史

舊五代史

宋 薛居正等 撰

陳智超 紀雪娟 主持校注

四

梁書〔四〕

中國社會科學出版社

舊五代史　卷一八

梁書十八

列傳第八

張文蔚

　　張文蔚，字右華，[1]河間人也。[2]父禓，[3]唐僖宗朝，[4]累爲顯官。[5]文蔚幼礪文行，求知取友，藹然有佳士之稱。唐乾符初，[6]登進士第，時丞相裴坦兼判鹽鐵，[7]解褐署巡官。[8]未幾，以畿尉直館。[9]丁家艱，[10]以孝聞。中和歲，[11]僖宗在蜀，大寇未滅，[12]急於軍費，移鹽鐵於揚州，[13]命李都就判之，[14]奏爲轉運巡官。駕還長安，除監察御史，[15]遷左補闕、侍御史、起居舍人、司勳吏部員外郎，[16]拜司勳郎中、知制誥，[17]歲滿授中書舍人。[18]丁母憂，退居東畿，哀毀過禮。[19]服闋，復拜中書舍人，[20]俄召入翰林，[21]爲承旨學士。[22]屬昭宗初還京闕，[23]皇綱寖微，文蔚所發詔令，靡失厥中，論者多之。轉戶部侍郎，[24]仍依前充職，尋出爲禮部侍郎。[25]天祐二年三月，[26]拜中書侍郎、平章事，[27]兼判户部。[28]

[1]字右華：中華書局本有校勘記：“《新唐書》卷七二下《宰相世系表二下》作‘字在華’。”

[2]河間：縣名。治所在今河北河間市。

[3]裼：《輯本舊史》之案語：“裼，原本作‘錫’。考《舊唐書·張裼傳》云，字公表，當以從‘衣’爲是，今改正。”見《舊唐書》卷一七八《張裼傳》。

[4]唐僖宗：即李儇。873 年至 888 年在位。紀見《舊唐書》卷一九下、《新唐書》卷九。

[5]累爲顯官：《宋本册府》卷七七一《總録部·世官門》：“張裼，以宣宗大中中宰相于琮判度支，召爲司勳員外郎，判度支。尋用爲翰林學士，轉郎中，知制誥，拜中書舍人，户部侍郎，學士承旨。”

[6]乾符：唐僖宗李儇年號（874—879）。

[7]裴坦：人名。河東聞喜人（今山西聞喜縣）。唐末宰相。傳見《新唐書》卷一八二。　鹽鐵：官署名。即鹽鐵司。唐末、五代稱鹽鐵、度支、户部爲三司，掌管統籌國家財政之事。鹽鐵司掌管鹽、鐵、茶專賣及徵税等事務。

[8]解褐：又作“釋褐”。指進士及第授官。　巡官：官名。唐代節度使、觀察使、團練使、防禦使屬官，位判官、推官下。另有營田巡官、轉運巡官、館驛巡官等名目，皆因使而置。　“唐乾符初”至“解褐署巡官”：《舊唐書·張裼傳》謂文蔚乾符二年進士擢第。朱玉龍《中華版〈舊五代史〉考證（3）》（《安徽史學》1990 年第 2 期）：“按《新唐書·宰相表》，裴坦以乾符元年二月同平章事，其年五月卒，文蔚登第在二年，不得爲裴坦巡官，傳誤也。”見《新唐書》卷六三《宰相表下》。

[9]畿尉：指畿縣的縣尉。　直館：官名。唐弘文館、史官皆置。以他官兼領而未登朝者，或位卑有才者，稱直館。開元二十五年（737），徙史館於中書省。天寶後，他官兼領史職者，謂之史館修撰，初入者爲直館。

[10]丁家艱：亦作“丁艱”。指父母之喪。

[11]中和：唐僖宗李儇年號（881—885）。

[12]大寇：指唐末黃巢起義。《輯本舊史》之影庫本粘籤：“大寇，原本作‘大熟’，今據文改正。”

[13]揚州：州名。治所在今江蘇揚州市。

[14]李都：人名。籍貫不詳。唐末、五代將領。事見本書本卷、卷六〇。

[15]監察御史：官名。屬御史臺之察院，掌監察中央機構、州縣長官及祭祀、庫藏、軍旅等事。唐中期以後，亦作爲外官所帶之銜。正八品下。

[16]左補闕：官名。唐代諫官。武則天時始置。分爲左右，左補闕隸於門下省，右補闕隸於中書省。掌規諫諷諭，大事可以廷議，小事則上封奏。從七品上。　侍御史：官名。秦始置。掌糾舉百官，推鞫獄訟。從六品下。　起居舍人：官名。唐代始置，屬中書省。與門下省起居郎同掌起居注，記皇帝言行。從六品上。　司勳吏部員外郎：官名。唐尚書省吏部司勳司次官。協助司勳郎中掌官吏勳級。從六品上。

[17]司勳郎中：官名。唐尚書省吏部司勳司長官。掌官吏勳級。從五品上。　知制誥：官名。掌起草皇帝的詔、誥之事，原爲中書舍人之職。唐開元末置學士院，翰林學士入院一年，則加知制誥銜，專掌任免宰相、册立太子、宣布征伐等特殊詔令，稱爲内制。而中書舍人所撰擬的詔敕稱爲外制。兩種官員總稱兩制。

[18]中書舍人：官名。中書省屬官。掌起草文書、呈遞奏章、傳宣詔命等。正五品上。

[19]哀毁過禮：《宋本册府》卷七五六《總録部·孝門六》作

"哀毀過人"。

[20]復拜中書舍人：《舊唐書·張禕傳》："乾寧中，以祠部郎中知制誥，正拜中書舍人，賜紫。"《宋本册府》卷七七一："文蔚，昭宗乾寧中，以祠部郎中知制誥，正拜中書舍人。"

[21]翰林：官署名。始創於唐朝。主要集結各類文學、醫卜、方伎、書畫方面的人才，伴隨皇帝，統稱翰林院。唐玄宗分出翰林學士院，負責爲皇帝起草詔旨，爲機要之司。前者主要爲内廷供奉機構。

[22]承旨學士：官名。全稱翰林學士承旨。唐玄宗時設翰林院，翰林學士承旨爲翰林學士之首。掌拜免將相、號令征伐等詔令的起草。

[23]昭宗：即唐昭宗李曄，888年至904年在位。紀見《舊唐書》卷二〇上、《新唐書》卷一〇。

[24]户部侍郎：官名。尚書省户部次官。協助户部尚書掌天下田户、均輸、錢穀之政令。正四品下。

[25]禮部侍郎：官名。尚書省禮部次官。協助禮部尚書掌禮儀、祭享、貢舉之政。正四品下。

[26]天祐：唐昭宗李曄開始使用的年號（904）。唐哀帝李柷即位後沿用（904—907）。唐亡後，河東李克用、李存勗仍稱天祐，沿用至天祐二十年（923）。五代其他政權亦有行此年號者，如南吴、吴越等，使用時間長短不等。　二年三月：原作"元年夏"，《舊唐書》卷二〇下《哀帝紀》天祐二年（905）三月甲子條：制"以正議大夫、尚書吏部侍郎、上柱國、賜紫金魚袋張文蔚爲中書侍郎、同平章事、監修國史、判度支"。《新唐書》卷一〇《哀帝紀》天祐二年三月戊寅條："禮部侍郎張文蔚同中書門下平章事。"明本《册府》卷七四《帝王部·命相門四》："哀帝即位，踰年不改元，仍號天祐。二年二月，以吏部侍郎張文蔚、尚書左丞楊涉並爲中書侍郎、平章事。"《通鑑》卷二六五天祐二年三月戊寅條："以禮部侍郎河間張文蔚同平章事。"　據《舊唐書》《新唐書》《通

鑑》改。

[27]中書侍郎：官名。中書省副長官。唐後期三省長官漸爲榮銜，中書、門下侍郎却因參議朝政而職位漸重，常常用爲以“同三品”或“同平章事”任宰相者的本官。正三品。　平章事：官名。即“同中書門下平章事”的簡稱。唐高宗以後，凡實際任宰相之職者，常在其本官後加同平章事的職銜。後成爲宰相專稱。後晉天福五年（940），升中書門下平章事爲正二品。

[28]户部：官署名。唐末、五代稱鹽鐵、度支、户部爲三司，掌管統籌國家財政之事。户部掌户口、財賦等事務。

　　時柳璨在相位，[1]擅權縱暴，傾陷賢儁，宰相裴樞等五家及三省而下三十餘人，[2]咸抱冤就死，縉紳以目，不敢竊語其是非，餘怒所注，亦不啻十許輩。文蔚殫其力解之，乃止，[3]士人賴焉。璨敗死，文蔚兼度支鹽鐵使。[4]天祐四年，天子以土運將革，[5]天命有歸，四月，命文蔚與楊涉等總率百僚，[6]奉禪位詔至大梁。[7]太祖受命，文蔚等不易其位。[8]開平二年春，[9]暴卒於位，[10]詔贈右僕射。[11]

[1]柳璨：人名。河東（今山西永濟市）人。唐末宰相、文學家、史學家。傳見《舊唐書》卷一七九、《新唐書》卷二二三下。柳璨拜相，事詳《舊唐書》卷一七九《柳璨傳》：“（崔）胤死之日，既夕，璨自内出，前驅傳呼相公來。人未見制敕，莫測所以。翌日對學士，上謂之曰：‘朕以柳璨奇特，似可獎任。若令預政事，宜授何官？’承旨張文蔚曰：‘陛下拔用賢能，固不拘資級。恩命高下，出自聖懷。若循兩省遷轉，拾遺超等入起居郎，臨大位非宜也。’帝曰：‘超至諫議大夫可乎？’文蔚曰：‘此命甚愜。’即以諫

議大夫平章事，改中書侍郎。任人之速，古無茲例。"《新唐書》卷二二三下《柳璨傳》："崔胤死，昭宗密許璨宰相，外無知者。日暮自禁中出，騶士傳呼宰相，人皆大驚。明日，帝謂學士承旨張文蔚曰：'璨材可用，今擢爲相，應授何官？'對曰：'用賢不計資。'帝曰：'諫議大夫可乎？'曰：'唯唯。'遂以諫議大夫同中書門下平章事。"

[2]裴樞：人名。絳州聞喜（今山西聞喜縣）人。唐末宰相。傳見《舊唐書》卷一一三、《新唐書》卷一四〇。　三省：官署名。指中書省、門下省和尚書省。

[3]文蔚彈其力解之乃止：《通鑑》卷二六五天祐二年（905）六月己丑條："柳璨餘怒所注，猶不啻十數，張文蔚力解之，乃止。"

[4]度支鹽鐵使：官名。鹽鐵與度支、户部合稱"三司"。主掌財政及專賣事務。

[5]土運：按五德終始理論，唐朝自定爲土德。

[6]楊涉：人名。同州馮翊（今陝西大荔縣）人。唐宰相楊收之孫，吏部尚書楊嚴之子。唐哀帝時拜中書侍郎、同中書門下平章事。傳見《新五代史》卷三五。

[7]大梁：地名。即開封。　"天祐四年"至"奉禪位詔至大梁"：《舊唐書》卷二〇下《哀帝紀》天祐四年三月條："甲辰，詔曰：'敕宰臣文武百辟，藩岳庶尹，明聽朕言。夫大寶之尊，神器之重，儻非德充宇宙，功濟黔黎，著重華納麓之功，彰文命導川之績，允熙帝載，克代天工，則何以統御萬邦，照臨八極。元帥梁王，龍顏瑞質，玉理奇文，以英謀睿武定寰瀛，以厚澤深仁撫華夏。神功至德，絶後光前，緹油罕紀其鴻勳，謳誦顯歸於至化。二十年之功業，億兆衆之推崇，邇無異言，遠無異望。朕惟王聖德，光被八紘，宜順玄穹，膺兹寶命。況天文符瑞，雜沓宣明，虞夏昌期，顯于圖籙。萬機不可以久曠，天命不可以久違，神祇叶心，歸于有德。朕敬以天下，傳禪聖君，退居舊藩，以備三恪。今敕宰臣

張文蔚、楊涉等率文武百僚，備法駕奉迎梁朝，勉厲蕭恭，尊戴明
主。沖人釋兹重負，永爲虞賓，獲奉新朝，慶泰兼極。中外列辟，
宜體朕懷。'乙酉，乃以中書侍郎、平章事張文蔚充册使，禮部尚
書蘇循爲副。中書侍郎、平章事楊涉押傳國寶使，翰林學士、中書
舍人張策爲副。御史大夫薛貽矩爲押金寶使，左丞趙光逢爲副。甲
午，文蔚押文武百僚赴大梁。甲子，行事。册曰：'皇帝若曰：咨
爾天下兵馬元帥、相國總百揆梁王，朕每觀上古之書，以堯舜爲始
者，蓋以禪讓之典，垂於無窮。故封泰山、禪梁父，略可道者七十
二君，則知天下至公，非一姓獨有。自古明王聖帝，焦思勞神，惴
若納隍，坐以待旦，莫不居之則兢畏，去之則逸安。且軒轅非不
明，放勳非不聖，尚欲遊於姑射，休彼大庭。矧乎曆數尋終，期運
久謝，屬於孤貌，統御萬方者哉！況自懿祖之後，嬖幸亂朝，禍起
有階，政漸無象。天網幅裂，海水橫流，四紀于兹，群生無庇。洎
乎喪亂，誰其底綏。泊于小子，粵以幼年，繼兹衰緒。豈兹沖昧，
能守洪基？惟王明聖在躬，體于上哲。奮揚神武，戡定區夏，大功
二十，光著册書。北越陰山，南踰瘴海，東至碣石，西暨流沙，懷
生之倫，罔不悅附。矧予寡昧，危而獲存。今則上察天文，下觀人
願，是土德終極之際，乃金行兆應之辰。況十載之間，彗星三見，
布新除舊，厥有明徵，謳歌所歸，屬在睿德。今遣持節、銀青光禄
大夫、守中書侍郎、同中書門下平章事張文蔚等，奉皇帝寶綬，敬
遜于位。於戲！天之曆數在爾躬，允執其中，天禄永終。王其祗顯
大禮，享兹萬國，以肅膺天命。'"《新五代史》卷二《梁太祖紀
下》："開平元年春正月壬寅，天子使御史大夫薛貽矩來勞軍。宰相
張文蔚率百官來勸進。"《宋本册府》卷二〇三《閏位部·徵應門》
天祐四年四月："宰臣張文蔚正押傳國寶、玉册、金寶及文武群官、
諸司儀仗法物及金吾左右三軍離鄭州。丙辰，達上源驛。是日，慶
雲見。"《通鑑》卷二六六開平元年（907）三月條："甲辰，唐昭
宣帝降御札禪位于梁。以攝中書令張文蔚爲册禮使，禮部尚書蘇循
副之。"同年四月條："丙辰，張文蔚等至大梁……甲子，張文蔚、

楊涉乘輅自上源驛從册寶，諸司各備儀衛鹵簿前導，百官從其後，至金祥殿前陳之。王被衮冕，即皇帝位。張文蔚、蘇循奉册升殿進讀，楊涉、張策、薛貽矩、趙光逢以次奉寶升殿，讀已，降，帥百官舞蹈稱賀。帝遂與文蔚等宴於玄德殿。帝舉酒曰：'朕輔政未久，此皆諸公推戴之力。'文蔚等慚懼，俯伏不能對，獨蘇循、薛貽矩及刑部尚書張禕盛稱帝功德宜應天順人。"事亦見《新五代史》卷三五《唐六臣傳》。

[8]文蔚等不易其位：《新五代史·梁太祖紀下》開平元年："五月丁丑朔，以唐相張文蔚、楊涉爲門下侍郎，御史大夫薛貽矩爲中書侍郎：同中書門下平章事。"亦見《宋本册府》卷一九九《閏位部·命相門》。明本《册府》卷二〇五《閏位部·巡幸門》："梁太祖開平元年十月，帝以用軍，未暇西幸，文武百官等久居東京，漸及疑訝，令就便各許歸安，只留宰臣韓建、薛貽矩，翰林學士張策、韋郊、杜曉，中書舍人封舜卿、張衮并左右御史、司天監、宗正寺，兼要當諸司節級外，其宰臣張文蔚已下文武百官，並先於西京祗侯。"

[9]開平：後梁太祖朱温年號（907—911）。

[10]開平二年春暴卒於位：《新五代史·梁太祖紀下》、《通鑑》卷二六六均繫於開平二年三月癸巳。

[11]右僕射：官名。秦始置。隋、唐前期以左、右僕射佐尚書令總理六官，綱紀庶務，如不置尚書令，則總判省事，爲宰相之職。唐後期多爲大臣加銜。從二品。

　　文蔚沈邃重厚，有大臣之風，居家孝且悌，雖位至清顯，與仲季相雜，在太夫人膝下，一不異布素。弟濟美，[1]早得心恙，[2]文蔚撫視殆三十年，士君子稱之。

[1]濟美：人名。即張濟美。傳見《舊唐書》卷一七八。

[2]弟濟美早得心恙：《輯本舊史》之案語：“《舊唐書》云：文蔚弟濟美、貽憲，相繼以進士登第。《北夢瑣言》云：張禕尚書有五子：文蔚、彝憲、濟美、仁龜，皆有名第，至宰輔、丞郎。內一子，忘其名，少年聞壁魚食神仙字，身有五色，吞之可得仙，因欲試之，遂致心疾。是得疾者別自一人，非濟美也。”見《舊唐書》卷一七八《張禕傳》、《北夢瑣言》卷一二張氏子斁壁魚條。事亦見明本《册府》卷三一〇《宰輔部·德行門》、《威重門》，《宋本册府》卷八五二《總録部·友悌門二》。

子鑄，周顯德中，[1]位至祕書監。[2]《永樂大典》卷六千三百五十一。[3]

[1]顯德：後周太祖郭威年號（954）。世宗柴榮、恭帝柴宗訓沿用（954—960）。

[2]祕書監：官名。秘書省長官，掌圖書秘記等。從三品。子鑄周顯德中位至祕書監：《宋本册府》卷八六三《總録部·名諱門》：“張鑄爲給事中。顯德三年，以鑄爲光禄卿。鑄以卿字與祖名同，援令式上訴，尋改授祕書監，判光禄寺事。”《宋史》卷二六二《張鑄傳》云鑄字司化，曾祖居卿，祖禕，父文蔚。鑄於梁貞明三年（917）舉進士，歷仕後梁、後唐、後晋、後周及宋，建隆四年（963）卒，年七十三。

[3]《大典》卷六三五一“張”字韻“姓氏（二一）”事目。

楊涉[1]

[1]楊涉：《通鑑》卷二六五天祐二年（905）三月甲申條有“涉，收之孫也”，言其家世；《新五代史》卷三五有《楊涉傳》；涉事唐、後梁，均位及同中書門下平章事，可證《舊史》原有

《楊涉傳》，今據增。

　　楊涉，字文川，[1]同州馮翊人。[2]祖收，唐懿宗時宰相；[3]父嚴，[4]官至兵部侍郎。[5]涉舉進士，昭宗時爲吏部尚書。[6]天祐二年，[7]拜中書侍郎、同中書門下平章事。[8]涉，唐名家，世守禮法，而性特謹厚，不幸遭唐之亂。拜相之日，與家人相對泣下，顧謂其子凝式曰："吾不能脱此網羅，禍將至矣，必累爾等。"[9]

　　[1]楊涉，字文川：《新唐書》卷七一下《宰相世系表一下》。

　　[2]馮翊：縣名。治所在今陝西大荔縣。　同州馮翊人：據《舊唐書》卷一七七《楊收傳》、《新唐書》卷一八四《楊收傳》，楊涉爲楊收之從子，《舊唐書》云收同州馮翊人，《新唐書》云收世居馮翊，今從之。《輯本舊史》卷一二八《楊凝式傳》："楊凝式，華陰人也。"《北夢瑣言》卷一二楊收不學仙條："唐相國楊收，江州人。"

　　[3]收：人名。即楊收。同州馮翊（今陝西大荔縣）人。傳見《舊唐書》卷一七七、《新唐書》卷一八四。　唐懿宗：即李漼。859年至873年在位。紀見《舊唐書》卷一九上、《新唐書》卷九。

　　[4]嚴：人名。即楊嚴。傳見《舊唐書》卷一七七、《新唐書》卷一八四。

　　[5]"祖收"至"官至兵部侍郎"：《新五代史》卷三五《楊涉傳》。《通鑑》卷二六五天祐二年（905）三月甲申條有"涉，收之孫也"。據《舊唐書・楊收傳》、《北夢瑣言》楊收不學仙條、《新唐書・宰相世系表一下》可知楊遺直生四子發、假、收、嚴，楊嚴生二子涉、注，則楊收爲涉之從父，《新五代史》及《通鑑》似誤。

　　[6]涉舉進士，昭宗時爲吏部尚書：《新五代史・楊涉傳》。《舊

唐書》卷二〇上《昭宗紀》乾寧四年（897）九月癸酉朔條："以
刑部侍郎楊涉爲吏部侍郎。"同書《楊收傳》："涉，乾符二年登進
士第。昭宗朝，累遷吏部郎中、禮邢二侍郎。乾符（按，乾符爲僖
宗年號，此處當爲乾寧）四年，改吏部侍郎。天祐初，轉左丞。從
昭宗遷洛陽，改吏部尚書。"《新唐書·楊收傳》："涉，昭宗時仕至
吏部侍郎。"

[7]天祐二年：原作"哀帝即位"，檢《舊史·梁書》，言及唐
哀帝均以"天子""唐帝"及天祐年號代指，遂依此例改。

[8]天祐二年，拜中書侍郎、同中書門下平章事：《新五代史·
楊涉傳》。《唐摭言》卷一四主司稱意條："天祐元年，楊涉行在陜
州放榜，後大拜。"《舊唐書》卷二〇下《哀帝紀》天祐元年十月
丙申條："皇帝即位行事官、左丞楊涉進封開國伯，加食邑四百
户。"同卷天祐二年三月甲子條："以銀青光禄大夫、行尚書左丞、
上柱國、弘農縣伯、食邑七百户楊涉爲中書侍郎、同平章事、集賢
殿大學士、判户部事。"同年五月庚午條："庚午，敕：'所司定今
年十月九日有事郊丘，其修製禮衣祭服宜令宰臣柳璨判，祭器宜令
張文蔚、楊涉分判，儀仗車輅宜令太常卿張廷範判。'"同書《楊收
傳》："輝王即位，本官平章事，加中書侍郎。"明本《册府》卷七
四《帝王部·命相門四》："哀帝即位，踰年不改元，仍號天祐。二
年二月，以吏部侍郎張文蔚、尚書左丞楊涉並爲中書侍郎、平章
事。"《新唐書》卷六三《宰相表下》："（天祐二年三月）甲申，吏
部侍郎楊涉同中書門下平章事、判户部。"同書《楊收傳》："哀帝
時，進同中書門下平章事。"《通鑑》卷二六五天祐二年三月甲申
條："以吏部侍郎楊涉同平章事。"

[9]"涉唐名家"至"必累爾等"：《新五代史·楊涉傳》。《舊
唐書·楊收傳》："涉性端厚秉禮。乾寧之後，賊臣竊發，王室浸
微。及天祐東遷，大事去矣。涉爲時所嬰，不能自退。及命相之
日，與家人相向灑泣曰：'吾不能脱此網羅，禍將至矣。'謂其子凝
式曰：'今日之命，吾家重不幸矣，必累爾等。'"《新唐書·楊收

傳》：“爲人端重有禮法。方賊臣陵慢，王室殘蕩，賢人多罹患。涉受命，與家人泣，語其子凝式曰：‘世道方極，吾嬰網羅不能去，將重不幸，禍且累汝。’”《通鑑》卷二六五天祐二年三月甲申條：“爲人和厚恭謹，聞當爲相，與家人相泣，謂其子凝式曰：‘此吾家之不幸也，必爲汝累。’”

　　開平元年三月，[1]唐帝降御札禪位于梁。[2]以攝中書令張文蔚爲册禮使，[3]禮部尚書蘇循副之；[4]攝侍中涉爲押傳國寶使，[5]翰林學士張策副之；[6]御史大夫薛貽矩爲押金寶使，[7]尚書左丞趙光逢副之；[8]帥百官備法駕詣大梁。涉子直史館凝式，[9]言於涉曰：“大人爲唐宰相，而國家至此，不可謂之無過。況手持天子璽綬與人，雖保富貴，奈千載何！盍辭之！”涉大駭曰：“汝滅吾族！”神色爲之不寧者數日。[10]夏四月甲子，張文蔚、涉乘輅自上源驛從册寶，[11]諸司各備儀衛鹵簿前導，[12]百官從其後，至金祥殿前陳之。[13]太祖被衮冕，[14]即皇帝位，張文蔚、蘇循奉册升殿進讀，涉、張策、薛貽矩、趙光逢以次奉寶升殿，讀已，降，帥百官舞蹈稱賀。[15]太祖遂與文蔚等宴於玄德殿。[16]太祖舉酒曰：“朕輔政未久，此皆諸公推戴之力。”文蔚等慚懼，俯伏不能對，獨蘇循、薛貽矩及刑部尚書張禕盛稱太祖功德宜應天順人。[17]二年四月癸卯，門下侍郎、同平章事涉罷爲右僕射。[18]十一月癸巳，中書侍郎、同平章事張策以刑部尚書致仕，以左僕射涉同平章事。[19]三年九月辛亥，涉罷守本官。[20]乾化元年十二月，[21]以尚書左僕射涉知禮部貢舉。[22]後數年卒。[23]

[1]開平元年三月：原闕，據《通鑑》敘事時間補。

[2]唐帝：原作“唐昭宣帝”，據《舊史·梁書》以“唐帝”代哀帝之例改。

[3]攝中書令：官名。中書令，漢代始置，隋、唐前期爲中書省長官，屬宰相之職；唐後期多爲授予元勳大臣的虛銜。正二品。攝，表示暫時委任。 張文蔚：人名。瀛洲河間（今河北河間市）人。唐末、後梁大臣。傳見本書本卷、《新五代史》卷三五。 冊禮使：官名。舉行冊封典禮時臨時設置的官職，冊封儀式結束即罷。

[4]禮部尚書：官名。尚書省禮部主官。掌禮儀、祭享、貢舉之政。正三品。 蘇循：人名。籍貫不詳。唐、後梁、後唐官員。傳見本書卷六〇、《新五代史》卷三五。

[5]押傳國寶使：官名。冊封大禮上掌押傳國印寶。非常設官，由他官兼任，事畢則罷。

[6]張策：人名。河西敦煌（今甘肅敦煌市）人。後梁宰相。傳見本書本卷、《新五代史》卷三五。

[7]押金寶使：官名。冊封大禮上掌押印寶。非常設官，由他官兼任，事畢則罷。

[8]尚書左丞：官名。尚書省佐貳官。唐中期以後，與尚書右丞實際主持尚書省日常政務，權任甚重。正四品上。 趙光逢：人名。京兆奉天（今陝西乾縣）人。後梁大臣。傳見本書卷五八、《新五代史》卷三五。

[9]直史館：官名。唐天寶以後，他官兼領史職者稱爲史館修撰，初入史館者稱爲直館。元和六年（811）宰相裴垍建議：登朝官領史職者爲修撰，以官階高的一人判館事；未登朝官均爲直館。

[10]“開平元年三月”至“神色爲之不寧者數日”：《通鑑》卷二六六開平元年（907）三月甲辰條。《舊唐書》卷二〇下《哀帝紀》天祐四年（907）三月甲辰條：詔：“敕宰臣張文蔚、楊涉等率文武百僚，備法駕奉迎梁朝，勉屬肅恭，尊戴明主。”同月乙酉、

甲午、甲子條："乙酉，乃以中書侍郎、平章事張文蔚充册使，禮部尚書蘇循爲副。中書侍郎、平章事楊涉押傳國寶使，翰林學士、中書舍人張策爲副。御史大夫薛貽矩爲押金寶使，左丞趙光逢爲副。甲午，文蔚押文武百僚赴大梁。甲子，行事。"《輯本舊史》卷一八《張文蔚傳》繫奉禪位詔至大梁於天祐四年四月。

[11]輅：即輅車。天子車駕。可分爲大輅、玉輅、金輅、象輅、革輅、木輅等。　上源驛：地名。位於今河南開封市内。　册寶：册書和寶璽。

[12]鹵簿：帝、后出行時的儀仗隊。蔡邕《獨斷》卷下："天子出，車駕次第謂之鹵簿。"

[13]金祥殿：宫殿名。五代都城開封府宫城中内殿。位於今河南開封市。

[14]太祖：原作"帝"，據《舊史》體例改。　衮冕：衮服和冠冕。皇帝、王公大臣的禮服。參見閻步克《服周之冕——〈周禮〉六冕禮制的興衰變異》，中華書局 2009 年版。

[15]舞蹈：臣僚對君主的朝參禮儀。典儀官贊"舞蹈"，臣僚做出有節奏的動作，司樂官以樂伴之。

[16]玄德殿：宫殿名。位於今河南開封市。

[17]刑部尚書：官名。尚書省刑部主官。掌天下刑法及徒隸、勾覆、關禁之政令。正三品。　張褘：人名。籍貫不詳。唐末、五代大臣。事見《舊唐書》卷二○下、本書本卷。　"夏四月甲子"至"應天順人"：《通鑑》卷二六六開平元年四月甲子條。《宋本册府》卷一九九《閏位部·命相門》："梁太祖開平元年五月，以唐朝宰臣張文蔚、楊涉並爲門下侍郎、平章事。"

[18]門下侍郎：官名。門下省副長官。唐後期三省長官漸爲榮銜，中書、門下侍郎却因參議朝政而職位漸重，常常用爲以"同三品"或"同平章事"任宰相者的本官。正三品。　右僕射：《新五代史》卷二《梁太祖紀下》開平二年十一月癸巳條有"左僕射楊涉"，則涉此時或被罷爲左僕射，或中有遷改，未可知也。　二年

四月癸卯，門下侍郎、同平章事涉罷爲右僕射：《通鑑》卷二六六開平二年四月癸卯條。

[19]"十一月癸巳"至"以左僕射涉同平章事"：《通鑑》卷二六七開平二年十一月癸巳條。《新五代史·梁太祖紀下》開平二年十一月癸巳條："十一月癸巳，張策罷，左僕射楊涉同中書門下平章事。"

[20]三年九月辛，亥涉罷守本官：《通鑑》卷二六七開平三年九月辛亥條。《宋本冊府》卷一八九《閏位部·奉先門》："（開平三年）七月丙寅，命宰臣楊涉赴西都以孟秋享太廟。"同書卷一九七《閏位部·宴會門》載開平三年九月丙辰："御崇勳殿，召韓建、楊涉、薛貽矩、趙光逢、杜曉、河南尹張宗奭、襄州節度使楊師厚、宣州節度使王景仁等賜食，賜宰臣銀鞍轡馬、分物、銀器、細茶等。"

[21]乾化：後梁太祖朱溫年號（911—912），末帝朱友貞沿用（913—915）。

[22]知禮部貢舉：官名。唐始置，爲主持禮部會試的考官。乾化元年十二月，以尚書左僕射涉知禮部貢舉：《宋本冊府》卷六四一《貢舉部·條制門三》，原文云："乾化元年十二月，以尚書左僕射楊涉知禮部貢舉，非常例也。前代自唐武德、貞觀之後，但委考功員外郎掌之。至開元二十五年，員外郎李昂爲貢士李權所詆，由是中書奏請以禮部侍郎專焉。其間或以他官領者，多用中書舍人及諸司四品清資官，唯會昌中命太常卿王起主貢舉，時乃檢校僕射耳。"明本《冊府》卷二〇五《閏位部·巡幸門》：乾化五年（915）十一月辛卯，"次孟州，留都文武官、左僕射楊涉洎孟州守李周彝等皆匍匐東郊迎拜，其文武官並令先還"。

[23]後數年卒：《新五代史》卷三五《楊涉傳》。《輯本舊史》卷八《梁末帝紀上》貞明二年（916）二月丙申條："二月丙申，右僕射、門下侍郎、平章事、諸道鹽鐵轉運等使楊涉罷相，守左僕射。涉累上章以疾辭位，故有是命。"同年七月條："以左僕射楊涉

爲太子太傅致仕。"《新五代史》卷三《梁末帝紀》貞明二年二月丙申條:"(貞明)二年春二月丙申,楊涉罷。"《新唐書》卷五八《藝文志二》:"《續皇王寶運録》十卷,韋昭度、楊涉撰。"

子凝式,別有傳。[1]

[1]子凝式,別有傳: 按,《輯本舊史》卷一二八有《楊凝式傳》,詳述其生平,此不贅言。

薛貽矩

薛貽矩,字熙用,河東聞喜人。[1]祖存,[2]父廷望,[3]咸有令名。[4]貽矩風儀秀聳,其與游者皆一時英妙,藉甚於文場間。唐乾符中,登進士第,歷度支巡官、集賢校理、拾遺、殿中、起居舍人,[5]召拜翰林學士,[6]加禮部員外郎、知制誥,[7]轉司勳郎中,其職如故。乾寧中,天子幸石門,[8]貽矩以私屬相失,不及於行在,罷之。旋除中書舍人,再踐内署,[9]歷户部兵部侍郎、學士承旨。[10]及昭宗自鳳翔還京,[11]大翦閹寺,貽矩尚爲韓全誨等作畫讚,[12]悉紀于内侍省屋壁間,[13]坐是謫官。[14]天祐初,除吏部侍郎,[15]不至。太祖素重之,嘗言之于朝,即日拜吏部尚書,[16]俄遷御史大夫。[17]四年春,唐帝命貽矩持詔赴大梁,議禪代之事。貽矩至,盛稱太祖功德,請就北面之禮,太祖雖謙抑不納,待之甚厚。[18]受禪之歲夏五月,拜中書侍郎、平章事,兼判户部。[19]明年夏,進拜門下侍郎、監修國史、判度支，[20]又遷弘文館大學士，[21]充鹽鐵轉運使，[22]累官自僕射至守司空。[23]在任綿五載，[24]然亦無顯赫事跡可紀。[25]扈從貝州還，[26]染時癘，旬日卒于東京。[27]詔贈侍中。《永樂大典》卷二萬一千三百六十七。[28]

[1]河東聞喜人：《新五代史》卷三五《薛貽矩傳》同，《舊唐書》卷一五三《薛存誠傳》云河東人，薛貽矩墓誌蓋云"故河東薛府君墓誌銘"，《新唐書》卷一六二《薛存誠傳》云其爲河中寶鼎人。《新唐書》卷七三下《宰相世系表三下》，載薛氏西祖薛興爲晉河東太守，則河東是。

[2]存：人名。即薛存。原名薛存誠，《舊五代史》爲避梁太祖朱溫父朱誠諱改。傳見《舊唐書》卷一五三、《新唐書》卷一六二。

[3]廷望：人名。即薛廷望。本書僅此一見。

[4]"薛貽矩"至"咸有令名"：《新唐書·宰相世系表三下》云貽矩字式瞻，一字熙用；祖存誠；父庭望，字遂之，虢州刺史。據《薛貽矩墓誌》（拓片刊傅清音、王亮亮、夏楠：《新見五代〈薛貽矩墓誌〉考》，《文博》2012年第4期），貽矩祖存誠，父珽望任虢州刺史。朱玉龍《中華版〈舊五代史〉考證（3）》（《安徽史學》1990年第2期）云此處"祖存"爲史避梁廟諱省"誠"字，據《輯本舊史》卷一《梁太祖紀一》，朱全忠爲朱誠第三子。

[5]度支巡官：官名。巡官之一种。度支屬官。　集賢校理：官名。唐玄宗時始置。掌校理集賢殿圖籍。　拾遺：官名。唐武則天於垂拱元年（685）置拾遺，分左右。左拾遺隸門下省，右拾遺隸中書省，與左、右補闕共掌諷諫，大事廷議，小事則上封事。從八品上。　殿中：官名。當爲"殿中侍御史"的簡稱。三國魏始置。唐前期屬御史臺之殿院，掌宮門、庫藏及糾察殿庭供奉朝會儀式，及分掌左、右巡，負責京師治安、京畿軍兵。唐後期常爲外官

所帶憲銜。從七品下。

[6]翰林學士：官名。由南北朝始設之學士發展而來，唐玄宗改翰林供奉爲翰林學士，備顧問，代王言。掌拜免將相、號令征伐等詔令的起草。

[7]禮部員外郎：官名。尚書省禮部司次官。協助禮部郎中掌禮樂、學校等事。從六品上。

[8]石門：地名。位於今陝西三原縣。

[9]内署：翰林學士院的別稱。因院設在宮禁之内，故稱。《輯本舊史》之影庫本粘籤："内署，原本作'内書署'，以文義求之，'書'字當係衍文，今删去。"

[10]户部侍郎：官名。尚書省户部次官。協助户部尚書掌天下田户、均輸、錢穀之政令。正四品下。　兵部侍郎：官名。尚書省兵部次官。協助兵部尚書掌武官銓選、勛階、考課之政。正四品下。

[11]鳳翔：府名。治所在今陝西鳳翔縣。

[12]韓全誨：人名。籍貫不詳。唐末宦官。傳見《新唐書》卷二〇八。

[13]内侍省：官署名。隋朝始置。其屬六局：掖庭、宮闈、奚官、内僕、内府、内坊。長官爲内侍監。

[14]"及昭宗自鳳翔還京"至"坐是謫官"：昭宗"幸鳳翔"，《舊唐書》卷一八四《楊復恭傳》載天復元年（901）十一月："朱全忠寇河中華州，陷之，京師震恐，中尉韓全誨請上且幸鳳翔。全忠追逼乘輿，兵圍鳳翔者累年。"《通鑑》卷二六二天復元年十一月壬子條："壬子，韓全誨等陳兵殿前，言於上曰：'全忠以大兵逼京師，欲劫天子幸洛陽，求傳禪；臣等請奉陛下幸鳳翔，收兵拒之。'上不許，仗劍登乞巧樓。全誨等逼上下樓，上行纔及壽春殿，李彦弼已於御院縱火。"昭宗自鳳翔還京，亦見《舊唐書·楊復恭傳》："（天復）三年正月，（李）茂貞殺兩軍中尉韓全誨、張弘彦，樞密使袁易簡、周敬容等二十二人，皆斬首，以布囊貯之，令學士

薛貽矩送於全忠求和。是月，全忠迎駕還長安，詔以崔胤爲宰相，兼判六軍諸衛。"《新唐書》卷二〇八《韓全誨、張彥弘傳》繫此事於天復三年正月二日。薛貽矩謫官，《舊唐書》卷一七七《崔胤傳》繫於天復三年："昭宗初幸鳳翔，命盧光啓、韋貽範、蘇檢等作相，及還京，胤皆貶斥之。又貶陸扆爲沂王傅，王溥太子賓客，學士薛貽矩夔州司户。"《新五代史·薛貽矩傳》："昭宗自岐還長安，大誅宦者，貽矩時爲中尉韓全誨等作畫像贊，坐左遷。"

[15]吏部侍郎：官名。尚書省吏部次官。協助吏部尚書掌文選、勛封、考課之政。正四品上。

[16]吏部尚書：官名。尚書省吏部長官。與二侍郎分掌六品以下文官選授、勛封、考課之政令。正三品。

[17]御史大夫：官名。秦始置，與丞相、太尉合稱三公。至唐代，在御史中丞之上設御史大夫一人，爲御史臺長官，專掌監察、執法。正三品。

[18]"四年春"至"待之甚厚"：事詳《舊唐書》卷二〇下《哀帝紀》："（天祐）四年春正月戊寅朔。壬寅，全忠自長蘆至大梁，天子遣御史大夫薛貽矩齎詔慰勞……（貽矩）以臣禮見全忠……承間密陳禪代之謀，全忠心德之。貽矩還奏曰：'元帥有受代意，陛下深體時事，去兹重負。'帝曰：'此吾素懷也。'乃降詔元帥以二月行傳禪之禮，全忠僞辭。二月壬子，詔文武百官以今月七日齊赴元帥府。癸丑，宰相百官辭，全忠以未斷表爲詞。（三月）庚寅，詔薛貽矩再使大梁，達傳位之旨。"《新五代史·薛貽矩傳》："天祐三年，太祖自長蘆還軍，哀帝遣貽矩來勞，貽矩以臣禮見，太祖揖之升階，貽矩曰：'殿下功德及人，三靈改卜，皇帝方行舜、禹之事，臣安敢違？'乃稱臣拜舞，太祖側身以避之。貽矩還，遂趣哀帝遜位。"同書卷三五《唐六臣傳序》："明年三月，唐哀帝遜位于梁，遣中書侍郎、同中書門下平章事張文蔚爲冊禮使，禮部尚書蘇循爲副；中書侍郎、同中書門下平章事楊涉爲押傳國寶使，翰林學士、中書舍人張策爲副；御史大夫薛貽矩爲押金寶使，

尚書左丞趙光逢爲副。四月甲子，文蔚等自上源驛奉册寶，乘輅車，導以金吾仗衛、太常鹵簿，朝梁于金祥殿。王衮冕南面，臣文蔚、臣循奉册升殿，進讀已，臣涉、臣策奉傳國璽，臣貽矩、臣光逢奉金寶，以次升，進讀已，降，率文武百官北面舞蹈再拜賀。"事亦見《宋本册府》卷一八七《閏位部・勳業門五》。

[19]"受禪之歲"至"兼判户部"：《輯本舊史》卷六〇《蘇循傳》："梁祖既受命，宴於玄德殿，舉酒曰：'朕夾輔日淺，代德未隆，置朕及此者，群公推崇之意也。'楊涉、張文蔚慚懼失對，致謝而已。循與張禕、薛貽矩因盛陳梁祖之德業，應天順人之美。"事亦見《新五代史》卷三五《蘇循傳》。《新五代史》卷二《梁太祖紀下》："（開平元年）五月丁丑朔，以唐相張文蔚、楊涉爲門下侍郎，御史大夫薛貽矩爲中書侍郎：同中書門下平章事。"《宋本册府》卷一九九《閏位部・命相門》：開平元年五月，"以御史大夫薛貽矩爲中書侍郎平章事"。

[20]監修國史：官名。北齊始置史館，以宰相爲之。唐史館沿置，爲宰相兼職。　度支：財政官署。掌管天下租賦物產，歲計所出而支調之，故名。安史亂後，因軍事供應浩繁，以宰相爲度支使，由户部尚書、侍郎或他官兼領度支事務，稱度支使或判度支、知度支事，權任極重，與鹽鐵使、判户部或户部使合稱"三司"。

[21]弘文館大學士：官名。唐初設弘文館，後設學士、大學士。大學士常由次相兼任。

[22]鹽鐵轉運使：官名。全稱爲"諸道鹽鐵轉運使"。主管漕運、鹽鐵專賣等政務。唐末、五代常由宰相兼任。　充鹽鐵轉運使：《輯本舊史》卷二四《張儁傳》："太祖即位，用宰臣薛貽矩爲鹽鐵使，儁與貽矩同年登第，甚知其才，即奏爲鹽鐵判官，遷職爲禮部郎中，兼職如故。"

[23]僕射：官名。秦始置。隋唐前期，以左、右僕射佐尚書令總理六官、綱紀庶務；如不置尚書令，則總判省事，爲宰相之職。唐後期多爲大臣加銜。從二品。　司空：官名。與太尉、司徒並爲

三公，唐後期、五代多爲大臣、勳貴加官。正一品。　累官自僕射至守司空：《輯本舊史》卷一四九《職官志》："（開平）三年九月，以門下侍郎平章事薛貽矩兼延資庫使，判建昌宮事。"事亦見明本《册府》卷三二九《宰輔部·兼領門》，《宋本册府》卷四八三《邦計部·選任門》，《會要》卷一五延資庫使條、卷二四建昌宮使條。

　　[24]在任綿五載：《輯本舊史》之案語："《歐史·梁本紀》：貽矩以開平元年同平章事，至乾化二年薨，統計貽矩居相位共六年。《歐史·唐六臣傳》：貽矩爲梁相五年，卒。尚仍《薛史》之誤。"見《新五代史·梁太祖紀下》《薛貽矩傳》。《新輯會證》："按：貽矩以開平元年五月拜相，至乾化二年五月卒，雖跨六年，在任適五年整，《薛史》所云，未可遽判爲誤。"

　　[25]然亦無顯赫事跡可紀：《宋本册府》卷一九三《閏位部·崇祀門》："（開平三年）三月，遣宰臣薛貽矩以孟夏雩祀昊天上帝，宰臣于兢薦饗太廟，並赴西都。""是歲降制：'國之大事，唯祀與戎。祭法所摽，禮經尤重。其齋心必至，備物精臻，方感召於神祇，乃降通於福祐。近者所司祠祭，或聞官吏因循，虛破支供，動多虧闕。致陰陽之失序，仍水旱以爲災。每一念思，空多凜若，宜加提舉，用復敬恭；須委元臣，以專重事。自今後，應在京四時大小祀及諸色祠祭，並委宰臣貽矩專判，躬親點檢，無令怠惰，有失典常。'"同書卷一九七《閏位部·宴會門》載開平三年九月丙辰："御崇勳殿，召韓建、楊涉、薛貽矩、趙光逢、杜曉、河南尹張宗奭、襄州節度使楊師厚、宣州節度使王景仁等賜食，賜宰臣銀鞍轡馬、分物、銀器、細茶等。"《輯本舊史》卷五《梁太祖紀五》載開平四年九月："辛丑，以久雨，命宰臣薛貽矩禜定鼎門，趙光逢祠嵩岳。"亦見《宋本册府》卷一九三《閏位部·弭災門》。《輯本舊史》卷一四七《刑法志》："（開平）四年十二月，宰臣薛貽矩奏：'太常卿李燕等重刊定律令三十卷，式二十卷，格一十卷，併目錄一十三卷，律疏三十卷，凡五部一十帙，共一百三卷。敕中書舍人李仁儉詣閤門奉進，伏請目爲《大梁新定格式律令》，仍頒下

773

施行。'從之。"《宋本册府》卷六一三《刑法部·定律令門》則作:"(開平)四年十二月,宰臣薛貽矩奏:'太常卿李燕等重刊定到《令》三十卷,《式》二十卷,《格》一十卷,《律》并目録一十三卷,《律疏》三十卷,凡五部一十帙,共一百三卷。勒中書舍人李仁儉詣閤門奉進,伏請目爲《大梁新定格式律令》,仍頒下施行。'從之。"

[26]貝州:州名。治所在今河北清河縣。

[27]旬日卒于東京:明本《册府》卷三一九《宰輔部·褒寵門二》:"乾化元年五月丁亥,太祖召貽矩及諸相對于崇勳殿,帝曰:'軍旅之間,朕自制斷,朝廷庶務,實賴卿等協心翊佐。待兵罷後,事無大小,一委中書,當無暇食也。'各賜内厩馬、銀具鞍轡、衣一襲、白金共千兩,司空貽矩賜差厚。二年,帝發自東京,宰臣薛貽矩抱恙在假,不克扈從,宣問旁午,仍命且駐東京以俟良愈。及薨,帝震悼頗久,命雒苑使曹守璠往弔祭之,又命輟六日、七日、八日朝參,丞相、文武並詣西上閤門進名奉慰。"《通鑑》卷二六八乾化二年(912)五月甲申條:"司空、門下侍郎、同平章事薛貽矩卒。"亦見《新五代史·梁太祖紀下》。

[28]《大典》卷二一三六七"薛"字韻"姓氏(六)"事目。

張策

張策,字少逸,燉煌人。[1]父同,[2]仕唐,官至容管經略使。[3]策少聰警好學,尤樂章句。居洛陽敦化里,[4]嘗浚甘泉井,得古鼎,耳有篆字曰"魏黄初元年春二月,匠吉千",[5]且又製作奇巧,同甚寶之。策時在父傍,徐言曰:"建安二十五年,[6]曹公薨,[7]改年爲延康，[8]其年十月，文帝受漢禪，[9]始號黃初，[10]則是黃初元年無二月明矣。鼎文何謬歟！"同大驚，亟遣啓書室，取《魏志》展讀，[11]一不失所啓，宗族奇之，時年十三。然而妙通因果，酷奉空教，未弱冠，落髮爲僧，居雍之慈恩精廬，頗有高致。[12]唐廣明末，[13]大盜犯闕，策遂返初服，奉父母逃難，君子多之。及丁家艱，[14]以孝聞。服滿，自屏郊藪，一無干進意，若是者十餘載，[15]方出爲廣文博士，[16]改秘書郎。[17]

[1]燉煌：縣名。治所在今甘肅敦煌市。

[2]父同：《輯本舊史》之影庫本粘籤："父同，《唐摭言》作'父同文'，《薛史》與《歐陽史》合，今存其舊。"見《唐摭言》卷一一反初不第條、《新五代史》卷三五《張策傳》。《宋本册府》卷七八〇《總錄部·博識門》亦作"父同"。

[3]容管：方鎮名。治所在容州（今廣西容縣）。 經略使：官名。唐代置。爲邊防軍事長官。此處即容州管内經略使。主掌容州一帶諸州政令。

[4]敦化里：地名。唐代洛陽里坊。位於今河南洛陽市。

[5]匠吉千：《輯本舊史》之影庫本粘籤："吉千，原本作'吉大'，今據《歐陽史》改正。"見《新五代史·張策傳》。

[6]建安：漢獻帝劉協年號（196—220）。

[7]曹公：即曹操。沛國譙（今安徽亳州市）人。漢末大臣，三國魏太祖。紀見《三國志》卷一。

[8]延康：漢獻帝劉協年號（220年3—10月）。

[9]文帝：即三國魏文帝曹丕。220年至226年在位。紀見《三國志》卷二。

[10]黃初：三國魏文帝曹丕的年號（220—226）。

[11]《魏志》：指《三國志·魏書》。

[12]雍：地名。即雍州。指京兆府，今陝西西安市。　“然而妙通因果”至“頗有高致”：《北夢瑣言》卷四西岳神斃張簾條：“唐張策早爲僧，敗道歸俗，後爲梁相。先在華山雲臺觀修業，觀側有莊。其弟簾亦輕易道教，因脫褻服，挂於天尊臂上，云借此公爲我掌之。須臾精神恍惚，似遭毆擊，痛叫狼狽，或頓或起，如有人拖曳之狀，歸至別業而卒。”知策似有一弟簾。

[13]廣明：唐僖宗李儇年號（880—881）。

[14]及丁家艱：《宋本册府》卷七五六《總録部·孝門六》作“及丁父艱”。

[15]若是者十餘載：《輯本舊史》之案語：“《唐摭言》云：張策自少從學浮圖，法號藏機，縶名内道場爲大德。廣明庚子之亂，趙少師崇凝主文，策謂事時更變，求就貢籍。崇凝庭譴之。策不得已，復舉博學鴻詞。崇凝職受天官，復黜之，仍顯揚其過。又《北夢瑣言》載趙崇凝之辭曰：‘張策衣冠子弟，無故出家，不能參禪訪道，抗跡塵外，乃于御簾前進詩，希望恩澤，如此行止，豈掩人口。某十度知舉，十度斥之。’《薛史》以爲自屏郊藪，無仕進意，與《摭言》諸書異。（孔本）”見《唐摭言》卷一一反初不第條、《北夢瑣言》卷三趙大夫號無字碑張策附條。

[16]廣文博士：官名。即廣文館博士。唐天寶九載（750）置。國子監屬官。正六品上。

[17]秘書郎：官名。魏、晉始置。唐代掌經、史、子、集四部圖書經籍。從六品上。

王行瑜帥邠州，[1]辟爲觀察支使，[2]帶水曹員外郎，[3]賜緋。[4]及行瑜反，太原節度使李克用奉詔討伐，[5]行瑜敗死，邠州平。策與婢肩輿其親，南出邠境，屬邊塞積雪，[6]爲行者所哀。太祖聞而嘉之，奏爲鄭滑

支使，[7]尋以內憂去職。制闋，除國子博士，[8]遷膳部員
外郎。[9]不一歲，華帥韓建辟爲判官，[10]及建領許州，[11]
又爲掌記。[12]

[1]王行瑜：人名。邠州（今陝西彬縣）人。唐末軍閥。傳見
《舊唐書》卷一七五、《新唐書》卷二二四下。　邠州：州名。治
所在今陝西彬縣。此處代指邠寧軍。

[2]觀察支使：官名。唐置，爲觀察使佐官，地位在觀察副使
之下，判官之上。掌支州、支郡考績。

[3]水曹員外郎：官名。即水部員外郎。水部郎中的副職。從
六品上。

[4]賜緋：輿服制度。皇帝頒賜緋色官服。唐代五品、四品官
服緋。後世或沿用此制，品級不盡相同。

[5]太原：府名。治所在今山西太原市。　節度使：官名。唐
時在重要地區所設掌握一州或數州軍、民、財政的長官。　李克
用：人名。沙陀部人，生於神武川新城（一說是今山西朔州市朔城
區之梵王寺村，一說是今山西應縣縣城，一說在今山西懷仁縣之日
中城）。唐末軍閥，後唐太祖。紀見本書卷二五、卷二六。

[6]邊塞：中華書局本作“邊寒”，並有校勘記：“‘邊寒’，原
作‘邊塞’，據《冊府》（宋本）卷七五六改。”《宋本冊府》卷七
五六《總錄部·孝門六》作“邊塞”，今據改。

[7]鄭滑：方鎮名。即義成軍。治所在滑州（今河南滑縣）。
支使：官名。唐代節度使、觀察使等屬官，位副使、判官之下，
推官之上。掌表奏書檄等。

[8]國子博士：官名。西晉始置。唐國子監國子學置五員博士，
掌教三品以上及國公子孫等爲學生者。正五品上。

[9]膳部員外郎：官名。尚書省禮部膳部司次官。協助郎中掌
管百官飲食餚饌，及祭祀宴饗等方面的政令。從六品上。

　　[10]華：州名。治所在今陝西渭南市華州區。　韓建：人名。許州長社（今河南許昌市）人。唐末、五代軍閥。傳見本書卷一五、《新五代史》卷四〇。　判官：官名。唐、五代方鎮僚屬，位在行軍司馬下。分掌使衙内的各曹事，並協助使職官員通判衙事。《宋本册府》卷七二九《幕府部・辟署門四》作“戎判”。

　　[11]許州：州名。治所在今河南許昌市。

　　[12]掌記：官名。即掌書記。唐五代方鎮僚屬，位在判官下。掌表奏書檄、文辭之事。

　　天復中，[1]策奉其主書幣來聘，太祖見而喜曰：“張夫子且至矣。”即奏爲掌記，兼賜金紫。[2]天祐初，表其才，拜職方郎中，[3]兼史館修撰，[4]俄召入爲翰林學士，[5]轉兵部郎中、知制誥，依前修史。未幾，遷中書舍人，職如故。太祖受禪，[6]改工部侍郎，[7]加承旨。其年冬，轉禮部侍郎。明年，從征至澤州，[8]拜刑部侍郎、平章事，[9]仍判户部，尋遷中書侍郎，以風恙拜章乞骸，改刑部尚書致仕。[10]即日肩輿歸洛，居於福善里，修篁嘉木，圖書琴酒，以自適焉。乾化二年秋，卒。所著《典議》三卷、制詞歌詩二十卷、牋表三十卷，存於其家。《永樂大典》卷六千三百五十一。[11]

　　[1]天復：唐昭宗李曄年號（901—904）。

　　[2]賜金紫：包含賜金魚袋和賜紫。金魚袋，唐三品以上官員佩帶金魚袋，金飾魚形，用以盛放標誌品級、身份的金魚符。賜紫，唐代官員三品以上服紫。特殊情況下，京官散階未及三品者可以賜紫，以示尊寵。　即奏爲掌記兼賜金紫：《輯本舊史》之案語：“《北夢瑣言》云：朱令公軍次于華，用張濬計，先取韓建。其幕

客張策攜印率副使李巨川同詣轅門請降。張策本與張濬有分，攜印而降，協濬之謀。是梁祖之喜張策，由張濬有先入之言也。"見《北夢瑣言》卷一五韓建賣、李巨川條。

[3]職方郎中：官名。尚書省兵部職方司主官。掌地圖、城隍、鎮戍、烽候、防人道路之遠近及四夷歸化之事。從五品上。

[4]史館修撰：官名。唐天寶以後，他官兼領史職者，稱史館修撰。　拜職方郎中兼史館修撰：《舊唐書》卷二○下《唐哀帝紀》繫於唐天祐二年（905）五月丁亥條："丁亥，敕以翰林學士、尚書職方郎中張策兼充史館修撰，修國史。"

[5]俄召入爲翰林學士：《輯本舊史》之案語："《唐摭言》云：策後爲梁太祖從事。天祐中，在翰林，太祖頗倚之爲謀府。策極力媒孽崇凝，竟罹冤酷。（孔本）"見《唐摭言》卷一一反初不第條。

[6]太祖受禪：《舊唐書·哀帝紀》天祐四年三月乙酉條：以"中書侍郎、平章事楊涉押傳國寶使，翰林學士、中書舍人張策爲副"。《通鑑》卷二六六開平元年（907）三月甲辰條："唐昭宣帝降御札禪位于梁"，以"攝侍中楊涉爲押傳國寶使，翰林學士張策副之"。同年四月甲子條："王被袞冕，即皇帝位。張文蔚、蘇循奉冊升殿進讀，楊涉、張策、薛貽矩、趙光逢以次奉寶升殿，讀已，降，帥百官舞蹈稱賀。"亦見《新五代史》卷三五《唐六臣傳序》。

[7]工部侍郎：官名。尚書省工部次官。協助尚書掌管百工山澤水土之政令。正四品下。

[8]澤州：州名。治所在今山西澤州縣。

[9]刑部侍郎：官名。尚書省刑部次官。協助刑部尚書掌天下刑法及徒隸、勾覆、關禁之政令。正四品下。　拜刑部侍郎平章事：《新五代史》卷二《梁太祖紀下》開平二年四月癸卯條："夏四月癸卯，楊涉罷。吏部侍郎于兢爲中書侍郎，翰林學士承旨禮部侍郎張策爲刑部侍郎：同中書門下平章事。"同年十一月癸巳條："十一月癸巳，張策罷，左僕射楊涉同中書門下平章事。"《宋本冊府》卷一九九《閏位部·命相門》："（開平）二年四月，以吏部侍郎于

兢爲中書侍郎、平章事，以翰林奉旨學士張策爲刑部侍郎、平章事。時帝在澤州，拜二相於行在。"改"承旨"爲"奉旨"，乃避梁太祖父誠之嫌名。《通鑑》卷二六六開平二年四月癸卯條：以"翰林學士承旨張策爲刑部侍郎，並同平章事"。

[10]改刑部尚書致仕：明本《册府》卷二一〇《閏位部·延賞門》："（開平）四年四月壬戌，詔曰：'追養以禄，王者推歸厚之恩；欲静而風，人子抱終身之感。其以刑部尚書致仕張策及三品、四品常參官二十二人先正，各追贈一等。'"《宋本册府》卷八九九《總録部·致政門》："張策，開平中爲中書侍郎、同平章事，中風於私第。太祖命使宣問，翌日除刑部尚書致仕。"《通鑑》卷二六七開平二年十一月癸巳條："癸巳，中書侍郎、同平章事張策以刑部尚書致仕。"

[11]《大典》卷六三五一"張"字韻"姓氏（二一）"事目。

于兢[1]

[1]于兢：《通鑑》卷二六六開平二年（908）四月癸卯條云"兢，琮之兄子也"，言其家世，明本《册府》卷三二九《宰輔部·兼領門》、卷三三七《宰輔部·徇私門》有于兢條，可證《舊史》原有《于兢傳》，今據增。

于兢，河南人，[1]琮之兄子也。[2]開平二年四月，兢以吏部侍郎爲中書侍郎、平章事。[3]三年，中書侍郎、同平章事、判户部事于兢奏："伏乞降詔天下州府，各准舊章，申送户口籍帳。"允之。[4]

[1]河南：府名。治所在今河南洛陽市。　河南人：《通鑑》原闕，于琮爲于休烈曾孫，附於《舊唐書》卷一四九《于休烈傳》，《于休烈傳》稱其爲河南人，今姑從之。　于兢，河南人，琮之兄子也：《通鑑》卷二六六開平二年（908）四月癸卯條。《于休烈傳》載休烈次子肅，肅子敖，敖子球、珪、璲、琮，知兢之家世，但未知其父。

[2]琮：人名。即于琮。唐末官員。傳見《舊唐書》卷一四九、《新唐書》卷一〇四。

[3]開平二年四月，兢以吏部侍郎爲中書侍郎、平章事：《通鑑》卷二六六開平二年四月癸卯條。《宋本册府》卷一九九《閏位部·命相門》：“（開平）二年四月，以吏部侍郎于兢爲中書侍郎、平章事，以翰林奉旨學士張策爲刑部侍郎、平章事。時帝在澤州，拜二相於行在。”《新五代史》卷二《梁太祖紀下》開平二年四月癸卯條：“吏部侍郎于兢爲中書侍郎，翰林學士承旨、禮部侍郎張策爲刑部侍郎：同中書門下平章事。”

[4]“三年”至“允之”：明本《册府》卷四八六《邦計部·戶籍門》。《輯本舊史》卷四《梁太祖紀四》開平三年八月甲午條：“詔曰：‘封嶽告功，前王重事；祭天肆覲，有國恒規。朕以眇身，恭臨大寶，既功德未敷於天下，而災祥互降於域中。慮於告謝之儀，有缺齋虔之禮，爰修昭報，用契幽通。宜令中書侍郎、平章事于兢往東嶽祭拜禱祀訖聞奏。’”《宋本册府》卷一九三《閏位部·崇祀門》：“開平三年三月，遣宰臣薛貽矩以孟夏雩祀昊天上帝，宰臣于兢薦饗太廟，並赴西都……（四年）九月丁亥朔，車駕幸陝府，命宰臣于兢赴西都，祀昊天上帝于圓丘。”

乾化初，于兢爲司空、平章事。[1]二年五月，兢以門下侍郎、平章事兼延資庫使，[2]判建昌宮事。[3]三年二月庚寅旦，袁象先等帥禁兵數千人突入宮中。[4]友珪聞變，[5]與妻張氏及馮廷諤趨北垣樓下，[6]將踰城，自度不免，令廷諤先殺妻，後殺己，廷諤亦自剄。諸軍十餘萬大掠都市，百司逃散，中書侍郎、同平章事杜曉、侍講學士李珽皆爲亂兵所殺，[7]門下侍郎、同平章事兢、宣政使李振被傷。[8]至晡乃定。[9]四年四月，[10]罷爲工部侍郎，尋貶萊州司馬，[11]以其挾私與軍校還往故也。[12]

[1]乾化初于兢爲司空平章事：明本《册府》卷三三七《宰輔部·徇私門》。

[2]延資庫使：官名。唐宣宗大中三年（849）改備邊庫爲延資庫，專門儲備全國軍費。長官稱延資庫使，以宰相兼任。後梁延續這一制度。參見杜文玉《五代十國制度研究》，人民出版社2006年版。　二年五月兢以門下侍郎平章事兼延資庫使：《會要》卷一五延資庫使條。《輯本舊史》卷一四九《職官志》：“乾化二年五月，以門下侍郎平章事于兢兼延資庫使，判建昌宮事。”《宋本册府》卷一九三《閏位部·弭災門》：“（乾化二年五月）辛卯，詔曰：‘亢陽滋甚，農事已傷，宜令宰臣于兢赴中嶽，杜曉赴西嶽，精切祈禱。其近京靈廟，宜委河南尹；五帝壇、風師雨師、九宮真神，委中書各差官祈之。’”

[3]建昌宮：官署名。後梁太祖建國時設建昌院，後改稱建昌宮，長官爲建昌使，常由宰相兼任，掌管財賦收入。　判建昌宮事：明本《册府》卷三二九《宰輔部·兼領門》。《會要》卷二四建昌宮使條：“乾化二年五月，以門下侍郎、平章事于兢判建昌宮事。”明本《册府》卷二〇五《閏位部·巡幸門》：“（乾化二年五月）壬午，駐蹕于汜水，宰臣、河南尹、六學士並於内殿起居，敕以建昌宮事委宰臣于兢領之。”

[4]袁象先：人名。宋州下邑（今河南夏邑縣）人。後梁將領，後投後唐。傳見本書卷五九、《新五代史》卷四五。

[5]友珪：人名。即朱友珪。朱温次子，勾結韓勍殺朱温。後追廢爲庶人。傳見本書卷一二、《新五代史》卷一三。

[6]馮廷諤：人名。籍貫不詳。朱友珪政變後，使其殺朱温，並假傳遺詔，助朱友珪登上帝位。後爲保護朱友珪與袁象先率禁軍厮殺，自刎而死。事見本書卷七。

[7]侍講學士：官名。唐玄宗於集賢院始置。爲皇帝講授經史。李珽：人名。隴西敦煌（今甘肅省敦煌市）人。後梁大臣。傳見本書卷二四、《新五代史》卷五四。

[8]宣政使：官名。疑當爲崇政使。李振時爲崇政院使。爲崇政院長官。備顧問，參謀議。後梁開平元年（907）改樞密院置崇政院，設院使、副使各一人。後唐同光元年（923）復改崇政院爲樞密院，崇政院使亦改爲樞密使。　李振：人名。河西（今甘肅武威市）人。唐潞州節度使李抱真曾孫。後梁大臣。傳見本書本卷、《新五代史》卷四三。

[9]“三年二月庚寅旦”至“至晡乃定”：《通鑑》卷二六八乾化三年（913）二月庚寅條。

[10]四年：原闕，據《輯本舊史》卷八《梁末帝紀上》乾化四年四月丁丑條、《通鑑》卷二六九乾化四年四月丁丑條、《新五代史》卷三《梁末帝紀》乾化四年四月丁丑條補。

[11]萊州：州名。治所在今山東萊州市。“萊州”原作“策州”，據《輯本舊史·梁末帝紀上》乾化四年四月丁丑條、《通鑑》卷二六九乾化四年四月丁丑條、《新五代史·梁末帝紀》乾化四年四月丁丑條改。　司馬：官名。州郡佐官，名義上紀綱衆務，通判列曹，品高俸厚，實際上無具體職事，多用以安置貶謫官員，或用作遷轉官階。上州從五品下，中州正六品下，下州從六品上。

[12]還往：《輯本舊史·梁末帝紀上》作“遷改”，《通鑑》卷二六九作“遷補”。　“四年四月”至“以其挾私與軍校還往故也”：明本《册府》卷三三七《宰輔部·徇私門》，于兢不知所終。

杜曉

杜曉，字明遠，京兆杜陵人。[1]祖審權，[2]仕唐，位至宰相。父讓能，官至守太尉、平章事。[3]乾寧中，邠、鳳二鎮舉兵犯王畿，讓能被其誣陷，天子不得已，賜死於臨皋驛。[4]曉居喪柴立，幾至滅性。憂滿，服幅巾七升，[5]沈跡自廢者將十餘載。[6]

[1]杜陵：縣名。治所在今陝西西安市東南。

[2]審權：人名。即杜審權。京兆杜陵（今陝西西安市）人。唐懿宗朝宰相。傳見《舊唐書》卷一七七、《新唐書》卷九六。《輯本舊史》之影庫本粘籤：“審權，原本作‘省權’，今據新、舊《唐書》改正。”見《舊唐書》卷一七七《杜審權傳》、《新唐書》卷九六《杜審權傳》。

[3]讓能：人名。即杜讓能。唐僖宗朝宰相。傳見《舊唐書》卷一七七、《新唐書》卷九六。　太尉：官名。與司徒、司空並爲三公，唐後期、五代多爲大臣、勳貴加官。正一品。

[4]臨皋驛：地名。位於今陝西西安市。

[5]幅巾：原指一種束髮的絹巾，後古人不戴冠以巾束髮皆可稱作幅巾。一些做官之人常以不戴冠而束以幅巾，視爲雅舉。　服幅巾七升：《後漢書》卷二九《鮑永傳》李賢注：“幅巾，謂不著冠，但幅巾束首也。”升，《儀禮·喪服》鄭玄注：“布八十縷爲升。”七升，《禮記·喪服四制》：“其恩厚者，其服重，故爲父斬衰三年，以恩制者也。”《禮記·間傳》：“斬衰三升，既虞卒哭，受以成布六升，冠七升。”《宋本册府》卷七五六《總録部·孝門六》：“憂滿，服幅巾七升，喪沈跡自廢者將十餘載。”明本作：“憂滿，服幅巾七年，升喪，沈跡自廢者將十餘載。”

[6]“服幅巾”至“將十餘載”：《舊五代史考異》：“案：《歐

陽史》作自廢十餘年，吳縝《纂誤》據景福二年讓能死，乾寧四年崔遠判戶部，光化三年崔遠罷相，相隔止八年。曉爲崔遠判戶部所舉，不得云自廢十餘年。"

光化中，[1]宰相崔胤判鹽鐵，[2]奏爲巡官、兼校書郎，[3]尋除畿尉、直弘文館，[4]皆不起。及昭宗東遷，[5]宰相崔遠判戶部，[6]又奏爲巡官、兼殿中丞。[7]或語之曰："嵇中散誅死，[8]子紹埋没不自顯，[9]山濤以物理勉之，[10]乃仕。吾子忍令杜氏歲時以鋪席祭其先人同匹庶乎!"[11]曉乃就官。未幾，拜左拾遺，尋召爲翰林學士，轉膳部員外郎，依前充職。及崔遠得罪，出守本官，居數月，以本官知制誥，[12]俄又召爲學士，遷郎中充職。太祖受禪，拜中書舍人，職如故。開平二年，[13]轉工部侍郎，充承旨。[14]明年秋，拜中書侍郎、平章事，[15]仍判戶部。庶人友珪篡位，遷禮部尚書、平章事、集賢殿大學士，[16]依前判戶部。及袁象先之討友珪，禁兵大縱，曉中重創而卒。[17]末帝即位，[18]詔贈右僕射。

[1]光化：唐昭宗李曄年號（898—901）。
[2]崔胤：人名。清河武城（今山東武城縣）。唐末宰相。傳見《舊唐書》卷一七七、《新唐書》卷二二三下。　光化中宰相崔胤判鹽鐵：《舊唐書》卷二〇上《昭宗紀》光化三年（900）九月戊申條："戊申，制左僕射、門下侍郎、平章事、監修國史、判度支崔胤充太清宮使、修奉太廟使、弘文館大學士、延資庫使，依前判度支，兼充諸道鹽鐵轉運等使。"《新唐書》卷六三《宰相表下》："（光化三年）六月丁卯，崔胤爲尚書左僕射兼門下侍郎、同中書門下平章事、諸道鹽鐵轉運等使。"

［3］兼：《宋本册府》卷七五六《總録部·孝門六》作“試”。
　　校書郎：官名。東漢始置，掌典校收藏於蘭臺的圖書典籍，亦稱
校書郎中。唐秘書省及著作局皆置，正九品上；弘文館亦置，從九
品上。

　　［4］弘文館：官署名。弘文館爲唐代中央官學之一。設館主一
人，總領館務；判館事一人，管理日常事務。學士無員限，掌校正
圖籍，教授生徒，並參議政事。五品以上稱爲學士，六品以下稱爲
直學士，又有文學直館學士，均以他官兼領。

　　［5］及昭宗東遷：《宋本册府》卷七五六作：“哀帝東遷洛陽。”
據《舊唐書·昭宗紀》天祐元年（904）正月條：“己酉，全忠率師
屯河中，遣牙將寇彦卿奉表請車駕遷都洛陽”，“丁巳，車駕發京
師。癸亥，次陝州，全忠迎謁于路”。同年閏四月條：“（閏四月）
丁酉，車駕發陝州……乙巳，上（昭宗）御光政門，大赦”，制遷
都洛陽。可知《册府》卷七五六言哀帝東遷誤。

　　［6］崔遠：人名。博陵安平（今河北安平縣）人。唐昭宗朝宰
相。傳見《舊唐書》卷一七七、《新唐書》卷一八二。

　　［7］殿中丞：官名。殿中省佐貳官。協助殿中監、少監處理本
省日常事務，兼勾檢稽失，省署抄目。從五品上。《宋本册府》卷
七五六作“殿中”。

　　［8］嵇中散：即嵇康。譙國銍（今安徽濉溪縣）人。曾任中散
大夫，故稱。傳見《晉書》卷四九。　嵇中散誅死：“誅”字原闕，
據《宋本册府》卷七五六補。

　　［9］紹：人名。即嵇紹。嵇康之子。傳見《晉書》卷八九。

　　［10］山濤：人名。河内懷（今河南武陟縣）人。西晉大臣。
傳見《晉書》卷四三。　物理：《新五代史》卷三五《杜曉傳》
同，《宋本册府》卷七五六作“切理”。

　　［11］鋪席：《輯本舊史》之影庫本粘籤：“鋪席，原本作‘補
席’，今據《歐陽史》改正。”見《新五代史·杜曉傳》。　吾子忍
令杜氏歲時以鋪席祭其先人同匹庶乎：《宋本册府》卷七五六作：

"孝子之志，其忍令杜氏以時鋪席祭其先人而嗣者同乭庶乎！"

[12]以本官知制誥：《舊唐書》卷二〇下《哀帝紀》天祐二年十二月辛卯條，敕膳部員外知制誥杜曉等，隨冊禮使柳璨魏國行事。

[13]開平二年：中華書局本有校勘記："'二年'，原作'三年'，據邵本校改。按本卷下文云'明年秋，拜中書侍郎、平章事'，本書卷五《梁太祖紀五》、《新五代史》卷二《梁本紀》、《通鑑》卷二六七皆繫其入相事於開平三年。"按，《輯本舊史》卷五《梁太祖紀五》所引"翰林學士奉旨、工部侍郎、知制誥杜曉爲尚書户部侍郎、平章事"一句，實際出自《宋本册府》卷一九九《閏位部·命相門》。

[14]轉工部侍郎充承旨：《輯本舊史》之影庫本粘籤："承旨，應作'奉旨'。《五代會要》：梁時避諱，改承旨爲奉旨。至後唐，始復爲承旨。《薛史·梁書》承旨與奉旨前後互見，《通鑑》亦然。蓋當時雜採諸書，未及改從畫一也。今姑仍其舊。"見《通鑑》卷二六七開平三年（909）九月辛亥條："翰林奉旨工部侍郎杜曉爲户部侍郎，並同平章事。"《新五代史》卷二《梁太祖紀下》開平三年九月辛亥條："翰林學士承旨、工部侍郎杜曉爲户部侍郎：同中書門下平章事。"《宋本册府》卷一九三《閏位部·崇祀門》：開平四年八月，"車駕西征，次于陝，命宰臣杜曉祭華岳并禱也"。同卷《閏位部·弭災門》：梁太祖乾化二年（912）五月辛卯："詔曰：亢陽滋甚，農事已傷，宜令宰臣于兢赴中嶽、杜曉赴西嶽，精切祈禱。"同書卷一八九《閏位部·奉先門》："乾化元年十月，有司以立冬太廟薦享上言，詔丞相杜曉赴西都攝祭行事。二年正月丙戌，有司以孟春太廟薦享上言，命丞相杜曉攝祭行事。"

[15]拜中書侍郎平章事：《舊五代史考異》："案：杜曉入相之歲，《歐陽史·紀》作三年，傳作二年，吳縝已辨其誤。"見《新五代史·梁太祖紀下》《杜曉傳》。

[16]集賢殿大學士：官名。唐中葉置，位在學士之上，以宰相

兼。掌修書之事。

　　[17]曉中重創而卒：《通鑑》卷二六八乾化三年二月庚寅條：“中書侍郎、同平章事杜曉、侍講學士李珽皆爲亂兵所殺。”

　　[18]末帝：即後梁末帝朱友貞。913年至923年在位。紀見本書卷八至卷一〇、《新五代史》卷三。

　　曉博贍有詞藻，時論稱之。兄光乂，有心疹，厥疾每作，或溢哆縱詬，或揮梃追撲，曉事之愈恭，未嘗一日少怠。[1]居兩制之重，祖述前載，甚得王言之體。[2]及典秩尚書，志氣甚遠，一旦非分而没，咸冤惜焉。豈三世爲相，道忌太盛歟！《永樂大典》卷一萬四千七百三十。[3]

　　[1]“兄光乂”至“未嘗一日少怠”：亦見《宋本册府》卷八五二《總録部·友悌門二》。《輯本舊史》之案語：“《新唐書·表》：光乂，字啓之。”見《新唐書》卷七二上《宰相世系表二上》。

　　[2]居兩制之重祖述前載甚得王言之體：亦見《宋本册府》卷五五一《詞臣部·詞學門》。《輯本舊史》之案語：“《北夢瑣言》云：曉貌如削玉，有制誥之才。”見《北夢瑣言》卷一四李茂貞脅君殺宰相條。

　　[3]《大典》卷一四七三〇“杜”字韻“姓氏（六）”事目。

　　敬翔

　　敬翔，字子振，同州馮翊人。唐神龍中平陽王暉之後也。[1]曾祖琬，綏州刺史。[2]祖忻，同州掾。[3]父袞，集州刺史。[4]翔好讀書，[5]尤長刀筆，應用敏捷。乾符中，舉進士不第。及黃巢陷長安，[6]乃東出關。時太祖初鎮大梁，有觀察支使王發者，[7]翔里人也，翔往依焉，發以故人遇之，然無由薦達。[8]翔久之計窘，乃與人爲牋刺，[9]往往有警句，傳於軍中。太祖比不知書，章檄喜淺近語，聞翔所作，愛之，謂發曰：“知公鄉人有才，可與俱來。”及見，應對稱旨，即補右職，每令從軍。翔不喜武職，求補文史，即署館驛巡官，俾專掌檄奏。[10]太祖與蔡賊相拒累歲，[11]城門之外，戰聲相聞，機略之間，翔頗預之，太祖大悅，恨得翔之晚，故軍謀政術，一以諮之。[12]蔡賊平，奏授太子中允，[13]賜緋。從平兗、鄆，[14]改檢校水部郎中。太祖兼鎮淮南，[15]授揚府左司馬，[16]賜金紫。[17]乾寧中，改光禄少卿充職。[18]天復中，授檢校禮部尚書，遙領蘇州刺史。[19]昭宗自岐下還長安，[20]御延喜樓，[21]召翔與李振登樓勞問，翔授檢校右僕射、太府卿，[22]賜號迎鑾叶贊功臣。[23]

[1]神龍：武則天和唐中宗李顯年號（705—707）。　暉：人名。即敬暉。神龍元年五月封平陽郡王。

[2]琬：人名。即敬琬。事見本書本卷。　綏州：州名。治所在今陝西綏德縣。　刺史：官名。漢武帝時始置。州一級行政長官，總掌考核官吏、勸課農桑、地方教化等事。唐中期以後，節度、觀察使轄州而設，刺史爲其屬官，職任漸輕。從三品至正四品下。

[3]忻：人名。即敬忻。事見本書本卷。　同州：州名。治所在今陝西大荔縣。　掾：官署屬員。

[4]袞：人名。即敬袞。事見本書本卷。　集州：州名。治所在今四川南江縣。

[5]翔好讀書:《宋本册府》卷三〇九《宰輔部·佐命門二》:"梁敬翔,好讀經(明本作"兵")書,善禮學。"同書卷七六八《總録部·儒學門二》:"梁敬翔,好讀書,善禮學。"

[6]黄巢:人名。曹州冤句(今山東菏澤市)人。唐末農民起義領袖。傳見《舊唐書》卷二〇〇下、《新唐書》卷二二五下。

[7]王發:人名。籍貫、事跡不詳。本書僅此一見。

[8]"時太祖初鎮大梁"至"無由薦達":亦見《宋本册府》卷七二九《幕府部·辟署門四》。《宋本册府》卷三〇九:"時太祖始鎮汴,有觀察支使王發負才術,獨當委用。發與翔鄉里親也,相遇甚喜,乃叶力佐太祖。"《宋本册府》卷八二八《總録部·論薦門》:"梁王發爲太祖汴宋觀察支使。鄉人敬翔晦跡數年,甲辰東游梁苑,遇發。時發爲太祖所禮,節制之權悉寄於發。發每有軍旅重事未決者,咨詢於翔。既而評之,無不得宜。發自知才不及翔,乃舉翔於上。上召翔一見,語及時務,異而禮焉。自是委以奏記,事無巨細必預之。"

[9]牋刺:給長官的信札文書。

[10]"應對稱旨"至"俾專掌檄奏":《宋本册府》卷三〇九:"商榷利病,頗稱太祖意,由是自進士奏爲光禄寺主簿,署館驛巡官,居中以司奏記之職。"《新五代史》卷二一《敬翔傳》:"翔見太祖,太祖問曰:'聞子讀《春秋》,《春秋》所記何等事?'翔曰:'諸侯争戰之事耳。'太祖曰:'其用兵之法可以爲吾用乎?'翔曰:'兵者,應變出奇以取勝,《春秋》古法,不可用於今。'"

[11]蔡賊:指蔡州秦宗權勢力。

[12]"太祖與蔡賊相拒累歲"至"一以諮之":《舊五代史考異》:"案《通鑑考異》引張昭遠《莊宗列傳》:温狡譎多謀,人不測其際。唯翔視彼舉錯,即揣知其心,或有所不備,因爲之助。温大悦,自以爲得翔之晚,故軍謀政術,一切諮之。"見《通鑑》卷二五七光啓三年(887)十一月甲戌條後《考異》。事亦見明本《册府》卷七一六《幕府部·倚任門》,"太祖與蔡賊"前有"梁敬

翔爲太祖宣武從事"句。朱全忠殊遇敬翔，事録於次。《舊唐書》
卷二〇上《昭宗紀》天祐元年（904）五月丙寅條："宴百僚於崇勳
殿，上贊述全忠之功業，因言御樓前一日所司亡失赦書，賴元帥府
收得副本施行，幾失事矣，中書不得無過。裴樞等起待罪。中飲，
帝更衣，召全忠曲宴閣中，全忠懇辭。帝曰：'朕以全忠功業崇高，
欲齋中款曲，以表庇賴耳。全忠既不欲來，即令敬翔來，朕與之
言。'全忠令敬翔私退，奏曰：'敬翔亦醉而出矣。'"事亦見《宋
本册府》卷一八七《閏位部‧勳業門五》、《新五代史‧敬翔傳》。
《舊唐書》卷一九〇下《李巨川傳》："光化初，朱全忠陷河中，進
兵入潼關。（韓）建懼，令巨川見全忠送款，至河中，從容言事。
巨川指陳利害，全忠方圖問鼎，聞巨川所陳，心惡之。判官敬翔，
亦以文筆見知於全忠，慮得巨川減落名價，謂全忠曰：'李諫議文
章信美，但不利主人。'是日爲全忠所害。"亦見《新唐書》卷二
二四下《李巨川傳》。《輯本舊史》卷五《梁太祖紀五》開平三年
（909）九月丁酉條："上幸崇政院，宴内臣，賜院使敬翔、直學士
李珽等繒綵有差。"亦見《宋本册府》卷一九七《閏位部‧慶賜
門》。《輯本舊史》卷二〇《寇彦卿傳》："太祖每言曰：'敬翔、劉
捍、寇彦卿，蓋爲我而生。'"亦見明本《册府》卷三四六《將帥
部‧佐命門七》、《新五代史》卷二一《寇彦卿傳》。《輯本舊史》
卷六〇《李襲吉傳》："梁祖覽之（李襲吉作《與梁祖書》），至
'毒手尊拳'之句，怡然謂敬翔曰：'李公斗絶一隅，安得此文士，
如吾之智算，得襲吉之筆才，虎傅翼矣。'又讀至'馬邑兒童'
'陰山部落'之句，梁祖怒謂敬翔曰：'李太原喘喘餘息，猶氣吞宇
宙，可詬罵之。'及翔爲報書，詞理非勝，由是襲吉之名愈重。"
《通鑑》卷二五七光啓三年十一月甲戌條後："初，宣武都指揮使朱
珍與排陳斬斫使李唐賓，勇略、功名略相當，全忠每戰，使二人
偕，往無不捷；然二人素不相下。珍使人迎其妻於大梁，不白全
忠，全忠怒，追還其妻，殺守門者，使親吏蔣玄暉召珍，以漢賓代
總其衆。館驛巡官馮翊、敬翔諫曰：'朱珍未易輕取，恐其猜懼生

變.'全忠悔，使人追止之。珍果自疑，丙子夜，珍置酒召諸將。
唐賓疑其有異圖，斬關奔大梁，珍亦棄軍單騎繼至。全忠兩惜其
才，皆不罪，遣還濮州，因引兵歸。全忠多權數，將佐莫測其所
爲，惟敬翔能逆知之，往往助其所不及，全忠大悦，自恨得翔晚，
凡軍機、民政悉以咨之。"同書卷二五八龍紀元年（889）七月條：
"朱珍拔蕭縣，據之，與時溥相拒，朱全忠欲自往臨之。珍命諸軍
皆葺馬厩，李唐賓部將嚴郊獨惰慢，軍吏責之，唐賓怒，見珍訴
之；珍亦怒，以唐賓爲無禮，拔劍斬之，遣騎白全忠，云唐賓謀
叛。淮南左司馬敬翔，恐全忠乘怒，倉猝處置違宜，故留使者，逮
夜，然後從容白之，全忠果大驚。翔因爲畫策，詐收唐賓妻子繫
獄，遣騎往慰撫，全忠從之，軍中始安。秋，七月，全忠如蕭縣，
未至，珍出迎，命武士執之，責以專殺而誅之。"殺朱珍事亦見
《輯本舊史》卷一九《朱珍傳》、明本《册府》卷四四九《將帥
部·專殺門》。《通鑑》卷二五九景福二年（893）四月癸未條：
"汴軍攻徐州，累月不克。通事官張濤以書白朱全忠云：'進軍時日
非良，故無功.'全忠以爲然。敬翔曰：'今攻城累月，所費甚多，
徐人已困，旦夕且下，使將士聞此言，則懈於攻取矣.'全忠乃焚
其書。"《通鑑》卷二六五天祐元年五月條："帝宴朱全忠及百官於
崇勳殿，既罷，復召全忠宴於内殿；全忠疑，不入。帝曰：'全忠
不欲來，可令敬翔來.'全忠擿翔使去，曰：'翔亦醉矣.'"同書
卷二六五天祐二年冬十月丙戌朔條："全忠部署將士，將歸大梁，
忽變計，欲乘勝擊淮南。敬翔諫曰：'今出師未踰月，平兩大鎮，
闢地數千里，遠近聞之，莫不震懾。此威望可惜，不若且歸息兵，
俟釁而動.'不聽。"

　　[13]太子中允：官名。皇太子屬官。掌侍從禮儀、駁正啓奏
等。正五品下。

　　[14]兗：州名。治所在今山東濟寧市兗州區。　鄆：州名。治
所在今山東東平縣。

　　[15]淮南：方鎮名。治所在揚州（今江蘇揚州市）。

　　[16]揚府：《輯本舊史》之影庫本粘籤："揚府，原本作'陽府'，考《歐陽史》作'揚府'，蓋即揚州都督府之省文，今改正。"　　左司馬：官名。即行軍左司馬。與行軍右司馬同掌弼戎政，專器械、糧糒、軍籍。

　　[17]"蔡賊平"至"賜金紫"：《宋本册府》卷三〇九："太祖連破巢、蔡，實預勳府，尋奏授太子中允，賜朱綬。討曹濮，伐兖、鄆，凡用師未嘗不密侍左右。太祖之攻蔡也，有弩矢犯左腋，血染中單，自翔外，軍中無知者，其待遇如此。"

　　[18]光禄少卿：官名。北齊始置，光禄寺副長官。從四品上。

　　[19]蘇州：州名。治所在今江蘇蘇州市。

　　[20]岐下：岐山以下，指鳳翔。

　　[21]延喜樓：樓名。唐長安皇城東面偏北門樓。

　　[22]太府卿：官名。南朝梁始置。太府寺長官。掌國家財帛庫藏出納、關市稅收等務。從三品。

　　[23]"天復中"至"賜號迎鑾叶贊功臣"：《通鑑》卷二六四天復三年（903）二月條："戊寅，賜朱全忠號回天再造竭忠守正功臣，賜其僚佐敬翔等號迎鑾協贊功臣。……庚辰……以敬翔守太府卿。"《宋本册府》卷一八七：唐天祐二年十月辛卯，"帝（朱全忠）自襄州引軍，由光州路趨淮南。將發，敬翔切諫，請班師以全軍勢，帝不聽"。亦見明本《册府》卷二〇九《閏位部·悔過門》。

　　太祖受禪，自宣武軍掌書記、前太府卿，[1]授檢校司空，依前太府卿、勾當宣徽院事。[2]尋改樞密院爲崇政院，[3]以翔知院事。[4]開平三年夏四月，太祖以邠、岐侵擾，[5]遣劉知俊西討鄜、延，[6]深憂不濟，因宴顧翔，以問西事。翔剖析山川郡邑虛實，軍糧多少，悉以條奏，如素講習，左右莫不驚異，太祖嘆賞久之。[7]乾化元年，進位光禄大夫、行兵部尚書、金鑾殿大學士、知崇政院事、平陽郡侯。[8]前朝因金鑾坡以爲門名,[9]與翰林院相接,故得爲學士者稱"金鑾"以美之,今殿名"金鑾",從嘉名也。[10]置大學士,始以翔爲之。[11]

[1]宣武軍:方鎮名。唐舊鎮,治所在汴州(今河南開封市)。後梁開平元年(907)升汴州爲東京開封府。開平三年置宣武軍於宋州(今河南商丘市睢陽區)。後唐同光元年(923)改宋州宣武軍爲歸德軍。廢東京開封府,重建宣武軍於汴州。後晉天福三年(938),改爲東京開封府。除天福十二年、十三年短暫改爲宣武軍外,汴京均爲東京開封府。

[2]宣徽院:官署名。唐後期置。宣徽院的長官初用宦官,五代以後改用士人。掌內諸司及三班內侍之名籍,郊祀、朝會、宴享供帳之儀,應內外進奉,悉檢視名物。

[3]樞密院:官署名。唐代宗曾設樞密使,以宦官充任。五代時,後梁設置崇政院,掌管軍國大政;後唐改稱樞密院,與宰相分理朝政。

[4]"太祖受禪"至"以翔知院事":《輯本舊史》卷三《梁太祖紀三》:開平元年四月戊辰條,"以太府卿敬翔知崇政院,翔與帷幄之謀,故首擢焉"。五月,"詔樞密院宜改爲崇政院,以知院事敬翔爲院使"。《輯本舊史》卷二四《仇殷傳》:"開平中,殷一日朝罷,過崇政院,使敬翔直閣,翔問之曰:'月犯房次星,其逼若綴,是何祥也?'曰:'常度耳。'殷欲不言,既過數步,自度不可默,乃反言曰:'三兩日當有不順語至,無或驟恐,宜先白上知。'"《輯本舊史》卷六〇《蘇循傳》:"循自以奉册之勞,旦夕望居宰輔,而敬翔惡其爲人,謂梁祖曰:'聖祚惟新,宜選端士,以鎮風俗。如循等輩,俱無士行,實唐家之鴟梟,當今之狐魅,彼專賣國以取利,不可立維新之朝。'""及梁祖即位於汴,(蘇)楷自以遭遇千載一時,敬翔深鄙其行。"亦見《册府》卷九三八《總

録部・姦佞門二〉、《新五代史》卷三五《蘇循傳》。《通鑑》繋於卷二六六開平元年五月甲午條後。《新五代史》卷二《梁太祖紀下》：開平元年五月甲午，"改樞密院爲崇政院，太府卿敬翔爲使"。《新五代史》卷二一《敬翔傳》："太祖即位，以唐樞密院故用宦者，乃改爲崇政院，以翔爲使。"《通鑑》卷二六六開平元年四月辛未條後："以宣武掌書記、太府卿敬翔知崇政院事，似備顧問，參謀議，於禁中承上旨，宣於宰相而行之。宰相非進對時有所奏請及已受旨應復請者，皆具記事因崇政院以聞，得旨則復宣於宰相。翔爲人沈深有智略，在幕府三十餘年，軍謀、民政，帝一以委以之。翔盡心勤勞，晝夜不寐，自言惟馬上乃得休息。帝性暴戾難近，人莫能測，惟翔能識其意趣。或有所不可，翔未嘗顯言，但微示持疑；帝意已悟，多爲之改易。禪代之際，翔謀居多。"卷二六六開平元年五月甲午："詔廢樞密院，其職事皆入於崇政院，以知院事敬翔爲院使。"

[5]岐：封國名。鳳翔節度使李茂貞爲岐王。

[6]劉知俊：人名。徐州沛縣（今江蘇沛縣）人。五代將領。傳見本書卷一三、《新五代史》卷四四。　鄜：州名。治所在今陝西富縣。　延：州名。治所在今陝西延安市。

[7]"開平三年夏四月"至"太祖嘆賞久之"：《宋本册府》卷七九九《總録部・彊記門》："梁敬翔爲樞密使。開平三年，宴宰臣扈從官、新授西路行營行軍司馬崔公實，時劉知俊西討鄜、延，又傳檄銀夏，甚爲邠、岐寇黨侵擾，帝深憂其未濟。中宴，顧問侍臣。翔承旨而對，剖析山川險要，郡邑虛實，兵糧多少，悉以條奏，如素講耨。左右莫不驚其聰悟，人罕能及。帝嗟賞。"

[8]光禄大夫：官名。西漢始置。掌顧問應對。唐貞觀後，作爲加官。從二品。　行兵部尚書：官名。兵部尚書爲尚書省兵部主官。掌兵衛、武選、車輦、甲械、厩牧之政令。正三品。高級散官暫任低級職務，稱"行"。　金鑾殿大學士：官名。後梁開平三年正月，改思政殿爲金鑾殿。乾化元年（911）正月，置大學士一員，

命崇政院使敬翔擔任。同弘文、集賢、史館三館大學士，以示尊崇。參見杜文玉《五代十國制度研究》，人民出版社 2006 年版，第 255 頁。　知崇政院事：官名。崇政院長官。

[9]金鑾坡：地名。位於今陝西西安市。《通鑑》卷二三六胡注引程大昌《雍錄》云：“金鑾坡者，龍首山之支隴，隱起平地而坡陁靡迤者也。其上有殿，名曰金鑾殿。殿旁有坡，名曰金鑾坡。”《輯本舊史》之影庫本粘籤：“金鑾，《歐陽史》《通鑑》俱作‘鸞’，唯《五代會要》與《薛史》同，今仍從原文，附識于此。”

[10]從嘉名也：《舊五代史考異》：“案：原本脱‘名’字，今從《職官志》增入。”見《輯本舊史》卷一四九《職官志》。

[11]置大學士始以翔爲之：《輯本舊史》之案語：“《五代會要》云：以‘金鑾’爲名，非典也。大學士與三館大學士同。”見《五代會要》卷一三金鑾殿學士條。

　　翔自釋褐東下，遭遇霸王，懷抱深沉，有經濟之略，起中和歲，至鼎革大運，其間三十餘年，[1]扈從征伐，出入帷幄，庶務叢委，恒達旦不寢，唯在馬上稍得晏息。每有所裨贊，亦未嘗顯諫上，俛仰顧步間，微示持疑爾，而太祖意已察，必改行之，故裨佐之迹，人莫得知。[2]及太祖大漸，召至御床前受顧託之命，且深以并寇爲恨，翔嗚咽不忍，受命而退。[3]庶人友珪之篡位也，以天下之望，命翔爲宰相。友珪以翔先朝舊臣，有所畏忌，翔亦多稱病，不綜政事。[4]

　　[1]其間三十餘年：《舊五代史考異》：“案：《歐陽史》作從太祖用兵三十餘年，蓋仍《薛史》之文。吳縝《纂誤》云：朱全忠以中和三年癸卯歲爲汴州節度使，至建國受禪，迄于乾化二年壬申

遇弑，正三十年，不得云三十餘年也。”

　　[2]“扈從征伐”至“人莫得知”：《輯本舊史》卷六《梁太祖紀六》：乾化元年正月二日，“日旁有祲氣，向背若環耳，崇政使敬翔望之曰：‘兵可憂矣。’帝爲之旰食。是日，果爲晋軍及鎮、定之師所敗，都將十餘人被擒，餘衆奔潰”。亦見明本《册府》卷四四三《將帥部·敗衄門三》。

　　[3]“及太祖大漸”至“受命而退”：《輯本舊史》之案語：“《通鑑》：乾化二年六月丁丑朔，帝命敬翔出友珪爲萊州刺史，即令之官。已宣旨，未行敕。蓋即敬翔所受之命。戊寅，太祖被弑，命未及行，故《薛史》亦不爲詳載。”見《通鑑》卷二六八。《新五代史》卷一三《博王友文傳》：“太祖病少間，謂王氏曰：‘吾知終不起，汝之東都，召友文來，吾與之決。’蓋心欲以後事屬之。乃謂敬翔曰：‘友珪可與一郡，趣使之任。’乃以友珪爲萊州刺史。”

　　[4]“庶人友珪”至“不綜政事”：明本《册府》卷二一八《閏位部·疑忌門》：“庶人友珪，以敬翔天下之望，命翔爲宰相。”《新五代史》卷三《梁末帝紀》：乾化二年六月條，太祖遇弑，友珪自立，以“敬翔爲中書侍郎、同中書門下平章事”。《通鑑》卷二六八乾化二年九月條：“友珪以兵部尚書知崇政院事敬翔，太祖腹心，恐其不利於己，欲解其内職，恐失人望，庚午，以翔爲中書侍郎、同平章事；壬申，以户部尚書李振充崇政院使。翔多稱疾不預事。”

　　末帝即位，趙、張之族皆處權要，[1]翔愈不得志。[2]及劉鄩失河朔，[3]安彦之喪楊劉，[4]翔奏曰：“國家連年遣將出征，封疆日削，不獨兵驕將怯，亦制置未得其術。陛下處深宫之中，與之計事者皆左右近習，豈能量敵之勝負哉！先皇時，河朔半在，親御虎臣驍將，猶不得志於敵人。今寇馬已至鄆州，陛下不留聖念，臣所未諭一也。臣聞李亞子自墨縗統衆，[5] 於今十年，每攻城臨陣，無不親當矢石，昨聞攻楊劉，率先負薪渡水，一鼓登城。陛下儒雅守文，未嘗如此，俾賀瓌輩與之較力，[6] 而望攘逐寇戎，臣所未諭二也。陛下所宜詢於黎老，別運沉謀，不然，則憂未艾也。臣雖駑怯，受國恩深，陛下必若乏材，乞於邊陲効試。"[7] 末帝雖知其懇惻，竟以趙、張輩言翔怨望，不之聽。

[1] 趙、張之族：指趙巖、張漢傑家族。

[2] "末帝即位" 至 "翔愈不得志"：《輯本舊史》卷八《梁末帝紀上》貞明二年（916）十月丁酉條："以開府儀同三司、中書侍郎兼吏部尚書、同平章事、集賢殿大學士、判户部敬翔爲右僕射兼門下侍郎、平章事、監修國史，判度支。" 同書卷一〇《梁末帝紀下》龍德元年（921）二月壬申條："鹽鐵轉運使敬翔奏：'請於雍州、河陽、徐州三處重置場院税茶。'從之。" "是月，鎮州大將王德明殺其帥王鎔，自稱留後，遣使來求援。宰臣敬翔請許之，租庸使趙巖等以爲不可，乃止。"《宋本册府》卷一九九《閏位部·命相門》：梁末帝貞明二年十月，"以中書侍郎兼吏部尚書、同平章事敬翔爲右僕射，兼門下侍郎、平章事，監修國史，判度支"。同書卷四九四《邦計部·山澤門二》："末帝龍德初，鹽鐵轉運使敬翔奏：'請於雍州、河陽、徐州三處重置場院税茶。'從之。" 同書卷七二九《幕府部·辟署門四》："龍紀元年六月，以朝散大夫、前太子中允，爲中大夫檢校水部郎中，守楊州大都督府左司馬，賜紫金魚袋。翔始以書檄從軍，每進規畫，自經始蔡寇，至于殄滅，梁祖嘉其侍從神贊之績，特表其事，遂有此授。"《通鑑》卷二六九貞明元年十月壬子：帝 "疏忌宗室，專任趙巖及德妃兄弟漢鼎、漢傑，從兄弟漢倫、漢融，咸居近職，參預謀議，每出兵必使之監護。巖等依勢弄權，賣官鬻獄，離間舊將相，敬翔、李振雖爲執

政，所言多不用”。

[3]劉鄩：人名。密州安丘（今山東安丘市）人。唐末、五代將領。傳見本書卷二三、《新五代史》卷二二。　河朔：古地區名。泛指黃河以北地區。　及劉鄩失河朔：《輯本舊史》卷九《梁末帝紀中》貞明三年十二月己巳條：“帝幸洛陽，爲來年有事於南郊也。遂幸伊闕，親拜宣陵。時租庸使趙巖勸帝郊天，且言：‘帝王受命，須行此禮，願陛下力行之。’宰臣敬翔奏曰：‘國家自劉鄩失律已來，府藏殫竭，箕斂百姓，供軍不暇，郊祀之禮，頒行賞賚，所謂取虛名而受實弊也。況晋人壓境，車駕未可輕動。’帝不聽，遂行。”同卷貞明四年四月辛未條：“詔宰臣敬翔權判諸道鹽鐵使務。”《輯本舊史·梁末帝紀下》貞明六年四月乙巳條：“以右僕射兼門下侍郎、同平章事、監修國史、判度支、開國公敬翔爲弘文館大學士、延資庫使、諸道鹽鐵轉運等使，餘如故。”《通鑑》卷二七〇貞明三年十二月己巳條：“先是，租庸使、户部尚書趙巖言於帝曰：‘陛下踐阼以來，尚未南郊，議者以爲無異藩侯，爲四方所輕。請幸西都行郊禮，遂謁宣陵。’敬翔諫曰：‘自劉鄩失利以來，公私困竭，人心惴恐；今展禮圜丘，必行賞賚，是慕虛名而受實弊也。且勍敵近在河上，乘輿豈宜輕動！俟北方既平，報本未晚。’帝不聽。”亦見《新五代史》卷四二《趙犨傳》附《趙巖傳》。

[4]安彦之：人名。籍貫不詳。後梁將領。事見本書卷二八、卷五六。　楊劉：地名。位於今山東東阿縣東北楊柳鎮。

[5]李亞子：人名。即李存勗。代北沙陀部人，後唐開國皇帝。紀見本書卷二七至卷三四、《新五代史》卷四至卷五。　墨縗：黑色喪服。古代居喪，在家喪服用白，從軍服黑。

[6]賀瓌：人名。濮陽（今河南濮陽市）人。後梁將領。傳見本書卷二三、《新五代史》卷二三。《輯本舊史》之影庫本粘籤：“賀瓌，原本作‘環’，《册府元龜》引《薛史》亦作‘環’，新、舊《唐書》、《歐陽史》及《通鑑》皆作‘瓌’，今改正。”

[7]“翔奏曰”至“乞於邊陲効試”：“先皇時”“猶不得志”

"於今十年"，明本《册府》卷三一五《宰輔部·公忠門》分別作"先皇帝時""獨不得志""於今二年"。《通鑑》卷二七〇貞明四年正月乙亥條後："帝至大梁。晋兵侵掠至鄆、濮而還。敬翔上疏曰：'國家連年喪師，疆土日蹙。陛下居深宫之中，所與計事者皆左右近習，豈能量敵國之勝負乎！先帝之時，奄有河北，親御豪傑之將，猶不得志。今敵至鄆州，陛下不能留意。臣聞李亞子繼位以來，于今十年，攻城野戰，無不親當矢石，近者攻楊劉，身負束薪爲士卒先，一鼓拔之。陛下儒雅守文，晏安自若，使賀瓌輩敵之，而望攘逐寇讎，非臣所知也。陛下宜詣訪黎老，別求異策；不然，憂未艾也。臣雖駑怯，受國重恩，陛下必若乏才，乞於邊垂自效。'疏奏，趙、張之徒言翔怨望，帝遂不用。"

　　及王彦章敗於中都，[1]晋人長驅而南，末帝急召翔，謂之曰："朕居常忽卿所奏，果至今日。事急矣，勿以爲懟，且使朕安歸？"翔泣奏曰："臣受國恩，僅將三紀，[2]從微至著，皆先朝所遇，雖名宰相，實朱氏老奴耳。事陛下如郎君，以臣愚誠，敢有所隱！陛下初任段凝爲將，[3]臣已極言，小人朋附，致有今日。晋軍即至，段凝限水。欲請陛下出居避狄，陛下必不聽從；欲請陛下出奇應敵，陛下必不果決。縱良、平復生，[4]難以轉禍爲福，請先死，不忍見宗廟隕墜。"言訖，君臣相向慟哭。[5]

　　[1]王彦章：人名。鄆州壽張（今山東梁山縣壽張集）人。後梁將領。傳見本書卷二一、《新五代史》卷三二。　中都：縣名。治所在今山東汶上縣。

　　[2]紀：十二年爲一紀。

[3]段凝：人名。開封（今河南開封市）人。後梁將領。其妹
爲朱溫美人，因其妹而爲朱溫親信。傳見本書卷七三、《新五代史》
卷四五。

[4]良：人名。即張良。漢初大臣。傳見《史記》卷五五、
《漢書》卷四〇。　平：人名。即陳平。漢初大臣。傳見《史記》
卷五六、《漢書》卷四〇。

[5]"末帝急召翔"至"君臣相向慟哭"："常忽卿所奏""且
使朕安歸""出居避狄"，明本《册府》卷三一五《宰輔部·公忠
門》分別作"嘗忽卿所奏""且指朕安歸""居避敵"。《通鑑》卷
二七二同光元年（923）十月丁丑條："王彦章敗卒有先至大梁，告
梁主以'彦章就擒，唐軍長驅且至'者，梁主聚族哭曰：'運祚盡
矣！'召群臣問策，皆莫能對。梁主謂敬翔曰：'朕居常忽卿所言，
以至於此。今事急矣，卿勿以爲懟。將若之何？'翔泣曰：'臣受先
帝厚恩，殆將三紀，名爲宰相，其實朱氏老奴，事陛下如郎君。臣
前後獻言，莫匪盡忠。陛下初用段凝，臣極言不可，小人朋比，致
有今日。今唐兵且至，段凝限於水北，不能赴救。臣欲請陛下出避
狄，陛下必不聽從；請陛下出奇合戰，陛下必不果決，雖使良、平
更生，誰能爲陛下計者！臣願先賜死，不忍見宗廟之亡也。'因與
梁主相向慟哭。"末帝不聽翔言，事見《通鑑》卷二七一龍德元年
七月條："張文禮雖受晋命，内不自安，復遣間使因盧文進求援於
契丹；又遣間使來告曰：'王氏爲亂兵所屠，公主無恙。今臣已北
召契丹，乞朝廷發精甲萬人相助，自德、棣渡河，則晋人遁逃不暇
矣。'帝疑未決。敬翔曰：'陛下不乘此釁以復河北，則晋人不可復
破矣。宜徇其請，不可失也。'趙、張輩皆曰：'今强寇近在河上，
盡吾兵力以拒之，猶懼不支，何暇分萬人以救張文禮乎！且文禮坐
持兩端，欲以自固，於我何利焉！'帝乃止。"同書卷二七二同光元
年閏四月癸卯條："梁主聞鄆州失守，大懼，斬劉遂嚴、燕顒於市，
罷戴思遠招討使，降授宣化留後，遣使詰讓北面諸將段凝、王彦章
等，趣令進戰。敬翔知梁室已危，以繩内靴中，入見梁主曰：'先

帝取天下，不以臣爲不肖，所謀無不用。今敵勢益强，而陛下棄忽臣言，臣身無用，不如死。'引繩將自經。梁主止之，問所欲言，翔曰：'事急矣，非用王彦章爲大將，不可救也。'梁主從之，以彦章代思遠爲北面招討使，仍以段凝爲副。"事亦見《新五代史》卷三二《王彦章傳》。《通鑑》卷二七二同光元年八月戊子條："初，梁主遣段凝監大軍於河上，敬翔、李振屢請罷之，梁主曰：'凝未有過。'振曰：'俟其有過，則社稷危矣。'至是，凝厚賂趙、張求爲招討使，翔、振力争以爲不可；趙、張主之，竟代王彦章爲北面招討使，於是宿將憤怒，士卒亦不服。天下兵馬副元帥張宗奭言於梁主曰：'臣爲副元帥，雖衰朽，猶足爲陛下扞禦北方。段凝晚進，功名未能服人，衆議詢詢，恐貽國家深憂。'敬翔曰：'將帥繫國安危，今國勢已爾，陛下豈可尚不留意邪！'梁主皆不聽。"段凝賂趙、張事，亦見《輯本舊史》卷七三《段凝傳》。

　　及晋主陷都城，[1] 有詔赦梁氏臣僚，李振謂翔曰："有制洗滌，將朝新君。"翔曰："新君若問，其將何辭以對！"是夜，翔在高頭里第，[2] 宿於車坊。[3] 欲曙，左右報曰："崇政李太保已入朝。"翔返室嘆曰："李振謬爲丈夫耳！朱氏與晋仇讎，我等始同謀畫，致君無狀，今少主伏劍于國門，[4] 縱新朝赦罪，何面目入建國門也。"[5] 乃自經而卒。數日，并其族被誅。[6]

　　[1]晋主：指後唐莊宗李存勗。
　　[2]高頭里：里名。位於今河南開封市。
　　[3]車坊：《舊五代史考異》："案：原本作'中'，今據《歐陽史》及《通鑑》改正。"見明本《册府》卷三一五、《新五代史》卷二一《敬翔傳》，《通鑑》則未載。

[4]今少主伏劍于國門：中華書局本有校勘記："'今'，《册府》卷三一五作'令'。"此據明本《册府》卷三一五《宰輔部·公忠門》。

[5]建國門：宮城門。爲開封皇城南門。位於今河南開封市。

[6]"李振謂翔曰"至"并其族被誅"：《輯本舊史》卷三〇《唐莊宗紀四》同光元年十月壬午條：莊宗下詔曰："敬翔、李振，首佐朱温，共傾唐祚，屠害宗屬，殺戮朝臣，既寰宇以皆知，在人神而共怒。敬翔雖聞自盡，未豁幽冤，宜與李振並族於市。疎屬僕使，並從原宥。""是日，趙巖、張希逸、張漢傑、張漢倫、張漢融、朱珪、敬翔、李振及契丹撒剌阿撥等，并其妻孥，皆斬於汴橋下。"亦見《宋本册府》卷一五四《帝王部·明罰門三》。《新五代史》卷五《唐莊宗紀下》同光元年十月己卯條："滅梁。敬翔自殺。"《通鑑》卷二七二同光元年十月己卯條："李振謂敬翔曰：'有詔洗滌吾輩，相與朝新君乎？'翔曰：'吾二人爲梁宰相，君昏不能諫，國亡不能救，新君若問，將何辭以對！'是夕未曙，或報翔曰：'崇政李太保已入朝矣。'翔歎曰：'李振謬爲丈夫！朱氏與新君世爲仇讐，今國亡君死，縱新君不誅，何面目入建國門乎！'乃縊而死。"同月丙戌條，詔："敬翔、李振首佐朱温，共傾唐祚；契丹撒剌阿撥叛兄棄母，負恩背國，宜與（趙）巖等並族誅於市；自餘文武將吏一切不問。"

初，貞明中，[1]史臣李琪、張衮、郤殷象、馮錫嘉奉詔修撰《太祖實録》三十卷，[2]敘述非工，事多漏略。復詔翔補緝其闕，翔乃別纂成三十卷，目之曰《大梁編遺録》，與《實録》偕行。[3]

[1]貞明：後梁末帝朱友貞年號（915—921）。

[2]李琪：人名。河西敦煌（今甘肅敦煌市）人。後梁、後唐

官員。傳見本書卷五八、《新五代史》卷五四。　張袞：人名。籍貫不詳。後梁大臣。事見本書本卷、卷三、卷五。　郄殷象：人名。籍貫不詳。唐末、五代官員。事見《舊唐書》卷二〇上、本書本卷。　馮錫嘉：人名。籍貫不詳。五代官員。事見本書本卷、卷三〇。

[3]“初貞明中”至“與實録偕行”：《舊五代史考異》：“案：《編遺録》，《通鑑考異》引之。《書録解題》云：《朱梁興創遺編》二十卷，梁宰相敬翔子振撰。自廣明巢賊之亂，朱温事跡，迄於天祐弑逆，大書特書，不以爲愧也。其辭亦鄙俚。”見《直齋書録解題》卷五《雜史類》。《宋本册府》卷五五七《國史部·採撰門三》：“梁李琪，貞明中，歷兵、禮、吏侍郎。與張袞、郄殷象、馮錫嘉奉詔修撰《太祖實録》三十卷，叙述非工，事多漏略。復詔宰臣敬翔別纂成三十卷，目之曰大梁編遺，與實録偕行。”

翔妻劉氏，父爲藍田令。[1]廣明之亂，[2]劉爲巢將尚讓所得，[3]巢敗，讓攜劉降於時溥，[4]及讓誅，時溥納劉於妓室。太祖平徐，[5]得劉氏嬖之，屬翔喪妻，因以劉氏賜之。及翔漸貴，劉猶出入太祖卧内，翔情禮稍薄，劉於曲室讓翔曰：[6]“卿鄙余曾失身於賊耶？以成敗言之，尚讓巢之宰輔，時溥國之忠臣，論卿門第，辱我何甚，請從此辭！”翔謝而止之。[7]劉恃太祖之勢，[8]太祖四鎮時，劉已得“國夫人”之號。車服驕侈，婢媵皆珥珠翠，其下別置爪牙典謁，書幣聘使，交結藩鎮，近代婦人之盛，無出其右，權貴皆相附麗，寵信言事，不下於翔。當時貴達之家，從而效之，敗俗之甚也。《永樂大典》卷一萬八千四百二十四。[9]

[1]藍田：縣名。治所在今陝西藍田縣。

[2]廣明之亂：廣明元年（880）底，黃巢起義軍拿下潼關，進入長安，唐僖宗逃入四川。

[3]尚讓：人名。黃巢部將，後爲時溥所殺。事見《舊唐書》卷二〇〇下、《新唐書》卷二二五下。

[4]時溥：人名。徐州彭城（今江蘇徐州市）人。唐末軍閥，平定了黃巢之亂，後割據徐州。傳見《舊唐書》卷一八二、《新唐書》卷一八八。

[5]徐：州名。治所在今江蘇徐州市。

[6]曲室：私室。

[7]"翔妻劉氏"至"翔謝而止之"：劉氏事亦見《新五代史》卷二一《敬翔傳》。

[8]劉恃太祖之勢：《輯本舊史》之案語："原本下有缺文。"

[9]《大典》卷一八四二四"敬"字韻"姓氏"事目。《輯本舊史》於傳末引《五代史補》："敬翔應《三傳》，數舉不第，發憤投太祖，願備行陣。太祖問曰：'足下通《春秋》久矣，今吾主盟，其爲戰欲效《春秋》時可乎？'翔曰：'不可。夫禮樂猶不相沿襲，況兵者詭道，宜其變化無窮。若復如《春秋》時，則所謂務虛名而喪其實效，大王之事去矣。'太祖大悦，以爲知兵，遽延之幕府，委以軍事，竟至作相。"

李振

李振，字興緒，唐潞州節度使抱真之曾孫也。[1]祖、父皆至郡守。振仕唐，自金吾將軍改台州刺史，[2]會盜據浙東，[3]不克之任，因西歸過汴，以策略干太祖，太祖奇之，辟爲從事。太祖兼領鄆州，署天平軍節度副使。[4]湖南馬殷爲朗州雷滿所逼，[5]振奉命馳往和解，

殷、滿皆禀命。^[6]

[1]潞州：州名。治所在今山西長治市。此處代指昭義軍。抱真：人名。即李抱真。涼州（今甘肅武威市）人。唐後期將領。傳見《舊唐書》卷一三二、《新唐書》卷一三八。　唐潞州節度使抱真之曾孫也：《新五代史》卷四三《李振傳》：“其祖抱真。”《通鑑》卷二六一光化元年（898）三月己丑條後作“振，抱真之曾孫也”。

[2]台州：州名。治所在今浙江台州市。　自金吾將軍改台州刺史：《宋本册府》卷七二九《幕府部·辟署門四》：“李振仕唐爲台州刺史。”同書卷七六六《總錄部·攀附門二》：“李振，字興緒，唐末爲台州刺史。不克莅事，因西歸，過汴，求謁見太祖。太祖與語，大奇之。辟爲從事，以講戎政。於是陳耕戰之計，進鳩合之策。尊王室以圖諸侯，獎帝道以雜霸業。嫉闍寺，敦儒術，尚名器，審刑罰。於是禮遇彌篤。後至戶部尚書，崇政院使。”《新五代史·李振傳》：“振爲唐金吾衛將軍，拜台州刺史。”

[3]浙東：方鎮名。浙江東道的簡稱。治所在越州（今浙江紹興市）。

[4]天平軍：方鎮名。治所在鄆州（今山東東平縣）。　節度副使：官名。唐、五代方鎮屬官。位於行軍司馬之下、判官之上。　太祖兼領鄆州署天平軍節度副使：亦見《宋本册府》卷六五二《奉使部·達王命門》。《新五代史·李振傳》：“太祖兼領鄆州，表振節度副使。”《通鑑》卷二六一光化元年三月己丑條後：“全忠以（韋）震爲天平留後，以前台州刺史李振爲天平節度副使。”

[5]馬殷：人名。許州鄢陵（今河南鄢陵縣）人。五代十國時期南楚開國君主。傳見本書卷一三三、《新五代史》卷六六。　朗州：州名。治所在今湖南常德市。　雷滿：人名。武陵（今湖南常德市武陵區）人。唐末軍閥。傳見《新唐書》卷一八六、本書卷

一七、《新五代史》卷四一。　　逼：《宋本册府》卷六五二作"迫"。

[6]"湖南馬殷"至"皆稟命"：《宋本册府》卷六五三《奉使部·稱旨門》："李振爲太祖從事。乾化二年，以馬殷初領湖南，爲雷滿所逼，帝以振骨鯁有辯，命馳往和解，殷、滿並稟命。"

光化三年十一月，[1]太祖遣振入奏於長安，舍於州邸，[2]邸吏程巖白振曰：[3]"劉中尉命其姪希貞來計大事，[4]欲上謁，願許之。"既至，巖乃先啓曰："主上嚴急，内官憂恐，左中尉欲行廢黜之事，巖等協力以定中外，敢以事告。"振顧希貞曰："百歲奴事三歲主，亂國不義，廢君不祥，非敢聞也。況梁王以百萬之師匡輔天子，禮樂尊戴，猶恐不及，幸熟計之。"希貞大沮而去。[5]及振復命，劉季述等果作亂，程巖率諸道邸吏牽帝下殿，以立幼主，奉昭宗爲太上皇。振至陝，[6]陝已賀矣。護軍韓彝範言其事，[7]振曰："懿皇初昇遐，[8]韓中尉殺長立幼，以利其權，遂亂天下，今將軍復欲爾耶！"彝範即文約孫也，[9]由是不敢言。

[1]光化三年十一月：中華書局本有校勘記："原作'光啓'，據《册府》卷七二一、《通鑑》卷二六二改。按劉季述廢昭宗事，在光化年間，光啓爲唐僖宗年號。"見明本《册府》卷七二一《幕府部·謀畫門二》。

[2]州邸：官署名。即進奏院。唐、五代藩鎮皆置邸於京師，爲駐京城的辦事機構。肅宗、代宗時稱上都留後院，大曆十二年（777）改稱上都進奏院，簡稱留邸、進奏務。以進奏官主其事，掌傳送文書、情報，主持本鎮進奉。憲宗時，一度掌本鎮飛錢兑換之事。五代時，州郡不隸藩鎮者，亦置邸京師。

[3]邸吏：泛指守邸官吏。　　程巖：人名。籍貫不詳。唐末梁國派駐京師的進奏院官，參與謀廢唐昭宗，後被朱溫械殺。事見《舊唐書》卷二〇、本書本卷。

[4]劉中尉：人名。即劉季述。籍貫不詳。唐末宦官。顯於唐僖宗、唐昭宗時期，累遷至樞密使。傳見《新唐書》卷二〇八。中尉，指神策軍中尉。唐德宗朝以後，左右神策軍各置護軍中尉一人，由宦官充任，統領禁軍。　　希貞：人名。即劉希貞。或作“劉希正”。籍貫不詳。劉季述之侄。事見《新唐書》卷二〇八、本書本卷。《舊五代史考異》：“案：原本作‘希直’，今據《通鑑》改正。”見《通鑑》卷二六二光化三年（900）十二月戊辰條《考異》所引《舊史·李振傳》。

[5]“太祖遣振入奏於長安”至“希貞大沮而去”：《輯本舊史》之案語：“《通鑑考異》疑李振之拒希貞爲誤，謂李振若已立異，豈敢復入長安與崔胤謀反正乎！今考《梁祖紀》亦云‘李振自長安使迴’，當時季述懼汴梁兵力，固不能阻李振之往來。《薛史》所書，宜可徵信。”見《通鑑》卷二六二光化三年十二月戊辰條《考異》、《輯本舊史》卷二《梁太祖紀二》光化三年條。《新五代史》卷四三《李振傳》：“振奏事長安，舍梁邸。宦官劉季述謀廢昭宗，遣其姪希正因梁邸吏程巖見振曰：‘今主上嚴急，誅殺不辜，中尉懼及禍，將行廢立，請與諸邸吏協力以定中外，如何？’振駭然曰：‘百歲奴事三歲主，而敢爾邪！今梁王百萬之師，方仗大義尊天子，君等無爲此不祥也！’”《新唐書》卷二〇八《劉季述傳》：“（劉季述）外約朱全忠爲兄弟，遣從子希正與汴邸官程巖謀廢帝。會全忠遣天平節度副使李振上計京師，巖因曰：‘主上嚴急，內外惴恐，左軍中尉欲廢昏立明，若何？’振曰：‘百歲奴事三歲郎主，常也。亂國不義，廢君不祥，非吾敢聞。’希正大沮。”

[6]陝：州名。治所在今河南三門峽市陝州區。

[7]護軍：官名。即神策軍護軍中尉。　　韓彝範：人名。籍貫不詳。事見本書本卷。

[8]懿皇：即唐懿宗。

[9]文約：人名。即韓文約。韓全誨養父。籍貫不詳。唐末宦官。曾參與擁立唐僖宗李儇。事見《舊唐書》卷一九下。

　　振東歸，太祖方在邢洺，[1]遽還于汴，大計未決，季述遣養子希度以唐之社稷欲輸于太祖，[2]又遣供奉官李奉本、副介支彥勳詐齎上皇誥諭至，[3]皆季述黨也。太祖未及迎命，振入言曰[4]：“夫豎刁、伊戾之亂，[5]所以資霸者之事也。今閹豎幽辱天子，王不能討，[6]無以令諸侯。”時監軍使劉重楚，季述兄也，[7]舊相張濬[8]寓於河南緱氏，[9]亦來謂太祖曰：“同中官則事易濟，且得所欲。”唯振堅執不改，獨曰：“行正道則大勳可立。”太祖英悟，忽屬色曰：“張公勸我同救使，欲傾附自求宰相耶？”[10]乃定策縶僞使李奉本、支彥勳與希度等，即日請振將命于京師，與宰相謀返正。[11]未幾，劉季述伏誅，昭宗復帝位，太祖聞之喜，召振，執其手謂之曰：“卿所謀是吾本志，穹蒼其知之矣！”自是益重之。[12]

　　[1]邢洺：方鎮名。治所在邢州（今河北邢臺市）。

　　[2]希度：人名。即劉希度。籍貫不詳。劉季述養子。事見本書本卷。

　　[3]供奉官：官名。泛指侍奉皇帝左右的臣僚，亦爲東、西頭供奉官通稱。　李奉本：人名。籍貫不詳。事見本書本卷。《舊五代史考異》：“案：原本脫‘奉本’二字，據本傳增入。”　副介：副使。　支彥勳：人名。籍貫不詳。事見本書本卷。

　　[4]振入言曰：中華書局本有校勘記：“‘入’，原作‘又’，據

《册府》卷七二一改。《新唐書》卷二〇八《劉季述傳》敍其事作‘李振入見曰’。”見明本《册府》卷七二一《幕府部・謀畫門二》。

　　[5]豎刁：人名。籍貫不詳。或作“豎刀”“豎貂”。春秋時齊桓公寵臣。齊相管仲死後，與易牙等專權。桓公死後，與易牙等殺害大臣，逐太子昭，立公子無詭，致齊國大亂。事見《史記》卷三二。　伊戾：人名。即惠墻伊戾。籍貫不詳。春秋時宋平公太子痤宫内宦官之長。誣陷太子謀亂，致其自縊，後被宋平公烹殺。事見《左傳・襄公二十六年》。

　　[6]王不能討：中華書局本有校勘記：“‘王’字原闕，據彭校、本書卷二《梁太祖紀二》、《册府》卷七二一補。”《宋本册府》卷一八七《閏位部・勳業門五》亦作“王不能討”。

　　[7]監軍使：官名。爲臨時差遣，代表朝廷協理軍務，督察將帥。五代時常以宦官爲監軍。　劉重楚：人名。籍貫不詳。劉季述之兄。事見本書本卷。　季述兄也：中華書局本有校勘記：“句下《册府》卷七二一有‘固黨其族’四字。”

　　[8]張濬：人名。宿州符離（今安徽宿州市埇橋區）人。唐僖宗時爲户部侍郎、同中書門下平章事，唐昭宗時爲尚書左僕射。後被朱温所殺。傳見《舊唐書》卷一七九、《新唐書》卷一八五。

　　[9]緱氏：縣名。治所在今河南偃師市東南。

　　[10]欲傾附自求宰相耶：句上明本《册府》卷七二一有“是”字。　“時監軍使劉重楚”至“欲傾附自求宰相耶”：《輯本舊史》之案語：“《舊唐書・昭宗紀》：崔胤與前左僕射張濬告難于全忠。《張濬傳》亦云：德王廢立之際，濬致書諸藩，請圖匡復。《薛史》作張濬黨于季述，爲梁祖所拒，與《舊唐書》異。”見《舊唐書》卷二〇上《昭宗紀》、卷一七九《張濬傳》。

　　[11]“乃定策繫僞使李奉本”至“與宰相謀返正”：《宋本册府》卷一八七繫於光化元年（898）。《新唐書・劉季述傳》：“季述子希度至汴，言廢立本計，又遣李奉本齎示太上皇誥，全忠狐疑不决。李振入見曰：‘豎刁、伊戾之亂，以資霸者。今閹奴幽劫天子，

公不討，無以令諸侯。’乃囚希度、奉本，遣振至京師與胤謀。”
《通鑑》卷二六二光化三年條：“朱全忠在定州行營，聞亂，丁未，
南還；十二月，戊辰，至大梁。季述遣養子希度詣全忠，許以唐社
稷輸之；又遣供奉官李奉本以太上皇誥示全忠。全忠猶豫未決，會
僚佐議之，或曰：‘朝廷大事，非藩鎮所宜預知。’天平節度副使李
振獨曰：‘王室有難，此霸者之資也。今公爲唐桓、文，安危所屬。
季述一宦豎耳，乃敢囚廢天子，公不能討，何以復令諸侯！且幼主
位定，則天下之權盡歸宦官矣，是以太阿之柄授人也。’全忠大悟，
即囚希度、奉本，遣振如京師詗事。既還，又遣親吏蔣玄暉如京
師，與崔胤謀之；又召程巖赴大梁。”“即日”至“謀返正”，明本
《冊府》卷七二一作：“即日召程巖折足械至鎮，杖殺之。請振將命
於京師，遂與宰臣謀返正。”

[12] “未幾”至“自是益重之”：《舊唐書》卷二〇上《昭宗
紀》天復三年（903）春正月癸卯朔條，車駕在鳳翔。辛亥條，
“全忠令判官李振入奏，上令翰林學士姚洎傳宣，令全忠喚崔胤令
率文武百僚來迎駕”。天祐元年八月壬寅條，“全忠令判官李振自河
中至洛陽，與友恭等圖之”。是夜二鼓，蔣玄暉選龍武衙官史太等
百人叩內門，言軍前有急奏面見上。史太弒帝。《通鑑》卷二六二
天復元年正月己丑條，“朱全忠聞劉季述等誅，折程巖足，械送京
師，并劉希度、李奉本等皆斬於都市，由是益重李振”。同書卷二
六三天復三年正月條：“己酉，遣韓偓及趙國夫人詣全忠營；又遣
使囊全誨等二十餘人首以示全忠，曰：‘矗來脅留車駕，懼罪離間，
不欲協和，皆此曹也。今朕與茂貞決意誅之，卿可曉諭諸軍以豁衆
憤。’辛亥，全忠遣觀察判官李振奉表入謝。”同書卷二六五天祐元
年（904）八月壬寅條：“全忠方引兵西討，以帝有英氣，恐變生於
中，欲立幼君，易謀禪代。乃遣判官李振至洛陽，與玄暉及左龍武
統軍朱友恭、右龍武統軍氏叔琮等圖之。”

天祐二年春正月，太祖召振謂曰："王師範來降易歲，[1]尚處故藩，今將奏請徙授方面，其爲我馳騎，以茲意達之。"[2]振至青州，[3]師範即日出公府，以節度、觀察二印及文簿管鑰授於振。師範雖已受代，而疑撓特甚，屢揮泣求貸其族，振因以切理論之曰："公不念張繡事耶！[4]漢末繡屢與曹公立敵，豈德之耶？及袁紹遣使招繡，[5]賈詡曰：[6]'袁家父子自不相容，何能主天下英士，曹公挾天子令諸侯，其志大，不以私讎爲意，不宜疑之。'今梁王亦然，豈以私怨害忠賢耶！"[7]師範洗然大悟，翌日以其族西遷。[8]太祖乃表振爲青州留後，未幾，徵還。

[1]王師範：人名。青州（今山東青州市）人。唐末、五代軍閥。傳見本書卷一三、《新五代史》卷四二。"王師範"三字上，《册府》有"青州"二字

[2]"天祐二年春正月"至"以茲意達之"：亦見於《宋本册府》卷六六〇《奉使部·敏辯門二》，唯《册府》作天祐初事。《通鑑》卷二六五天祐二年（905）正月庚午條，"朱全忠命李振知青州事，代王師範"。

[3]青州：州名。治所在今山東青州市。

[4]張繡：人名。武威祖厲（今甘肅靖遠縣）人。東漢末年驃騎將軍張濟族子。初爲縣史，後隨張濟、李傕屢擊呂布，以軍功遷建忠將軍，封宣威侯。張濟死，他代領其衆，投降曹操，不久又叛。官渡之戰時，他聽從賈詡之計，復降操，拜揚武將軍。卒後謚定侯。傳見《三國志》卷八。

[5]袁紹：人名。汝南汝陽（今河南商水縣）人。東漢末年的地方軍閥。建安五年（200），在官渡之戰中敗於曹操，不久病死。

傳見《後漢書》卷七四上、《三國志》卷六。

[6]賈詡：人名。武威姑臧（今甘肅武威市）人。東漢末年、三國謀臣。傳見《三國志》卷一〇。

[7]梁王：即後梁太祖朱温。 然：原闕，據《宋本册府》卷六六〇補。 私怨：《輯本舊史》之影庫本粘籤：“私怨，原本作‘私恕’，今據文改正。”《宋本册府》卷六六〇作“私怒”。

[8]洗然：原作“灑然”，據《宋本册府》卷六六〇、《新五代史》卷四三《李振傳》改。 師範洗然大悟翌日以其族西遷：中華書局本有校勘記：“‘西’字原闕，據《册府》卷六六〇、《通鑑》卷二六五補。按本書卷一三《王師範傳》：‘師範舉家徙汴。’”《通鑑》卷二六五天祐二年二月條：“李振至青州，王師範舉族西遷，至濮陽，素服乘驢而進；至大梁，全忠客之。表李振爲青州留後。”

　　唐自昭宗遷都之後，王室微弱，朝廷班行，備員而已。振皆頤指氣使，旁若無人，朋附者非次獎升，[1]私惡者沈棄。振每自汴入洛，朝中必有貶竄，故唐朝人士目爲“鴟梟”。[2]天祐中，唐宰相柳璨希太祖旨，[3]譖殺大臣裴樞、陸扆等七人於滑州白馬驛。[4]時振自以咸通、乾符中嘗應進士舉，[5]累上不第，尤憤憤，乃謂太祖曰：“此輩自謂清流，宜投於黄河，永爲濁流。”太祖笑而從之。[6]

[1]朋附者非次獎升：中華書局本有校勘記：“‘朋’原作‘明’，據殿本、劉本、孔本、彭校改。”

[2]鴟（chī）梟（xiāo）：鴟和梟。古代傳説梟會食母，鴟是猛禽。比喻凶惡殘暴的人。 “振每自汴入洛”至“鴟梟”：《通

鑑》卷二六五天祐二年六月戊子條："振每自汴入洛，朝廷必有竄逐者，時人謂之鴟梟。見朝士皆頤指氣使，旁若無人。"

[3]柳璨：中華書局本有校勘記："原作'柳燦'，據殿本、孔本改。按《舊唐書》卷一七九、《新唐書》卷二二三下有《柳璨傳》。"

[4]裴樞：人名。絳州聞喜（今山西聞喜縣）人。唐末宰相。傳見《舊唐書》卷一一三、《新唐書》卷一四〇。　陸扆：人名。蘇州嘉興（今浙江嘉興市）人。唐德宗朝宰相陸贄族孫。唐昭宗朝宰相。傳見《新唐書》卷一八三。　白馬驛：地名。位於唐代滑州白馬縣（今河南滑縣）。

[5]咸通：唐懿宗李漼年號（860—874）。

[6]"天祐中"至"太祖笑而從之"：事亦見《新五代史》卷四三《李振傳》、《新唐書》卷一四〇《裴樞傳》。《通鑑》卷二六五天祐二年（905）五月乙丑條，彗星長竟天。"柳璨恃朱全忠之勢，恣爲威福。會有星變，占者曰：'君臣俱災，宜誅殺以應之。'璨因疏其素所不快者於全忠曰：'此曹皆聚徒橫議，怨望腹非，宜以之塞災異。'李振亦言於朱全忠曰：'朝廷所以不理，良由衣冠浮薄之徒紊亂綱紀；且王欲圖大事，此曹皆朝廷之難制者也，不若盡去之。'全忠以爲然。癸酉，貶獨孤損爲棣州刺史，裴樞爲登州刺史，崔遠爲萊州刺史。乙亥，貶吏部尚書陸扆爲濮州司户，工部尚書王溥爲淄州司户。庚辰，貶太子太保致仕趙崇爲曹州司户，兵部侍郎王贊爲濰州司户。自餘或門胄高華，或科第自進，居三省臺閣，以名檢自處，聲迹稍著者，皆指爲浮薄，貶逐無虛日，搢紳爲之一空。""六月，戊子朔，敕裴樞、獨孤損、崔遠、陸扆、王溥、趙崇、王贊等並所在賜自盡。時全忠聚樞等及朝士貶官者三十餘人於白馬驛，一夕盡殺之，投尸于河。初，李振屢舉進士，竟不中第，故深疾搢紳之士，言於全忠曰：'此輩常自謂清流，宜投之黃河，使爲濁流！'全忠笑而從之。"

洎太祖受禪，自宣義軍節度副使、檢校司徒授殿中監，[1]累遷户部尚書。[2]庶人友珪篡立，代敬翔爲崇政院使。[3]末帝即位，趙、張二族用事，遂爲所間，謀猷獻替，多不見從，振每稱疾避事。[4]龍德末，[5]閑居私第將期矣，晉主入汴，振謁見首罪，郭崇韜指振謂人曰：[6]"人言李振乃一代奇才，吾今見之，乃常人耳！"會段凝等疏梁氏權要之臣，振與敬翔等同日族誅。[7]《永樂大典》卷一萬三百八十六。[8]

[1]殿中監：官名。殿中省長官。掌宫廷供奉之事。從三品。

[2]"洎太祖受禪"至"累遷户部尚書"：《輯本舊史》卷一四九《職官志》："梁開平四年十二月，以李振爲建昌宫副使。"《宋本册府》卷八《帝王部·創業門四》字跡殘闕，故據明本《册府》：唐天祐八年（911）二月"己未，魏帥羅周翰出兵五千，塞石灰窰口，周德威以騎三千掩擊，迫入觀音門。帝舍於狄公祠，東西列營十數。羅周翰閉壁自固，我軍攻西南北隅，城幾陷。朱温遣杜廷隱將兵五百送李振爲魏博副使，夜入鄴城"。《宋本册府》卷四一四《將帥部·赴援門》："李振，爲天雄軍節度副使。乾化元年二月戊午，晉軍圍魏州，軍於南門。庚申，振與杜廷隱等自楊劉口偷路夜入鄴城，晉軍乃解圍而去。"同書卷六六〇《奉使部·敏辯門二》："梁李振，唐末爲太祖宣義節度副使。"《新五代史》卷四五《段凝傳》："（梁太祖）遷凝鄭州刺史，使監兵於河上。李振亟請罷之，太祖曰：'凝未有罪。'振曰：'待其有罪，則社稷亡矣！'然終不罷也。"《通鑑》卷二六六開平元年（907）五月戊戌條："禮部尚書蘇循及其子起居郎楷自謂有功於梁，當不次擢用；循朝夕望爲相。帝薄其爲人，敬翔及殿中監李振亦鄙之。"同書卷二六七乾化元年（911）二月己未條，"晉王至魏州，攻之，不克。上以羅周翰年少，

且忌其舊將佐，庚申，以户部尚書李振爲天雄節度副使，命杜廷隱將兵千人衛之，自楊劉濟河，間道夜入魏州，助周翰城守”。

[3] 庶人友珪篡立代敬翔爲崇政院使：《新五代史》卷三《梁末帝紀》：乾化二年六月條，太祖遇弒，友珪自立，以“敬翔爲中書侍郎、同中書門下平章事，户部尚書李振爲崇政院使”。其事亦見《新五代史》卷二一《敬翔傳》。《宋本册府》卷九三一《總録部·枉横門》：均王平内難，“（李）班與崇政院使李振偕北走，將投軍，落遇群卒於禁外。振中傷，而班尤甚”。《通鑑》卷二六八乾化二年九月條：“友珪以兵部尚書知崇政院事敬翔，太祖腹心，恐其不利於己，欲解其内職，死失人望，庚午，以翔爲中書侍郎、同平章事；壬申，以户部尚書李振充崇政院使。”同卷乾化三年二月庚寅旦條，“袁象先等帥禁兵數千人突入宫中”。“諸軍十餘萬大掠都市，百司逃散”，“宣政使李振被傷，至晡乃定”。

[4] “末帝即位”至“稱疾避事”：《輯本舊史》卷九《梁末帝紀中》梁末帝貞明四年（918）四月甲寅條，“以刑部郎中、充史館修撰竇專爲翰林學士。初，學士竇夢徵草錢鏐麻，貶蓬萊尉，帝召專入翰林，遣崇政使李振問宰相云：‘專是宰臣蕭頃女婿，令中書商量可否？’中書奏曰：‘宰相親情，不居清顯，避嫌之道，雖著舊規，若蒙特恩，亦有近例，固不妨事。’帝乃可之”。《輯本舊史》卷六七《李愚傳》：“衡王入朝，重臣李振輩皆致拜，惟愚長揖。末帝讓之曰：‘衡王朕之兄，朕猶致拜，崇政使李振等皆拜，爾何傲耶！’對曰：‘陛下以家人禮兄，振等私臣也。臣居朝列，與王無素，安敢諂事。’其剛毅如此。”事亦見《宋本册府》卷四六〇《臺省部·正直門》、《新五代史》卷五四《李愚傳》。《輯本舊史》卷六九《崔貽孫傳》：“李振貶均州，貽孫曲奉之。振入朝，貽孫累遷丞郎。”亦見《宋本册府》卷九一七《總録部·改節門》。《輯本舊史》卷七三《段凝傳》：“凝納賂於趙、張二族，求爲招討使，敬翔、李振極言不可，竟不能止。”亦見明本《册府》卷四四〇《將帥部·交結門》。《輯本舊史》卷九三《鄭雲叟傳》：

"雲叟與梁室權臣李振善，振欲禄之，拒而不諾，及振南遷，雲叟千里徒步以送之，識者高焉。"亦見《宋本册府》卷八〇五《總録部·高潔門》、明本《册府》卷八一〇《總録部·隱逸門二》、《新五代史》卷三四《鄭遨傳》。《通鑑》卷二六九貞明元年十月壬子條："（趙）巖等依勢弄權，賣官鬻獄，離間舊將相，敬翔、李振雖爲執政，所言多不用。振每稱疾不預事，以避趙、張之族，政事日紊，以至於亡。"貞明二年正月："帝聞前河南府參軍李愚學行，召爲左拾遺，充崇政院直學士。衡王友諒貴重，李振等見，皆拜之，愚獨長揖，帝聞而讓之，曰：'衡王於朕，兄也，朕猶拜之，卿長揖，可乎?'對曰：'陛下以家人禮見衡王，拜之宜也。振等陛下家臣；臣於王無素，不敢妄有所屈。'久之，竟以抗直罷爲鄧州觀察判官。"同書卷二七二同光元年（923）八月條："初，梁主遣段凝監大軍於河上，敬翔、李振屢請罷之，梁主曰：'凝未有過。'振曰：'俟其有過，則社稷危矣。'至是，凝厚賂趙、張求爲招討使，翔、振力爭以爲不可；趙、張主之，竟代王彥章爲北面招討使，於是宿將憤怒，士卒亦不服。"

[5]龍德：後梁末帝朱友貞年號（921—923）。

[6]郭崇韜：人名。代州雁門（今山西代縣）人。後唐大臣。傳見本書卷五七、《新五代史》卷二四。

[7]"晋主入汴"至"同日族誅"：《輯本舊史》卷一八《敬翔傳》："及晋主陷都城，有詔赦梁氏臣僚，李振謂翔曰：'有制洗滌，將朝新君。'翔曰：'新君若問，其將何辭以對！'是夜，翔在高頭里第，宿於車坊。欲曙，左右報曰：'崇政李太保已入朝。'翔返室嘆曰：'李振謬爲丈夫耳！朱氏與晋仇讎，我等始同謀畫，致君無狀，今少主伏劍于國門，縱新朝赦罪，何面目入建國門也。'乃自經而卒。"事亦見明本《册府》卷三一五《宰輔部·公忠門》、《新五代史·敬翔傳》。《輯本舊史》卷三〇《唐莊宗紀四》同光元年十月壬午條，莊宗下詔曰："朕既殄僞庭，顯平國患。好生之令，含弘雖切於予懷；懲惡之規，決斷難違於衆請。況趙巖、趙鵠等，

自朕收城數日，布惠四方，尚匿迹以潛形，罔悛心而革面，須行赤族，以謝衆心。其張漢傑昨於中都與王彥章同時俘獲，此際未詳行止，偶示哀矜。今既上將陳詞，群情激怒，往日既彰於僭濫，此時難漏於網羅，宜置國刑，以塞群論。除妻兒骨肉外，其他疏屬僕使，並從釋放。敬翔、李振，首佐朱溫，共傾唐祚，屠害宗屬，殺戮朝臣，既寰宇以皆知，在人神而共怒。敬翔雖聞自盡，未豁幽冤，宜與李振並族於市。疏屬僕使，並從原宥。朱珪素聞狡蠹，唯務讒邪，鬭惑人情，枉害良善，將清内外，須切去除，況衆狀指陳，亦宜誅戮。契丹撒剌阿撥，既棄其母，又背其兄。朕比重懷來，厚加恩渥，看同骨肉，錫以姓名，兼分符竹之榮，疊被頒宣之渥。而乃輒辜重惠，復背明廷，罔顧欺違，竄歸僞室，既同梟獍，難貸刑章，可并妻子同戮於市。其朱氏近親，趙鵠正身，趙巖家屬，仰嚴加擒捕。其餘文武職員將校，一切不問。”是日，趙巖、張希逸、張漢傑、張漢倫、張漢融、朱珪、敬翔、李振及契丹撒剌阿撥等，并其妻孥，皆斬於汴橋下。又詔除毀朱氏宗廟神主，僞梁二主並降爲庶人。”亦見《宋本册府》卷一五四《帝王部·明罰門三》。《新五代史》卷五《唐莊宗紀下》同光元年冬十月丙戌條：“殺李振、趙巖、張漢傑、朱珪，滅其族。”亦見《新五代史》卷四三《李振傳》。《通鑑》卷二七二同光元年十月戊寅條：皇甫麟遂弑梁主，因自殺，“梁主爲人温恭約，無荒淫之失；但寵信趙、張，使擅威福，疏棄敬、李舊臣，不用其言，以至於亡”。同月己卯條：“李振謂敬翔曰：‘有詔洗滌吾輩，相與朝新君乎？’翔曰：‘吾二人爲梁宰相，君昏不能諫，國亡不能救，新君若問，將何辭以對！’是夕未曙，或報翔曰：‘崇政李太保已入朝矣。’翔歎曰：‘李振謬爲丈夫！朱氏與新君世爲仇讎，今國亡君死，縱新君不誅，何面目入建國門乎！’乃縊而死。”同月丙戌條，詔：“敬翔、李振首佐朱溫，共傾唐祚；契丹撒剌阿撥叛兄棄母，負恩背國，宜與巖等並族誅於市；自餘文武將吏一切不問。”

　　[8]《大典》卷一〇三八六“李”字韻“姓氏（三一）”

事目。

　　史臣曰：文蔚、貽矩，皆唐朝之舊臣，遇梁室之强
禪，奉君命以來使，狎神器以授之，逢時若斯，亦爲臣
者之不幸也。抑不爲其相，不亦善乎！杜曉著文雅之
稱，張策有沖淡之量，咸登台席，無忝士林。敬翔、李
振，始輔霸圖，終成帝業。及國之亡也，一則殞命以明
節，一則視息以偷生，以此較之，翔爲優矣。振始有
“濁流”之言，終取赤族之禍，報應之事，固以昭然。
《永樂大典》卷一萬三百八十八。[1]

　　[1]《大典》卷一〇三八八“李”字韻“姓氏（三三）”
事目。

舊五代史　卷一九

梁書十九

列傳第九

氏叔琮

　　氏叔琮，尉氏人也。[1] 唐中和末，[2] 應募爲騎軍，初隸於龐師古爲伍長。[3] 叔琮壯勇沈毅，膽力過人。太祖討巢、蔡於陳、許間，[4] 叔琮奮擊，首出諸校，太祖壯之，自行伍間擢爲後院馬軍都將。[5] 時東伐徐、鄆，[6] 多歷年所，叔琮身當矢石，奮不顧命，觀者許焉。[7] 累遷爲指揮使，[8] 尋奏授宿州刺史、檢校右僕射。[9] 太祖伐襄陽，[10] 叔琮失利，[11] 降爲陽翟鎮遏使。[12] 尋又捍禦晉軍於洹水有功，[13] 遷曹州刺史。[14]

　　[1] 尉氏：縣名。治所在今河南尉氏縣。
　　[2] 中和：唐僖宗李儇年號（881—885）。
　　[3] 龐師古：人名。曹州（今山東曹縣）人。唐末、五代將

領。傳見本書卷二一、《新五代史》卷二一。　　伍長：軍吏名。軍中五人之長。西周置，後世多沿之。

[4]巢：人名。即黃巢。曹州冤句（今山東菏澤市）人。唐末農民起義領袖。傳見《舊唐書》卷二〇〇下、《新唐書》卷二二五下。　　蔡：州名。治所在今河南汝南縣。此處代指秦宗權。　　陳：州名。治所在今河南淮陽縣。　　許：州名。治所在今河南許昌市。

[5]都將：官名。唐、五代時方鎮屬將。

[6]徐：州名。治所在今江蘇徐州市。　　鄆：州名。治所在今山東東平縣。

[7]"時東伐徐鄆"至"觀者許焉"：亦見明本《册府》卷三四六《將帥部·佐命門七》。《輯本舊史》卷二六《唐武皇紀下》乾寧三年（896）條："三月，武皇大掠相、魏諸邑，攻李固、洹水，殺魏兵萬餘人，進攻魏州。五月，汴將葛從周、氏叔琮引兵赴援。"同書卷一六《葛從周傳》："五月，并帥以大軍侵魏，遣其子落落率二千騎屯洹水，從周以馬步二千人擊之，殺戮殆盡，擒落落於陣，并帥號泣而去。遂自洹水與龐師古渡河擊鄆。"同書卷五三《李存信傳》："武皇怒，大出師攻魏博，屠陷諸邑。五月，存信軍於洹水。汴將葛從周、氏叔琮來援魏人，存信與鐵林都將落落遇汴人於洹水南，汴人爲陷馬坎以待之，存信戰敗，落落被擒。"《新五代史》卷一《梁太祖紀上》乾寧三年五月條："戰于洹水，擒克用子落落，送于魏，殺之。"

[8]指揮使：官名。唐末、五代軍隊多置都指揮使、指揮使，爲統兵將領。

[9]宿州：州名。治所在今安徽宿州市。　　刺史：官名。漢武帝時始置。州一級行政長官，總掌考核官吏、勸課農桑、地方教化等事。唐中期以後，節度、觀察使轄州而設，刺史爲其屬官，職任漸輕。從三品至正四品下。　　檢校右僕射：官名。右僕射爲隋、唐宰相名號。檢校右僕射爲散官或加官，以示恩寵，無實際執掌。明本《册府》卷三四六作"檢校左僕射"。

[10]襄陽：縣名。治所在今湖北襄陽市。

[11]太祖伐襄陽叔琮失利：《輯本舊史》之案語：“《舊唐書》：光化元年七月，汴將氏叔琮陷趙匡凝之隨、唐、鄧等州。考《薛史·康懷英傳》云：從氏叔琮伐襄漢，懷英以一軍攻下鄧州。《趙匡凝傳》云：太祖遣氏叔琮伐之，匡凝懼，乞盟。是役也，實以勝歸，而《薛史》言其失利，疑別有據。《歐陽史》作攻襄陽，戰數敗，因《薛史》原文而增益其辭，與《舊唐書》異。”見《舊唐書》卷二〇上《昭宗紀》，《輯本舊史》卷一七《趙匡凝傳》、卷二三《康懷英傳》。《宋本册府》卷一八七《閏位部·勳業門五》：光化元年（898），“七月，帝遣氏叔琮率師伐之（趙匡凝）。未幾，其泌州刺史趙璠越壙來降，隨州刺史趙璘臨陣就擒”。亦見於《輯本舊史》卷二《梁太祖紀二》。《新五代史·梁太祖紀上》光化元年七月條：“襄州趙匡凝自其父德諲時來附，匡凝又與楊行密、李克用通，而其事泄。七月，遣氏叔琮、康懷英攻匡凝，取其泌、隨、鄧三州。匡凝請和，乃止。”同書卷四一《趙匡凝傳》：“是時，梁已破兗、鄆，遣氏叔琮、康懷英等攻匡凝，叔琮取泌、隨二州，懷英取鄧州，匡凝懼，請盟，乃止。”《新唐書》卷一八六《趙匡凝傳》：“（全忠）使氏叔琮攻唐州，刺史趙匡璠降。進圍隨州，執刺史趙匡璘，斬首五千級；拔鄧州，執刺史國湘。匡凝懼，乞盟。”《通鑑》卷二六一光化元年七月丙申條：“全忠遣宿州刺史尉氏氏叔琮將兵伐之，丙申，拔唐州，擒隨州刺史趙匡璘，敗襄州兵於鄧城。”《通鑑》從《新唐書》卷一〇《昭宗紀》。

[12]陽翟：軍鎮名。治所在今河南禹州市。　鎮遏使：官名。軍鎮長官。掌軍鎮防守工作。

[13]晋軍：時河東節度使李克用爲晋王，故稱。　洹水：縣名。治所在今河北魏縣。因境有洹水，故名。

[14]曹州：州名。治所在今山東曹縣西北。　尋又捍禦晋軍於洹水有功遷曹州刺史：《舊唐書》卷二〇上《昭宗紀》光化二年四月條：“汴將氏叔琮由上黨進軍攻太原，出石會，爲沙陀擒其前鋒

將陳章，叔琮乃退去。”《輯本舊史》卷二六《唐武皇紀下》光化二年三月條：“汴將葛從周、氏叔琮自土門陷承天軍，又陷遼州，進軍榆次。武皇令周德威擊之，敗汴軍於洞渦驛，叔琮棄營而遁，德威追擊，出石會關，殺千餘人。汴人復陷澤州。”同書卷五六周德威傳：“光化二年三月，汴將氏叔琮率衆逼太原，有陳章者，以虓勇知名，衆謂之‘夜叉’，言於叔琮曰：‘晋人所恃者周陽五，願擒之，請賞以郡。’陳章嘗乘驄馬朱甲以自異。武皇戒德威曰：‘我聞陳夜叉欲取爾求郡，宜善備之。’德威曰：‘陳章大言，未知鹿死誰手。’他日致師，戒部下曰：‘如陣上見陳夜叉，爾等但走。’德威微服挑戰，部下僞退，陳章縱馬追之，德威背揮鐵樋擊墮馬，生獲以獻，由是知名。”《新唐書》卷二一八《沙陀傳》：“葛從周取承天軍，氏叔琮取遼州、樂平，進壁榆次，克用使周德威逐出之。”同書卷一八六《王處存傳》：“光化三年，朱全忠使張存敬攻幽州，以瓦橋潯潦，道祁溝關。（王）部方與劉守光厚，乃畀叔處直兵擾其尾，令騎將甄瓊章次義豐，而存敬游弈騎已至，且戰且引十餘里，執瓊章。而氏叔琮下深澤，執大將馬少安，圍祁州，屠之，斬刺史楊約，休兵十日。”《通鑑》卷二六二光化三年七月條：“劉仁恭將幽州兵五萬救滄州，營於乾寧軍，葛從周留張存敬、氏叔琮守滄州寨，自將精兵逆戰於老鴉堤，大破仁恭，斬首三萬級，仁恭走保瓦橋。秋，七月，李克用復遣都指揮使李嗣昭將兵五萬攻邢洺以救仁恭，敗汴軍於内丘。王鎔遣使和解幽、汴，會久雨，朱全忠召從周還。”

天復元年春，[1]領大軍攻拔澤、潞，[2]叔琮遂引兵北掠太原。[3]師還，除晋州節度使。[4]明年，太祖屯軍於岐下，[5]晋軍潛襲絳州，[6]前軍不利。晋軍恃勝攻臨汾，[7]叔琮嚴設備禦。乃於軍中選壯士二人深目虯鬚貌如沙陀者，[8]令就襄陵縣牧馬於道周。[9]蕃寇見之不疑，二人因雜其行間，俄而伺隙各擒一虜而來。[10]晋軍大驚，且疑有伏兵，遂退據蒲縣。[11]時太祖遣朱友寧將兵數萬赴應，[12]悉委叔琮節制。既至，諸將皆欲休軍，叔琮曰："若然，則賊必遁矣，遁則何功焉！"因夜出，潛師截其歸路，遇晋軍遊騎數百，盡殺之，遂攻其壘，拔之，斬獲萬餘衆，奪馬三百匹。[13]太祖聞之，喜謂左右曰："殺蕃賊，破太原，非氏老不可。"叔琮乃長驅收汾州，[14]與晋人轉戰，直抵并壘。[15]軍迴，[16]以其功奏加檢校司空。[17]自後累年，晋軍不敢侵軼。

[1]天復：唐昭宗李曄年號（901—904）。

[2]澤：州名。治所在今山西澤州縣。　潞：州名。治所在今山西長治市。

[3]太原：府名。治所在今山西太原市。

[4]晋州：州名。治所在今山西臨汾市。　節度使：官名。唐時在重要地區所設掌握一州或數州軍、民、財政的長官。　"天復元年春"至"除晋州節度使"：《舊唐書》卷二〇上《昭宗紀》天復元年（901）四月癸丑朔條："汴軍大舉攻太原，氏叔琮以兵三萬由天井關進攻澤潞，節度使孟遷以上黨降。叔琮長驅出圍柏，營于洞渦驛。葛從周率趙、魏、中山之兵由土門入，陷承天軍，與叔琮會。時屬大雨，芻糧不給，汴將保衆而還。"《輯本舊史》卷一二《密王友倫傳》："天復元年，岐、隴用兵，晋人乘虛侵於北鄙。友倫率徒兵三萬，徑往礬山，晋人望塵奔逸。友倫與氏叔琮等躡其轍，追至太原，摩壘挑戰，獲牛馬萬餘。"同書卷一六《葛從周傳》："天復元年三月，與氏叔琮討太原，從周以兗、鄆之衆，自土門路入，與諸軍會於晋陽城下，以糧運不給，班師。"同書卷二六《唐武皇紀下》天復元年四月條："汴將氏叔琮率兵五萬自太行路寇

澤潞，魏博大將張文恭領軍自新口入，葛從周領兗、鄆之衆自土門入，張歸厚以邢洺之衆自馬嶺入，定州王處直之衆自飛狐入，侯言以晉、絳之兵自陰地入。氏叔琮、康懷英營於澤州之昂車。武皇令李嗣昭將三千騎赴澤州援李存璋而歸，賀德倫、氏叔琮軍至潞州，孟遷開門迎，沁州刺史蔡訓亦以城降於汴，氏叔琮悉其衆趨石會關。是時，偏將李審建先統兵三千在潞州，亦與孟遷降於汴，及叔琮之入寇也，審建爲其鄉導。"五月條："汴軍皆退。氏叔琮軍出石會，周德威、李嗣昭以精騎五千躡之，殺戮萬計……氏叔琮既旋軍，過潞州，擄孟遷以歸。"同書卷五二《李嗣昭傳》："四月，汴將葛從周陷承天軍，氏叔琮營洞渦驛。太原四面，汴軍雲合，武皇憂迫，計無從出。嗣昭朝夕選精騎分出諸門，掩擊汴營，左俘右斬，或燔或擊，汴軍疲於奔命，又屬霖雨，軍多足腫腹疾，糧運不繼。五月，氏叔琮引退，嗣昭以精騎追之，汴軍委棄輜重兵仗萬計。"《宋本册府》卷一八七《閏位部・勳業門五》：三月，太祖"遣大將賀德倫、氏叔琮領大軍以伐太原，叔琮等自太行路入，魏博都將張文恭自磁州新口入，葛從周以兗、鄆之衆自土門路入，洺州刺史張歸厚以本軍自馬嶺入，定州以本軍自飛狐入，晉州侯言自陰地入。澤州刺史李存璋棄郡奔歸太原。叔琮引軍逼潞州，節度使遷乞降。河東屯將李審建、王周領步軍一萬、騎二千詣叔琮歸命，乃進軍趨太原。四月乙卯，大軍出石會關，營於洞渦驛。都將白奉國自井陘入，收承天軍。張歸厚引兵至遼州，刺史張鄂迎降。氏叔琮日與諸軍至陽城下，城中雖時出精騎來戰，然危蹙至甚，將謀遁矣。會叔琮以匱糧不給，遂班師"。亦見《輯本舊史》卷二《梁太祖紀二》、《新五代史》卷四《唐莊宗紀上》。《通鑑》卷二六二天復元年條："三月，癸未朔，朱全忠至大梁。癸卯，遣氏叔琮等將兵五萬攻李克用，入自太行……壬子，叔琮拔澤州，李存璋棄城走。叔琮進攻潞州，昭義節度使孟遷降之。河東屯將李審建、王周將步軍一萬、騎二千詣叔琮降；叔琮進趣晉陽。夏，四月，乙卯，叔琮出石會關，營於洞渦驛。張歸厚引兵至遼州，丁巳，遼州刺史張鄂降。別將白奉國會成德兵自井陘入，己未，拔承天軍，與叔琮烽火相應。""氏叔琮等引兵抵晉陽城下，數挑戰，城中大恐；李克用登城備禦，不遑飲食。時大雨積旬，城多頹壞，隨加完補。河東將李嗣昭、李嗣源鑿暗門，夜出攻汴壘，屢有殺獲；李存進敗汴軍於洞渦。時汴軍既衆，芻糧不給，久雨，士卒瘧利，全忠乃召兵還。五月，叔琮等自石會關歸，諸道軍亦退。河東將周德威、李嗣昭以精騎五千躡之，殺獲甚衆。……氏叔琮過上黨，孟遷挈族隨之南徙。"氏叔琮除晉州節度使，《新五代史》卷四三《氏叔琮傳》作晉州刺史，《新唐書》卷二二三下《氏叔琮傳》作晉慈觀察使。

[5]岐下：地名。岐山以下。此指鳳翔。

[6]絳州：州名。治所在今山西新絳縣。

[7]臨汾：地名。位於今山西臨汾市。

[8]沙陀：古部族名。原意爲沙漠。沙陀部源出西突厥。隋文帝開皇二年（582），突厥汗國分裂爲東、西突厥。處月部爲西突厥所屬部落，朱邪是處月的別部。唐初，處月部居於大磧（今古爾班通古特沙漠），因稱沙陀突厥。唐中期時，西突厥、處月部均已衰落，朱邪部遂自號沙陀，其首領以朱邪爲姓。事詳見《新唐書》卷二一八《沙陀列傳》、本書卷二五、《新五代史》卷四末歐陽修考證。參見樊文禮《沙陀的族源及其早期歷史》，《民族研究》1999年第6期。

[9]襄陵：縣名。治所在今山西襄汾縣襄陵鎮。《輯本舊史》之影庫本粘籤："襄陵，原本作'襄陽'，考襄陽非太原地名，據《歐陽史》作'襄陵'，今改正。"見《新五代史·氏叔琮傳》。道周：中華書局本有校勘記："'道周'，原作'道間'，據《冊府》卷三六七改。《新五代史》卷三一《氏叔琮傳》作'道旁'。"見《宋本冊府》卷三六七《將帥部·機略門七》。

[10]一虜：原作"一人"，據《宋本冊府》卷三六七、《新唐書·氏叔琮傳》改。

[11]蒲縣：縣名。治所在今山西蒲縣。

[12]朱友寧：人名。朱温之姪，唐末、五代將領。傳見本書卷一二、《新五代史》卷一三。

[13]奪馬三百匹：中華書局本有校勘記："'三百'，《册府》卷三六〇、《新唐書》卷二二三下《氏叔琮傳》作'三千'。"見《宋本册府》卷三六〇《將帥部·立功門一三》。

[14]汾州：州名。治所在今山西汾陽市。

[15]并：州名。治所在今山西太原市。

[16]"晋軍大驚"至"軍迴"：《輯本舊史》卷二六《唐武皇紀下》天復二年二月條："李嗣昭、周德威領大軍自慈、隰進攻晋、絳，營於蒲縣。乙未，汴將朱友寧、氏叔琮將兵十萬，營於蒲縣之南。乙巳，汴帥自領軍至晋州，德威之軍大恐。三月丁巳，有虹貫德威之營。戊午，氏叔琮率軍來戰，德威逆擊，爲汴人所敗，兵仗、輜車委棄殆盡。"此事亦見同書卷五二《李嗣昭傳》。《宋本册府》卷一八七："二月，聞晋軍大舉南下，聲言來援鳳翔，帝遣朱友寧帥師會晋州刺史氏叔琮以禦之，帝以大軍繼其後。三月，友寧、叔琮與晋軍戰于晋州之北，大敗之，生擒克用男廷鸞以獻。帝喜，謂左右曰：'此岐人之所恃也，今既如此，岐之變不久矣。'"同書卷三六七："圍晋陽，誡衆曰：'有病者殺而焚之。'三軍咸稱不病，因選精卒殿後，徐而退之。至石會關，留數馬及旌旗，虛設于高岡之上，晋人疑有伏兵，遂不敢追。時皆伏其謀也。"《新五代史·氏叔琮傳》："已而兵大疫，叔琮班師，令曰：'病不能行者焚之。'病者懼，皆言無恙，乃以精卒爲殿而還。石會，留數騎，以大將旗幟立于高岡，晋兵疑其有伏，乃不敢追。"《通鑑》卷二六三天復二年三月條："戊午，氏叔琮、朱友寧進攻李嗣昭、周德威營。時汴軍橫陳十里，而河東軍不過數萬，深入敵境，衆心恟懼。德威出戰而敗，密令嗣昭以後軍前去，德威尋引騎兵亦退。叔琮、友寧長驅乘之，河東軍驚潰，禽克用子廷鸞，兵仗輜重委棄略盡。朱全忠令叔琮、友寧乘勝遂攻河東。李克用聞嗣昭等敗，遣李存信以親兵逆之，至清源，遇汴軍，存信走還晋陽；汴軍取慈、隰、汾

三州。辛酉，汴軍圍晉陽，營於晉祠，攻其西門。周德威、李嗣昭收餘衆依西山得還。城中兵未集，叔琮攻城甚急，每行圍，褒衣博帶，以示閒暇。……壬戌，朱全忠還河中，遣朱友寧將兵西擊李茂貞軍於興平、武功之間。李嗣昭、李嗣源數將敢死士夜入氏叔琮營，斬首捕虜，汴軍驚擾，備禦不暇。會大疫，丁卯，叔琮引兵還。嗣昭與周德威將兵追之，及石會關，叔琮留數馬及旌旗於高岡之巔。嗣昭等以爲有伏兵，乃引去，復取慈、隰、汾三州。自是克用不敢與全忠争者累年。”

[17]以其功奏加檢校司空：《新唐書·氏叔琮傳》：“遷檢校司空，再進爲保大軍節度使。”

　　叔琮養士愛民，甚有能政。天復三年，爲鄜州留後，[1]尋眞領保大軍節度使、檢校司徒。[2]及昭宗東遷，[3]徵爲右龍武統軍，[4]以衛洛陽。天祐元年八月，[5]與朱友恭同受太祖密旨，[6]弑昭宗於大內。[7]既而責以軍政不理，貶白州司户。[8]尋賜自盡。叔琮將死，呼曰：“賣我性命，欲塞天下之謗，其如神理何！”[9]乾化二年，[10]詔許歸葬。《永樂大典》卷一萬八千一百二十六。[11]

　　[1]鄜州：州名。治所在今陝西富縣。　　留後：官名。唐五代節度使多以子弟或親信爲留後，以代行節度使職務，亦有軍士、叛將自立爲留後者。掌一州或數州軍政。

　　[2]保大軍：方鎮名。治所在鄜州（今陝西富縣）。

　　[3]昭宗：即唐昭宗李曄，888 年至 904 年在位。紀見《舊唐書》卷二〇上、《新唐書》卷一〇。

　　[4]右龍武統軍：官名。唐置六軍，分左、右羽林，左、右龍武，左、右神武，即“北衙六軍”。興元元年（784），六軍各置統

軍，以寵勳臣。五代沿之。其品秩，《唐會要》卷七一、《舊唐書》卷一一二記載爲“從二品”；《通鑑》卷二二九記載爲“從三品”。原作“右龍虎統軍”，據《舊唐書》卷二○下《哀帝紀》，《新五代史》卷四三《氏叔琮傳》，《新唐書》卷一○《哀帝紀》、卷二二三下《氏叔琮傳》，《通鑑》卷二六四天祐元年（904）閏四月戊申條、卷二六五天祐元年八月壬寅條改。《唐會要》卷七二《京城諸軍》：“（開元）二十六年十一月（五日），析左右羽林軍置龍武軍以左右萬騎營隸焉。”《五代會要》卷一二《京城諸軍》：“梁開平元年四月，改左右長直爲左右龍虎軍。”據此知唐禁軍爲龍武軍，非龍虎軍也；龍虎爲後梁禁軍名號。氏叔琮被徵爲右龍武統軍，繫於《通鑑》卷二六四天祐元年閏四月戊申條。

[5]天祐：唐昭宗李曄開始使用的年號（904）。唐哀帝李柷即位後沿用（904—907）。唐亡後，河東李克用、李存勗仍稱天祐，沿用至天祐二十年（923）。五代其他政權亦有行此年號者，如南吳、吳越等，使用時間長短不等。

[6]朱友恭：人名。壽春（今安徽壽縣）人。本姓李，朱溫養子。傳見《新唐書》卷二二三下、本書本卷。

[7]“天祐元年八月”至“弒昭宗於大内”：事在天祐元年八月壬寅，詳見《舊唐書》卷二○上《昭宗紀》、《新五代史》卷四三《李彦威傳》、《新唐書》卷二二三下《蔣玄暉傳》、《通鑑》卷二六五天祐元年八月壬寅條。

[8]貶白州司户：《輯本舊史》之案語：“《舊唐書·哀帝紀》：叔琮貶貝州司户。《歐陽史》作流嶺南，不言其地。考當時賜叔琮等死，其敕云：‘謫掾遐方，安能塞責？’若貝州近在河北，不得云遐方也。當從《薛史》作白州爲是。”《新唐書·氏叔琮傳》、《通鑑》卷二六五天祐元年十月甲午條亦作白州。

[9]“既而責以軍政”至“其如神理何”：《舊唐書·哀帝紀》、《新唐書·哀帝紀》、《通鑑》卷二六五，俱繫於天祐元年十月甲午條。《新五代史》卷四三《李振傳》：“太祖之弒昭宗也，遣振至京

師與朱友恭、氏叔琮謀之。昭宗崩，太祖問振所以待友恭等宜如何。振曰：'昔晋司馬氏殺魏君而誅成濟，不然，何以塞天下口？'太祖乃歸罪友恭等而殺之。"《新五代史》卷四三《李彥威傳》："太祖至洛，流彥威、叔琮嶺南，使張廷範殺之。彥威臨刑大呼曰：'賣我以滅口，其如神理何？'顧廷範曰：'勉之，公行自及。'遂見殺。"《新唐書·蔣玄暉傳》："全忠自河中來朝，（李）振曰：'晋文帝殺高貴鄉公，歸罪成濟。今宜誅友恭等，解天下謗。'全忠趨西內臨，對嗣天子自言弒逆非本謀，皆友恭等罪，因泣下，請討罪人。是時洛城旱，米斗直錢六百，軍有掠糴者，都人怨，故因以悅眾，執友恭、叔琮斬之。"《新唐書·氏叔琮傳》："全忠欲遷帝於洛，表爲右龍武統軍，與弒帝，故全忠請貶白州司户參軍，斬之。叔琮將死，呼曰：'朱温賣我以取容天下，神理謂何？'"《通鑑》卷二六五天祐元年十月條："先是，護駕軍士有掠米於市者，甲午，全忠奏朱友恭、氏叔琮不戢士卒，侵擾市肆，友恭貶崖州司户，復姓名李彥威，叔琮貶白州司户，尋皆賜自盡。彥威臨刑大呼曰：'賣我以塞天下之謗，如鬼神何！行事如此，望有後乎！'"考諸書，氏叔琮與李彥威之見殺，因李振之言及軍士掠米於市之事；且臨刑大呼者，多作李彥威，《新唐書·氏叔琮傳》則作叔琮。

［10］乾化：後梁太祖朱温年號（911—912），末帝朱友貞沿用（913—915）。

［11］《大典》卷一八一二六"將"字韻"五代後梁將（一）"事目。

朱友恭

朱友恭，壽春人，[1]本姓李，名彥威。丱角事太祖，[2]性穎利，善體太祖意，太祖憐之，因畜爲己子，賜姓，初名克讓，後改之。[3]時初建左長劍都，[4]以友恭董之。[5]從太祖四征，稍立軍功，累遷諸軍都指揮使、檢校左僕射。乾寧中，[6]授汝州刺史，[7]加檢校司空。[8]光化初，[9]淮夷侵鄂渚，[10]武昌帥杜洪來乞師，[11]太祖遣友恭將兵萬餘，濟江應援，引兵至龍沙、九江而還，[12]軍聲大振。時淮寇據黃州，[13]友恭攻陷其壁，獲賊將瞿章，俘斬萬計。[14]途經安陸，[15]因襲殺刺史武瑜，[16]盡收其衆，以功爲潁州刺史，[17]加檢校司徒。天復中，爲武寧軍留後。[18]天祐初，昭宗東遷洛邑，徵拜左龍武統軍，[19]以衛宮闕。尋與氏叔琮同受太祖密旨，弑昭宗於洛陽宮。[20]既而太祖自河中至，[21]責以慢於軍政，貶崖州司户，[22]仍復其本姓名，與氏叔琮同日賜死。[23]《永樂大典》卷二千三十一。[24]

[1]壽春：縣名。治所在今安徽壽縣。

[2]丱（guàn）角：古代少年頭髮束成兩角。指代少年。

[3]“朱友恭”至“後改之”：《輯本舊史》之案語：“《通鑑》云：友恭幼爲全忠家僮，全忠養以爲子。”見《通鑑》卷二五九景福二年（893）二月甲午條後。《新唐書》卷二二三下《朱友恭傳》：“友恭者，本李彥威也。壽州人，客汴州。殖財任俠，全忠愛而子畜之。”

[4]長劍：部隊番號。

[5]時初建左長劍都，以友恭董之：《通鑑》卷二五九景福二年二月甲午條後：“朱友裕圍彭城，時溥數出兵，友裕閉壁不戰。朱瑾宵遁，友裕不追，都虞候朱友恭以書譖友裕於全忠，全忠怒，驛書下都指揮使龐師古，使代之將，且按其事。書誤達於友裕，友裕大懼，以二千騎逃入山中，潛詣碭山，匿於伯父全昱之所。全忠夫人張氏聞之，使友裕單騎詣汴州見全忠，泣涕拜伏於庭；全忠命

左右捽抑，將斬之，夫人趨就抱之，泣曰：'汝捨兵衆，束身歸罪，無異志明矣。'全忠悟而捨之，使權知許州。"《輯本舊史》卷一二《朱友裕傳》、明本《册府》卷二九八《宗室部·不悌門》，亦記上述事，與《通鑑》異。《輯本舊史·朱友裕傳》曰："景福元年，總大軍伐徐。時朱瑾領兖、鄆之衆，爲徐戎外援，陣於彭門南石佛山下。友裕縱兵擊之，斬獲甚衆，瑾領殘黨宵遁。時都虞候朱友恭羽書聞於太祖，誣友裕按兵不追賊，太祖大怒。"《新五代史》卷一三《朱友裕傳》從《輯本舊史》，較簡。

[6]乾寧：唐昭宗李曄年號（894—898）。

[7]汝州：州名。治所在今河南汝州市。

[8]"從太祖四征"至"加檢校司空"：《通鑑》卷二六〇乾寧二年（895）正月癸未條："朱全忠遣其將朱友恭圍兖州，朱瑄自鄆以兵糧救之，友恭設伏，敗之於高梧，盡奪其餉，擒河東將安福順、安福慶。"高梧之戰，《宋本册府》卷一八七《閏位部·勳業門五》繫於正月癸亥，高梧作"高吳"；《新唐書》卷一〇《昭宗紀》則作四月事。《輯本舊史》卷一三《朱瑾傳》："乾寧二年春，太祖令大將朱友恭攻瑾，掘塹柵以環之。朱瑄遣將賀瓌及蕃將何懷寶赴援，爲友恭所擒。"《通鑑》卷二六〇乾寧二年二月乙未條後："朱全忠軍于單父，爲朱友恭聲援。"《宋本册府》卷一八七作己酉事。《通鑑》卷二六〇乾寧二年四月戊戌條後："河東遣其將史儼、李承嗣以萬騎馳入于鄆，朱友恭退歸于汴。"《新唐書》卷一八八《朱宣傳》：乾寧二年，"會宣求救于李克用，友恭退壁曹南。"《輯本舊史》卷一三《王師範傳》："及太祖平兖、鄆，遣朱友恭攻之，師範乞盟，遂與通好。"全忠平兖、鄆，事在唐昭宗乾寧四年正月、二月。

[9]光化：唐昭宗李曄年號（898—901）。

[10]淮夷：指楊吳政權。　鄂渚：地名。位於今湖北武漢市武昌區西長江中。代指鄂州。

[11]武昌：方鎮名。治所在鄂州（今湖北武漢市）。　杜洪：

人名。江夏（今湖北武漢市武昌區）人。伶人出身，唐末、五代軍閥。傳見《新唐書》卷一九〇、本書卷一七。

[12]龍沙：地名。贛江東岸沙岡。位於今江西南昌市北。　九江：地名。位於今江西九江市。

[13]黄州：州名。治所在今湖北黄岡市黄州區。

[14]瞿章：人名。籍貫不詳。唐末將領。事見本書本卷、卷二〇。　"光化初"至"俘斬萬計"：《宋本册府》卷一八七：乾寧三年四月，"帝遣許州刺史朱友恭領兵萬人渡淮，以便宜從事。時洪、鄂二州累遣使求援，故有是行"。《九國志》卷一《馬珣傳》：乾寧三年，"梁將朱友恭圍瞿章于黄州，命珣率兵援之，黄州陷，戰不利而退"。《輯本舊史》卷一三四《楊行密傳》、《通鑑》卷二六一，俱繫於乾寧四年。《輯本舊史·楊行密傳》："行密縱兵侵掠鄰部，兩浙錢鏐、江西鍾傳、鄂州杜洪皆遣使求救於梁。梁祖遣朱友恭率步騎萬人渡江，取便討伐。行密先令都將瞿章據黄州，及梁師至，即棄郡南渡，固守武昌寨。行密遣將馬珣以精兵五千助之，友恭與杜洪大破其衆，遂拔武昌寨，擒瞿章并淮軍三千餘人，獲馬五百疋，淮夷大恐。"《新唐書》卷一八八《楊行密傳》："帝惡武昌節度使杜洪與全忠合，手詔授行密江南諸道行營都統，討洪。汴將朱友恭、聶金率騎兵萬人與張崇戰泗州，金敗。瞿章守黄州，聞友恭至，南走武昌柵，行密遣將馬珣以樓船精兵助章守。友恭次樊港，章據險，不得前，友恭鑿崖開道，以彊弩叢射，殺章別將，遂圍武昌。章率軍薄戰，不勝。友恭斬章，拔其壁。"《通鑑》卷二六一乾寧四年四月己未條後："杜洪爲楊行密所攻，求救於朱全忠，全忠遣其將聶金掠泗州，朱友恭攻黄州。行密遣右黑雲都指揮使馬珣等救黄州。黄州刺史瞿章聞友恭至，棄城，擁衆南保武昌寨。"同年五月條："辛巳，朱友恭爲浮梁於樊港，進攻武昌寨，壬午，拔之，執瞿章，遂取黄州；馬珣等皆敗走。"《通鑑》卷二六一乾寧四年五月壬午條《考異》曰："薛居正《五代史·梁紀》：'五月丁丑，朱友恭遣使上言，大破淮寇於武昌，收復黄、鄂二州。'

《新‧紀》：'壬午，全忠陷黄州，刺史瞿章死之。'《朱友恭傳》云瞿章，《十國紀年》作瞿章。《吴録》云：執刺史瞿章，當可據。"

[15]安陸：地名。位於今湖北安陸市。

[16]武瑜：人名。籍貫不詳。唐末、五代將領。事見本書本卷。《舊唐書》卷二〇上《昭宗紀》作"武渝"。《舊唐書‧昭宗紀》："（光化元年）十月，汴將朱友恭自江西行營還，過安州，殺刺史武渝，遣部將守之……（光化三年）七月，甲午，以許州刺史朱友恭檢校司徒，爲潁州刺史。"《通鑑》卷二六一光化元年（898）十月己亥條："汴將朱友恭將兵還自江、淮，過安州，或告刺史武瑜潜與淮南通，謀取汴軍，冬，十月，己亥，友恭攻而殺之。"

[17]潁州：州名。治所在今安徽阜陽市潁州區。

[18]武寧軍：方鎮名。治所在徐州（今江蘇徐州市）。 天復中爲武寧軍留後：《舊唐書‧昭宗紀》天復三年（903）五月條："制以潁州刺史朱友恭檢校司空，兼徐州刺史，充武寧軍節度使，從全忠奏也。"《新唐書‧朱友恭傳》："遷潁州刺史、感化軍節度留後。"《通鑑》卷二六四天復三年五月壬子條後："朱全忠表潁州刺史朱友恭爲武寧節度使。"

[19]左龍武統軍：官名。唐六軍之一。興元元年（784），六軍各置統軍，以寵勳臣。其品秩，《唐會要》卷七一、《舊唐書》卷一二記載爲"從二品"；《通鑑》卷二二九記載爲"從三品"。原作"左龍虎統軍"，據《舊唐書‧昭宗紀》、卷二〇下《哀帝紀》，《新唐書》卷一〇《哀帝紀》、卷二二三下《朱友恭傳》，《通鑑》卷二六四天祐元年（904）閏四月戊申條、卷二六五天祐元年八月壬寅條改。《唐會要》卷七二《京城諸軍》：開元二十六年十一月五日，析左右羽林軍置龍武軍以左右萬騎營隷焉。《五代會要》卷一二《京城諸軍》："梁開平元年四月，改左右長直爲左右龍虎軍。"唐禁軍有龍武軍，非龍虎軍也。龍虎爲後梁禁軍名號。友恭爲左龍武統軍，《通鑑》卷二六四繫於天祐元年閏四月戊申。《新五代史》

卷四三《李彦威傳》，則作"右龍武統軍"，誤，時任右龍武統軍爲氏叔琮。

[20]尋與氏叔琮同受太祖密旨弑昭宗於洛陽宮：事在天祐元年八月壬寅，詳見《舊唐書·昭宗紀》、《通鑑》卷二六五、《新五代史·李彦威傳》。

[21]河中：府名。治所在今山西永濟市。

[22]崖州：州名。治所在今海南瓊山市。　司户：官名。"司户參軍"的簡稱。掌本州屬縣之户籍、賦稅、倉庫受納等事。小州之司户，兼掌司法之獄訟斷刑等事。上州從七品下，中州正八品下，下州從八品下。

[23]"既而太祖自河中至"至"同日賜死"：《輯本舊史》之案語："《北夢瑣言》云：朱全忠以朱友諒、氏叔琮扇動軍情，請誅朱友諒、氏叔琮，以成濟之罪歸之。友諒臨刑訴天曰：'天若有知，他日亦當如我！'後全忠即位，爲子友珪所弑，竟如其言。考《歐陽史》、《通鑑》俱作友恭，而《北夢瑣言》作友諒，殊誤。"見《北夢瑣言》卷一五昭宗遇弑條。全忠來朝，《舊唐書·哀帝紀》繫於天祐元年十月壬辰條，《新唐書·哀帝紀》、《通鑑》卷二六五俱繫於癸巳條。朱友恭、氏叔琮被賜死，《舊唐書·哀帝紀》、《新唐書·哀帝紀》、《通鑑》卷二六五俱繫於十月甲午條。《舊唐書·哀帝紀》："敕檢校太保、左龍武統軍朱友恭可復本姓名李彦威，貶崖州司户同正。檢校司徒、右龍武統軍氏叔琮可貶貝州司户同正。又敕：'彦威等主典禁兵，妄爲扇動，既有彰於物論，兼亦繫於軍情。謫掾遐方，安能塞責？宜配充本州長流百姓，仍令所在賜自盡。'河南尹張廷範收彦威等殺之。臨刑，大呼曰：'賣我性命，欲塞天下之謗，其如神理何！操心若此，欲望子孫長世，可乎？'呼廷範，謂曰：'公行當及此，勉自圖之。'"《新唐書》卷二二三下《蔣玄暉傳》："全忠自河中來朝，(李)振曰：'晋文帝殺高貴鄉公，歸罪成濟。今宜誅友恭等，解天下謗。'全忠趨西内臨，對嗣天子自言弑逆非本謀，皆友恭等罪，因泣下，請討罪人。是時洛城旱，

米斗直錢六百，軍有掠糴者，都人怨，故因以悦衆，執友恭、叔琮斬之。”《通鑑》卷二六五天祐元年十月條：“朱全忠聞朱友恭等弑昭宗，陽驚，號哭自投於地，曰：‘奴輩負我，令我受惡名於萬代！’癸巳，至東都，伏梓宮慟哭流涕，又見帝自陳非己志，請討賊。先是，護駕軍士有掠米於市者，甲午，全忠奏朱友恭、氏叔琮不戢士卒，侵擾市肆，友恭貶崖州司户，復姓名李彦威，叔琮貶白州司户，尋皆賜自盡。彦威臨刑大呼曰：‘賣我以塞天下之謗，如鬼神何！行事如此，望有後乎！’”

[24]《大典》卷二〇三一“朱”字韻“姓氏（五）”事目。

王重師

王重師，潁州長社人也。[1]材力兼人，沈嘿大度，[2]臨事有權變，劍稍之妙，冠絶於一時。唐中和末，蔡寇陷許昌，重師脱身而來，太祖異其狀貌，乃隸於拔山都。[3]每於軍前効用，頗出儕類。文德中，[4]令董左右長劍軍。太祖伐上蔡，重師力戰有功。[5]及討兗、鄆，擢爲都指揮使，[6]奏授檢校右僕射。重師枕戈擐甲五六年，於齊、魯間凡經百餘戰，由是威震敵人。尋授檢校司空，爲潁州刺史。乾寧中，太祖攻濮州，[7]縱兵壞其埤，濮人因屯火塞其壞壘，煙焰亘空，人莫敢越。重師方苦金瘡，卧於軍次，諸將或勉之，乃躍起，命壯士悉取軍中韝韛投水中，[8]擲於火上，重師然後率精鋭，持短兵突入，諸軍蹂之，濮州乃陷。重師爲劍槊所傷，身被八九創，[9]丁壯荷之還營，且將斃矣。太祖驚惜尤甚，曰：“雖得濮壘，而失重師，奈何！”亟命以奇藥療之，彌月始愈。尋知平盧軍留後，[10]加檢校司徒。其後北伐幽、滄、鎮、定，[11]屢與晋軍接戰，頗得士心，故多勝捷。[12]天祐中，[13]授雍州節度使，[14]加同平章事。[15]數年治戎恤民，頗有威惠。[16]開平中，爲劉捍所構，[17]太祖深疑之，然未有以發其事。無何，擅遣裨將張君練縱兵深入邠、鳳，[18]君練敗北。太祖聞之，怒其專擅，因追而斬之。[19]《永樂大典》卷一萬八千一百二十六。[20]

[1]長社：縣名。治所在今河南許昌市。《輯本舊史》之案語："《歐史》潁州作許州。"見《新五代史》卷二二《王重師傳》。中華書局本有校勘記："'潁州'，《册府》卷八四五作'潁川'，《新五代史》卷二二《王重師傳》作'許州'。按潁川即許州，長社爲其屬縣。"見《宋本册府》卷八四五《總録部·善武藝門》，長社亦曾隸屬潁州。《千唐誌齋藏誌》（文物出版社1984年版）收顔子逢撰《梁故昌黎韓夫人王氏墓誌銘并序》載王重師之女王氏生平，云其本太原晋陽人，"祖黷，早以磊落氣岸，奇許鄉國；父重師，少負雄節，震拔群倫"。

[2]沈嘿：沉默。

[3]拔山都：《舊五代史考異》："案：原本作'技山'，《歐陽史》作'拔山'。當時軍旅皆以'都'名，如黑雲都、銀鎗都、效節都、橫衝都之類。今從《歐陽史》改正，并增入'都'字。"又，《輯本舊史》之影庫本粘籤："拔山都，原本作'技山'，《歐陽史》作'拔山'。考當時軍旅以'都'名者，如黑雲都、銀槍都，則取衣服器用爲號；如效節都、橫衝都，則取古人嘉名爲號。拔山都，當是取《史記》拔山蓋世之義。原本疑有脱誤，今從《歐陽史》改正。"見《新五代史·王重師傳》。《宋本册府》卷八四五亦作"拔山都"。

[4]文德：唐僖宗李儇年號（888）。

[5]上蔡：縣名。治所在今河南上蔡縣。 太祖伐上蔡重師力戰有功：《舊唐書》卷二〇上《昭宗紀》景福二年（893）四月己巳條："汴將王重師、牛存節陷徐州，節度使時溥舉家自燔而死。"《舊唐書》卷一八二《時溥傳》："汴將龐師古陳兵于野，溥求援于兗州，朱瑾出兵救之，值大雪，糧盡而還。城中守陴者飢甚，加之病疫。汴將王重師、牛存節夜乘梯而入，溥與妻子登樓自焚而卒，景福二年四月也。"

[6]兗：州名。治所在今山東濟寧市兗州區。 都指揮使：中華書局本有校勘記："'都'字原闕，據《冊府》卷三九三補。按《冊府》卷三八六敘其歷官亦作'都指揮使'。"見《宋本冊府》卷三八六《將帥部・褒異門一二》、明本《冊府》卷三九三《將帥部・威名門二》）。

[7]濮州：州名。治所在今山東鄄城縣。 乾寧中太祖攻濮州：《宋本冊府》卷三九六《將帥部・勇敢門三》同，同書卷三六七《將帥部・機略門七》作"從太祖攻濮州"，未載時間。太祖攻濮州，《輯本舊史》卷一《梁太祖紀一》繫於景福元年十一月條，《新唐書》卷一〇《昭宗紀》景福元年十一月乙巳條載朱友裕陷濮州，《通鑑》卷二五九則繫於景福元年十一月乙未條。

[8]罽（jì）：毛織品，類似氈子。

[9]創：《宋本冊府》卷三九六同，《新五代史・王重師傳》作"瘡"。

[10]平盧軍：方鎮名。治所在青州（今山東青州市）。

[11]幽：州名。治所在今北京市。 滄：州名。治所在今河北滄縣舊州鎮。 鎮：州名。治所在今河北正定縣。 定：州名。治所在今河北定州市。

[12]"其後北伐幽、滄、鎮、定"至"故多勝捷"：《輯本舊史》卷一三二《高萬興傳》："梁祖既弒昭宗，茂貞、繼徽與西川王建之師會於岐陽，以圖興復，皆陳兵關輔，梁祖遣將王重師守雍州、劉知俊守同州以拒之。"明本《冊府》卷二二三《僭偽部・勳

伐門三》："及梁祖將謀强禪,(王)建與諸藩同謀興復,乃令其將
康晏率兵三萬會於鳳翔,數與汴將王重師戰,不利而還。"

[13]天祐中:《舊唐書》卷二〇下《哀帝紀》、《通鑑》卷二六
五均繫於天祐三年六月甲申條。

[14]雍州:州名。治所在今陝西西安市。此處代指晉昌軍。

[15]同平章事:官名。"同中書門下平章事"的簡稱。唐高宗
以後,凡實際任宰相之職者,常在其本官後加同平章事的職銜。後
成爲宰相專稱。或爲節度使加銜。後晉天福五年(940),升中書門
下平章事爲正二品。

[16]數年治戎卹民,頗有威惠:《宋本册府》卷四一四《將帥
部·赴援門》:"天祐五年六月,鳳翔李茂貞,邠州楊崇本,會西川
王建之師五萬,攻長安。汴將同州刺史劉知俊,僞西京尹王重師,
以兵逆戰於漢谷,邠、岐不利而退。"《通鑑》卷二六六開平二年
六月丙辰條:"劉知俊及佑國節度使王重師大破岐兵于幕谷,晉、
蜀兵皆引歸。"

[17]開平:後梁太祖朱溫年號(907—911)。 劉捍:人名。
開封(今河南開封市)人。後梁將領。傳見本書卷二〇、《新五代
史》卷二一。

[18]張君練:人名。籍貫不詳。五代將領。事見本書本卷、卷
二三。 邠:州名。治所在今陝西彬縣。 鳳:州名。治所在今陝
西鳳縣。

[19]"開平中"至"因追而斬之":《輯本舊史》之案語:
"《通鑑》:佑國軍節度使王重師鎮長安數年,帝怒其貢奉不時,召
重師入朝。是重師之得罪,由貢奉不時,與《薛史》異。"事見
《通鑑》卷二六七開平三年(909)五月條,又曰:"己巳,召重師
入朝,以左龍虎統軍劉捍爲佑國留後。"《輯本舊史》再案語:"《通
鑑》不載張君練縱兵之事,惟云劉捍至長安,王重師不爲禮,捍譖
之帝,曰:'重師潛與邠、岐通。'甲申,貶溪州刺史,尋賜自盡,
夷其族。此傳未經詳載。據《劉知俊傳》,太祖云:'王重師得罪,

劉捍愕予事也.’與《通鑑》合。此傳不載，蓋史家前後省文。”
見《輯本舊史》卷一三《劉知俊傳》、《通鑑》卷二六七。《輯本舊
史》卷二〇《劉捍傳》："及從駕幸河中，詔追王重師赴行在，以捍
爲雍州節度觀察留後。"《輯本舊史》與《新五代史》、《通鑑》所
載，互有異同。《新五代史》卷二《梁太祖紀下》開平三年五月己
卯條，"至自河中，殺佑國軍節度使王重師"。《新五代史·王重師
傳》："重師與劉捍故有隙，捍嘗構之太祖，太祖疑之。重師遣其將
張君練西攻邠、鳳而不先請，君練兵小敗，太祖以其擅發兵，挫失
國威，將召而罪之，遣劉捍代重師。重師不知太祖怒己，捍至，重
師不出迎，見之青門，禮又倨，捍因馳白太祖，言重師有二志。太
祖益怒，貶重師溪州刺史，再貶崖州司户參軍，未行，賜死。"

[20]《大典》卷一八一二六"將"字韻"五代後梁將
（一）"事目。

朱珍

朱珍，徐州豐縣雍鳳里人也。[1]太祖初起兵，珍與
龐師古、許唐、李暉、丁會、氏叔琮、鄧季筠、王武等
八十餘人，[2]以中涓從，摧堅陷陣，所向盪決。及太祖
鎮汴，兼領招討使，[3]署珍爲宣武右職，以總腹心。於
是簡練軍伍，裁制綱紀，[4]平巢破蔡，多珍之力也。

[1]豐縣：縣名。治所在今江蘇豐縣。
[2]許唐：人名。籍貫不詳。唐末將領。事見本書本卷。 李
暉：人名。籍貫不詳。唐末將領。事見本書本卷。 丁會：人名。
壽春（今安徽壽縣）人。唐末、五代將領。傳見本書卷五九、《新
五代史》卷四四。 鄧季筠：人名。宋州下邑（今河南夏邑縣）

人。五代後梁將領。傳見本書本卷。　　王武：籍貫不詳。唐末將領。事見本書本卷。

[3]招討使：官名。唐始置。戰時任命，兵罷則省。常以大臣、將帥或地方軍政長官兼任。掌招撫討伐等事務。

[4]於是簡練軍伍裁制綱紀：《新五代史》卷二一《朱珍傳》："珍爲將，善治軍選士，太祖初鎮宣武，珍爲太祖創立軍制，選將練兵甚有法。太祖得諸將所募兵及佗降兵，皆以屬珍，珍選將五十餘人，皆可用。"

　　始尚讓以驍騎五千人至繁臺，[1]珍與龐師古、齊奉國等擊退之。[2]及黃巢敗，珍與并帥李克用追至冤句而還。[3]尋從太祖以汴、宋、亳之師入西華，[4]破王夏寨，勇冠軍鋒，以功加秩。[5]光啓元年，署諸軍都指揮使，始爲上將。於是軍焦夷，[6]敗蔡師鐵林三千人，盡俘其將。復西至汝、鄭，南過陳、潁，[7]繚宋、亳、滑、濮間，[8]與蔡賊交戰，麇伏襲殺，不知其數。會滑州節度使安師儒戎政不治，[9]太祖命珍與李唐賓率步騎以經略之。[10]始入境，遇大雪，令軍士無得休息，一夕馳至壁下，百梯並升，遂乘其墉，滑州平。[11]時太祖方謀濟師，乃遣珍往淄州募兵，[12]行次任縣，[13]東面都統齊克讓伏兵於孫師陂以邀珍，[14]珍大破之。[15]進軍至牙山，[16]都虞候張仁遇白珍曰：[17]"軍有不齊者，當先斬本都將，後以狀聞，願許之。"珍怒其專，乃斬仁遇以徇軍，由是諸將感懼。[18]兵至乾封，與淄人戰於白草口，[19]敗之。青人以步騎二萬，[20]列三寨于金嶺驛，[21]珍與戰，連破之，殲其師，盡獲軍器戎馬。是夕，攻博昌，大獲兵衆。[22]其後破盧瑭、張晊及朱瑄、朱瑾之衆，[23]平定曹、濮，未嘗不在戰中。[24]

[1]尚讓：人名。籍貫不詳。黃巢部將，後被時溥所殺。事見《舊唐書》卷二〇〇下、《新唐書》卷二二五下。　繁臺：地名。又稱禹王臺。位於今河南開封市。

[2]齊奉國：人名。籍貫不詳。後梁將領。事見本書本卷、卷九、卷一〇。　始尚讓以驍騎五千人至繁臺珍與龐師古齊奉國等擊退之：《輯本舊史》卷一九《李重胤傳》繫於唐僖宗中和四年（884）五月，卷二一《李唐賓傳》作二月，均未書日。《通鑑》卷二五五繫於五月癸亥條。

[3]李克用：人名。沙陀部人，生於神武川新城（一說今山西朔州市朔城區之梵王寺村，一說今山西應縣縣城，一說今山西懷仁縣之日中城）。五代後唐實際奠基者。紀見本書卷二五至卷二六。

冤句：縣名。又稱冤朐。治所在今山東菏澤市。　及黃巢敗珍與并帥李克用追至冤句而還：《輯本舊史》卷二五《唐武皇紀上》中和四年五月庚午條："巢賊大至，濟汴而北。是夜復大雨，賊黨驚潰。武皇營於鄭州，賊衆分寇汴境。武皇渡汴，遇賊將渡而南，半濟擊之，大敗之，臨陣斬賊將李周、王濟安、陽景彪等。是夜，賊大敗，殘衆保於胙縣、冤句。大軍躡之，黃巢乃攜妻子兄弟千餘人東走，武皇追賊至於曹州。"《新五代史》卷二一《朱珍傳》："太祖與晉王東逐黃巢，還過汴，館之上源驛，太祖使珍夜以兵攻之，晉王亡去，珍悉殺其麾下兵。"《通鑑》卷二五五中和四年五月辛未條："克用追至冤句，騎能屬者纔數百人，晝夜行二百餘里，人馬疲乏，糧盡，乃還汴州，欲裹糧復追之，獲巢幼子及乘輿器服符印，得所掠男女萬人，悉縱遣之。"《輯本舊史・唐武皇紀上》、《通鑑》卷二五五中和四年五月甲戌條，作朱全忠與其將楊彥洪密謀攻李克用，繫於五月，未言及朱珍。

［4］汴：州名。治所在今河南開封市。　宋：州名。治所在今河南商丘市睢陽區。　亳：州名。治所在今安徽亳州市。　西華：縣名。治所在今河南西華縣。

［5］王夏寨：寨名。今地不詳。　“尋從太祖以汴宋亳之師入西華”至“以功加秩”：考諸書，雖所載時日不一，但朱珍從太祖以汴、宋、亳之師入西華，破王夏寨，應在冤句破巢殘衆前，《輯本舊史》記載或有誤。《舊唐書》卷二〇〇下《黄巢傳》：中和四年，“四月，官軍敗賊於太康，俘斬萬計，拔其四壁。又敗賊將黄鄴於西華，拔其壁”。《輯本舊史》卷一六《葛從周傳》：“唐中和四年三月，太祖大破巢軍於王滿渡，從周與霍存、張歸霸昆弟相率來降。七月，從太祖屯兵於西華，破蔡賊王夏寨。”《宋本册府》卷七《帝王部·創業門三》字跡殘闕，故據明本：“（中和）四年四月，帝帥蕃漢之師萬五千，合徐、汴之師，破尚讓於太康，斬獲萬計，進攻賊於西華，賊將黄鄴棄營而遁。帝引軍營於中牟，大破賊於王滿渡。”《通鑑》卷二五五中和四年四月癸巳條：“夏，四月，癸巳，諸軍進拔太康。黄思鄴屯西華，諸軍復攻之，思鄴走。”

［6］焦夷：縣名。治所在今安徽亳州市東南。

［7］鄭：州名。治所在今河南鄭州市。　陳：州名。治所在今河南淮陽縣。

［8］滑：州名。治所在今河南滑縣。

［9］安師儒：人名。籍貫不詳。唐末軍閥。事見本書本卷、卷一、卷一三。

［10］李唐賓：人名。陜州（今河南三門峽市）人。後梁朱温部將。傳見本書卷二一、《新五代史》卷二一。

［11］滑州：《輯本舊史》之影庫本粘籤：“滑州下原本衍‘刺史’二字，今據文删去。”　“會滑州節度使安師儒戎政不治”至“滑州平”：《舊唐書》卷一九下《僖宗紀》光啓二年（899）十月壬子朔條：“滑州軍亂，逐其帥安師儒，推衙將張驍主留後軍務，師儒奔汴州，朱全忠殺之。遂以兵攻滑，斬張驍以告行在，朝廷以

汴帥全忠兼領義成軍節度使。”《宋本册府》卷一八七《閏位部·勳業門五》：“十一月，滑州節度使安師儒以怠於軍政，爲部下所殺。帝聞之，乃遣朱珍、李唐賓襲而取之。由是遂有滑臺之地。”《新五代史》卷一《梁太祖紀上》：“義成軍亂，逐其節度使安師儒，推牙將張驍爲留後，師儒來奔，殺之。遣朱珍、李唐賓陷滑州，以胡真爲留後。”《新唐書》卷九《僖宗紀》云：“十月，朱全忠陷滑州，執義成軍節度使安師儒。”《歐陽史》從《舊唐書》作奔汴，《通鑑》從《新唐書》作被擄，據《薛史》則師儒自爲部下所殺，與新、舊《唐書》異。又新、舊《唐書》俱作十月，而《薛史》作十一月。《通鑑》仍從《薛史》。《通鑑》卷二五六繫於光啓二年十一月丙戌條後。

[12]淄州：州名。治所在淄川縣（今山東淄博市）。

[13]任縣：縣名。治所在今河北任縣。

[14]都統：官名。此處指諸道行營都統。唐末設此職，作爲各道出征兵士的統帥。 孫師陂：地名。今地不詳。

[15]東面都統齊克讓伏兵於孫師陂以邀珍珍大破之：《輯本舊史》卷二二《王檀傳》：“（光啓）三年，佐都指揮使朱珍敗徐戎於孫師陂，獲其將孫用和、束誗以獻。”

[16]牙山：山名。位於今山東鄒城市東南。

[17]都虞候：官名。唐、五代方鎮高級軍官。

[18]感懼：《新五代史·朱珍傳》作“感悅”。

[19]乾封：縣名。治所在今山東泰安市東南。 白草口：地名。位於今山東泰安市。

[20]二萬：明本《册府》卷三四六《將帥部·佐命門七》作“三萬”。

[21]金嶺驛：地名。位於今山東淄博市金嶺鎮。

[22]大獲兵衆：中華書局本有校勘記：“句下《册府》卷三四六有‘而還’二字。”“青人以步騎二萬”至“大獲兵衆”：《輯本舊史》卷二〇《劉捍傳》：“唐中和四年夏，太祖以朱珍爲淄州刺

史，令收兵於淄、青間，命捍監其兵，路逢大敵，皆破之。入博昌，獲精兵三萬以歸。"《宋本冊府》卷一八七："（光啓）三年春二月乙巳，承制以朱珍爲淄州刺史，俾募兵於東道。且慮蔡人暴其麥苗，期以夏首迴歸。珍既至淄、棣，旬日之內，應募者萬餘人。又潛襲青州，獲馬千疋，鎧甲稱是，乃鼓行而歸。四月辛亥，達於夷門，帝喜曰：'吾事濟矣。'"《通鑑》卷二五六光啓三年二月條："秦宗權自以兵力十倍於朱全忠，而數爲所敗，恥之，欲悉力以攻汴州。全忠患兵少，二月，以諸軍都指揮使朱珍爲淄州刺史，募兵於東道，期以初夏而還。"該條胡注："薛居正《五代史》曰：使朱珍募兵於東道，懼蔡人暴其麥，期以夏首迴歸。"見《輯本舊史》卷一《梁太祖紀一》。同書卷二五七光啓三年四月辛亥條："朱珍至淄、青旬日，應募者萬餘人，又襲青州，獲馬千匹；辛亥，還，至大梁，朱全忠喜曰：'吾事濟矣。'"

[23] 盧瑭：人名。籍貫不詳。秦宗權部將。事見本書卷一、卷一六。明本《冊府》卷三四六作"盧塘"。 張晊：人名。籍貫不詳。秦宗權部將。事見本書卷一、卷一六、卷二一。明本《冊府》卷三四六作"張郅"。 朱瑄：人名。一作朱宣。宋州下邑（今河南夏邑縣）人。唐末、五代軍閥，後爲天平軍節度使。傳見《舊唐書》卷一八二、《新唐書》卷一八八、本書卷一三、《新五代史》卷四二。明本《冊府》卷三四六作"朱琼"。 朱瑾：人名。宋州下邑（今河南夏邑縣）人。朱瑄之弟。唐末將領。傳見《舊唐書》卷一八二、本書卷一三、《新五代史》卷四二。

[24] "其後破盧瑭"至"未嘗不在戰中"：《宋本冊府》卷一八七：光啓三年，九月，"瑄、瑾以帝軍士勇悍，私心愛之，乃密於曹、濮界上懸金帛以誘之。帝軍利其貨而赴者甚衆，帝乃移檄以讓之。自朱瑄來詞不遜，乃命朱珍侵曹伐濮，以懲其姦。未幾，珍拔曹州，執刺史丘禮以獻，遂移兵圍濮。兖、鄆之釁，自茲而始矣"。《新五代史·梁太祖紀上》："（太祖）遣朱珍募兵於東方，而求救于兖、鄆。三年春，珍得萬人、馬數百匹以歸。乃擊（秦）賢

板橋，拔其四柵。又擊瑭萬勝，瑭敗，投水死。宗權聞瑭等敗，乃自將精兵數千，柵北郊。五月，兗州朱瑾、鄆州朱宣來赴援。王置酒軍中，中席，王陽起如廁，以輕兵出北門襲暉，而樂聲不輟。暉不意兵之至也，兗、鄆之兵又從而合擊，遂大敗之，斬首二萬餘級。宗權與暉夜走，過鄭，屠其城而去。宗權至蔡，復遣張暉攻汴。王聞暉復來，登封禪寺後岡，望暉兵過，遣朱珍躡之，戒曰：‘暉見吾兵，必止。望其止，當速返，毋與之鬬也。’已而，暉見珍在後，果止。珍即馳還。王令珍引兵蔽大林，而自率精騎出其東，伏大冢間。暉止而食，食畢，拔旗幟，馳擊珍。珍兵小却，王引伏兵橫出，斷暉軍爲三而擊之。暉大敗，脱身走。宗權怒，斬暉。而河陽、陝、洛之兵爲宗權守者，聞蔡精兵皆已殲於汴，因各潰去。十月，朱宣、朱瑾兵助汴，已破宗權東歸，王移檄兗、鄆。誣其誘汴亡卒以東，乃發兵攻之，取其曹州、濮州。遂遣朱珍攻鄆州，大敗而還。”《新五代史·朱珍傳》：“珍從太祖攻朱宣，取曹州，執其刺史丘弘禮。又取濮州，刺史朱裕奔于鄆州。太祖乃還汴，留珍攻鄆州。珍去鄆二十里，遣精兵挑之，鄆人不出。朱裕詐爲降書，陰使人召珍，約開門爲内應。珍信之，夜率其兵叩鄆城門，朱裕登陴，開門内珍軍，珍軍已入甕城而垂門發，鄆人從城上礌石以投之，珍軍皆死甕城中，珍僅以身免，太祖不之責也。”同書卷四二《朱瑾傳》：“瑾與宣已破秦宗權於汴州，梁太祖責瑾誘宣武軍卒以歸，遣朱珍攻瑾，取曹州，又攻濮州，而太祖自攻鄆。瑾兄弟往來相救，凡十餘年，大小數十戰，與太祖屢相勝敗。”同書卷二五七光啓三年四月辛亥條後：“時蔡人方寇汴州，其將張暉屯北郊，秦賢屯板橋，各有衆數萬，列三十六寨，連延二十餘里。全忠謂諸將曰：‘彼蓄鋭休兵，方來擊我，未知朱珍之至，謂吾兵少，畏怯自守而已；宜出其不意，先擊之。’乃自引兵攻秦賢寨，士卒踊躍争先；賢不爲備，連拔四寨，斬萬餘級，蔡人大驚，以爲神。”《通鑑》卷二五七光啓三年八月壬子條：“朱全忠欲兼兗、鄆，而以朱瑄兄弟有功於己，攻之無名，乃誣瑄招誘宣武軍士，移書誚讓。瑄復書不遜，全忠遣其將朱珍、葛從周襲曹州，壬子，拔之，殺刺史丘弘禮。又攻濮州，與兗、鄆兵戰於劉橋，殺數萬人，朱瑄、朱瑾僅以身免。全忠與兗、鄆始有隙。"同書卷二五七光啓三年九月辛卯條："朱珍攻濮州，朱瑄遣弟罕將步騎萬人救之；辛卯，朱全忠逆擊罕於范，擒斬之。"十月丁未條："朱珍拔濮州，刺史朱裕奔鄆；珍進兵攻鄆。瑄使裕詐遺珍書，約爲内應，珍夜引兵赴之，瑄開門納汴軍，閉而殺之，死者數千人，汴軍乃退。瑄乘勝復取曹州，以其屬郭詞爲刺史。"

　　梁山之役，[1]始與李唐賓不協。珍在軍嘗私迎其室於汴，而不先請，太祖疑之，密令唐賓察之，二將不相下，因而交諍。唐賓夜斬關還汴以訴，珍亦棄軍單騎而至，太祖兩惜之，故不罪，俾還於師。[2]復以踏白騎士入陳、亳間，以邀蔡人，遂南至斤溝，[3]破淮西石璠之師二萬，[4]擄璠以獻。[5]珍旋師自亳北趣静戎，[6]濟舟于滑，破黎陽、臨河、李固三鎮。[7]軍於内黄，[8]敗樂從訓萬餘人，[9]分命聶金、范居實略澶州，[10]與魏師遇於臨黄，[11]魏軍有豹子軍二千人，[12]戮之無噍類，威振河朔。復攻淮西，至上蔡，[13]夾河而寨，敗賊將蕭皓之衆，[14]皆擁於河溺死之。進軍蔡州，營其西南，[15]既破羊馬垣，遇雨班師。[16]珍以兵援劉瓚，[17]赴楚州，[18]至襄山南，[19]遇徐戎扼其路，珍乃攻豐，下之。時溥乃以全師會戰於豐南吳康里，珍乃收豐，破其三萬餘衆。[20]及蔡賊平，珍比諸將功居多。

　　[1]梁山：地名。治所在今山東梁山縣。

[2]"珍在軍嘗私迎其室於汴"至"俾還於師":《舊五代史考異》:"案:《通鑑》作全忠怒,追還其妻,殺守門者。"又,《輯本舊史》之孔本案語:"案《通鑑》云:全忠怒,追還其妻,殺守門者。使親吏蔣玄暉召珍,以唐賓代總其衆。館驛巡官敬翔曰:'朱珍未可輕取,恐其猜懼生變。'全忠懼,使人追止之。與《薛史》異。"見《通鑑》卷二五七光啓三年(900)十一月丙子條,又,《通鑑》於"使人追止之"後有:"珍果自疑,丙子夜,珍置酒召諸將。唐賓疑其有異圖,斬關奔大梁,珍亦棄軍單騎繼至。全忠兩惜其才,皆不罪,遣還濮州,因引兵歸。"《新五代史》卷二一《朱珍傳》同《輯本舊史》。

[3]斤溝:地名。位於今安徽太和縣斤溝鎮。

[4]淮西:方鎮名。治所在蔡州(今河南汝南縣)。 石璠:人名。籍貫不詳。唐末將領。事見本書本卷。 二萬:明本《册府》卷三四六《將帥部·佐命門七》作"三萬"。

[5]"復以踏白騎士入陳亳間"至"據璠以獻":《宋本册府》卷一八七《閏位部·勳業門五》:文德元年(888)三月,"蔡人石璠領萬衆以剽陳、亳,帝遣朱珍率精騎數千擒璠以獻"。《通鑑》卷二五七則繫於正月癸亥條:"蔡將石璠將萬餘人寇陳、亳,朱全忠遣朱珍、葛從周將數千騎擊擒之。"

[6]静戎:地名。今地不詳。

[7]黎陽:縣名。治所在今河南浚縣。 臨河:縣名。治所在今河南浚縣東北。 李固:地名。位於今河南魏縣。

[8]内黄:縣名。治所在今河南内黄縣。

[9]樂從訓:人名。樂彦禎之子,唐末軍閥。傳見《舊唐書》卷一八一、《新唐書》卷二一〇。 敗樂從訓萬餘人:《舊五代史考異》:"案《通鑑考異》云:珍往救從訓,而云敗從訓,誤也。"又,《輯本舊史》之殿本案語:"《通鑑》作樂從訓來告急,遣都指揮使朱珍等分兵救從訓,與此傳異。"

[10]聶金:人名。籍貫不詳。事見《新唐書》卷一八八、本

書本卷、《通鑑》卷二六一。 范居實：人名。絳州翼城（今山西翼城縣）人。後梁將領。傳見本書本卷。 澶州：州名。唐、五代初治所在今河南清豐縣。後晉天福四年（939），移治於今河南濮陽縣。

[11]臨黃：縣名。治所在今河南范縣東南臨黃集。中華書局本有校勘記："《新五代史》卷二一《朱珍傳》同，《册府》卷三四六作'內黃'。"

[12]豹子軍：魏博軍中的精鋭部隊。

[13]至上蔡：中華書局本有校勘記："'上'字原闕，據《册府》卷三四六補。"

[14]蕭皓：人名。籍貫不詳。秦宗權部將。事見本書本卷。

[15]營其西南：明本《册府》卷三四六作"營其西"。

[16]"珍旋師自亳北趣静戎"至"遇雨班師"：《舊唐書》卷一九下《僖宗紀》文德元年二月："從訓求援於汴，朱全忠遣將朱珍渡河赴之。"《輯本舊史》卷二一《李唐賓傳》："曁攻蔡之役，珍自西南破其外垣，唐賓亦堙壕坎堞，摧其東北隅。"《宋本册府》卷一八七："（文德元年）戊辰，魏博樂彦禎失律，其子從訓出奔相州，使來乞師。帝遣朱珍領上軍濟河，連收黎陽、臨河二邑。既而魏軍推小校羅弘信爲帥。弘信既立，遣使送款於汴，帝優而納之，遂命班師。"《新五代史》卷一《梁太祖紀上》：三月庚子，"天雄軍亂，囚其節度使樂彦貞。其子相州刺史從訓攻魏，來乞兵。遣朱珍助從訓攻魏。而魏軍殺彦貞，從訓戰死，魏人立羅弘信，珍乃還"。《通鑑》卷二五七文德元年三月癸卯條："朱全忠裹糧於宋州，將攻秦宗權；會樂從訓來告急，乃移軍屯滑州，遣都押牙李唐賓等將步騎三萬攻蔡州，遣都指揮使朱珍等分兵救樂從訓。自白馬濟河，下黎陽、臨河、李固三鎮；進至內黃，敗魏軍萬餘人，獲其將周儒等十人。"

[17]劉瓚：人名。籍貫不詳。唐末將領。事見本書本卷。明本《册府》卷三四六作"劉贊"，《新五代史》卷二八有《劉贊傳》，

爲後唐臣，非同一人。

[18]楚州：州名。治所在今江蘇淮安市。　珍以兵援劉瓚赴楚
州：《新五代史·梁太祖紀上》文德元年五月條：“行營討蔡州，圍
之百餘日，不克。……初，高駢死，淮南亂，楚州刺史劉瓚來奔，
納之，及王兵攻蔡不克，還，欲攻徐，乃遣朱珍將兵數千以東，聲
言送瓚還楚州。”《通鑑》卷二五七文德元年九月丙申條：“（朱全
忠）遣朱珍將兵五千送楚州刺史劉瓚之官。”

[19]襄山南：中華書局本有校勘記：“朱玉龍《中華版〈舊五
代史〉考證三》（《安徽史學》1990 年第 2 期）：‘自宋之楚州，中
經淮北，此襄山必是淮北之相山，時屬徐州，故遇徐戎扼其路。’
按《隋書》卷三一《地理志下》，彭城郡蕭縣有相山。”

[20]“至襄山南”至“破其三萬餘衆”：《舊唐書》卷二〇上
《昭宗紀》文德元年九月乙未：“汴將朱珍敗時溥之師于埇橋，遂陷
宿州，自是溥嬰城不敢復出。”《輯本舊史·李唐賓傳》：“及伐徐取
豐，時溥軍於吳康，珍亟遇之，未能却，唐賓引本軍擊敗之，珍遂
大勝。”《宋本册府》卷一八七：“十月，先遣朱珍領兵與時溥戰于
吳康鎮，徐人大敗，連收豐、蕭二邑，溥携散騎馳入彭門。帝命分
兵以攻宿州，刺史張友携符印以降。”《通鑑》卷二五七文德元年
十月條：“徐兵邀朱珍、劉瓚不聽前，珍等擊之，取沛、滕二縣，
斬獲萬計。”同年十一月條：“時溥自將步騎七萬屯吳康鎮，朱珍與
戰，大破之。朱全忠又遣別將攻宿州，刺史張友降之。”

　　龍紀初，[1]與諸將屯於蕭縣，[2]以禦時溥，珍慮太祖
自至，令諸軍葺馬厩以候巡撫。李唐賓之裨將嚴郊獨慢
焉，軍候范權恃珍以督之。[3]唐賓素與珍不協，果怒，
乃見珍以訴其事。[4]珍亦怒曰：“唐賓無禮！”遂拔劍斬
之，珍命騎列狀陳其事。太祖初聞唐賓之死，驚駭，與
敬翔謀，[5]詐令有司收捕唐賓妻子下獄，以安珍心。[6]太

祖遂徑往蕭縣，距蕭一舍，珍率將校迎謁，太祖令武士執之，[7]責其專殺，命丁會行戮。[8]都將霍存等數十人叩頭以救，[9]太祖怒，以坐床擲之，乃退。[10]《永樂大典》卷二千三十一。[11]

[1]龍紀：唐昭宗李曄年號（889）。　龍紀初：《通鑑》卷二五八作龍紀元年七月事。

[2]蕭縣：縣名。治所在今江蘇蕭縣。

[3]嚴郊：人名。籍貫不詳。事見本書本卷。　軍候：官名。掌偵察敵情或維持軍紀。　范權：人名。籍貫不詳。事見本書本卷。

[4]乃見珍以訴其事：中華書局本有校勘記：“‘珍’字原闕，據彭校、《册府》卷四四九、《通鑑》卷二五八補。”見明本《册府》卷四四九《將帥部·專殺門》、《通鑑》卷二五八龍紀元年（888）七月丁未條。

[5]敬翔：人名。同州馮翊（今陝西大荔縣）人。後梁大臣。傳見本書卷一八、《新五代史》卷二一。

[6]“遂拔劍斬之”至“以安珍心”：《通鑑》卷二五八龍紀元年七月條載：朱珍斬李唐賓，“遣騎白全忠，云唐賓謀叛。淮南左司馬敬翔，恐全忠乘怒，倉猝處置違宜，故留使者，逮夜，然後從容白之，全忠果大驚。翔因爲畫策，詐收唐賓妻子繫獄，遣騎往慰撫，全忠從之，軍中始安”。

[7]太祖：中華書局本有校勘記：“‘太祖’，原作‘梁祖’，據《册府》卷四四九及本卷上下文改。”

[8]命丁會行戮：《輯本舊史》之案語：“案：《歐陽史》作珍自縊死。”見《新五代史》卷二一《李唐賓傳》。

[9]霍存：人名。洺州曲周（今河北曲周縣東北）人。唐末、五代將領。傳見本書卷二一、《新五代史》卷二一。

[10]"都將霍存等數十人叩頭以救"至"乃退"：《輯本舊史》卷二一《龐師古傳》："及朱珍以罪誅，遂用師古爲都指揮使。"《新五代史》卷一《梁太祖紀上》龍紀元年七月條則曰："七月，朱珍殺李唐賓，王如蕭縣，執珍殺之，遂攻徐州。"《通鑑》卷二五八龍紀元年七月丁未條："（朱全忠）至蕭縣，以龐師古代珍爲都指揮使。"

[11]《大典》卷二〇三一"朱"字韻"姓氏（五）"事目。

李思安

李思安，陳留張亭里人也。[1]初事汴將楊彥洪爲騎士。[2]好拳勇，未弱冠，長七尺，[3]超然有乘時自奮之意。[4]唐中和三年，太祖鎮汴，嘗大閱戎旅，觀其材，甚偉之，因錫名思安，字貞臣。思安善飛矟，所向披靡，每從太祖征伐，常馳馬出敵陣之後，測其厚薄而還。或敵人有恃猛自衒者，多命取之，必鷹揚颷卷，擒馘於萬衆之中，出入自若，如蹈無人之地。[5]太祖甚惜之，命副王虔裕爲踏白將。

[1]陳留：縣名。治所在今河南開封市陳留鎮。
[2]楊彥洪：人名。籍貫不詳。唐末將領。事見本書本卷、卷二二、卷二五、卷五五。
[3]長七尺：《宋本冊府》卷八八三《總錄部·形貌門》作"身長七尺"。
[4]乘時自奮之意：《宋本冊府》卷八八三作"乘時自奮之志"。
[5]"李思安"至"如蹈無人之地"：《宋本冊府》卷三九六

《將帥部・勇敢門三》："李思安，本宋人也。祖、父皆隸職于宣武軍之静戍鎮。思安幼拳捷有膂力，所爲不常。未弱冠，長六尺，超超然，有拔行伍取富貴意。唐乾符、廣明間，盗火互起，思安棄州里投火中。太祖始鎮夷門，自巢軍諸隊間鳥逝歸我，初以爲騎士。思安善用槊，每從上征伐，常飛馬出敵陣之後，測其厚薄而還。或敵有恃猛悍炫容執者，太祖多命取之，必鷹揚颷馳，擒馘於萬甲之際，出入自若，如蹈無人中。繇是疊委戎事，累授劇郡。"《通鑑》卷二六一光化二年（899）三月癸卯條："思安，陳留人也。"

時巢、蔡合從，太祖每遣偵邏，必率先獨往。巢敗走，思安領所部百餘人追賊，殺戮掩奪，衆莫敢當。尋領軍襲蔡寇於鄭，都將李唐賓馬躓而墜，思安援槊刺追者，唐賓復其騎而還。又嘗與蔡人鬭，當陣生擒賊將柳行實。[1]其後渡長淮，下天長、高郵二邑，[2]又拒孫儒，[3]迫濠州，[4]皆有奇績。累遷爲諸軍都指揮使，奏官至檢校左僕射，尋拜亳州刺史。[5]練兵禦寇，邊境蕭然。思安爲性勇悍，[6]每統戎臨敵，不大勝，必大敗。

[1]柳行實：人名。籍貫不詳。秦宗權部將。事見本書本卷。

[2]長淮：地名。位於今安徽蚌埠市長淮鎮。 天長：縣名。治所在今安徽天長市。 高郵：縣名。治所在今江蘇高郵市。

[3]孫儒：人名。河南府（今河南洛陽市）人。唐末軍閥。傳見《新唐書》卷一八八。

[4]濠州：州名。治所在今安徽鳳陽縣。

[5]"其後渡長淮"至"尋拜亳州刺史"：亦見《宋本册府》卷三六〇《將帥部・立功門一三》。《舊唐書》卷一八一《羅弘信傳》附《羅威傳》載：唐昭宗光化二年（899），"正月，幽州劉仁

恭擁兵十萬，謀亂河朔，進陷貝州，長驅攻魏。威求援於汴，朱全忠遣將李思安屯於洹水，葛從周自邢、洺引軍入魏。燕將劉守文、單可及攻汴軍於内黄。思安逆戰，大敗之，乘勝追躡”。“天祐二年七月十三日夜，牙軍裨校李公佺作亂，威僅以身免，公佺出奔滄州。自是愈懼，遣使求援於全忠，密謀破之。全忠遣李思安會魏博軍，再攻滄州。”《新唐書》卷二一〇《羅紹威傳》：“（劉）仁恭以衆十萬陷貝州，（朱）全忠使李思安屯内黄”，“仁恭使别將攻内黄，爲思安所敗”。“俄而小校李公佺作亂，不克，奔滄州。紹威乃决策屠翦，遣楊利言與全忠謀。全忠乃遣苻道昭將兵合魏軍二萬攻滄州，求公佺，又遣李思安助戰，魏軍不之疑。”亦見《宋本册府》卷一八七《閏位部·勳業門五》，《新五代史》卷三九《羅紹威傳》《劉守光傳》，《新唐書》卷二一二《劉仁恭傳》。《通鑑》卷二六一光化二年三月條：“三月，朱全忠遣其將李思安、張存敬將兵救魏博，屯于内黄；癸卯，全忠以中軍軍于滑州。劉仁恭謂其子守文曰：‘汝勇十倍於思安，當先虜鼠輩，後擒紹威耳！’乃遣守文及其妹壻單可及將精兵五萬擊思安於内黄。丁未，思安使其將袁象先伏兵於清水之右，思安逆戰於繁陽，陽不勝而卻；守文逐之，及内黄之北，思安勒兵還戰，伏兵發，夾擊之。幽州兵大敗，斬可及，殺獲三萬人，守文僅以身免。”同書卷二六五天祐三年正月庚午條：“全忠乃發河南諸鎮兵十萬，遣其將李思安將之，會魏、鎮兵屯深州樂城。”

[6]思安爲性勇悍：《宋本册府》卷四四五《將帥部·軍不整門》作“爲性不勇悍”，“不”疑爲《册府》衍字。

開平元年春，率兵伐幽州，[1]營於桑乾河，[2]擄獲甚衆，燕人大懼。[3]及軍迴，率諸軍伐潞，累月不克，師人多逸。[4]太祖怒甚，詔疏其罪，盡奪其官爵，委本郡以民户係焉。[5]踰歲起之，復令領兵，亦無巨績可紀。

太祖嘗因命將授鉞，謂左右曰："李思安當敵果敢，無出其右者，然每遇藩方擇材，吾將用之，則敗聞必至，如是者二三矣，則知飛將數奇，前史豈虛言哉！"乾化元年秋，又以爲相州刺史。[6]思安自謂當擁旄仗鉞，[7]及是殊不快意，但因循晏安，[8]無意爲政。及太祖北征，以候騎之誤，[9]落然無所具，而復壁壘荒圮，帑廩空竭，太祖怒，貶柳州司户，[10]尋賜死於相州。[11]《永樂大典》卷一萬三百八十八。[12]

[1]開平元年春率兵伐幽州：《舊唐書》卷二〇下《哀帝紀》天祐四年（907）三月戊寅條："三月戊寅朔，全忠令大將李思安率兵三萬，合魏博之衆，攻掠幽州。思安頓兵臨其郛，會（劉）仁恭子守光率兵赴援，思安乃還。"《通鑑》卷二六六開平元年（907）三月癸未條："三月，癸未，王以亳州刺史李思安爲北路行軍都統，將兵擊幽州。"同年四月己酉條："李思安引兵入其（劉仁恭）境，所過焚蕩無餘。夏，四月，己酉，直抵幽州城下。仁恭猶在大安山，城中無備，幾至不守。（劉）守光自外引兵入，登城拒守；又出兵與思安戰，思安敗退。"

[2]桑乾河：水名。源出今山西寧武縣管涔山，流經河北、北京地區，下游後稱永定河。

[3]燕：封國名。指唐末河北方鎮盧龍軍。劉仁恭、劉守光父子先後爲盧龍節度使、燕王。

[4]率諸軍伐潞累月不克師人多逸：《宋本册府》卷七《帝王部·創業門三》："（天祐三年）十二月，潞州節度使丁會開門迎降。"天祐四年五月，"梁祖遣其將康懷英率兵十萬圍潞州，築壘環城。帝遣周德威將兵赴援，梁祖以懷英無功，乃以李思安代之"。明本《册府》卷二一《帝王部·徵應門》：朱梁改元之始，即天祐

之四年也，潞州行營使李思安奏：“壺關縣庶穰鄉鄉人伐樹，樹倒自分兩片，內有六字如左書，云‘天十四載石進’。”《宋本冊府》卷一九九《閏位部・選將門》：“梁太祖開平元年八月，以潞州軍前屯師旅，壁壘未收，乃別議戎帥。於是以亳州刺史李思安充潞州行營都統。”亦見同書卷三九八《將帥部・冥助門》、同書卷四〇〇《將帥部・固守門二》、同書卷四一四《將帥部・赴援門》。《新五代史》卷二《梁太祖紀下》開平元年五月條：“潞州行營都指揮使李思安及晉人戰，敗績。”同書卷二二《康懷英傳》：“丁會以潞州叛梁降晉，太祖命懷英爲招討使，將行，太祖戒之，語甚切，懷英惶恐，以謂潞州期必得，乃築夾城圍之。晉遣周德威屯于亂柳，數攻夾城，懷英不敢出戰，太祖乃以李思安代懷英將，降懷英爲都虞候。久之，思安亦無功，太祖大怒，罷思安，以同州劉知俊爲招討使。”事亦見《宋本冊府》卷三六九《將帥部・攻取門二》、明本《冊府》卷四四三《將帥部・敗衄門三》、《新五代史》卷四四《劉知俊傳》。《通鑑》卷二六六開平元年七月丁巳條：“丁巳，帝以亳州刺史李思安代（康）懷貞爲潞州行營都統，黜懷貞爲行營都虞候。思安將河北兵西上，至潞州城下，更築重城，內以防奔突，外以拒援兵，謂之夾寨。調山東民饋軍糧，（周）德威日以輕騎抄之，思安乃自東南山口築甬道，屬於夾寨。德威與諸將互往攻之，排牆填塹，一晝夜間數十發，梁兵疲於奔命。夾寨中出芻牧者，德威輒抄之，於是梁兵閉壁不出。”同卷開平二年三月條：“李思安等攻潞州，久不下，士卒疲弊，多逃亡。”

［5］“太祖怒甚”至“委本郡以民戶係焉”：亦見《宋本冊府》卷四四五《將帥部・軍不整門》。《通鑑》卷二六六開平二年三月甲午條：“帝以李思安久無功，亡將校四十餘人，士卒以萬計，更閉壁自守，遣使召詣行在。甲午，削思安官爵，勒歸本貫充役。”

［6］相州：州名。治所在今河南安陽市。　乾化元年秋又以爲相州刺史：明本《冊府》卷二一六《閏位部・征伐門》：“梁太祖開平四年七月，劉知俊攻逼夏州，以宣化軍留後李思安爲東北面行營

都指揮使。"《通鑑》卷二六七開平四年八月甲子條:"以河南尹兼中書令張全義爲西京留守。帝恐晋兵襲西京,以宣化留後李思安爲東北面行營都指揮使,將兵萬人屯河陽。"同年十月條:"冬,十月,遣鎮國節度使楊師厚、相州刺史李思安將兵屯澤州以圖上黨。"同年十一月己丑條:"十一月,己丑,以寧國節度使、同平章事王景仁充北面行營都指揮招討使,潞州副招討使韓勍副之,以李思安爲先鋒將,趣上黨。"乾化元年正月癸巳,與晋戰於柏鄉,敗績,"王景仁、韓勍、李思安以數十騎走"。事詳見明本《册府》卷三四七《將帥部·佐命門八》、《宋本册府》卷三六七《將帥部·機略門七》,亦見《宋本册府》卷五七《帝王部·英斷門》、明本《册府》卷二一六、《新五代史》卷二三《王景仁傳》。

[7]旄:亦作"髦"。古代符節上所飾的旄牛尾。擁旄仗鉞,指擔任節度使。

[8]但因循晏安:中華書局本有校勘記:"'因',原作'日',據《册府》卷六九八改。"

[9]以候騎之誤:中華書局本有校勘記:"'誤',《册府》卷六九八作'設'。"

[10]柳州:州名。治所在今廣西柳州市。

[11]"思安自謂"至"尋賜死於相州":《輯本舊史》之案語:"《通鑑》:乾化元年九月丙午,至相州,刺史李思安不意帝猝至,落然無具,坐削官爵。二年正月丁卯,帝至獲嘉,追思李思安去歲供饋有闕,貶柳州司户,尋長流思安于崖州,賜死。據《薛史》,則思安賜死即在相州,未嘗至貶所,與《通鑑》異。""二年正月丁卯",《通鑑》卷二六八繫於乾化二年(912)二月丁卯。按,《宋本册府》卷六九八《牧守部·失政門》:"思安自謂當擁旄仗鉞久矣,得是殊不快,但因循宴安,無意爲政。及太祖出幸,以候騎之設,落然無所備,而復壁壘荒圮,帑廩空涸,帝怒甚,遂貶柳州司户,尋以怨望斬之。"

[12]《大典》卷一〇三八八"李"字韻"姓氏(三三)"

事目。

鄧季筠

　　鄧季筠，宋州下邑人也。[1]少入黃巢軍，隸於太祖
麾下。及太祖鎮汴，首署爲牙將，[2]主騎軍。伐鄆之役，
生擒排陣將劉矯以獻。[3]唐大順初，[4]唐帝命丞相張濬伐
太原，[5]太祖奉詔出師，西至高平，[6]與晉人接戰，軍既
不利，季筠爲晉人所擒。[7]克用見之甚喜，[8]釋縛，待以
賓禮，俄典戎事。季筠在并門凡四稔。[9]景福二年，[10]
晉軍攻邢臺，[11]季筠領偏師預其役，將及邢，邢人陣於
郊，兩軍酣戰之際，季筠出陣，飛馬來歸，[12]太祖大加
獎歎，賞賚甚厚。時初置廳子都，[13]最爲親軍，命季筠
主之，旋改統親騎，又遷將中軍。天祐三年，奏授登州
刺史，[14]下車稱理。登州舊無羅城，及季筠至郡，率丁
壯以築之，民甚安之，因相與立碑以頌其績。太祖受
禪，改鄭州刺史，尋主兵於河中，爲都指揮使。時并人
寇平陽，季筠接戰於洪洞，[15]大克，拜華州防禦使。[16]
又繼領龍驤等諸軍騎士，累官至檢校司空。柏鄉之
役，[17]季筠臨陣前却，太祖亦未之罪。乾化二年春，太
祖親伐鎮、定，駐於相州，因閱馬，怒其馬瘦，與魏博
軍校何令稠、陳令勳同斬於纛下。[18]《永樂大典》卷一萬
八千一百二十六。[19]

[1]下邑：縣名。治所在今河南夏邑縣。
[2]牙將：官名。古代軍隊中的中低級軍官。

[3]排陣將：官名。唐節度使所屬武官中有排陣使，後梁以後設於諸軍，爲先鋒之職。參見王軼英《中國古代排陣使述論》，《西北大學學報》2010年第6期。　劉矯：人名。籍貫不詳。事見本書本卷。

[4]大順：唐昭宗李曄年號（890—891）。

[5]張濬：人名。宿州符離（今安徽宿州市埇橋區）人。唐僖宗時爲户部侍郎、同中書門下平章事，唐昭宗時爲尚書左僕射。後爲朱温所殺。傳見《舊唐書》卷一七九、《新唐書》卷一八五。

[6]高平：縣名。治所在今山西高平市。

[7]季筠爲晋人所擒：《通鑑》卷二五八大順元年（890）七月條：“（朱全忠）又遣別將李讜、李重胤、鄧季筠將兵攻李罕之於澤州，又遣張全義、朱友裕軍於澤州之北，爲（葛）從周應援。”同年九月壬寅條後：“汴將鄧季筠，亦驍將也，引兵出戰，（李）存孝生擒之。”《輯本舊史》卷二五《武皇紀上》繋此事於六月：“汴將鄧季筠以一軍犯陣，（李）存孝追擊，擒其都將十數人，獲馬千餘匹。”此事亦見於《輯本舊史》卷五三《李存孝傳》、《宋本册府》卷三九六《將帥部·勇敢門三》、《新唐書》卷一八七《李罕之傳》、《新五代史》卷三六《義兒傳》。

[8]克用：《宋本册府》卷四四四《將帥部·陷没門》作“晋王”。

[9]季筠在并門凡四稔：《輯本舊史》之案語：“《通鑑考異》引《唐餘録》，謂季筠與李存孝並賜死，蓋傳聞之誤。”見《通鑑》卷二五九乾寧元年（894）三月甲申條《考異》，但《考異》所引爲《太祖紀年録》。

[10]景福：唐昭宗李曄年號（892—893）。

[11]邢臺：此處代指保義軍，治所在邢州（今河北邢臺市）。

[12]季筠出陣飛馬來歸：《通鑑》卷二五九景福二年（893）九月丁卯條後：“汴將鄧季筠從（李）克用攻邢州，輕騎逃歸。”

[13]廳子都：部隊番號。都爲軍隊的編制單位。唐末、五代之

際，軍隊中已有都的編制。諸藩鎮所設特種兵和牙兵中就有燕子都、落燕都、廳子都等名。五代時成爲指揮以下的軍事編制。《武經總要》卷二：“凡五百人爲一指揮，其別有五都，都一百人，統以一營居之。”都的長官稱爲都頭。

[14]登州：州名。治所在今山東蓬萊市。

[15]洪洞：縣名。治所在今山西洪洞縣。

[16]華州：州名。治所在今陝西渭南市華州區。 防禦使：官名。唐代始置，設有都防禦使、州防禦使兩種。常由刺史或觀察使兼任，實際上爲唐代後期州或方鎮的軍政長官。

[17]柏鄉：縣名。治所在今河北柏鄉縣。

[18]魏博：方鎮名。治所在魏州貴鄉縣（今河北大名縣）。軍校：即牙校，爲低級武職。 何令稠：人名。籍貫不詳。五代將領。事見本書本卷。 陳令勳：人名。籍貫不詳。五代將領。事見本書本卷。 “乾化二年春”至“同斬於纛下”：明本《册府》卷二一四《閏位部·訓兵門》繫於乾化元年（911）：“十月，帝北征，駐蹕相州。癸丑，閱武於州圃之南樓。”《通鑑》卷二六八乾化元年十月戊午條胡三省注：“帝至相州，左龍驤都教練使鄧季筠、魏博馬軍都指揮使何令稠、右廂馬軍都指揮使陳令勳，以部下馬瘦，並腰斬於軍門。”《輯本舊史》引此條繫於卷六《梁太祖紀六》乾化元年十月癸丑條後。

[19]《大典》卷一八一二六“將”字韻“五代後梁將（一）”事目。

黃文靖

黃文靖，金鄉人。[1]少附於黃巢黨中，巢敗，歸於太祖，累署牙職，繼遷諸軍指揮使，從太祖南平巢、蔡，北定兗、鄆，皆有功。唐大順中，佐葛從周送朱崇節入潞。[2]會晋軍十餘萬近逼垣寨,[3]文靖慮孤軍難守,[4]乃與葛從周啓闈出師,文靖爲殿,命矢刃皆外向,持重而還,晋人不敢逼。其年冬,與康懷英渡淮,[5]入壽春之境,下安豐、霍丘,[6]至光州而還。[7]光化初,晋將李嗣昭、周德威寇於山東,[8]文靖佐葛從周統大軍禦之。至沙河,[9]敗晋軍五千餘騎,遂逐之,越張公橋乃止。[10]後旬日,復與晋人戰於邢州之北,擒蕃將賁金鐵、慕容藤、李存建等百餘人,[11]奪馬數千匹,尋以功表授檢校左僕射、耀州刺史。[12]天祐二年春,命佐楊師厚深入淮甸,[13]越壽春,侵廬江,軍至大獨山,[14]遇淮夷,殺五千餘衆,振旅而還。改蔡州刺史,加檢校司空,又遷潁州刺史。太祖受禪,復爲蔡州刺史,入爲左神武統軍,又改左龍驤使。[15]乾化元年,從太祖北征,因閱馬得罪,命斬之。[16]文靖驍果善戰,諸將皆惜之。《永樂大典》卷一萬八千一百二十六。[17]

[1]金鄉:縣名。治所在今山東金鄉縣。

[2]葛從周:人名。濮州鄄城(今山東鄄城縣)人。唐末、五代將領。傳見本書卷一六、《新五代史》卷二一。　朱崇節:人名。籍貫不詳。後梁官員。事見本書卷一、卷八一。

[3]會晋軍十餘萬近逼垣寨:明本《册府》卷四一八《將帥部・嚴整門》作"會晋軍十餘萬附外垣寨焉"。

[4]文靖慮孤軍難守:明本《册府》卷四一八作"文靖慮諸軍難守"。

[5]康懷英:人名。兗州(今山東濟寧市兗州區)人。唐末、五代將領。本名懷貞,避後梁末帝朱友貞諱改懷英。傳見本書卷二三、《新五代史》卷二二。

　　[6]安豐：地名。位於今江蘇興化市安豐鎮。　霍丘：縣名。治所在今安徽霍邱縣。

　　[7]光州：州名。治所在今河南潢川縣。《輯本舊史》之影庫本粘籤："光州，原本作'先州'，今據《十國春秋》改正。"見《十國春秋》卷一《吳太祖世家》。　"其年冬"至"至光州而還"：康懷英降朱全忠，《舊唐書》卷二〇上《昭宗紀》繫於乾寧四年（897）二月戊申條，《輯本舊史》卷一《梁太祖紀一》繫於乾寧四年正月己亥條，同書卷二三《康懷英傳》繫於乾寧四年春，乾寧五年八月改元光化，故"其年冬"當爲乾寧四年冬。

　　[8]李嗣昭：人名。汾州（今山西汾陽市）人。唐末、五代李克用義子、部將。傳見本書卷五二、《新五代史》卷三六。　周德威：人名。朔州馬邑（今山西朔州市朔城區東北）人。唐末、五代河東將領。傳見本書卷五六、《新五代史》卷二五。　山東：太行山以東。昭義軍所管五州，澤、潞二州在太行山以西，邢、洺、磁三州在太行山以東。此處山東特指邢、洺、磁三州。

　　[9]沙河：縣名。治所在今河北沙河市。

　　[10]張公橋：地名。位於今河北邢臺市西北。

　　[11]賁金鐵：人名。籍貫不詳。五代李克用部將。事見本書本卷。　慕容藤：人名。一作慕容騰。籍貫不詳。五代李克用部將。事見本書本卷。　李存建：人名。籍貫不詳。五代李克用部將。事見本書本卷。　擒蕃將賁金鐵慕容藤李存建等百餘人：中華書局本有校勘記："《册府》卷三六〇同，劉本、本書卷一六《葛從周傳》、《册府》卷三四六作'慕容騰。'"見《宋本册府》卷三六〇《將帥部·立功門一三》、明本《册府》卷三四六《將帥部·佐命門七》、《輯本舊史》卷一六《葛從周傳》。

　　[12]檢校左僕射：中華書局本有校勘記："'左'，《册府》卷三六〇、卷三八六作'右'。"　耀州：州名。治所在今陝西銅川市耀州區。　尋以功表授檢校左僕射耀州刺史：見《宋本册府》卷三六〇、卷三八六《將帥部·褒異門一二》。

[13]楊師厚：人名。潁州斤溝（今安徽太和縣阮橋鎮斤溝村）人。唐末、五代將領。傳見本書卷二二、《新五代史》卷二三。

[14]廬江：縣名。治所在今安徽廬江縣。　大獨山：山名。即大蜀山。位於今安徽合肥市西南。

[15]左龍驤使：官名。左龍驤軍統兵官。龍驤爲禁軍番號。又改左龍驤使：明本《册府》卷二〇五《閏位部・巡幸門》載：梁太祖開平二年（908）九月，"乙丑，六軍統軍牛存節、黃文靖各領所部將士赴行在"。

[16]因閱馬得罪命斬之：《通鑑》卷二六八乾化元年（911）十月戊午條胡三省注："《薛史》本紀：帝至相州，左龍驤都教練使鄧季筠、魏博馬軍都指揮使何令稠、右廂馬軍都指揮使陳令勳，以部下馬瘦，并腰斬於軍門；次魏縣，先鋒指揮使黃文靖伏誅。"《輯本舊史》引此條繫於卷六《梁太祖紀六》乾化元年十月癸丑條後。據明本《册府》卷二〇五，梁太祖次魏縣爲乾化元年十月丙辰。

[17]《大典》卷一八一二六"將"字韻"五代後梁將（一）"事目。

胡規

胡規，兖州人。初事朱瑾爲中軍都校。[1]兖州平，署爲宣武軍都虞候。佐葛從周伐鎮、定，從張存敬收晋、絳，[2]皆有功，署爲河中都虞候，權鹽務。天復中，太祖迎駕在岐下，以規權知洛州。[3]昭宗還長安，詔授皇城使。[4]及東遷，以爲御營使。[5]駕至洛，授内園莊宅使。[6]天祐三年，佐李周彝討相州，[7]獨當州之一面，頗以功聞，軍還，權知耀州事。[8]明年，討滄州，爲諸軍壕寨使。[9]太祖受禪，除右羽林統軍，[10]尋佐劉鄩統兵收潼關，[11] 擒劉知浣獻之，[12] 乃以爲右龍虎統軍兼侍衛指揮使。[13] 乾化元年，詔修洛河堤堰，[14] 軍士因之斬伐百姓園林太甚，河南尹張宗奭奏之，[15] 規得罪，賜死。[16]《永樂大典》卷一萬八千一百二十七。[17]

[1]中軍：戰鬥時編成中位居中軍者。　初事朱瑾爲中軍都校：《新唐書》卷一八八《朱宣傳》：“瑾之兄瓊守齊州，見勢屈，以州歸全忠，結同姓歡。全忠許之，輕騎至軍，全忠勞苦加禮，因使招瑾。瑾領精騎丽池笑語如平生歡，乃使將胡規僞送款，欲得瓊躬上符節。全忠不之虞，瑾伏壯士橋下，瓊單騎至，方交語，士突起，掖瓊以入，斬其首棄城下，汴軍大震。全忠恚，數日乃去。”

[2]張存敬：人名。譙郡（今安徽亳州市）人。唐末、五代將領。傳見本書卷二〇、《新五代史》卷二一。

[3]洛州：州名。治所在今河南洛陽市。中華書局本有校勘記曰：“劉本、邵本校作‘洛州’。”洽州爲五代楚馬希萼於漢乾祐三年（950）置，唐無洽州，據劉本、邵本校改。

[4]皇城使：官名。唐末始置，爲皇城司的長官，一般爲君主的親信充任，以拱衛皇城。

[5]御營使：官名。五代皇帝多親自率兵征戰，故設御營使負責行營守衛，多由親信將領、寵臣充任。

[6]內園莊宅使：官名。唐始置。掌管兩京地區官府掌握的莊田、磨坊、店鋪、菜園、車坊等產業。

[7]李周彝：人名。籍貫不詳。唐末、五代軍閥。事見本書本卷、卷二、卷六、卷九、卷二一、卷二三。《册府》作“李周尋”。

[8]“天祐三年”至“權知耀州事”：亦見於《宋本册府》卷三六〇《將帥部·立功門一三》。《通鑑》卷二六五天祐三年（906）四月癸未朔條後：“朱全忠營於魏州城東數旬，將北巡行營，會天雄牙將史仁遇作亂，聚眾數萬據高唐，自稱留後，天雄巡內諸

縣多應之。全忠移軍入城，遣使召行營兵還攻高唐，至歷亭，魏兵在行營者作亂，與仁遇相應。元帥府左司馬李周彝、右司馬苻道昭擊之，所殺殆半，進攻高唐，克之。”同月丙午條：“義昌節度使劉守文遣兵萬人攻貝州，又攻冀州，拔蓨縣，進攻阜城。時鎮州大將王釗攻魏州叛將李重霸於宗城。全忠遣歸救冀州，滄州兵去。丙午，重霸棄城走，汴將胡規追斬之。”“佐李周彝討相州”，“相州”疑誤。

[9]壕寨使：官名。亦作壕砦使。掌修造壕寨壁壘等軍事工程。

[10]太祖受禪除右羽林統軍：《宋本冊府》卷三六〇同，同書卷三八六《將帥部·褒異門一二》作：“太祖授禪，除右羽林軍。”同書卷一九三《閏位部·崇祀門》：梁太祖開平二年，“十一月，太常禮院奏，選用來年正月二十四日辛卯親拜南郊，可之。詔以左千牛衛上將軍胡規充南郊儀仗使，金吾衛將軍趙麓充車路法物使。時以執儀仗、將軍輅皆武士，故分二將以董之”。

[11]佐：兩種《冊府》均作“從”。　劉鄩：人名。密州安丘（今山東安丘市）人。唐末、五代將領。傳見本書卷二三、《新五代史》卷二二。　潼關：關隘名。位於今陝西潼關縣。

[12]劉知浣：人名。徐州沛縣（今江蘇沛縣）人。唐末將領。事見本書卷四。　尋佐劉鄩統兵收潼關擒劉知浣獻之：亦見於《宋本冊府》卷三六〇、卷三八六，《通鑑》卷二六七繫於開平三年六月癸丑。

[13]侍衛指揮使：官名。當即侍衛親軍都指揮使。五代侍衛親軍長官。多爲皇帝親信。後梁始置侍衛親軍，爲禁軍的一支，後唐沿置並成爲禁軍主力，下設馬、步軍。

[14]洛河：水名。黃河中游之流。源出今陝西洛南縣，在河南鞏義市洛口注入黃河。

[15]河南尹：官名。唐開元元年（713）改洛州爲河南府，治所在今河南洛陽市。以河南府尹總其政務。從三品。　張宗奭：人名。濮州臨濮（今山東鄄城縣臨濮鎮）人。後梁將領。傳見本書卷

六三、《新五代史》卷四五。

[16] "乾化元年" 至 "賜死"：詳見《宋本冊府》卷四四五《將帥部·軍不整門》，曰："乾化初，使河南尹張宗奭，奏規修河，軍入擾村閭，殺樹，奪稅戶絲，群眾以石磔人。太祖曰：'我令以河南府積薪治敗岸，且有將領，何敢是耶？'翌日，命宣徽院使趙殷衡，押領規及六軍使已下，往都外閱視林木。至榆林已來，園援果木役伐殆盡，仍招伏軍人，侵奪百姓財物。下詔曰：'胡規比緣微效，遂委劇權，不能禁戢諸軍，而敢凌百姓，輒生狂計，欲起亂階，備見苞藏，何堪委用？從來凶逆，已露鋒鋩，此際侮輕，足量肝膽。苟無極斷，慮掇後艱。胡規并男義方，委宗奭準軍令處置，其婦女任從所適。都指揮使韓勛已下一十二人，罰俸有差。'"

[17]《大典》卷一八一二七 "將" 字韻 "後梁將（二）" 事目。

李讜

李讜，河中臨晉人。[1]少時遊秦、雍間，[2]為人勇悍多力，甚有氣誼。唐廣明初，[3]黃巢陷長安，讜遂得仕於其間，巢以讜為內樞密使，[4]蓋讜曾委質於宦者，出入於宮禁間，巢以此用焉。其後巢軍既敗，讜乃束身歸於太祖，[5]署為左德勝騎軍都將。[6]從太祖討蔡賊，頗立軍功。[7]及東伐兗、鄆，以所部士伍俘獲甚眾，改元從騎將，表授檢校右僕射。郴王友裕領兵攻澤州，[8]時太祖駐大軍於盟津，[9]乃令讜將兵越太行，授以籌謀。讜頗違節度，久而無功，太祖遣追還，廷責其罪，戮之於河橋。[10]《永樂大典》卷一萬三百八十八。[11]

[1]臨晉：縣名。治所在今山西臨猗縣臨晉鎮。

[2]秦：州名。治所在今甘肅天水市。

[3]廣明：唐僖宗李儇年號（880—881）。

[4]内樞密使：官名。唐代宗時設，以宦官充任，掌承受表章、出納王言。憲宗時改稱樞密使。　巢以讓爲内樞密使：《輯本舊史》之案語：“《新唐書·黃巢傳》及《通鑑》皆言巢以費傳古爲樞密使，不載李讓，疑與傳古先後授僞官也。”見《新唐書》卷二二五下《黃巢傳》、《通鑑》卷二五四廣明元年（880）十二月壬辰條。

[5]其後巢軍既敗，讓乃束身歸於太祖：李讓歸降朱全忠，《舊唐書》卷一九下《僖宗紀》繫於中和四年（884）五月戊辰。《輯本舊史》卷一九《李重胤傳》：“唐中和四年五月，（重胤）同尚讓、李讓等率衆至繁臺，與太祖之軍相拒。”《宋本册府》卷三九六《將帥部·勇敢門三》：“汴將楊彥洪破巢將尚讓、李讓於尉氏門外。”《通鑑》卷二五五中和四年五月條：“癸亥，大雨，平地三尺，黃巢營爲水所漂，且聞李克用將至，遂引兵東北趨汴州，屠尉氏。尚讓以驍騎五千進逼大梁，至于繁臺；宣武將豐人朱珍、南華龐師古擊卻之。全忠復告急於李克用，丙寅，克用與忠武都監使田從異發許州，戊辰，追及黃巢於中牟北王滿渡，乘其半濟，奮擊，大破之，殺萬餘人，賊遂潰。尚讓帥其衆降時溥，別將臨晉李讓、曲周霍存、甄城葛從周、冤句張歸霸及弟歸厚帥其衆降朱全忠。”

[6]左德勝騎軍都將：官名。左德勝騎軍爲部隊番號。《宋本册府》卷三六〇《將帥部·立功門一三》、卷三八六《將帥部·褒異門一二》作“左得勝騎軍都將”。　署爲左德勝騎軍都將：《輯本舊史》卷一九《李重胤傳》：“又令（重胤）與李讓率騎軍至陝，應接郭言，迴次澠池，破賊帥黃花子之衆，改滑州夾馬指揮使。”

[7]立：《宋本册府》卷三六〇、卷三八六作“有”。

[8]郴王友裕：人名。朱温長子。傳見本書卷一二。明本《册府》卷四三九《將帥部·違命門》作“柳王友裕”。

[9]盟津：地名。一作“孟津”。位於今河南洛陽市孟津縣會

盟鎮，爲黄河中下游分界綫、重要渡口。

[10]河橋：橋名。位於孟津。 “郴王友裕領兵攻澤州”至“戮之於河橋”：《輯本舊史》之案語：“唐書《李存孝傳》云：李讜收軍而遁，存孝擊至馬牢川，俘斬萬計。此傳不載，蓋前後省文。”新、舊《唐書》無《李存孝傳》，此所據爲《輯本舊史》卷五三《李存孝傳》，“馬牢川”，《李存孝傳》作“馬牢山”。《宋本册府》卷七《帝王部·創業門三》殘闕，故據明本：大順元年（890）六月，“汴將朱友裕將兵屯晋、絳，時汴軍已據潞州，又遣大將李讜等率軍數萬，急攻澤州，帝遣李存孝自潞州將三千騎以援之。汴將鄧季筠以一軍犯陣，存孝進擊，擒其都將十數人，獲馬千餘匹。是夜，李讜收軍而退，大軍掩擊至馬牢關，斬首萬餘級，追襲至懷州而還。存孝復引軍攻潞州。九月，汴將葛從周棄潞州而遁，帝以康君立爲潞州節度使”。《新唐書》卷一八七《李罕之傳》：“大順初，汴將李讜、鄧季筠攻罕之，罕之告急於克用，遣存孝以騎五千救之。汴士呼罕之曰：‘公倚沙陀，絕大國。今太原被圍，葛司空入上黨，不旬日，沙陀無穴處矣！’存孝怒，引兵五百薄讜營呼曰：‘我，沙陀求穴者，須爾肉以飽吾軍，請肥者出鬭！’季筠引兵決戰，存孝奮稍馳，直取季筠。讜夜走，追至馬牢川，敗之。”《通鑑》卷二五八大順元年七月條：“官軍至陰地關，朱全忠遣驍將葛從周將千騎潛自壺關夜抵潞州，犯圍入城。又遣别將李讜、李重胤、鄧季筠將兵攻李罕之於澤州，又遣張全義、朱友裕軍於澤州之北，爲從周應援。”同年九月壬寅、戊申條：“壬寅，朱全忠軍于河陽。汴軍之初圍澤州也，呼李罕之曰：‘相公每恃河東，輕絕當道；今張相公圍太原，葛僕射入潞府，旬月之間，沙陀無穴自藏，相公何路求生邪！’及李存孝至，選精騎五百，繞汴寨呼曰：‘我，沙陀之求穴者也，欲得爾肉以飽士卒；可令肥者出鬭！’汴將鄧季筠，亦驍將也，引兵出戰，存孝生擒之。是夕，李讜、李重胤收衆遁去，存孝、罕之隨而擊之，至馬牢山，大破之，斬獲萬計，追至懷州而還。存孝復引兵攻潞州，葛從周、朱崇節棄潞州而歸。

戊申，全忠庭責諸將橈敗之罪，斬李讜、李重胤而還。"

[11]《大典》卷一〇三八八 "李" 字韻 "姓氏（三三）"
事目。

李重胤

李重胤，[1]宋州下邑人。狀貌雄武，初在黃巢黨中，
推爲剛鷙。唐中和四年五月，同尚讓、李讜等率衆至繁
臺，與太祖之軍相拒。[2]及巢寇漸衰，乃率衆來降。太
祖素識之，拔用不次，署爲先鋒步軍都頭。[3]與胡真援
河陽，[4]逼懷州。[5]重胤以部下兵突之，射中蕃將安休
休。[6]又令與李讜率騎軍至陝，應接郭言，[7]迴次澠
池，[8]破賊帥黃花子之衆，[9]改滑州夾馬指揮使。[10]蔡賊
圍汴，重胤以步兵攻下三寨，擄獲甚多。[11]太祖大舉伐
秦宗權，[12]俾重胤以滑兵爲先鋒。及東討徐州，下豐、
蕭二邑，轉右廂馬步軍指揮使。[13]大順元年秋，從郴王
友裕收澤州，[14]與晉軍戰於馬牢川，[15]王師敗績，迴守
河陽。太祖謂諸將曰："李讜、李重胤違我節度，[16]不能
立功，頗肆任使。"於是與李讜並戮於河橋。[17]《永樂大
典》卷一萬三百八十八。[18]

[1]李重胤：《輯本舊史》之案語："重胤，原本作 '重裔'，蓋
《薛史》沿避諱舊例，今改畫一。"

[2]"唐中和四年五月" 至 "與太祖之軍相拒"：《通鑑》卷二
五五繫於中和四年（884）五月癸亥。

[3]都頭：官名。唐末、五代時，"都" 爲指揮以下的軍事編

制。《武經總要》卷二：“凡五百人爲一指揮，其別有五都，都一百人，統以一營居之。”都的長官稱爲都頭。

[4]胡真：人名。江陵（今湖北荆州市）人。後梁朱温部將。傳見本書卷一六。 河陽：縣名。治所在今河南孟州市。

[5]懷州：州名。治所在今河南沁陽市。

[6]安休休：人名。籍貫不詳。後唐將領。事見本書卷二五、卷五五。

[7]郭言：人名。太原（今山西太原市）人。唐末、五代將領。傳見本書卷二一。

[8]澠池：地名。位於今河南澠池縣。

[9]黃花子：人名。籍貫不詳。事見本書本卷。

[10]夾馬指揮使：官名。所部統兵將領。“夾馬”爲部隊番號。

[11]“蔡賊圍汴”至“擄獲甚多”：《輯本舊史》卷二二《王檀傳》：“從擊蔡賊於板橋，偏將李重胤追賊馬蹟，爲蔡人所擒，檀奪取而旋，獲賊將薛注。”

[12]太祖大舉伐秦宗權：中華書局本有校勘記：“‘秦’字原闕，據《册府》卷三六〇、卷三八六補。”此據《宋本册府》卷三六〇《將帥部·立功門一三》、卷三八六《將帥部·褒異門一二》。

[13]右廂馬步軍指揮使：官名。所部統兵官。《宋本册府》卷三六〇作“右廂步軍指揮使”。

[14]郴王友裕：明本《册府》卷四三九《將帥部·違命門》作“柳王友裕”。

[15]馬牢川：地名。位於今山西澤州縣。

[16]李重胤違我節度：中華書局本有校勘記：“‘李’字原闕，據《册府》卷四三九補。”

[17]於是與李讜：《輯本舊史》之影庫本粘籤：“於是與李讜，原本脱‘與’字，今據文增入。”明本《册府》卷四三九亦脱“與”字。 “大順元年秋”至“於是與李讜並戮於河橋”：《輯本舊史》卷一《梁太祖紀一》：大順元年（890）九月：“戊申，帝廷

責諸將敗軍之罪，斬李讜、李重胤以狥，遂班師焉。"《通鑑》卷二五八大順元年七月條："官軍至陰地關，朱全忠遣驍將葛從周將千騎潛自壺關夜抵潞州，犯圍入城。又遣別將李讜、李重胤、鄧季筠將兵攻李罕之於澤州，又遣張全義、朱友裕軍於澤州之北，爲從周應援。"同年九月壬寅、戊申條："壬寅，朱全忠軍于河陽。汴軍之初圍澤州也，呼李罕之曰：'相公每恃河東，輕絕當道；今張相公圍太原，葛僕射入潞府，旬月之間，沙陀無穴自藏，相公何路求生邪！'及李存孝至，選精騎五百，繞汴寨呼曰：'我，沙陀之求穴者也，欲得爾肉以飽士卒；可令肥者出鬬！'汴將鄧季筠，亦驍將也，引兵出戰，存孝生擒之。是夕，李讜、李重胤收衆遁去，存孝、罕之隨而擊之，至馬牢山，大破之，斬獲萬計，追至懷州而還。存孝復引兵攻潞州，葛從周、朱崇節棄潞州而歸。戊申，全忠庭責諸將橈敗之罪，斬李讜、李重胤而還。"

[18]《大典》卷一〇三八八"李"字韻"姓氏（三三）"事目。

范居實

范居實，絳州翼城人。[1]事太祖，初爲隊將，[2]從討巢、蔡有功。又從朱珍收滑州，改左廂都虞候。預破兗、鄆功，遷感義都頭、鄭州馬軍指揮使。[3]幽州劉仁恭舉衆南下，[4]寇魏郡北鄙，[5]居實與葛從周、張存敬率兵救魏，[6]大破幽、滄之衆於內黃。[7]太祖迎昭宗於岐下，以居實爲河中馬軍都指揮使。[8]及昭宗還京，賜迎鑾毅勇功臣，遙領錦州刺史，[9]又遷左龍驤馬軍都指揮使。從征淮南迴，[10]改登州刺史，轉左神勇軍使。[11]開平元年，用軍於潞州，命居實統軍以解澤州之圍，[12]授耀州刺史，令以郡兵屯固鎮，[13]尋除澤州刺史。居實拳勇善戰，頗立軍功，在郡以戎備不理，詔追赴闕，暴其翫寇之罪而斬之。《永樂大典》卷一萬六千五百十七。[14]

[1]翼城：縣名。治所在今山西翼城縣。

[2]隊將：官名。低階武職。　初爲隊將：明本《册府》卷三四六《將帥部·佐命門七》作“初爲隊將軍”。

[3]感義都頭：官名。感義爲部隊番號。

[4]劉仁恭：人名。深州樂壽（今河北獻縣）人。唐末方鎮將領、軍閥，割據幽州，受封燕王。傳見《新唐書》卷二一二。

[5]魏郡：地名。位於今河南安陽市。　闉（yīn）：甕城門。

[6]葛從周：《輯本舊史》之影庫本粘籤：“葛從周，原本脱‘從’字，今據文增入。”

[7]大破幽滄之衆於内黄：《輯本舊史》卷一九《朱珍傳》：“軍於内黄，敗樂從訓萬餘人，分命聶金、范居實略澶州，與魏師遇於臨黄，魏軍有豹子軍二千人，戮之無噍類，威振河朔。”《新五代史》卷二一《朱珍傳》亦載：“分遣聶金、范居實等略澶州，殺魏豹子軍二千於臨黄。”然明本《册府》卷三四六：“（朱珍）軍于内黄，敗樂從訓萬餘人，分命聶金、范居實畧澶州，與魏師遇于内黄，魏軍有豹子軍二千人，戮之無噍類，威振河朔。”

[8]河中馬軍都指揮使：官名。河中節度馬軍統兵官。

[9]遥領：不親往任職，在他處遥遠監督之。　錦州：州名。治所在今河北盧龍縣。　遥領錦州刺史：亦見明本《册府》卷三四六，《宋本册府》卷三六〇《將帥部·立功門一三》、卷三八六《將帥部·褒異門一二》。

[10]淮南：方鎮名。治所在揚州（今江蘇揚州市）。景福元年（892）楊行密爲淮南節度使，發展爲楊吳政權。

[11]左神勇軍使：官名。領所部軍務。神勇爲部隊番號。

［12］解澤州之圍：《宋本册府》卷三六〇、卷三八六、卷四一四《將帥部·赴援門》同，而明本《册府》卷三四六則作"解州之圍"。　命居實統軍以解澤州之圍：《通鑑》卷二六六開平元年（907）六月條："晋兵攻澤州，帝遣左神勇軍使范居實將兵救之。"

［13］固鎮：地名。位於今山西沁水縣。

［14］《大典》卷一六五一七"范"字韻"姓氏（四）"事目。

史臣曰：叔琮而下，咸以鷹犬之才，適遇雲龍之會，勤勞王室，踐履將壇，然俱不得其死，豈不惜哉。得非鳥盡弓藏，理當如是耶？將梁祖之雄猜，無漢高之大度歟？[1]乃知自古帝王，能保全功臣者，唯光武一人而已矣。[2]語曰"弑父與君，亦不從也"，而叔琮、友恭從之，何也？既爲盜跖所嗾，[3]豈免成濟之誅，[4]臨終之言，益彰其醜也。《永樂大典》卷一萬六千五百十七。[5]

［1］漢高：即漢高祖劉邦。字季，沛縣豐邑（今江蘇沛縣）人。西漢王朝建立者。嘗爲沛縣泗水亭長。陳勝、吳廣起義後，劉邦組織義軍反秦，攻佔沛縣，自稱沛公。其後，又投奔項梁麾下，受封武安侯，並率先入關中滅秦。鴻門宴後，受封爲漢王，隨後擊敗項羽，贏得楚漢之爭，遂統一天下。紀見《史記》卷八。

［2］光武：即漢光武帝劉秀。字文叔，南陽郡蔡陽（今湖北棗陽市）人。漢高祖劉邦九世孫，漢景帝之子長沙定王劉發後裔。東漢王朝建立者。王莽篡漢之際，劉秀隨兄演起事，率軍擊敗王莽。更始帝時，受封蕭王。後與更始帝決裂，即位建立東漢，並平定各地割據勢力，天下重歸一統。紀見《後漢書》卷一。

［3］盜跖（zhí）：人名。亦作"桀跖"。又名"柳下跖""柳展

雄"。柳下惠之弟。春秋末年魯國大盜。事見《戰國策》卷一三。

喉（sǒu）：教唆。

[4]成濟：人名。籍貫不詳。三國時魏太子舍人，成倅之弟。本司馬昭之親信，刺殺魏帝曹髦於車下。後司馬昭上書稱成濟兄弟大逆不道，誅夷三族。事見《三國志》卷四。

[5]《大典》卷一六五一七"范"字韻"姓氏（四）"事目。

舊五代史　卷二〇

卷二〇

梁書二十

列傳第十

梁書二十

列傳第十

謝瞳

謝瞳，[1]字子明，福州人，[2]唐咸通末舉進士，[3]因留長安，[4]三歲不中第。廣明初，[5]黃巢陷長安，[6]遂投跡於太祖，洎居門下，未嘗一日不在左右。及太祖據同州，[7]遂署右職。[8]其年秋，太祖與河中交戰，[9]再不利，連上章請兵於巢，僞右軍中尉孟楷抑而不進。[10]瞳揣太祖有擇福意，[11]乃進說曰："黃家以數十萬之師，值唐朝久安，人不習戰，因利乘便，遂下兩京。[12]然始竊僞號，任用已失其所。今將軍勇冠三軍，力戰于外，而孟楷專務壅蔽，奏章不達，下爲庸才所制，上無獨斷之明，[13]破亡之兆必矣。況土德未厭，外兵四集，漕運波注，日以收復爲名，惟將軍察之。"[14]太祖曰："我意素決，爾又如是，復何疑哉！"翌日遂定策，戮僞監軍

877

使，[15]悉衆歸順於河中。王重榮表瞳爲檢校屯田員外郎，[16]賜緋，[17]令奉表于蜀。[18]唐僖宗大悦，[19]召入顧問，錫賚甚厚，以功授朝散大夫、太子率更令，[20]賜紫，[21]爲陵州刺史。[22]治郡一歲，改檢校右散騎常侍、通州刺史。[23]在任四考，頗有政績。秋罷，詣蜀行在，太祖遣人迎之。龍紀二年，[24]至東京，[25]勞徠彌厚，賜第墅各一區、錢千緡，表爲亳州團練使兼太清宮副使，[26]加檢校工部尚書。是年冬，太祖征淮南，[27]過郡，因求侍府幕，表爲宣義軍節度副使，[28]充兩使留後。[29]瞳在滑十三年，[30]部内增户約五萬，益兵數千人，[31]累遷至大中大夫、檢校右僕射，[32]卒于滑。開平初，[33]追贈司徒。[34]《永樂大典》卷一萬八千一百二十八。[35]

[1]謝瞳：中華書局本校改爲"謝瞳"，其校勘記云："原作'謝瞳'，據《册府》卷七二一、卷七六六（宋本）改。按《文苑英華》卷四一一有《授陵州謝瞳兼御史中丞前舒州司馬倪徽端州刺史制》。本卷下文云其'字子明'，據其字，當作'瞳'。本書各處同。"檢《册府》原文，明本《册府》卷七二一《幕府部・謀畫門二》作"謝瞳"，《宋本册府》卷七六六《總録部・攀附門二》作"謝瞳"。又，《舊唐書》卷一九下《唐僖宗紀》、《新五代史》卷一《梁太祖紀上》、《通鑑》卷二五五均作"謝瞳"。"瞳"，意爲瞳孔，瞳意爲日初出漸明，兩者均可對應"子明"，今仍其舊。

[2]福州：州名。治所在今福建福州市。

[3]咸通：唐懿宗李漼年號（860—874）。

[4]長安：地名。位於今陝西西安市。

[5]廣明：唐僖宗李儇年號（880—881）。

[6]黄巢：人名。曹州冤句（今山東菏澤市）人。唐末農民起

義領袖。傳見《舊唐書》卷二〇〇下、《新唐書》卷二二五下。

　　[7]同州：州名。治所在今陝西大荔縣。

　　[8]右職：重要職位。

　　[9]河中：方鎮名。治所在河中府（今山西永濟市）。

　　[10]右軍中尉：中華書局本有校勘記：“‘右軍中尉’，原作‘右軍都尉’，據《册府》卷七二一改。按《舊唐書》卷二〇〇下《黃巢傳》：‘孟楷、蓋洪爲左右軍中尉。’”見明本《册府》卷七二一。　孟楷：人名。籍貫不詳。唐末黃巢起義軍將領。事見《舊唐書》卷二〇〇下、《新唐書》卷二二五下。

　　[11]擇福：《輯本舊史》之影庫本粘籤：“擇福，原本作‘澤輻’，今據文改正。”

　　[12]兩京：即西京京兆府（今陝西西安市）和東都河南府（今河南洛陽市）。

　　[13]上無獨斷之明：中華書局本有校勘記：“上，字原闕，據《册府》卷七二一補。”

　　[14]惟將軍察之：明本《册府》卷七二一作“惟所天察之”。

　　[15]監軍使：官名。爲臨時差遣，代表朝廷協理軍務，督察將帥。《輯本舊史》之影庫本粘籤：“僞監軍使，夏文莊集作魏監軍使。考黃巢僞號爲齊，不當爲魏。蓋因‘僞’字聲轉而訛，今仍從原文。”　“其年秋”至“僞監軍使”：《舊唐書》卷一九下《僖宗紀》中和二年（882）八月庚子條“賊同州防禦使朱温殺其監軍嚴實，與大將胡真、謝瞳等來降，王鐸承制拜華州刺史、潼關防禦、鎮國軍等使”。《新五代史》卷一《梁太祖紀上》唐僖宗乾符四年（877）：“（朱）温數爲河中王重榮所敗，屢請益兵於（黃）巢，巢中尉孟楷抑而不通。温客謝瞳説温曰：‘黃家起於草莽，幸唐衰亂，直投其隙而取之爾，非有功德興王之業也，此豈足與共成事哉！今天子在蜀，諸鎮之兵日集，以謀興復，是唐德未厭於人也。且將軍力戰於外，而庸人制之於内，此章邯所以背秦而歸楚也。’温以爲然，乃殺其監軍嚴實，自歸于河中，因王重榮以降。”《通鑑》卷二五五中和二年：

“黃巢所署同州防禦使朱温屢請益兵以扞河中，知右軍事孟楷抑之，不報。温見巢兵勢日蹙，知其將亡，親將胡真、謝瞳勸温歸國；九月，丙戌，温殺其監軍嚴實，舉州降王重榮。温以舅事重榮，王鐸承制以温爲同華節度使，使瞳奉表詣行在。瞳，福州人也。”

［16］檢校屯田員外郎：官名。爲散官或加官，以示恩寵，無實際執掌。

［17］賜緋：輿服制度。皇帝頒賜緋色官服。唐代五品、四品官服緋。後世或沿用此制，品級不盡相同。

［18］蜀：地區名。今四川。

［19］唐僖宗：即李儇。唐朝皇帝，873 年至 888 年在位。紀見《舊唐書》卷一九下、《新唐書》卷九。

［20］朝散大夫：官名。隋朝始置，爲文散官，無實際職掌。從五品下。　太子率更令：官名。秦置，掌知漏刻。北齊掌東宮禁衛、漏刻。唐加掌皇族次序、刑罰等。從四品上。

［21］賜紫：輿服制度。皇帝頒賜紫色官服。唐代官員三品以上服紫。特殊情況下，京官散階未及三品者可以賜紫，以示尊寵。

［22］陵州：州名。治所在今四川仁壽縣。

［23］檢校右散騎常侍：官名。爲散官或加官，以示恩寵，無實際執掌。　通州：州名。治所在今江蘇南通市。中華書局本有校勘記：“‘州’字原闕，按《舊唐書》卷三九《地理志三》，通州屬山南西道，天寶元年改爲通川郡，乾元元年復爲通州。《新唐書》卷四〇《地理志四》：‘通州，通川郡。’據補‘州’字。”　刺史：官名。漢武帝時始置。州一級行政長官，總掌考覈官吏、勸課農桑、地方教化等事。唐中期以後，節度、觀察使轄州而設，刺史爲其屬官，職任漸輕。從三品至正四品下。

［24］龍紀：唐昭宗李曄年號（889）。

［25］東京：地名。唐以洛陽爲東都，又稱東京。

［26］亳州：州名。治所在今安徽亳州市。　團練使：官名。唐代中期以後，於不設節度使的地區設團練使，掌本區各州軍事。

太清宫副使：官名。唐玄宗改玄元宫爲太清宫，後置太清宫使，以宰相兼任。副使爲其副職。

　　〔27〕淮南：方鎮名。治所在揚州（今江蘇揚州市）。景福元年（892）楊行密爲節度使。

　　〔28〕宣義軍：方鎮名。治所在滑州（今河南滑縣）。　節度副使：官名。唐五代方鎮屬官。位於行軍司馬之下、判官之上。

　　〔29〕兩使留後：官名。即節度觀察留後。唐、五代時，代行方鎮長官之職者稱留後。代行節度使、觀察使之職者，即爲節度觀察留後。掌一州或數州軍政。

　　〔30〕滑：州名。治所在今河南滑縣。

　　〔31〕“太祖征淮南”至“益兵數千人”：《宋本册府》卷七二九《幕府部·辟署門四》：“太祖征淮南，過郡，因求侍府幕，表爲宣義節度副使，充兩使留後。”明本《册府》作：“太祖征淮南，過郡，因求侍府幕，表爲宣義節度副使、留後。”《宋本册府》卷六九二《牧守部·招輯門》：“謝瞳爲宣義軍留後，在滑州十三年，部内增户約五萬，益兵數千人。”

　　〔32〕大中大夫：官名。亦作“太中大夫”。秦始置。唐爲文散官。從四品上。　檢校右僕射：官名。右僕射爲隋、唐宰相名號。檢校右僕射爲散官或加官，以示恩寵，無實際執掌。

　　〔33〕開平：後梁太祖朱温年號（907—911）。

　　〔34〕司徒：官名。與太尉、司空並爲三公，唐後期多爲大臣、勳貴加官。正一品。

　　〔35〕《大典》卷一八一二八“將”字韻“後梁將（三）”事目。

司馬鄴

司馬鄴，[1]字表仁，其先河内温人也。[2]祖德璋，仕唐爲杞王傅。[3]父諲，左武衛大將軍。[4]鄩資蔭出身，[5]頗知書，累官至大列。[6]唐天復初，韓建用爲同州節度留後。[7]昭宗之幸鳳翔也，[8]太祖引兵入關，前鋒至左馮翊，[9]鄩持印鑰迎謁道左。太祖以兵圍華州，[10]命入城招諭韓建，建果出降。[11]及大軍在岐下，遣奏事於昭宗，再入復出。[12]又使于金州，[13]説其帥馮行襲，[14]俾堅攀附。後歷宣武、天平等軍從事。[15]

　　[1]司馬鄩：《舊五代史考異》：“案：《通鑑考異》引實録作司馬鄩，《通鑑》從《薛史》。”

　　[2]河内：郡名。治所在今河南沁陽市。　溫：縣名。治所在今河南溫縣。

　　[3]德璋：人名。即司馬德璋。本書僅此一見。　杞王：當指唐武宗長子李峻。事見《舊唐書》卷一七五。　傅：官名。唐王府置傅一人，糾正王之過失。

　　[4]諲：人名。即司馬諲。本書僅此一見。　左武衛大將軍：官名。唐置，掌宮禁宿衛。唐代置十六衛，即左右衛、左右驍衛、左右武衛、左右威衛、左右領軍衛、左右金吾衛、左右監門衛、左右千牛衛，各置上將軍，從二品；大將軍，正三品；將軍，從三品。

　　[5]資蔭：又稱恩蔭、蔭補。子孫憑借先代官爵而接受封爵或取得官職。

　　[6]大列：顯要職位。

　　[7]韓建：人名。許州長社（今河南許昌市）人。唐末、五代軍閥。傳見本書卷一五、《新五代史》卷四〇。　節度留後：官名。唐、五代節度使多以子弟或親信爲留後，以代行節度使職務，亦有軍士、叛將自立爲留後者。掌一州或數州軍政。　韓建用爲同州節度留後：《輯本舊史》之案語：“《韓建傳》作判官司馬鄩。”見

《輯本舊史》卷一五《韓建傳》。

　　[8]鳳翔：府名。治所在今陝西鳳翔縣。亦爲方鎮鳳翔軍治所。

　　[9]左馮翊：地名。西漢太初元年（前104）改左内史置。爲拱衛首都長安的三輔之一。治所在長安（今陝西西安市西北）。轄境約今陝西渭河以北、涇河以東洛河中下游地區。

　　[10]華州：州名。治所在今陝西渭南市華州區。

　　[11]“昭宗之幸鳳翔也”至“建果出降”：《輯本舊史》卷二《梁太祖紀二》天復元年（901）十月：“戊申，行次河中。同州留後司馬鄴，華之幕吏也，舉郡來降。”《輯本舊史·韓建傳》：“天復元年十一月，宦官韓全誨迫天子幸鳳翔，建亦預其謀。太祖聞之，自河中引軍而西。前鋒至同州，建判官司馬鄴以城降，遂移軍迫華州，建懼乞降。”《新五代史》卷四〇《韓建傳》：“梁太祖以兵嚮長安，遣張存敬攻同州，建判官司馬鄴以城降，太祖使鄴召建，建乃出降。”《通鑑》卷二六二天復元年：“十一月，己酉朔，李繼筠等勒兵闕下，禁人出入，諸軍大掠。士兵衣紙及布襦者，滿街極目。韓建以幕僚司馬鄴知匡國留後。朱全忠引四鎮兵七萬趣同州，鄴迎降。”壬子：“朱全忠遣司馬鄴入華州，謂韓建曰：‘公不早知過自歸，又煩此軍少留城下矣。’”

　　[12]“及大軍在岐下”至“再入復出”：《通鑑》卷二六三天復二年冬十月：“庚辰，朱全忠遣幕僚司馬鄴奉表入城。”

　　[13]金州：州名。治所在今陝西安康市。

　　[14]馮行襲：人名。均州（今湖北丹江口市均縣鎮）人。唐末、五代軍閥。傳見《新唐書》卷一八六、本書卷一五、《新五代史》卷四二。

　　[15]宣武：方鎮名。治所在汴州（今河南開封市）。　天平：方鎮名。治所在鄆州（今山東東平縣）。　從事：泛指一般屬官。

　　後歷宣武、天平等軍從事：《舊唐書》卷二〇下《哀帝紀》天祐二年（905）十一月：“壬午，中書門下奏：‘相國魏王總百揆，百司合呈納本司印。其中書門下印，堂候王仁珪呈納，中書公事，權追中書省印行遣。'從之。甲申，敕河南告成縣改爲陽邑，蔡州襄城改爲苞孚，同州韓城改爲韓原，絳州翼城改爲澮川，鄆州鄆城改爲萬安，慈州文城改爲屈邑，澤州晉城改高都，陽城改爲濩澤，安州應城改爲應陽，洪州豐城改爲吳高。全忠令判官司馬鄴讓相國總百揆之命。"

　　開平元年，拜右武衛上將軍。三年，使于兩浙。[1]時淮路不通，[2]乘馹者迂迴萬里，[3]陸行則出荆、襄、潭、桂入嶺，[4]自番禺泛海至閩中，[5]達于杭、越。[6]復命則備舟楫，出東海，至於登、萊。[7]而揚州諸步多賊船，[8]過者不敢循岸，必高帆遠引海中，謂之"入洋"，[9]以故多損敗。鄴在海逾年，漂至躭羅國，[10]一行俱溺。後詔贈司徒。[11]《永樂大典》卷一萬八千一百二十八。[12]

　　[1]兩浙：地區名。浙東、浙西的合稱。泛指今浙江全省及江蘇南部一角。時爲錢鏐建立的吳越國。

　　[2]淮路不通：從中原到兩浙，最便捷的路綫需渡淮河，經過楊行密建立的楊吳政權抵達。後梁、楊吳敵對，故近路不通，需繞行抵達。

　　[3]馹（rì）：驛站專用的車，也指驛馬。

　　[4]荆：州名。治所在今湖北荆州市。　襄：州名。治所在今湖北襄陽市。　潭：州名。治所在今湖南長沙市。　桂：州名。治所在今廣西桂林市。　嶺：指南嶺。

　　[5]番禺：地名。位於今廣東廣州市。　閩中：地名。指福州。

　　[6]杭：州名。治所在今浙江杭州市。　越：州名。治所在今浙江紹興市。

　　[7]東海：秦、漢以後，今黄海、東海俱稱東海。　　萊：州名。治所在今山東萊州市。

　　[8]揚州：州名。治所在今江蘇揚州市。　　諸步：《輯本舊史》之影庫本粘籤："諸步，原本作‘諸走’。考韓文《羅池廟碑》有云：步有新船，柳文有《鐵爐步志》，《容齋隨筆》云：步者，水旁之名。知原文‘走’字係‘步’字傳寫之誤，今改正。"

　　[9]入洋：中華書局本沿《輯本舊史》作"入陽"，并有校勘記："‘陽’，邵本校作‘洋’。"按原文爲"高帆遠引海中"，當是入"海洋"，故據邵本校及文義改之。

　　[10]躭羅國：古國名。位於今韓國濟州島。

　　[11]司徒：官名。與太尉、司空並爲三公，唐後期、五代多爲大臣、勳貴加官。正一品。

　　[12]《大典》卷一八一二八"將"字韻"後梁將（三）"事目。

　　劉捍

　　劉捍，開封人。[1]父行仙，[2]宣武軍大將。捍少爲牙職，[3]太祖初鎮夷門，[4]以捍聰敏，擢副典客。唐中和四年夏，[5]太祖以朱珍爲淄州刺史，[6]令收兵於淄、青間，命捍監其兵，路逢大敵，皆破之。入博昌，[7]獲精兵三萬以歸。四月，合大軍敗蔡賊秦宗賢數萬衆於汴西。[8]文德元年十一月，[9]蔡將申叢折宗權足，[10]納款於太祖，使捍奏其事，加兼御史大夫。[11]光化三年六月，太祖北伐鎮、定，[12]至常山，[13]而王鎔危懼，[14]送款於太祖，命捍入壁門傳諭。時兩軍未整，守門者戈戟千匝，捍馳騎而入，竟達其命。又移師以攻中山，[15]至懷德驛，[16]

大破定人五萬衆，王處直乞降，[17]捍復單馬入州，安撫而迴。[18]

[1]開封：地名。位於今河南開封市。

[2]行仙：人名。即劉行仙。本書僅此一見。

[3]牙職：低級武職。

[4]夷門：地名。原指戰國魏都大梁城東門，故址在今河南開封市城内東北隅。夷門位於夷山，夷山因山勢平夷而得名，故門亦以山爲名。此處代指開封。

[5]中和：唐僖宗李儇年號（881—885）。

[6]朱珍：人名。徐州豐（今江蘇豐縣）人，後梁朱温部將。傳見本書卷一九、《新五代史》卷二一。　淄州：州名。治所在淄川縣（今山東淄博市）。

[7]博昌：縣名。治所在今山東博興縣。

[8]秦宗賢：人名。籍貫不詳。唐末將領。事見本書本卷、卷一六、卷二一。

[9]文德：唐僖宗李儇年號（888）。

[10]申叢：人名。籍貫不詳。事見本書本卷、卷一。

[11]御史大夫：官名。秦始置，與丞相、太尉合稱三公。至唐代，在御史中丞之上設御史大夫一人，爲御史臺長官，專掌監察、執法。正三品。　加兼御史大夫：明本《册府》卷三四六《將帥部・佐命門七》作“加兼察御史大夫”，《宋本册府》卷六五二《奉使部・達王命門》載劉捍爲太祖副典客兼御史大夫。　“捍少爲牙職”至“加兼御史大夫”：亦見明本《册府》卷三四六。

[12]鎮：州名。治所在今河北正定縣。　定：州名。治所在今河北定州市。

[13]常山：即鎮州，治所在今河北正定縣。《宋本册府》卷六五二同。明本《册府》卷三四六作“恒山”。

[14]王鎔：人名。回鶻人。唐末、五代軍閥，朱溫後封趙王。傳見本書卷五四、《新五代史》卷三九。

[15]中山：地名。位於今河北定州市。　又移師以攻中山：明本《册府》卷三四六同，《宋本册府》卷六五二無“以”字。

[16]懷德驛：地名。位於今河北定州市懷德村。

[17]王處直：人名。京兆萬年（今陝西西安市長安區）人。唐末軍閥。傳見本書卷五四、《新五代史》卷三九。

[18]“光化三年六月”至“安撫而迴”：亦見明本《册府》卷三四六、《宋本册府》卷六五二。《輯本舊史》之案語：“梁祖下鎮、定，服中山，《舊唐書》作光化三年九月，《新唐書》作十月，《薛史》又總繫于六月以後。據《通鑑》自六月舉兵，至九月始定中山也。”見《舊唐書》卷二〇上《昭宗紀》光化三年（900）九月條、《新唐書》卷一〇《昭宗紀》光化三年十月條、《輯本舊史》卷二《梁太祖紀二》光化三年九月條、《通鑑》卷二六二光化三年六月條至十月。《通鑑》卷二六二光化三年十月甲寅條：“乃遣客將開封劉捍入見鎔，鎔以其子節度副使昭祚及大將子弟爲質，以文繒二十萬犒軍；全忠引還，以女妻昭祚。”

　　太祖迎昭宗於岐下，以捍爲親軍指揮使。[1]天復三年正旦，宋文通令客將郭啓奇使於太祖，[2]命捍復命。昭宗聞其至，即召見，詢東兵之事，仍以錦服、銀鞍勒馬賜之。翌日，授光禄大夫、檢校司空、登州刺史。[3]昭宗還京，改常州刺史，[4]賜號迎鑾毅勇功臣。[5]四月，太祖伐王師範於青州，改左右長直都指揮使。[6]天祐三年正月，[7]授宋州刺史。[8]四月，加檢校司徒。

　　[1]親軍指揮使：官名。即侍衛親軍指揮使。唐末、五代侍衛

親軍統兵官。多爲皇帝親信。中華書局本有校勘記:"'使'字原闕,據《册府》卷三八六補。"見《宋本册府》卷三八六《將帥部·襃異門一二》,明本《册府》卷三四六《將帥部·佐命門七》亦有"使"字。"軍",明本《册府》卷三四六、《宋本册府》卷三八六均作"事"。

[2]宋文通:人名。即李茂貞。深州博野(今河北蠡縣)人。唐末、五代軍閥。傳見本書卷一三二、《新五代史》卷四〇。 客將:官名。亦稱典客。唐末、五代藩鎮負責接待使節、賓客、出使等外交職責的武官。詳見吳麗娱《試論晚唐五代的客將、客司與客省》,《中國史研究》2002 年第 4 期。 郭啓奇:人名。籍貫不詳。李茂貞部將。事見本書本卷。明本《册府》卷三四六作"郭啓奇",《宋本册府》卷三八六作"郭奇"。

[3]光禄大夫:官名。西漢始設,掌論議。唐、五代爲散官。從二品。 授光禄大夫檢校司空登州刺史:《宋本册府》卷三八六同,明本《册府》卷三四六作"授登州刺史"。

[4]常州:州名。治所在今江蘇常州市。

[5]"天復三年正旦"至"賜號迎鑾毅勇功臣":亦見《宋本册府》卷三八六、明本《册府》卷三四六。

[6]左右長直都指揮使:官名。所部統兵將領。長直爲部隊番號。 "四月"至"改左右長直都指揮使":亦見明本《册府》卷三四六。《輯本舊史》卷一二《安王友寧傳》:"友寧督諸軍進逼營丘,首攻博昌縣,月餘未能拔。太祖怒,遣劉捍督戰。友寧乃下俘民衆十餘萬,各領負木石,牽牛驢,於城南爲土山。既至,合人畜木石排而築之,冤枉之聲,聞數十里。俄而城陷,盡屠其邑人,清河爲之不流。"《通鑑》卷二六四天復三年(903)六月乙亥條:"朱友寧攻博昌,月餘不拔;朱全忠怒,遣客將劉捍往督之。捍至,友寧驅民丁十餘萬,負木石,牽牛驢,詣城南築土山,既成,并人畜木石排而築之,冤號聲聞數十里。俄而城陷,盡屠之。"

[7]天祐:唐昭宗李曄開始使用的年號(904)。唐哀帝李柷即

位後沿用（904—907）。唐亡後，河東李克用、李存勗仍稱天祐，沿用至天祐二十年（923）。五代其他政權亦有行此年號者，如南吴、吴越等，使用時間長短不等。

[8]宋州：州名。治所在今河南商丘市睢陽區。

太祖受禪，授左龍虎統軍兼元從親軍馬步都虞候。[1]及上黨纏兵，[2]太祖親往巡撫，以捍爲御營使。[3]大軍次昂車，[4]斥候來告蕃戎逼澤州，[5]命捍以兵千人赴之，并軍遂遁，車駕還京，授捍侍衛親軍都指揮使。[6]晉人侵晉州，[7]從幸陝迴，加檢校太保。[8]及從駕幸河中，詔追王重師赴行在，[9]以捍爲雍州節度觀察留後。[10]纔踰月，劉知俊據同州反，[11]潛使人以厚利啗捍將校，遂爲部下所執，送於知俊。知俊縶捍歸於鳳翔，爲李茂貞所害。[12]開平四年，贈太傅。[13]末帝即位，又贈太尉。[14]

[1]左龍虎統軍：官名。唐置六軍，分左右羽林、左右龍武、左右神武，即"北衙六軍"。興元元年（784），六軍各置統軍，以寵勳臣。五代沿之。其品秩，《唐會要》卷七一、《舊唐書》卷一二記載爲從二品；《通鑑》卷二二九記載爲從三品。 元從親軍馬步都虞候：官名。五代時期元從親軍的高級統率官。 太祖受禪授左龍虎統軍兼元從親軍馬步都虞候：亦見明本《册府》卷三四六《將帥部·佐命門七》、《宋本册府》卷三八六《將帥部·褒異門一二》。《輯本舊史》卷三《梁太祖紀三》開平元年（907）五月丙申條、《宋本册府》卷一九七《閏位部·宴會門》開平元年五月丙申條："丙申，御玄德殿，宴犒諸軍使劉捍、符道昭已下，賜物有差。"《新五代史》卷二一《劉捍傳》："太祖即位，遷左天武指揮

使、元從親軍都虞候、左龍虎統軍，出爲佑國軍留後。”

　　[2]上黨：即潞州。治所在今山西長治市。

　　[3]御營使：官名。五代皇帝多親自率兵征戰，故設御營使負責行營守衛，多由親信將領、寵臣充任。

　　[4]大軍次昂車：《輯本舊史》之影庫本粘籤：“昂車，原本作‘昂申’，考《通鑑》注云：昂車，懷州地名。今改正。”上黨纏兵事，《通鑑》卷二六六、卷二六七繫於開平元年至二年，其間未載昂車事，唯《通鑑》卷二六二天復元年（901）三月癸未條胡注：“昂車，即昂車關，在澤州昂車嶺。”

　　[5]澤州：州名。治所在今山西澤州縣。

　　[6]侍衛親軍都指揮使：官名。五代時侍衛親軍長官。多爲皇帝親信。

　　[7]晋州：州名。治所在今山西臨汾市。

　　[8]“及上黨纏兵”至“加檢校太保”：《宋本册府》卷三八六：“及上黨纏兵，以捍爲御營使。蕃戎逼澤州，命捍以兵千人赴之，并軍遂遁，車駕還京，授捍侍衛親軍都指揮使。晋人侵晋州，從幸陝迴，加檢校太保。”

　　[9]王重師：人名。潁州長社（今河南許昌市）人。後梁將領。傳見本書卷一九、《新五代史》卷二二。

　　[10]雍州：地名。即京兆府，今陝西西安市。此處代指佑國軍。

　　[11]劉知俊：人名。徐州沛縣（今江蘇沛縣）人。唐末、五代將領。先後隸時溥、朱温、李茂貞、王建。傳見本書卷一三、《新五代史》卷四四。

　　[12]“及從駕幸河中”至“爲李茂貞所害”：見《輯本舊史》卷一三《劉知俊傳》：“時知俊威望益隆，太祖雄猜日甚，會佑國軍節度使王重師無罪見誅，知俊居不自安，乃據同州叛，送款於李茂貞。又分兵以襲雍、華，雍州節度使劉捍被擒，送鳳翔害之，華州蔡敬思被傷獲免。太祖聞知俊叛，遣近臣諭之曰：‘朕待卿甚厚，

何相負耶?'知俊報曰:'臣非背德,但畏死耳!王重師不負陛下,而致族滅。'太祖復遣使謂知俊曰:'朕不料卿爲此。昨重師得罪,蓋劉捍言陰結邠、鳳,終不爲國家用。我今雖知枉濫,悔不可追,致卿如斯,我心恨恨,蓋劉捍悮予事也,捍一死固未塞責。'知俊不報,遂分兵以守潼關。"《新五代史》卷二《梁太祖紀下》開平三年六月庚戌條:"六月庚戌,劉知俊執佑國軍節度使劉捍,叛附于岐。"事亦見《輯本舊史》卷一九《王重師傳》,《新五代史》卷二二《王重師傳》、卷四四《劉知俊傳》。《通鑑》卷二六七開平三年五月己巳條:"佑國節度使王重師鎮長安數年,帝在河中,怒其貢奉不時;己巳,召重師入朝,以左龍虎統軍劉捍爲佑國留後。"同月癸酉、己卯、甲申條:"癸酉,帝發河中;己卯,至洛陽。劉捍至長安,王重師不爲禮,捍譖之於帝,云重師潛與邠、岐通。甲申,貶重師溪州刺史,尋賜自盡,夷其族。"該條胡注:"爲劉知俊殺劉捍以叛張本。"同年六月乙未條:"忠武節度使兼侍中劉知俊,功名浸盛,以帝猜忍日甚,内不自安;及王重師誅,知俊益懼。帝將伐河東,急徵知俊入朝,欲以爲河東西面行營都統;且以知俊有丹、延之功,厚賜之。知俊弟右保勝指揮使知浣從帝在洛陽,密使人語知俊云:'入必死。'又白帝,請帥弟姪往迎知俊,帝許之。六月,乙未朔,知俊奏'爲軍民所留',遂以同州附於岐。執監軍及將佐之不從者,皆械送於岐。遣兵襲華州,逐刺史蔡敬思,以兵守潼關。潛遣人以重利啗長安諸將,執劉捍,送於岐,殺之。知俊遣使請兵於岐,亦遣使請晉人出兵攻晉、絳,遣晉王書曰:'不過旬日,可取兩京,復唐社稷。'"同月庚戌條:"帝遣近臣諭劉知俊曰:'朕待卿甚厚,何忽相負?'對曰:'臣不背德,但畏族滅如王重師耳。'帝復使謂之曰:'劉捍言重師陰結邠、岐,朕今悔之無及,捍死不足塞責。'知俊不報。"

[13]太傅:官名。與太師、太保並爲三師。唐後期、五代多爲大臣、勳貴加官。正一品。

[14]末帝:人名。即後梁末帝朱友貞,於913年至923年在

位。紀見本書卷八至卷一〇、《新五代史》卷三。 太尉：官名。
與司徒、司空並爲三公，唐後期、五代多爲大臣、勳貴加官。正
一品。

捍便習賓贊，善於將迎，自司賓局及征討四出，[1]
必預其間。雖無決戰爭鋒之績，而承命奔走，敷揚命
令，勤幹涖職，以至崇顯焉。[2]《永樂大典》卷九千九
十八。[3]

[1]司賓：負責接待賓客。
[2]"捍便習賓贊"至"以至崇顯焉"：亦見明本《册府》卷
四六七《臺省部·宣贊門》。
[3]《大典》卷九〇九八"劉"字韻"姓氏（二六）"事目。

王敬蕘

王敬蕘，潁州汝陰人。[1]世爲郡武吏。唐乾符初，[2]
敬蕘爲本州都知兵馬使。[3]中和初，寇難益熾，郡守庸
怯，不能自固，敬蕘遂代之監郡，俄真拜刺史，[4]加檢
校右散騎常侍。時州境荒饉，大寇繼至，黃巢數十萬衆
寨于州南，[5]敬蕘極力抗禦，逾旬而退。俄又秦宗權之
衆凌暴益甚，[6]合圍攻壁，皆力屈而去。蔡賊復遣將刁
君務以萬衆來逼，[7]敬蕘列陣當之，身先馳突，殺敵甚
多，由是竟全郡壘，遠近歸附。[8]

[1]汝陰：縣名。治所在今安徽阜陽市。

[2]乾符：唐僖宗李儇年號（874—879）。

[3]都知兵馬使：官名。唐、五代方鎮自置之部隊統率官，稱兵馬使，其權尤重者稱兵馬大使或都知兵馬使。掌兵馬訓練、指揮。

[4]“中和初”至“俄真拜刺史”：《新五代史》卷四三《王敬蕘傳》：“唐末，王仙芝等攻劫汝、潁間，刺史不能拒，敬蕘遂代之，即拜刺史。”《通鑑》卷二五六中和四年（884）：“是歲，餘杭鎮使陳晟逐睦州刺史柳超，潁州都知兵馬使汝陰王敬蕘逐其刺史，各領州事，朝廷因命爲刺史。”

[5]寨于州南：明本《册府》卷六九四《牧守部·武功門二》作“聚寨于州南”，《宋本册府》未述及此。

[6]秦宗權：人名。許州（今河南許昌市）人。唐末軍閥。傳見《舊唐書》卷二〇〇下、《新唐書》卷二二五下。中華書局本有校勘記：“‘秦’字原闕，據《册府》卷六九四補。”

[7]刁君務：人名。籍貫不詳。秦宗權部將。事見本書本卷。

[8]“俄又秦宗權之眾凌暴益甚”至“遠近歸附”：《新五代史·王敬蕘傳》：“潁州與淮西爲鄰境，數爲秦宗權所攻，力戰拒之，宗權悉陷河南諸州，獨敬蕘不可下，由是潁旁諸州民，皆保敬蕘避賊。是時，所在殘破，獨潁州户二萬。”

及淮人不恭，太祖屢以軍南渡，[1]路由州境，敬蕘悉心供億，太祖甚嘉之。乾寧二年，署爲沿淮上下都指揮使。[2]四年冬，龐師古敗于清口，[3]敗軍逃歸者甚眾，路出于潁。時雨雪連旬，軍士凍餒，敬蕘自淮燎薪，相屬於道，郡中設糜糧餅餌以待之，全活者甚眾，[4]由是表知武寧軍節度、徐宿觀察留後。[5]數月，真拜武寧軍節度使。[6]天復二年，入爲右龍武統軍。天祐三年，轉左衛上將軍。開平元年八月，以疾致仕，尋卒於其第。

[1]太祖屢以軍南渡：明本《册府》卷六九四《牧守部·武功門二》作“太祖屢以大軍南渡”。

[2]沿淮上下都指揮使：官名。沿淮軍隊統兵官。《新五代史》卷四三《王敬蕘傳》作“沿淮指揮使”。

[3]龐師古：人名。曹州（今山東曹縣）人。唐末將領。傳見本書卷二一、《新五代史》卷二一。　清口：地名。原爲泗水入淮之口，位於今江蘇淮安市淮陰區。　四年冬龐師古敗于清口：《舊唐書》卷二〇上《昭宗紀》、《通鑑》卷二六一俱作十一月癸酉。

[4]“敬蕘自淮燎薪”至“全活者甚衆”：《新唐書》卷一八八《楊行密傳》：“潁州刺史王敬蕘燎薪屬道，汴軍免者數千人。”

[5]武寧軍：方鎮名。治所在徐州（今江蘇徐州市）。　宿：州名。治所在今安徽宿州市。

[6]“由是表知武寧軍節度”至“真拜武寧軍節度使”：《輯本舊史》之案語：“《文苑英華》載《授敬蕘武寧軍節度制》有云：‘襲淮流之積寇，挺潛山之雄姿，勇實兼人，智能周物。’蓋因清口之役而加秩也。”見《文苑英華》卷四五七《制書十·節鎮六》，又卷四〇九《諸使二·防禦史》有《授潁州刺史充本州防禦使王敬蕘加檢校太子太保制》。“襲淮流之積寇挺潛山之雄姿”，中華書局本有校勘記云：“《文苑英華》卷四五七《授王敬蕘武寧軍張珂彰義軍節度使制》作‘襲淮流之積慶挺山立之雄姿’。”《舊唐書》卷二〇上《昭宗紀》：“（全忠）以潁州刺史王敬蕘檢校尚書左僕射，兼徐州刺史，充武寧軍節度使：從全忠奏也。”朱全忠表武寧留後王敬蕘爲節度使，《通鑑》卷一六一繫於光化一年（899）正月丁未條後。

敬蕘魁傑沈勇，多力善戰，所用槍矢，皆以純鐵鍛就，槍重三十餘斤，摧鋒突陣，率以此勝。雖非太祖舊臣，而遠輸懇款，保境合兵，以輔興王之運，有足稱者。《永樂大典》卷一萬八千一百二十六。[1]

[1]《大典》卷一八一二六"將"字韻"五代後梁將（一）"事目。

高劭

高劭，字子將，淮南節度使駢之從子也。[1]父泰，黔中觀察使。[2]唐僖宗避敵在蜀，駢鎮淮南爲都統，兼諸道鹽鐵使，[3]兵賦在己，朝廷優假之，以故劭幸而早官，年十四遥領華州刺史。光啓中，以駢命謁晉公王鐸于鄭。[4]俄而州陷於蔡，劭爲賊所得，使人守之，戒四門曰："無出高大夫。"劭伺守者稍惰，[5]佯爲乞食者，過危垣，取孚者衣，坌身易服，[6]得佗兒抱之行，出東郊門。人以爲丐者，不之止。及稍遠，棄所抱兒，疾趨至中牟，[7]遂達于汴。太祖以客禮遇之，尋表爲亳州團練副使、知州事。[8]又數年，辟爲宣武軍節度判官，[9]在幕下頗以氣直自許。後監鄭州事，復權知徐州留後。唐昭宗之鳳翔，太祖迎奉未出，劭有疑謀，遂令赴華州，詣丞相府以議其事，行至高陵，[10]爲盜所害。《永樂大典》卷五千五百三十八。[11]

[1]駢：人名。即高駢。幽州（今北京市）人。唐末軍閥。傳見《舊唐書》卷一八二、《新唐書》卷二二四下。

[2]泰：人名。即高泰。本書僅此一見。　黔中：方鎮名。治所在黔州（今重慶市彭水苗族土家族自治縣）。

[3]諸道鹽鐵使：官名。全稱爲諸道鹽鐵轉運使，簡稱鹽鐵使。爲鹽鐵司長官。鹽鐵與度支、户部合稱“三司”。主掌漕運及專賣事務。

[4]謁：中華書局本有校勘記：“‘謁’，原作‘遏’，據劉本、邵本、彭本改。”　王鐸：人名。太原（今山西太原市）人。唐末軍閥，曾積極參與平定黄巢起義。傳見《新唐書》卷一八五。鄭：州名。治所在今河南鄭州市。

[5]稍惰：《輯本舊史》之影庫本粘籤：“稍惰，原本作‘稍隋’，今據文改正。”

[6]坌（bèn）身：用塵土把身體弄髒。

[7]中牟：縣名。治所在今河南中牟縣。

[8]團練副使：官名。團練使副職。　知州事：官名。州級長官。

[9]辟爲宣武軍節度判官：《輯本舊史》卷五八《蕭頃傳》：“張濬自中書出爲右僕射，梁祖判官高劭使祖廳求一子出身官，省寺皆稱無例，濬曲爲行之，指揮甚急，吏徒惶恐。頃判云：‘僕射未集郎官，未赴省上，指揮公事，且非南宮舊儀。’濬聞之，慚悚致謝，頃由是知名，梁祖亦獎之。”

[10]高陵：縣名。治所在今陝西西安市高陵區。

[11]《大典》卷五五三八“高”字韻“姓氏（六）”事目。

馬嗣勳

馬嗣勳，濠州鍾離縣人。[1]世爲軍吏。嗣勳有口辯，習武藝，初爲州客將。唐景福元年三月，[2]太祖以壽州刺史江儒反，[3]下蔡鎮使李立率兵攻濠梁，[4]刺史張遂俾嗣勳持州印籍户口以歸於太祖。[5]乾寧二年三月，楊行密復攻濠州，[6]張遂遣嗣勳求援于太祖。俄而郡陷，[7]嗣勳無所歸，即署爲元從押牙、副典客，[8]頗稱任使。

[1]濠州：州名。治所在今安徽鳳陽縣。　鍾離縣：縣名。治所在今安徽鳳陽縣。

[2]景福：唐昭宗李曄年號（892—893）。

[3]壽州：州名。治所在今安徽壽縣。　江儒：人名。籍貫不詳。唐末將領。事見本書本卷。

[4]下蔡：地名。位於今安徽鳳臺縣。　李立：人名。籍貫不詳。唐末將領。事見本書本卷。　濠梁：水名。又名石梁河，在今安徽鳳陽縣境内，東北流至臨淮關入淮河。

[5]張遂：人名。籍貫不詳。唐末將領。事見本書本卷。《新唐書》卷一〇《昭宗紀》、卷一八八《楊行密傳》及《通鑑》卷二五九作“張璲”。張遂附於朱全忠，《新唐書》卷一〇《昭宗紀》、《通鑑》卷二五九繫於景福元年（892）十一月。

[6]楊行密：人名。廬州合淝（今安徽合肥市）人。唐末軍閥，後追爲五代十國時期吳國太祖。傳見《新唐書》卷一八八、本書卷一三四、《新五代史》卷六一。

[7]俄而郡陷：《輯本舊史》之案語：“《九國志·李簡傳》：乾寧二年，從攻濠州，濠水深闊，簡手搴重甲，口銜大刀，先渡踰壘，破其關鍵，擒刺史張遂以獻。《新唐書·楊行密傳》與《九國志》略同，惟‘遂’字《新唐書》作‘璲’。”見《九國志》卷一、《新唐書》卷一八八。《新唐書·昭宗紀》、《通鑑》卷二六〇繫於乾寧二年（895）三月。

[8]押牙：官名。即“押衙”。唐、五代時期節度使辟署的屬官。掌領方鎮儀仗侍衛。參見劉安志《唐五代押牙（衙）考略》，武漢大學歷史系魏晉南北朝隋唐史研究室編《魏晉南北朝隋唐史資

料》第 16 輯，武漢大學出版社 1998 年版。　副典客：官名。典客副職。典客爲唐末、五代藩鎮負責接待使節、賓客、出使等外交職責的武官。詳見吳麗娛《試論晚唐五代的客將、客司與客省》。

　　光化元年三月，太祖令往光州説刺史劉存背淮賊以向國，[1] 又從李彦威復黄州及武昌縣，[2] 獲刺史瞿章。[3] 俄復使光州，持幣馬以賜劉存。會淮賊急攻光州，存與嗣勳率兵大戰，敗而走之。又遣使於蜀，及歸，得其助軍貲實甚多。

　　[1]光州：州名。治所在今河南潢川縣。　劉存：人名。籍貫不詳。唐末、五代軍閥。事見本書本卷。　光化元年三月太祖令往光州説刺史劉存背淮賊以向國：《册府》卷六五六《奉使部·立功門》同《輯本舊史》。《輯本舊史》之案語："《新唐書·本紀》：乾寧三年，楊行密陷光州，劉存死之。《九國志·柴再用傳》：乾寧中，從朱延壽平劉存于弋陽，授知光州軍事。梁兵寇光州，再用擊走之，以功遷光州刺史。與《薛史》異。又《九國志》：吳有兩劉存，其一即光州刺史，其一陳州人，後爲馬殷所害。"見《九國志》卷一、《新唐書》卷一〇《昭宗紀》。劉存之死，《新唐書》卷一〇、《通鑑》卷二六〇均繫於乾寧三年（896）五月癸未，《輯本舊史》記載或有誤。

　　[2]李彦威：人名。即朱友恭。壽州（今安徽壽縣）人。朱温養子。唐末將領。傳見《新唐書》卷二二三、本書卷一九、《新五代史》卷四三。　黄州：州名。治所在今湖北黄岡市黄州區。　武昌縣：縣名。治所在今湖北武漢市武昌區。

　　[3]瞿章：人名。籍貫不詳。唐末將領。事見本書本卷、卷一九。《輯本舊史》之影庫本粘籤："瞿章，原本作'翟章'，今從《新唐書》《九國志》改正。"《輯本舊史》卷一《梁太祖紀一》、

卷一三四《楊行密傳》、《宋本册府》卷六五六、《新唐書》卷一八
八《楊行密傳》、《通鑑》卷二六一《九國志》卷一《馬珣傳》均
作"瞿章";《宋本册府》卷三六〇《將帥部‧立功門一三》作
"翟章";《新唐書‧昭宗紀》作"矍璋"。 又從李彥威復黄州及
武昌縣獲刺史瞿章:"又從李彥威復黄州及武昌縣",《宋本册府》
卷六五六作"又與李彥威收復黄州及武昌縣"。《輯本舊史》之案
語:"《新唐書‧本紀》:乾寧四年五月壬午,朱全忠陷黄州,刺史
瞿章死之。《九國志‧馬珣傳》:三年,梁將朱友恭圍瞿章于黄州,
命珣率兵援之。黄州陷,戰不利而退。《薛史》作光化元年,與諸
書互異。"《通鑑考異》引《舊史‧梁紀》:乾寧四年,"五月丁丑,
朱友恭遣使上言,大破淮寇於武昌,收復黄、鄂二州"。黄州陷,
《輯本舊史》卷一九《朱友恭傳》、《宋本册府》卷六五六俱繫於光
化元年(898);《宋本册府》卷三八六《將帥部‧褒異門一二》繫
於乾化初,殊誤;《通鑑》卷二六一從《新唐書》,繫於乾寧四年
五月壬午。

天復中,太祖迎昭宗于岐下,軍至華之西鄙,使嗣
勳入見,韓建即時同出迎謁。及羅紹威將殺牙軍,[1]遣
使告於太祖,求爲外援。時安陽公主初卒於魏,[2]太祖
乃遣嗣勳率長直官千人,[3]實兵仗于橐中,肩舁以入於
魏,聲言來致祭會葬,牙軍不之覺。天祐三年正月十六
日夜,嗣勳與紹威親軍同攻牙軍,至曙,盡殲之。嗣勳
重傷,旬日而卒。[4]開平中,累贈太保。《永樂大典》卷一
萬八千一百二十八。[5]

[1]羅紹威:人名。魏州貴鄉(今河北大名縣)人。唐末、五
代軍閥。傳見《舊唐書》卷一八一、《新唐書》卷二一〇、本書卷

一四、《新五代史》卷三九。

　　[2]安陽公主：後梁太祖朱溫之女，羅紹威之子羅廷規之妻。事見本書卷一一一。　魏：州名。治所在今河北大名縣。

　　[3]長直官：中華書局本有校勘記："本書卷二《梁太祖紀二》、《册府》卷一八七作'長直軍'。《通鑑》卷二六五作'長直兵'，胡注：'長直兵，蓋選驍勇之士，長使之直衛，不以番代者也。'"

　　[4]"及羅紹威將殺牙軍"至"旬日而卒"：事亦見《舊唐書》卷一八一《羅威傳》（羅紹威在《舊唐書》中作羅威）、《輯本舊史》卷一四《羅紹威傳》、《宋本册府》卷一八七《閏位部・勳業門五》及卷六五六《奉使部・立功門》、《新五代史》卷三九《羅紹威傳》、《新唐書》卷二一○《羅紹威傳》、《通鑑》卷二六五。《舊唐書》卷一八一《羅威傳》："天祐二年七月十三日夜，牙軍裨校李公佺作亂，威僅以身免，公佺出奔滄州。自是愈懼，遣使求援於全忠，密謀破之。全忠遣李思安會魏博軍，再攻滄州。全忠女妻威子廷規，先是卒，全忠遣長直軍校馬嗣勳選兵千人，密於輿中實兵甲入魏，言助女葬事。三年正月五日，嗣勳至，全忠親率大軍濟河，言視行營於滄景。威欲因而出迎，至期，即假全忠帳下銳卒入而夾攻之。牙軍頗疑，堅請不出。威恐洩其事，慰納之。是月十四日夜，率厮養百十輩，與嗣勳合攻之。時宿於牙城者千人，遲明殺之殆盡，凡八千家，皆破其族。"《輯本舊史・羅紹威傳》、《宋本册府》卷一八七、《通鑑》卷二六五俱作十六日。《輯本舊史》卷一四《羅紹威傳》："是月十六日，紹威率奴客數百與嗣勳同攻之，時宿於牙城者千餘人，遲明盡誅之，凡八千家，皆赤其族，州城爲之一空。"《宋本册府》卷一八七："先是，帝之愛女適羅氏，是月（天祐三年正月）卒於鄴城，因以兵仗數千事實於橐中，遣客將馬嗣勳領長直軍千人，雜以工匠、丁夫，肩其橐而入于魏，聲言爲帝女以設祭，魏人信而不疑。庚午（十六）夜，嗣勳率其衆與羅紹威親軍數百人同攻牙軍，遲明盡殺之，死者七千餘人，泊于嬰孺，亦無留者。"《新五代史》卷二三《馬嗣勳傳》："天祐二年，羅紹威

將誅牙軍，乞兵於梁，梁女嫁魏，適死，太祖乃遣嗣勳以長直千人爲綵輿入魏，致兵器於輿中，聲言助葬。嗣勳館銅臺，夜與魏新鄉鎮兵攻石柱門，入迎紹威家屬，衛之。乃益取魏甲兵攻牙軍，牙軍不知兵所從來，莫能爲備，殺其八千餘人，遲明皆盡。嗣勳中重瘡卒。"

[5]《大典》卷一八一二八"將"字韻"後梁將（三）"事目。

張存敬

張存敬，譙郡人也。[1]性剛直，有膽勇，臨危無所畏憚。唐中和中，從太祖赴汴，以其壯節，[2]頗見親昵，首爲右騎都將。[3]從討巢、蔡，凡歷百戰，多于危蹙之間，顯有奇略，由是頻立殊効。光啓中，[4]李罕之會晋軍圍張宗奭于盟津，[5]太祖遣丁會、葛從周、存敬同往馳救。[6]存敬引騎軍先犯虜騎，[7]諸軍翼之，虜騎大敗，[8]乃解河橋之圍。[9]

[1]譙郡：地名。位於今安徽亳州市譙城區。 張存敬譙郡人也：《通鑑》卷二六一光化元年（898）十一月甲寅條後："存敬，曹州人也。"《輯本舊史》卷九三《張仁愿傳》云仁愿爲開封陳留人，祖晟，唐右武衛大將軍，知存敬父即張晟。

[2]以其壯節：中華書局本有校勘記："'壯節'，原作'折節'，據《册府》卷三四六、卷三九六改。"見明本《册府》卷三四六《將帥部·佐命門七》、《宋本册府》卷三九六《將帥部·勇敢門三》。

[3]都將：官名。唐、五代時節度使屬將。

[4]光啓中：《輯本舊史》卷一五《李罕之傳》繫於文德元年（888）三月，卷一六《葛從周傳》繫於文德元年，卷二二《牛存節傳》繫於文德元年夏，卷六三《張全義傳》繫於文德元年四月。《通鑑》卷二五七繫罕之圍張宗奭於文德元年三月癸卯條後。

[5]李罕之：人名。陳州項城（今河南沈丘縣）人。唐末軍閥，後依附於諸葛爽。傳見《新唐書》卷一八七、本書卷一五、《新五代史》卷四二。　張宗奭：人名。濮州臨濮（今山東鄄城縣臨濮鎮）人。後梁將領。傳見本書卷六三、《新五代史》卷四五。　盟津：地名。一作“孟津”。位於今河南孟津縣會盟鎮，黄河中下游分界綫、重要渡口。　光啓中李罕之會晋軍圍張宗奭于盟津：亦見明本《册府》卷三四六、《宋本册府》卷三九六及卷四一四《將帥部·赴援門》。

[6]丁會：人名。壽春（今安徽壽縣）人。唐末、五代將領。傳見本書卷五九、《新五代史》卷四四。　葛從周：人名。濮州鄄城（今山東鄄城縣）人。唐末、五代將領。傳見本書卷一六、《新五代史》卷二一。　太祖遣丁會葛從周存敬同往馳救：《宋本册府》卷三九六、卷四一四同，明本《册府》卷三四六“存敬”上有“及”字。《通鑑》卷二五七繫馳救張宗奭於文德元年四月壬午條後。

[7]虜騎：原作“敵將”，據明本《册府》卷三四六，《宋本册府》卷三九六、卷四一四改。

[8]虜：原作“敵”，據明本《册府》卷三四六，《宋本册府》卷三九六、卷四一四改。

[9]乃解河橋之圍：《宋本册府》卷三九六、卷四一四同。“河橋”，明本《册府》卷三四六作“河南”。《輯本舊史》之影庫本粘籤：“河橋，原本作‘何橋’，今據《通鑑》改正。”按，《通鑑》卷二五七文德元年四月壬午條後敘此事云：“朱全忠遣其將丁會、葛從周、牛存節將兵數萬救河陽。李存孝令李罕之以步兵攻城，自帥騎兵逆戰於溫，河東軍敗，安休休懼罪，奔蔡州。汴人分兵欲斷

太行路，康君立等懼，引兵還。”未提及河橋。河橋實爲河陽橋，《通鑑》卷二五五中和四年（884）二月條云“河陽節度使諸葛爽辭以河橋不完”，該條胡注：“謂河陽橋也”。《輯本舊史·葛從周傳》：“李罕之引并人圍張全義於河陽，從周與丁會、張存敬、牛存節率兵赴援，大破并軍，殺蕃漢二萬人，解河陽之圍。”同書《牛存節傳》：“文德元年夏，李罕之以并軍圍張宗奭於河陽，太祖遣存節率軍赴之。”《新五代史》卷二一《張存敬傳》：“李罕之與晋人攻張全義於河陽，太祖遣存敬與丁會等救之，罕之解圍去。”此“河橋之圍”，或當作“河陽之圍”。

大順二年，[1]爲諸軍都虞候，佐霍存董大軍收宿州，[2]以功奏加檢校兵部尚書。太祖東征徐、兗，存敬屢有俘斬之功，凡受指顧，皆與機會，矢石所及，必以身先，太祖尤加優異，以爲行營都指揮使、檢校右僕射。[3]乾寧三年，充武寧軍留後，行潁州刺史。[4]光化二年夏四月，幽、滄侵凌魏郡，[5]復以存敬爲都指揮使。三年，大舉，與葛從周連統諸軍攻浮陽，[6]樹數十柵，圍劉守文累月。[7]時幽州劉仁恭舉兵來援，[8]存敬潛軍擊之於乾寧軍南老鴉堤。[9]是日，燕人大敗，斬首五萬級，生擒馬慎交已下一百餘人，[10]獲馬萬餘蹄。[11]

[1]大順：唐昭宗李曄年號（890—891）。

[2]霍存：人名。洺州曲周（今河北曲周縣東北）人。唐末、五代將領。傳見本書卷二一、《新五代史》卷二一。

[3]行營都指揮使：官名。唐末、五代統兵將領，掌行營兵馬。

“佐霍存董大軍收宿州”至“檢校右僕射”：亦見《宋本册府》卷三八六《將帥部·褒異門一二》。明本《册府》卷三四六《將帥部・佐命門七》無 "檢校右僕射" 五字。《新五代史》卷二一《張存敬傳》亦云以存敬爲行營都指揮使。

[4] 乾寧三年，充武寧軍留後，行潁州刺史：《宋本册府》卷一八七《閏位部・勳業門五》乾寧四年（897）八月條："八月，陝州節度使王珙遣使來乞師。是時，珙弟珂實爲蒲帥，迭相憤怒，日尋干戈，而珙兵寡，故來求援。帝遣張存敬、楊師厚等領兵赴陝，既而與蒲人戰於猗氏，大敗之。"《通鑑》卷二六一乾寧四年三月丙子條後："保義節度使王珙攻護國節度使王珂，珂求援於李克用，珙求援於朱全忠。宣武將張存敬、楊師厚敗河中兵於猗氏南；河東將李嗣昭敗陝兵於猗氏，又敗之於張店，遂解河中之圍。"

[5] 幽：州名。治所在今北京市。 滄：州名。治所在今河北滄縣舊州鎮。 魏郡：地名。位於今河北大名縣。

[6] 浮陽：地名。位於今河北滄縣。

[7] 劉守文：人名。深州（今河北深州市）人。唐末盧龍節度使劉仁恭長子。唐末軍閥。後梁開平三年（909），被其弟劉守光殺死。事見本書卷二、卷四、卷九八，《新五代史》卷五六、卷七二。

[8] 劉仁恭：人名。深州（今河北深州市）人。唐末、五代軍閥。傳見《新唐書》卷二一二。

[9] 乾寧軍：方鎮名。治所在今河北青縣。 老鴉堤：地名。位於今河北青縣東南。

[10] 馬慎交：人名。籍貫不詳。唐末將領。事見本書本卷、卷二、卷八、卷一六。

[11] "光化二年夏四月" 至 "獲馬萬餘蹄"：《輯本舊史》之案語："《舊唐書》：光化二年三月，張存敬率師援魏州，大敗燕軍，仁恭父子僅免。《薛史》作三年事，與《舊唐書》異。"見《舊唐書》卷二〇上《唐昭宗紀》光化二年（899）三月條，亦見《通鑑》卷二六二光化三年六月條。《宋本册府》卷一八七光化二年條："二年正月，淮南楊行密舉全吴之衆，精甲五萬，以伐徐州，帝領大軍禦之。行密聞帝親征，乃收軍而退。時幽州節度使劉仁恭

大舉蕃漢兵號十萬以伐魏，遂攻陷貝州，州民萬餘户，無少長悉屠之。進攻魏州，魏人來乞師，帝遣朱友倫、張存敬、李思安等先屯于內黄，帝遂親征。三月，與燕軍戰于內黄北，燕軍大敗，殺二萬餘衆，奪馬二千餘疋，擒都將單無敵已下七十餘人。是月，葛從周自山東領其部衆，馳以救魏。翌日乘勝，諸將張存敬已下連破八寨，遂逐燕軍，北至于臨清，擁其殘寇于御河，溺死者甚衆。仁恭奔于滄州。"《新唐書》卷一八六《王處存傳》："光化三年，朱全忠使張存敬攻幽州，以瓦橋潭潦，道祁溝關。郜方與劉守光厚，乃界叔處直兵擾其尾，令騎將甄瓊章次義豐，而存敬游弈騎已至，且戰且引十餘里，執瓊章。而氏叔琮下深澤，執大將馬少安，圍祁州，屠之，斬刺史楊約，休兵十日。處直壁沙河，存敬軍河北，挑戰，處直不出，涉河乃戰，處直大敗，亡大將十五，士死者數萬。存敬收械甲以賦戰士，而焚其餘，遂圍定州。郜斬親吏梁汶，移書存敬，且請盟。"《通鑑》卷二六一光化元年十一月甲寅條後："朱全忠以奉國節度使崔洪與楊行密交通，遣其將張存敬攻之；洪懼，請以弟都指揮使賢爲質，且言：'將士頑悍，不受節制，請遣二千人詣麾下從征伐。'全忠許之，召存敬還。"同卷光化二年三月癸卯條："三月，朱全忠遣其將李思安、張存敬將兵救魏博，屯于內黄；癸卯，全忠以中軍軍于滑州。"同年五月己亥、辛丑、壬寅條："李克用遣蕃漢馬步都指揮使李君慶將兵攻李罕之，己亥，圍潞州。朱全忠出屯河陽，辛丑，遣其將張存敬救之，壬寅，又遣丁會將兵繼之；大破河東兵，君慶解圍去。克用誅君慶及其裨將伊審、李弘襲；以李嗣昭爲蕃漢馬步都指揮使，代之攻潞州。"同書卷二六二光化三年七月條："劉仁恭將幽州兵五萬救滄州，營於乾寧軍，葛從周留張存敬、氏叔琮守滄州寨，自將精兵逆戰於老鴉堤，大破仁恭，斬首三萬級，仁恭走保瓦橋。秋，七月，李克用復遣都指揮使李嗣昭將兵五萬攻邢、洺以救仁恭，敗汴軍於內丘。王鎔遣使和解幽、汴，會久雨，朱全忠召從周還。"

　　其年秋九月，引軍收鎮州，存敬勒衆涉滹沱河，[1]師人鼓行而進，逢鎮之遊兵數千，因逐之，直入鎮之甕門，[2]收鞍馬牛駞萬計。翌日，鎮人納質而旋。尋爲宋州刺史，踰年，甚有能政。復擁衆伐薊門，[3]數旬間連下瀛、莫、祁、景四州，[4]擒俘不可勝紀。自懷德驛與中山兵接戰，枕屍數十里，中山開壁請降。[5]

　　[1]滹沱（tuó）河：水名。即滹沱河。源出今山西繁峙縣，在河北獻縣與滏陽河匯合爲子牙河。

　　[2]甕門：用以掩蔽城門的墙垣。

　　[3]薊門：地名。位於今北京市昌平區。

　　[4]瀛：州名。治所在今河北河間市。　莫：州名。治所在今河北任丘市。　祁：州名。治所在今河北無極縣。

　　[5]“其年秋九月”至“中山開壁請降”：《宋本册府》卷一八七《閏位部·勳業門五》光化三年（900）十一月條：“十一月，以張存敬爲上將，自甘陵發軍，北侵幽、薊，連拔瀛、莫二郡，遂移軍以攻中山。定帥王郜以精甲二萬戰于懷德亭，盡殪之。郜懼，奔于太原。遲明，大軍集于城下，郜季父處直持印鑰乞降，亦以繒帛三十萬爲獻，帝即以處直代郜領其鎮焉。是月，燕人劉守光赴援中山，寨于易水之上，繼爲康懷英、張存敬等所敗，斬獲甚衆。由是河朔知懼，皆弭伏焉。”《通鑑》卷二六二光化三年十月甲寅、丙辰、辛酉條：“全忠喜，遣張存敬會魏博兵擊劉仁恭；甲寅，拔瀛州；冬，十月，丙辰，拔景州，執刺史劉仁霸；辛酉，拔莫州。”同月辛巳條：“張存敬攻劉仁恭，下二十城，將自瓦橋趣幽州，道潦不能進；乃引兵西攻易定，辛巳，拔祁州，殺刺史楊約。”同月甲申、丙申條：“張存敬攻定州，義武節度使王郜遣後院都知兵馬使王處直將兵數萬拒之。處直請依城爲柵，俟其師老而擊之。孔目官梁汶曰：‘昔幽、鎮合兵三十萬攻我，于時我軍不滿五千，一戰

敗之。今存敬兵不過三萬，我軍十倍於昔，奈何示怯，欲依城自固乎！'郜乃遣處直逆戰于沙河，易定兵大敗，死者過半，餘衆擁處直奔還。甲申，王郜棄城奔晉陽，軍中推處直爲留後。存敬進圍定州，丙申，朱全忠至城下，處直登城呼曰：'本道事朝廷盡忠，於公未嘗相犯，何爲見攻？'全忠曰：'何故附河東？'對曰：'吾兄與晉王同時立勳，封疆密邇，且昏姻也，修好往來，乃常理耳。請從茲改圖。'全忠許之。乃歸罪於梁汶而族之，以謝全忠，以繒帛十萬犒師；全忠乃還，仍爲處直表求節鉞。處直，處存之母弟也。劉仁恭遣其子守光將兵救定州，軍於易水之上；全忠遣張存敬襲之，殺六萬餘人。由是河北諸鎮皆服於全忠。"

天復元年春，太祖以河中節度使王珂與太原結親，[1]憑恃驕恣，命存敬統大軍討之。即日收絳州，擒刺史陶建釗，[2]降晉州刺史張漢瑜，[3]二郡平。進圍河中，[4]王珂請降。[5]太祖嘉之，乃以存敬爲護國軍留後。[6]未幾，檢校司空，尋移宋州刺史。將之任所，寢疾，踰旬，卒于河中。太祖聞之，痛惜移晷。[7]開平初，追贈太保。[8]乾化三年，又追贈太傅。

[1]王珂：人名。王重榮兄王重簡之子，出繼王重榮。唐末、五代軍閥。傳見《舊唐書》卷一八二、《新唐書》卷一八七、本書卷一四、《新五代史》卷四二。　太原：府名。治所在今山西太原市。此處代指晉王李克用勢力。

[2]陶建釗：人名。籍貫不詳。唐末官員。事見本書本卷。《輯本舊史》之影庫本粘籤："陶建釗，原本作'建鈺'，今從《通鑑》改正。"見《通鑑》卷二六二天復元年（901）正月庚戌條。《舊唐書》卷一八二《王重榮傳》、《新唐書》卷一八七《王重榮

傳》絳州刺史亦作“陶建釗”。《舊唐書》卷二〇上《昭宗紀》天復元年正月條絳州刺史作“陶建”。　擒刺史陶建釗：《宋本册府》卷三八六《將帥部·褒異門一二》作“生擒刺史陶建釗”。

[3]張漢瑜：人名。籍貫不詳。唐末官員。事見《舊唐書》卷二〇上。　降晉州刺史張漢瑜：《宋本册府》卷三八六作“洎至晉州刺史張漢瑜來降”。

[4]進圍河中：《宋本册府》卷三八六作“進軍圖河中”。

[5]“天復元年春”至“王珂請降”：《輯本舊史》卷二六《唐武皇紀下》天復元年正月、二月、三月條：“天復元年正月，汴將張存敬攻陷晉、絳二州，以兵二萬屯絳州，以扼援路。二月，張存敬迫河中，王珂告急於武皇，使者相望於路。珂妻邠國夫人，武皇愛女也，亦以書至，懇切求援。武皇報曰：‘賊阻道路，衆寡不敵，救爾即與爾兩亡，可與王郎棄城歸朝。’珂遂送款於張存敬。三月，汴帥自大梁至河中，王珂遂出迎，尋徙於汴。”《宋本册府》卷七《帝王部·創業門三》：“天復元年正月，汴將張存敬攻陷晉、絳二州。二月，汴帥自大梁至河中，王珂出迎，天子以汴帥兼鎮河中。”同書卷一八七《閏位部·勳業門五》天復元年條：“天復元年正月乙酉朔，唐宰相崔胤潛使人以帝密旨告于侍衛軍將孫德昭已下，令誅左右中尉劉季述、王仲先等，即時迎昭宗於東内，御樓反正。癸巳，降制進封帝爲梁王，酬反正之功也。昭宗之廢也，汴之邸吏程巖牽昭宗衣下殿。帝聞之，召巖至汴，折其足，送于長安，杖殺之。是時，河中節度使王珂結援於太原，帝怒，遣大將張存敬率將涉河，由含山路鼓行而進。戊申，攻下絳州。壬子，晉州刺史張漢瑜舉郡來降，帝即以大將侯言權領晉州，何絪權領絳州，晉、絳平。己未，大軍至河中，存敬命繚其垣而攻之。壬戌，蒲人颺素幡以請降。庚午，帝至河中，以張存敬權領河中軍府事，河中平，帝乃東還。”《新五代史》卷一《梁太祖紀上》天復元年正月、三月條：“天復元年正月，護駕都頭孫德昭誅季述，天子復位。封王爲梁王。遣張存敬攻王珂于河中，出含山，下晉、絳二州。王珂求

救于晋，晋不能救，乃來降。三月，大舉攻晋。氏叔琮出太行，取澤、潞。葛從周、張存敬、侯言、張歸厚及鎮、定之兵，皆會于太原，圍之，不克，遇雨而還。”《通鑑》卷二六二天復元年正月己亥等條：“朱全忠既服河北，欲先取河中以制河東，己亥，召諸將謂曰：‘王珂駑材，恃太原自驕汰。吾今斷長蛇之腰，諸君爲我以一繩縛之！’庚子，遣張存敬將兵三萬自汜水渡河出含山路以襲之，全忠以中軍繼其後；戊申，存敬至絳州。晋、絳不意其至，皆無守備，庚戌，絳州刺史陶建釗降之；壬子，晋州刺史張漢瑜降之。全忠遣其將侯言守晋州，何綱守絳州，屯兵二萬以扼河東援兵之路。朝廷恐全忠西入關，急賜詔和解之；全忠不從。”同年二月乙卯、己未等條：“乙卯，張存敬引兵發晋州；己未，至河中，遂圍之。王珂勢窮，將奔京師，而人心離貳，會浮梁壞，流澌塞河，舟行甚難，珂挈其族數百欲夜登舟，親諭守城者，皆不應。牙將劉訓曰：‘今人情擾擾，若夜出涉河，必爭舟紛亂，一夫作難，事不可知。不若且送款存敬，徐圖向背。’珂從之。壬戌，珂植白幡於城隅，遣使以牌印請降於存敬。存敬請開城，珂曰：‘吾於朱公有家世事分，請公退舍，俟朱公至，吾自以城授之。’存敬從之，且使走白全忠。乙丑，全忠至洛陽，聞之喜，馳往赴之；戊辰，至虞鄉，先哭於重榮之墓，盡哀；河中人皆悦。珂欲面縛牽羊出迎，全忠遽使止之曰：‘太師舅之恩何可忘！若郎君如此，使僕異日何以見舅於九泉！’乃以常禮出迎，握手歔欷，聯轡入城。”

〔6〕護國軍：方鎮名。治所在河中府（今山西永濟市）。

〔7〕移晷：日影移動。比喻很長時間。　“太祖嘉之”至“痛惜移晷”：明本《册府》卷三四六《將帥部·佐命門七》：“後累以戰功除護國將軍留後，移宋州刺史，將之任，卒。”《宋本册府》卷三八六：“太祖嘉之，乃以存敬權知護國軍留後。未幾，檢校司空、宋州刺史。未之任，卒於河中。太祖痛惜。”《通鑑》卷二六二天復元年二月戊辰條：“全忠表張存敬爲護國軍留後，王珂舉族遷于大梁，其後全忠遣珂入朝，遣人殺之於華州。”

[8]開平初，追贈太保：亦見《宋本册府》卷三八六。

子仁愿，晋天福中，[1]仕至大理卿。[2]《永樂大典》卷六千三百五十。[3]

　　[1]天福：五代後晋高祖石敬瑭年號（936—942）。出帝石重貴沿用至九年（944）。後漢高祖劉知遠繼位後沿用一年，稱天福十二年（947）。

　　[2]大理卿：官名。大理寺長官。負責大理寺的具體事務，掌邦國折獄詳刑之事。從三品。　　子仁愿，晋天福中仕至大理卿：中華書局本有校勘記：“‘卿’字原闕，據本書卷九三《張仁愿傳》、《新五代史》卷二一《張存敬傳》補。按本書卷八四《晋少帝紀四》：‘（開運二年六月）壬午，大理卿張仁愿卒，贈祕書監。’”見《輯本舊史》卷九三《張仁愿傳》、卷八四《晋少帝紀四》開運二年（945）六月壬午條，《新五代史》卷二一《張存敬傳》。《新五代史·張存敬傳》：“存敬子仁穎、仁愿。仁愿有孝行，存敬卒，事其兄仁穎，出必告，反必面，如事父之禮。仁愿曉法令，事梁、唐、晋，常爲大理卿。卒，贈祕書監。”

　　[3]《大典》卷六三五〇“張”字韻“姓氏（二〇）”事目。

　　寇彦卿

　　寇彦卿，字俊臣，大梁人也。[1]祖璋，父裔，[2]皆宣武軍牙校。太祖鎮汴，以彦卿將家子，擢在左右。弱冠，選爲通贊官。[3]太祖爲元帥，補元帥府押牙，[4]充四鎮通贊官行首兼右長直都指揮使，[5]累奏授檢校司徒，領洺州刺史。[6]羅紹威將殺牙軍，遣使告於太祖，太祖命彦卿使于魏，密與紹威謀之。竟成其事，彦卿之力也。[7]

[1]大梁人也：《新五代史》卷二一《寇彦卿傳》云彦卿爲開封人。

[2]瑄：人名。即寇瑄。本書僅此一見。　裔：人名。即寇裔。本書僅此一見。

[3]通贊官：官名。掌本部門雜務。《新五代史·寇彦卿傳》作"通引官"。　"祖瑄"至"選爲通贊官"：亦見明本《册府》卷三四六《將帥部·佐命門七》。同書卷四六七《臺省部·宣贊門》："梁寇彦卿，自太祖鎮汴，擢在左右。弱冠，選爲通贊官。"

[4]太祖爲元帥，補元帥府押牙：明本《册府》卷四六七作"太祖爲元帥，補元帥府押衙"，同書卷三四六作"太祖爲元帥府押牙"。

[5]行首：吏員領班。

[6]洺州：州名。治所在今河北邯鄲市永年區。《新五代史·寇彦卿傳》同，明本《册府》卷三四六作"雒州"。

[7]"羅紹威將殺牙軍"至"彦卿之力也"：亦見明本《册府》卷三四六。

　　彦卿身長八尺，隆準方面，語音如鐘。[1]善騎射，好書史，復善伺太祖之旨，凡所作爲，動皆云合。[2]太祖每言曰："敬翔、劉捍、寇彦卿，[3]蓋爲我而生。"其見重如此。太祖有所乘烏馬，[4]號"一丈烏"，嘗以賜彦卿。天復中，太祖迎昭宗於鳳翔，累與岐軍對陣。時彦卿爲諸道馬步軍都排陣使，嘗躬擐甲胄，乘其所賜烏馬，馳騁於陣前，[5]太祖目之曰："真神王也！"[6]昭宗還京，賜迎鑾毅勇功臣，改邢州刺史，尋遷亳州團練使。[7]

　　[1]隆準：高鼻。　彦卿身長八尺，隆準方面，語音如鐘：亦見明本《冊府》卷三四六《將帥部·佐命門七》、《宋本冊府》卷八八三《總録部·形貌門》。

　　[2]云：明本《冊府》卷三四六作“玄”。

　　[3]敬翔：人名。同州馮翊（今陝西大荔縣）人。後梁大臣。傳見本書卷一八、《新五代史》卷二一。

　　[4]太祖有所乘烏馬：明本《冊府》卷三四六無“烏”字。

　　[5]馳騁於陣前：明本《冊府》卷三四六、《宋本冊府》卷三九六《將帥部·勇敢門三》無“馳”字。

　　[6]真神王也：《輯本舊史》之影庫本粘籤：“神王，原本作‘神全’，考《歐陽史》作神王，《冊府元龜》引《薛史》與《歐陽史》同，今改正。”見明本《冊府》卷三四六、《宋本冊府》卷三九六。《新五代史》卷二一《寇彦卿傳》實作“真神將也”。

　　[7]亳州團練使：《輯本舊史》之案語：“《通鑑》：開平二年，帝從吳越王錢鏐之請，以亳州團練使寇彦卿爲東南面行營都指揮使，使擊淮南。十一月，彦卿率衆二千襲霍丘，爲土豪朱景所敗。又攻廬、壽二州，皆不勝。淮南遣滁州刺史史儼拒之。《九國志·朱景傳》：梁祖聞景名，命寇彦卿率勁騎三千襲霍丘，圖取景，且諭梁祖之意令降，景率其徒戰於丘墟林澤中，射死者無數，彦卿兵折力殫而去。此事《薛史》及《歐陽史》皆不載。”　“昭宗還京”至“尋遷亳州團練使”：亦見明本《冊府》卷三四六。朱全忠遣彦卿迎唐昭宗遷都，事見《新五代史·寇彦卿傳》。《舊唐書》卷二〇上《昭宗紀》天祐元年（904）正月己酉條：“己酉，全忠率師屯河中，遣牙將寇彦卿奉表請車駕遷都洛陽。”同年四月癸巳條：“癸巳，帝遣晉國夫人可證傳詔諭全忠，言中宮誕蓐未安，取十月

入洛陽宮。全忠意上遲留俟變，怒甚，謂牙將寇彥卿曰：'亟往陝州，到日便促官家發來！'" 明本《册府》卷一四《帝王部・都邑門二》："天祐元年正月，梁王朱全忠遣將寇彥卿請車駕遷都雒陽。閏四月，至東都。"《新五代史》卷一《梁太祖紀上》天祐元年正月條："天祐元年正月，王如河中，遣牙將寇彥卿如京師，請遷都洛陽，并徙長安居人以東。"《通鑑》卷二六四天祐元年正月丁巳條："丁巳，上御延喜樓，朱全忠遣牙將寇彥卿奉表，稱邠、岐兵逼畿甸，請上遷都洛陽；及下樓，裴樞已得全忠移書，促百官東行。"同年四月辛巳條："夏，四月，辛巳，朱全忠奏洛陽宮室已成，請車駕早發，表章相繼。上屢遣宮人諭以皇后新産，未任進路，請俟十月東行。全忠疑上徘徊俟變，怒甚，謂牙將寇彥卿曰：'汝速至陝，即日促官家發來！'" 見《通鑑》卷二六七開平二年（908）十一月條、《九國志》卷一《朱景傳》、《新五代史・寇彥卿傳》，此事亦見《新唐書》卷一八八《楊行密傳》。

太祖受禪，爲華州節度使，[1]加檢校太保。歲餘，入爲左金吾衛大將軍、充街使。[2]一日，過天津橋，[3]有老人悮衝其前，[4]騶導者排之，[5]落橋而斃，爲御史府所彈，[6]太祖不得已，責授左衛中郎將。[7]不數月，除相州防禦使，[8]依前行營諸軍排陣使。未幾，授河陽節度使，[9]加檢校太傅。及太祖遇弒，彥卿追感舊恩，圖御容以奠之。每因對客言及先朝舊事，即涕泗交流。

[1]爲：明本《册府》卷三四六《將帥部・佐命門七》作"授"。　太祖受禪，爲華州節度使：《新五代史》卷二一《寇彥卿傳》："太祖即位，拜彥卿感化軍節度使。"朱玉龍《五代十國方鎮年表》："感化軍節度使、華州刺史、管内觀察處置等使，後梁開平

三年夏秋置。"

[2]街使：官名。掌巡查京城六街。　歲餘入爲左金吾衞大將軍、充街使：明本《册府》卷二一六《閏位部·征伐門》開平三年（909）十一月條："十一月，靈州奏鳳翔賊將劉知俊率邠、岐、秦、涇之師侵迫州城，帝遣陝州康懷英、華州寇彥卿率兵攻迫邠、寧，以緩朔方之危。"《通鑑》卷二六七開平三年十二月己丑條："岐王欲取靈州以處劉知俊，且以爲牧馬之地，使知俊自將兵攻之。朔方節度使韓遜告急；詔鎮國節度使康懷貞、感化節度使寇彥卿將兵攻邠、寧以救之。懷貞等所向皆捷，克寧、衍二州，拔慶州南城，刺史李彥廣出降。遊兵侵掠至涇州之境，劉知俊聞之，十二月，己丑，解靈州圍，引兵還。帝急召懷貞等還，遣兵迎援於三原青谷；懷貞等還，至三水，知俊遣兵據險邀之，左龍驤軍使壽張王彥章力戰，懷貞等乃得過。"

[3]天津橋：橋名。位於今河南洛陽市。

[4]有老人悮衝其前：《輯本舊史》之案語："《歐陽史》作民梁現。"見《新五代史·寇彥卿傳》。《舊五代史考異》："案：《崔沂傳》作市民梁現。"見《輯本舊史》卷六八《崔沂傳》。中華書局本有校勘記："'前'字原闕，據《册府》卷六二八補。"見《宋本册府》卷六二八《環衞部·遷黜門》。《通鑑》卷二六七開平四年四月辛巳條作"有民不避道"。

[5]騶（zōu）導：古代貴官出行，在前引馬開道的騎卒。中華書局本有校勘記："'導'，原作'道'，據《册府》卷六二八改。"見《宋本册府》卷六二八。　騶導者排之：《通鑑》卷二六七開平四年四月辛巳條作"投諸欄外而死"。

[6]御史府：官署名。即御史臺。秦、漢始置。古代國家的監察機構。掌糾察官吏違法，肅正朝廷綱紀。大事廷辯，小事奏彈。

[7]左衞中郎將：官名。唐置，掌宮禁宿衞。左衞爲十六衞之一。將軍缺員，中郎將則代之，掌貳上將軍事。《輯本舊史》之案語："《通鑑》作遊擊將軍、左衞中郎將。"見《通鑑》卷二六七開

平四年四月辛巳條。《輯本舊史·崔沂傳》亦作"遊擊將軍、左衛中郎將"。　責授左衛中郎將：《宋本册府》卷六二八、《新五代史·寇彦卿傳》同。

　[8]相州：州名。治所在今河南安陽市。《輯本舊史》之案語："相州，《歐陽史》作襄州。"《新五代史·寇彦卿傳》實作相州。

　防禦使：官名。唐代始置，設有都防禦使、州防禦使兩種。常由刺史或觀察使兼任，實際上爲唐代後期州或方鎮的軍政長官。

　[9]河陽：方鎮名。全稱"河陽三城"。治所在孟州（今河南孟州市）。

　　末帝嗣位，遥領興元節度使、東南面行營都招討使，[1]以拒淮寇，尋改右金吾衛上將軍。貞明初，授鄧州節度使。[2]會淮人圍安陸，[3]彦卿奉詔領兵解圍，大破淮賊而迴。[4]四年，卒于鎮，時年五十七。詔贈侍中。[5]

　[1]興元：府名。治所在今陝西漢中市。此處代指山南西道。

　行營都招討使：武官名。自後梁至後周均設行營招討使，負責某一路某一道或某一方征討招撫之事。掌管區域較大而且主官資深者，則委以諸道行營都招討使和副都招討使，否則爲行營招討使和副招討使。

　[2]貞明：後梁末帝朱友貞年號（915—921）。　鄧州：州名。治所在今河南鄧州市。按，據朱玉龍《五代十國方鎮年表》，鄧州後梁時屬宣化軍，後唐同光元年（923）十二月始稱威勝軍。

　[3]安陸：地名。位於今湖北安陸市。

　[4]"貞明初"至"大破淮賊而迴"：《宋本册府》卷四一四《將帥部·赴援門》同。同書卷三六〇《將帥部·立功門一三》："寇彦卿爲鄧州節度使。貞明中，淮人圍安陸，彦卿奉詔領兵解圍，大破淮賊而還。"《新五代史》卷二一《寇彦卿傳》："末帝即位，

徙鎮威勝。"

　　[5]侍中：官名。秦始置。隋、唐前期爲門下省長官。唐後期多爲大臣加銜，不參與政務，實際職務由門下侍郎執行。正二品。

　　彥卿貞幹明敏，善事人主，然怙寵作威，多忌好殺，雖顯立功名，而猶爲識者之所鄙焉。《永樂大典》卷一萬九千三百三十。[1]

　　[1]中華書局本有校勘記："檢《永樂大典目録》，卷一九三三〇爲'寇'字韻'莊子列禦寇篇'，與本則内容不符，恐有誤記。陳垣《舊五代史輯本引書卷數多誤例》謂應作卷一九三三一'寇'字韻'姓氏'。本卷下一則同。"

　　史臣曰：[1]存敬有提鼓之勞，彥卿偶攀鱗之會，俱爲藩后，亦其宜哉！《永樂大典》卷一萬九千三百三十。[2]

　　[1]史臣曰：《輯本舊史》之案語："原本有闕文。"《新輯會證》："《文莊集》卷三一《奉和御製讀五代梁史》敍謝瞳事，首云：'唐季之亂，危于漢末，巢寇之黨，盛于黄巾。'不見傳文，疑即史臣語。"
　　[2]《大典》卷一九三三〇爲"寇"字韻"莊子列禦寇篇"事目，與本則内容不符，當爲卷一九三三一"寇"字韻"姓氏"事目。

舊五代史　卷二一

梁書二十一

列傳第十一

龐師古

龐師古，曹州南華人，[1]初名從。以中涓從太祖，[2]性端愿，未嘗離左右。[3]及太祖鎮汴，[4]樹置戎伍，始得馬五百匹，即以師古爲偏將，[5]援陳破蔡，[6]累有戰功。[7]及朱珍以罪誅，[8]遂用師古爲都指揮使。[9]乃渡淮，餉軍于廬、壽，攻滁州，[10]破天長，下高郵，[11]沿淮轉戰，所至克捷。[12]尋代朱友裕領軍，[13]攻下徐州，[14]斬時溥首以獻。[15]遂移軍伐兗州，入中都，寨于梁山，[16]敗朱瑄之衆，[17]襲至壘下，又破朱瑾于清河。[18]從討汶陽，[19]與朱瑄、朱瑾及晋將史儼兒戰于故樂亭，[20]大捷而迴。[21]乾寧四年正月，[22]復統諸軍伐鄆，[23]拔之，擒其帥朱瑄以獻，始表爲天平軍節度留後，[24]尋授徐州節度使，[25]官至檢校司徒。[26]乾寧四年八月，與葛從周分

917

統大軍，[27]渡淮以伐楊行密。[28]十一月，師古寨於清口，[29]寨地卑下，[30]或請遷移，弗聽。俄有告淮人決上流者，曰："水至矣。"師古怒其惑衆，斬之。[31]須臾，我軍在淖中，莫能戰，而吳人襲焉，故及於敗，師古沒於陣。[32]《永樂大典》卷一萬八千一百二十六。[33]

[1]曹州：州名。治所在今山東曹縣西北。　南華：縣名。治所在今山東菏澤市。

[2]中涓：官名。帝王親信、侍從。

[3]"以中涓從太祖"至"未嘗離左右"：亦見明本《册府》卷三四六《將帥部‧佐命門七》、《宋本册府》卷七六六《總録部‧攀附門二》。《輯本舊史》卷一九《朱珍傳》："太祖初起兵，珍與龐師古、許唐、李暉、丁會、氏叔琮、鄧季筠、王武等八十餘人，以中涓從，摧堅陷陣，所向盡决。""始尚讓以驍騎五千人至繁臺，珍與龐師古、齊奉國等擊退之。"《新五代史》卷二一《朱珍傳》："（朱珍）少與龐師古等俱從梁太祖爲盜。"《新輯會證》："《舊唐書》卷一九下《僖宗紀》録中和三年四月楊復光收復京城後上章，稱及'忠武黃頭軍使龐從'。是其從梁祖以前，當爲忠武軍將，本傳失書。見《舊唐書》卷一九下《僖宗紀》中和三年四月庚辰條。"

[4]汴：州名。治所在今河南開封市。

[5]偏將：即副將，泛指將佐等武官。《宋本册府》卷七六六同，明本《册府》卷三四六作"偏將軍"。

[6]陳：州名。治所在今河南淮陽縣。　蔡：州名。治所在今河南汝南縣。

[7]"及太祖鎮汴"至"累有戰功"：《輯本舊史》卷一六《葛從周傳》：唐僖宗文德元年（888），"（從周）佐龐師古討孫儒於淮南，略地至廬、壽、滁等州，下天長、高郵，破邵伯堰。迴軍

攻濠州，殺刺史魏勳，得餉船十艘"。《輯本舊史》卷一九《氏叔
琮傳》："唐中和末，（氏叔琮）應募爲騎軍，初隸於龐師古爲伍
長。"《輯本舊史》卷一三四《楊行密傳》："（文德元年）十一月，
梁祖遣大將龐師古自潁上渡淮，討孫儒之亂，師古引兵深入淮甸，
不利，還。"《新五代史》卷一《梁太祖紀上》：唐文德元年五月，
"（朱）珍屯蕭縣，別遣龐師古攻徐州……龍紀元年正月，師古敗
（時）溥于吕梁"。《新五代史》卷二一《龐師古傳》："梁太祖鎮宣
武，初得馬五百匹爲騎兵，乃以師古將之，從破黃巢、秦宗權，皆
有功。"《新唐書》卷一八八《楊行密傳》："全忠遣龐師古將兵十
萬，自潁度淮助行密，敗於高郵。"《通鑑》卷二五五中和四年
（884）五月癸亥，"尚讓以驍騎五千進逼大梁，至于繁臺；宣武將
豐人朱珍、南華龐師古擊卻之"。《通鑑》卷二五八龍紀元年
（889）正月，"汴將龐師古拔宿遷，軍于吕梁。時溥逆戰，大敗，
還保彭城"。

[8]朱珍：人名。徐州豐（今江蘇豐縣）人，後梁朱溫部將。
傳見本書卷一九、《新五代史》卷二一。

[9]都指揮使：官名。唐末、五代行軍統兵主帥。參見杜文玉
《晚唐五代都指揮使考》，《學術界》1995年第1期。　"及朱珍以
罪誅"至"都指揮使"：《輯本舊史》卷二一《霍存傳》："（霍存）
佐龐師古至吕梁，敗時溥二千餘衆，以是累遷官……初，朱珍、李
唐賓之殁，龐師古代珍，存代唐賓，戰伐功績，多與師古同。"事
亦見明本《册府》卷三四六、《新五代史》卷二一《霍存傳》。《通
鑑》卷二五八龍紀元年秋七月："丁未，（朱全忠）至蕭縣，以龐師
古代（朱）珍爲都指揮使。"

[10]廬：州名。治所在今安徽合肥市。　壽：州名。治所在今
安徽壽縣。　滁州：州名。治所在今安徽滁州市。

[11]天長：縣名。治所在今安徽天長市。　高郵：縣名。治所
在今江蘇高郵市。

[12]"乃渡淮"至"所至克捷"：《舊唐書》卷二〇上《昭宗

紀》：大順二年（890）二月辛巳，"全忠以鎮、魏不助兵糧觀望，遣龐師古將兵討魏，陷十縣，羅弘信乞盟，乃退"。《輯本舊史》卷二二《王檀傳》："大順元年，從龐師古渡淮深入，討孫儒之亂，奪邵伯堰，破高郵軍，檀奮命擊賊，刃傷左臂。"《宋本册府》卷三八六《將帥部・褒異門一二》："昭宗大順元年，（王檀）從龐師古渡淮深入，討孫儒之亂，奮命擊賊。""昭宗大順二年八月，（葛從周）與龐師古同攻兗州朱瑾。"明本《册府》卷四二五《將帥部・死事門二》："唐昭宗大順二年正月，令丁會下黎陽，龐師古與（翟）存西路下淇門、衛縣。"《新五代史・梁太祖紀上》："大順元年春，遣龐師古攻孫儒于淮南，大敗而還。"《新唐書》卷二一〇《羅弘信傳》："大順初，全忠討太原克用，遣將趙昌嗣見弘信假糧馬；又議屯邢、洺，假道相、衛，弘信不納。全忠使丁會、龐師古、葛從周、霍存等引萬騎度河，弘信壁內黃，凡五戰皆敗，禽大將馬武等，乃厚幣求和。"《通鑑》卷二五八龍紀元年十一月，"朱全忠遣龐師古將兵自潁上趨淮南，擊孫儒"。又，大順元年正月，"汴將龐師古等衆號十萬，渡淮，聲言救楊行密，攻下天長，壬子，下高郵"；二月，"龐師古引兵深入淮南，己巳，與孫儒戰於陵亭，師古兵敗而還"；十二月辛丑，"汴將丁會、葛從周擊魏，渡河，取黎陽、臨河，龐師古、霍存下淇門、衛縣，朱全忠自以大軍繼之"。

［13］朱友裕：人名。朱溫長子。傳見本書卷一二。

［14］徐州：州名。治所在今江蘇徐州市。

［15］時溥：人名。徐州彭城（今江蘇徐州市）人。唐末軍閥，平定黃巢之亂後割據徐州。傳見本書卷一三、《舊唐書》卷一八二、《新唐書》卷一八八。　"尋代朱友裕領軍"至"以獻"：《舊唐書》卷二〇上《昭宗紀》："（景福二年）四月己巳，汴將王重師、牛存節陷徐州，節度使時溥舉家自燔而死。朱全忠遣將龐師古守徐州。"《舊唐書》卷一八二《時溥傳》："汴將龐師古陳兵于野，溥求援于兗州，朱瑾出兵救之，值大雪，糧盡而還。城中守陴者飢甚，加之病疫。汴將王重師、牛存節夜乘梯而入，溥與妻子登樓自

焚而卒，景福二年四月也。"《輯本舊史》卷一二《郴王友裕傳》：
"時都虞候朱友恭羽書聞於太祖，誣友裕按兵不追賊，太祖大怒，
因驛騎傳符，令裨將龐師古代友裕爲帥，仍令按劾其事。會使人誤
致書於友裕，友裕懼，遂以數騎遁於山中。尋詣廣王於輝州，以訴
其冤。賴元貞皇后聞而召之，令束身歸汴，力爲營救，太祖乃捨
之，令權知許州。"事亦見明本《册府》卷二九八《宗室部·不悌
門》、《新五代史》卷一三《朱友裕傳》、《新五代史·龐師古傳》。
《輯本舊史》卷一三《朱瑄傳》："及龐師古攻徐州，瑄出師來援，
太祖深銜之。"《新五代史·梁太祖紀上》："（景福）二年四月，龐
師古克徐州，殺時溥。王如徐州，以師古爲留後，遂攻兗、鄆。"
《新唐書》卷一八八《時溥傳》："全忠使龐師古代友裕，溥分兵固
保石佛山，師古攻拔之。自是完壁不戰。王重師、牛存節等梯其堞
以入，溥徙金玉與妻子登燕子樓，自焚死，實景福二年。"《通鑑》
卷二五九景福二年（893）二月甲午條後："朱友裕圍彭城，時溥數
出兵，友裕閉壁不戰。朱瑾宵遁，友裕不追，都虞候朱友恭以書譖
友裕於全忠，全忠怒，驛書下都指揮使龐師古，使代之將，且按其
事。書誤達於友裕，友裕大懼，以二千騎逃入山中，潛詣碭山，匿
於伯父全昱之所。全忠夫人張氏聞之，使友裕單騎詣汴州見全忠，
泣涕拜伏於庭；全忠命左右捽抑，將斬之，夫人趨就抱之，泣曰：
'汝捨兵衆，束身歸罪，無異志明矣。'全忠悟而捨之，使權知許
州。……龐師古攻佛山寨，拔之；自是徐兵不敢出。"四月戊子，
"龐師古拔彭城，時溥舉族登燕子樓自焚死"。

　　［16］兗州：州名。治所在今山東濟寧市兗州區。　中都：縣
名。治所在今山東汶上縣。　梁山：山名。位於今山東梁山縣。

　　［17］朱瑄：人名。一作朱宣。宋州下邑（今河南夏邑縣）人。
唐末、五代軍閥。傳見《舊唐書》卷一八二、《新唐書》卷一八
八、本書卷一三、《新五代史》卷四二。

　　［18］朱瑾：人名。宋州下邑（今河南夏邑縣）人。唐末軍閥。
傳見本書卷一三、《新五代史》卷四二。　清河：縣名。治所在今

河北清河縣。　　"遂移軍伐兗州"至"又破朱瑾于清河"：《輯本舊史·葛從周傳》：唐景福二年八月，"（從周）與龐師古同攻兗州"。《宋本册府》卷一八七《閏位部·勳業門五》："（景福）二年八月，帝遣龐師古移兵攻兗，駐於曲阜，與朱瑾屢戰，皆敗之。十二月，師古遣先鋒葛從周引軍以攻齊州，刺史朱威告急于兗、鄆。"《新唐書》卷一八八《朱宣傳》："（朱）友裕進擊徐州，時溥求援於宣，戰不勝而還，溥遂亡。全忠即遣龐師古攻齊州，宣、（朱）瑾皆戍以兵，久不下。"《通鑑》卷二五九景福二年八月丙辰條後："朱全忠命龐師古移兵攻兗州，與朱瑾戰，屢破之。"

[19]汶陽：古地名。位於今山東泰安市一帶。

[20]晋：封國名。時河東節度使李克用爲晋王，故稱。　史儼兒：人名。籍貫不詳。唐末、五代將領。事見本書本卷、卷一、卷二五。《輯本舊史》之影庫本粘籤："史儼兒，《通鑑》作史儼，此傳作儼兒，與本紀同，今仍其舊。"見《通鑑》卷二六〇乾寧三年閏正月條、《輯本舊史》卷一《梁太祖紀》。　樂亭：地名。位於今山東東平縣西。

[21]"從討汶陽"至"大捷而迴"：《輯本舊史·葛從周傳》："（乾寧）三年五月，并帥以大軍侵魏，遣其子落落率二千騎屯洹水，從周以馬步二千人擊之，殺戮殆盡，擒落落於陣，并帥號泣而去。遂自洹水與龐師古渡河擊鄆。四年正月，下之。"事亦見明本《册府》卷三四六。《輯本舊史》卷二二《牛存節傳》："（乾寧）三年夏，太祖東討鄆州，存節領軍次故樂亭，扼其要路，都指揮使龐師古屯馬頰，存節密與都將王言謀入鄆壘。"事亦見《宋本册府》卷三六九《將帥部·攻取門二》。《宋本册府》卷三八六："（乾寧）三年五月，從周擊并師，殺戮殆盡；與龐師古渡河擊鄆，四年正月下之。"《新唐書·朱宣傳》："（乾寧）三年，克用使其將李瑭以兵屯莘援宣，爲羅弘信所破。全忠大喜，度宣可困，遣龐師古伐宣，宣逆戰，敗于馬頰河。師古迫其西門，兵不出。"《通鑑》卷二六〇乾寧三年（896）三月，"朱全忠遣龐師古將兵伐鄆州，敗鄆兵於馬

煩，遂抵其城下"。六月，"李克用攻魏博，侵掠徧六州。朱全忠召葛從周於鄆州，使將兵營洹水以救魏博，留龐師古攻鄆州"。十一月，"朱全忠還大梁，復遣葛從周東會龐師古，攻鄆州"。

[22] 乾寧：唐昭宗李曄年號（894—898）。

[23] 鄆：州名。治所在今山東東平縣。

[24] 天平軍：方鎮名。治所在鄆州（今山東東平縣）。 節度留後：官名。唐、五代節度使多以子弟或親信爲留後，以代行節度使職務，亦有軍士、叛將自立爲留後者。掌一州或數州軍政。

[25] 徐州：此處代指武寧軍。 節度使：官名。唐時在重要地區所設掌握一州或數州軍、民、財政的長官。 尋授徐州節度使：明本《冊府》卷三四六、《宋本冊府》卷三八六作"尋以功授徐州節度使"，《輯本舊史》之案語："《文苑英華》有《授龐從武寧平南節度改名師古制》，張玄晏之辭也。中云：'自委之留事，頒我詔條，惠愛行於鄉閭，威望揚于士伍。是宜錫以旗幢，進其官秩，奄有徐夷之四境，爰撫大彭之故都。'是師古先爲留後，繼授節度也。《通鑑》止作留後，誤。"按，《文苑英華》卷四五七有《授龐從武寧平難軍節度改名師古制》，"平南"誤。

[26] 檢校司徒：官名。爲散官或加官，以示恩寵加此官，無實際執掌。司徒，與太尉、司空並爲三公。 "乾寧四年正月"至"官至檢校司徒"：《舊唐書》卷二〇上《昭宗紀》："（乾寧四年正月）癸未，汴將龐師古陷鄆州，節度使朱瑄與妻榮氏潰圍，瑄至中都，爲野人所殺，榮氏俘於汴軍。朱全忠署龐師古爲鄆州兵馬留後。"《輯本舊史·朱瑄傳》："乾寧四年正月，龐師古攻陷鄆州，（瑄）遁至中都北，匿於民家，爲其所箠，并妻榮氏禽之來獻，俱斬於汴橋下。"《宋本冊府》卷一八七："（乾寧）四年正月，帝以洹水之師大舉伐鄆。辛卯，營于濟水之次。龐師古令諸將撤木爲橋。乙未夜，師古以中軍先濟，聲振于鄆。"九月，帝"命龐師古以徐、宿、宋、滑之師直趨清口，葛從周以兗、鄆、曹、濮之衆徑赴安豐，淮人遣朱瑾領兵以拒師古，因決水以浸軍，遂爲淮人所

敗。師古歿焉，葛從周行及濠、梁，聞師古之敗，亦命班師"。《通鑑》卷二六一乾寧四年春正月，"龐師古、葛從周併兵攻鄆州，朱瑄兵少食盡，不復出戰，但引水爲深壕以自固。辛卯，師古等營於水西南，命爲浮梁。癸巳，潜決濠水。丙申，浮梁成，師古夜以中軍先濟。瑄聞之，棄城奔中都，葛從周逐之，野人執瑄及妻子以獻……朱全忠入鄆州，以龐師古爲天平留後"。三月丙子，"朱全忠表曹州刺史葛從周爲泰寧留後，朱友裕爲天平留後，龐師古爲武寧留後"。

［27］葛從周：人名。濮州鄄城（今山東鄄城縣）人。唐末、五代將領。傳見本書卷一六、《新五代史》卷二一。

［28］楊行密：人名。廬州合淝（今安徽合肥市）人。唐末軍閥，後追爲五代十國時期吳國太祖。傳見《新唐書》卷一八八、本書卷一三四、《新五代史》卷六一。　"乾寧四年八月"至"渡淮以伐楊行密"：《舊唐書》卷二〇上《昭宗紀》：（乾寧）四年冬十月癸卯朔，"朱全忠遣其將權徐州兵馬留後龐師古、兗州留後葛從周率兗、鄆、曹、濮、徐、宿、滑等兵士七萬渡淮討楊行密"。《通鑑》卷二六一乾寧四年九月，"朱全忠既得兗、鄆，甲兵益盛，乃大舉擊楊行密，遣龐師古以徐、宿、宋、滑之兵七萬壁清口，將趨揚州，葛從周以兗、鄆、曹、濮之兵壁安豐，將趨壽州，全忠自將屯宿州；淮南震恐"。

［29］清口：地名。原爲泗水入淮之口，位於今江蘇淮安市淮陰區。

［30］"十一月"至"寨地卑下"：《舊五代史考異》："案《玉堂閒話》云：龐從會軍五萬于清口，所屯之地，蓋兵書謂之絶地，人不駕肩，行一舍方至夷坦之處。"《通鑑》卷二六一乾寧四年十一月，"楊行密與朱瑾將兵三萬拒汴軍於楚州，別將張訓自漣水引兵會之，行密以爲前鋒。龐師古營於清口，或曰：'營地汙下，不可久處。'不聽。師古恃衆輕敵，居常弈棊"。

［31］"或請遷移"至"斬之"：《輯本舊史》之案語："《九國

志‧侯瓚傳》：時兵起倉卒，加以陰寒，士皆飲冰餐雪而行。甫及
梁營，則豎戈植足，鬭志未決。朱瑾與瓚率五十騎潛濟淮，入自壘
北，舞槊而馳，嚻聲雷沸，梁兵皆殞眩不能舉，遂斬龐從，大將繼
之，死者大半。是清口之戰，因雪夜不備而敗也。《薛史》以爲決
淮上流，與《九國志》異，《新唐書‧楊行密傳》兼用之。”《舊唐
書》卷二○上《昭宗紀》：“（乾寧四年十一月）癸酉，淮南大將朱
瑾潛出舟師襲汴軍於清口，龐師古舉軍皆没，師古被執。時葛從周
自霍丘渡淮，至濠州，聞師古敗，乃退軍，信宿至淠河，方渡而朱
瑾至。”《輯本舊史》卷五五《李承嗣傳》：“（乾寧二年）九月，汴
將龐師古、葛從周出師，將收淮南，朱瑾率淮南軍三萬，與承嗣設
伏於清口，大敗汴人，生獲龐師古。”亦見明本《册府》卷三四七
《將帥部‧佐命門八》。《輯本舊史‧楊行密傳》：“（乾寧四年）八
月，梁祖遣葛從周領步騎萬人自霍丘渡淮，遣龐師古率大軍營於清
口。淮人決堰縱水，流潦大至。又令朱瑾率勁兵以襲汴軍，汴軍大
敗，師古死之。葛從周聞師古之敗，自濠梁班師，至淠河，爲淮人
所乘，諸軍僅得北歸。”事亦見《新五代史》卷二一《葛從周傳》。
《宋本册府》卷四四四《將帥部‧陷没門》：“龐師古權徐州兵馬留
後。乾德四年十一月癸酉，淮南大將朱瑾，潛出舟師，襲汴軍於清
口。師古舉軍皆没，師古被執。”《新五代史‧梁太祖紀上》：“（乾
寧）四年正月，龐師古克鄆州，王如鄆州，以朱友裕爲留後。遂攻
兖州。朱瑾奔于淮南，以葛從周爲兖州留後。九月，攻淮南，龐師
古出清口，葛從周出安豐，王軍屯于宿州。楊行密遣朱瑾先擊清
口，師古敗死。”《新五代史》卷六一《楊行密世家》：“（乾寧四
年）梁太祖遣葛從周、龐師古攻行密壽州，行密擊敗梁兵清口，殺
師古，而從周收兵走，追至淠河，又大敗之。”《新唐書‧楊行密
傳》：“（葛）從周涉淮圍壽州，而龐師古、聶金以衆七萬壁清口。
朱延壽擊從周軍，敗之。行密欲汴圍解，乃擊師古。李承嗣曰：
‘公能潛師趨清口，破其衆，則從周不擊而潰。’行密出車西門，繇
北門去，以銳士萬二千齕雪馳，迫清口，不進，壅淮上流灌師古

軍。張訓自漣水來，行密使將羸兵千人爲前鋒。師古易之，方圍棋軍中，不顧。朱瑾、侯瓚以百騎持汴旌幟，直入師古壘，舞槊而馳。訓亦登岸，超其柵。汴軍大囂，即斬師古，士死十八。"《通鑑》卷二六一乾寧四年："朱瑾壅淮上流，欲灌之；或以告師古，師古以爲惑衆，斬之。十一月，癸酉，瑾與淮南將侯瓚將五千騎潛渡淮，用汴人旗幟，自北來趣其中軍，張訓踰柵而入；士卒蒼黃拒戰，淮水大至，汴軍駭亂。行密引大軍濟淮，與瑾等夾攻之，汴軍大敗，斬師古及將士首萬餘級，餘衆皆潰。葛從周營於壽州西北，壽州團練使朱延壽擊破之，退屯濠州，聞師古敗，奔還。行密、瑾、延壽乘勝追之，及於渒水。從周半濟，淮南兵擊之，殺溺殆盡，從周走免。遇後都指揮使牛存節棄馬步鬬，諸軍稍得濟淮，凡四日不食，會大雪，汴卒緣道凍餒死，還者不滿千人；全忠聞敗，亦奔還。行密遺全忠書曰：'龐師古、葛從周，非敵也，公宜自來淮上決戰。'"

[32]"須臾"至"師古没於陣"：亦見明本《册府》卷四四三《將帥部·敗衄門三》。《輯本舊史·葛從周傳》："（從周）復領兵萬餘人渡淮討楊行密，至濠州，聞龐師古清口之敗，遽班師。"《輯本舊史》卷一三《朱瑾傳》："及鄆州陷，龐師古乘勝攻兖，瑾與李承嗣方出兵求芻粟於豐沛間，瑾之二子及大將康懷英、判官辛綰、小校閻寶以城降師古。瑾無歸路，即與承嗣將麾下士將保沂州，刺史尹處賓拒關不納，乃保海州。爲師古所逼，遂擁州民渡淮依楊行密，行密表瑾領徐州節度使。龐師古渡淮，行密令瑾率師以禦之，清口之敗，瑾有力焉。"亦見明本《册府》卷四三八《將帥部·奔亡門》。《輯本舊史》卷二〇《王敬蕘傳》："（乾寧）四年冬，龐師古敗于清口，敗軍逃歸者甚衆，路出于潁。時雨雪連旬，軍士凍餒，敬蕘自淮燎薪，相屬於道，郡中設糜糗餅餌以待之，全活者甚衆，由是表知武寧軍節度、徐宿觀察留後。"事亦見《新五代史》卷四三《王敬蕘傳》。《輯本舊史》卷二一《徐懷玉傳》："乾寧四年，龐師古失利於清口，懷玉獨完軍以退。"事亦見明本《册府》

卷三四六、《新五代史》卷二二《徐懷玉傳》。《輯本舊史》卷六四《朱漢賓傳》："（漢賓）父元禮，始爲郡將，梁太祖聞其名，擢爲軍校，從龐師古渡淮，戰没於淮南。"《新五代史》卷四二《朱瑾傳》："梁遣龐師古、葛從周等攻淮南，行密用瑾，大破梁兵於清口，斬師古。"

[33]《大典》卷一八一二六"將"字韻"五代後梁將（一）"事目。

霍存

霍存，洺州曲周縣人。[1]性驍勇，善騎射，在黃巢中已爲將領。[2]唐中和四年，[3]太祖大破巢軍於王滿渡，[4]時存與葛從周、張歸霸皆自巢軍來降，[5]太祖宥而納之。[6]其後破王夏寨，擊殷鐵林，[7]並在戰中。尋佐朱珍取滑臺，[8]攻淄州，[9]取博昌，[10]皆預戰立功。

[1]洺州：州名。治所在今河北邯鄲市永年區。　曲周縣：縣名。治所在今河北曲周縣。

[2]黃巢：人名。曹州冤句（今山東菏澤市）人。唐末農民起義領袖。傳見《舊唐書》卷二〇〇下、《新唐書》卷二二五下。

[3]中和：唐僖宗李儇年號（881—885）。

[4]王滿渡：汴河渡口。位於今河南中牟縣。

[5]張歸霸：人名。清河（今河北清河縣）人。唐末、五代將領。傳見本書卷一六、《新五代史》卷二二。

[6]"霍存"至"太祖宥而納之"：亦見明本《册府》卷三四六《將帥部·佐命門七》。霍存等歸降朱全忠，《舊唐書》卷一九下《僖宗紀》繫於中和四年（884）五月戊辰條，同書卷二〇〇下

《黃巢傳》繫於中和四年五月；《輯本舊史》卷一六《葛從周傳》繫於中和四年三月，《宋本册府》卷一八七《閏位部・勳業門五》繫於中和四年四月丁巳條，《新唐書》卷二二五下《黃巢傳》繫於中和四年五月，《通鑑》卷二五五繫於中和四年五月戊辰條。

　　[7]王夏寨：寨名。今地不詳。　殷鐵林：人名。籍貫不詳。唐末將領。事見本書本卷、卷一。

　　[8]滑臺：地名。位於今河南滑縣。

　　[9]淄州：州名。治所在淄川縣（今山東淄博市）。

　　[10]博昌：縣名。治所在今山東博興縣。

　　時蔡賊張晊在汴北，[1]存以三千人夕犯其營，破之。用本部騎兵敗秦賢軍，[2]殺五千人，[3]連破四寨，盡得其輜重。從討盧瑭、[4]張晊，殪萬餘人，存功居多。[5]我軍之圍濮州也，[6]有賊升眺樓大詬。[7]太祖怒甚，召存射之，矢一發而屍隕其下，賞賚甚厚。復佐朱珍擒石璠，[8]破魏師，敗徐戎。又佐龐師古至呂梁，[9]敗時溥二千餘衆，以是累遷官。初，王師渡淮乏食，不甚利，唯存軍戰有功，淮賊乃引退。太祖之討宿州也，[10]葛從周以水壞其垣，丁會以師乘其堭，[11]存戰壘外，敗其軍，宿人乃降。[12]明年，佐郴王友裕擊時溥于碭山，[13]破之，獲蕃將石君和等五十人。[14]是歲，復與晉軍戰于馬牢川，[15]始入爲前鋒，出則後拒，晉不敢逼，[16]乃渡河襲淇門，[17]殺三千餘人。[18]曹州刺史郭紹賓之來歸也，[19]存以師援之，遂代其任。始，朱友裕以大軍伐鄆，臨其壁，既而師陷圍中，以急來告，存領二百騎馳赴，擊退之。太祖喜，拔爲諸軍都指揮使。[20]

[1]蔡賊：指蔡州秦宗權勢力。　張晊：人名。籍貫不詳。秦宗權部將。事見本書卷一、卷一六。

[2]秦賢：人名。籍貫不詳。秦宗權部將。事見本書卷一、卷一六。《宋本册府》卷一八七《閏位部·勳業門五》光啓三年四月辛亥條、明本《册府》卷三四六《將帥部·佐命門七》、《新五代史》卷二一《霍存傳》同，《舊五代史考異》："案：《王虔裕傳》作秦宗賢。"見《輯本舊史》卷二一《王虔裕傳》。

[3]殺五千人：明本《册府》卷三四六同，《新五代史·霍存傳》作"殺三千人"。

[4]盧瑭：人名。籍貫不詳。秦宗權部將。事見本書卷一、卷一六。

[5]從討盧瑭、張晊，殪萬餘人，存功居多：《宋本册府》卷一八七繫於光啓三年（887）四月辛亥至五月丙子條。同年九月條："九月，亳州裨將謝殷逐刺史宋衮，自據其郡，帝領親軍屯於太清宮，遣霍存討平之。"《通鑑》卷二五七光啓三年八月壬寅條後："朱全忠引兵過亳州，遣其將霍存襲謝殷，斬之。"

[6]濮州：州名。治所在今山東鄄城縣。

[7]升：《宋本册府》卷八四六作"外"。　眺樓：《舊五代史考異》："案：原本作'昭樓'，今據《歐陽史》改正。"《新五代史·霍存傳》未見。明本《册府》卷三四六、《宋本册府》卷八四六《將帥部·善射門》亦作"眺樓"。

[8]石瑭：人名。籍貫不詳。唐末將領。事見本書卷一三、卷二一。

[9]吕梁：地名。位於今江蘇徐州市。

[10]宿州：州名。治所在今安徽宿州市。

[11]丁會：人名。壽春（今安徽壽縣）人。唐末將領。傳見本書卷五九、《新五代史》卷四四。

[12]"太祖之討宿州也"至"宿人乃降"：《宋本册府》卷一八七大順二年（891）八月己丑、十月壬午條："八月己丑，帝遣丁

會急攻宿州，刺史張筠堅守其壁，會乃率衆於州東築堰，壅汴水以浸其城。十月壬午，筠遂降，宿州平。"

　　[13]碭（dàng）山：縣名。治所在今安徽碭山縣。

　　[14]石君和：人名。沙陀部人。時溥部將。事見本書本卷、卷一、卷二五。《輯本舊史》之影庫本粘籤："石君和，原本作'軍和'，今從《通鑑》改正。"見《通鑑》卷二五八大順元年二月丙子條、四月條。　　獲蕃將石君和等五十人：《舊五代史考異》："案《歐陽史》云：存代李唐賓攻時溥，溥敗碭山，存獲其將石君和等五十人。梁攻宿州，葛從周引水浸之，丁會與存戰城下，遂下之。"見《新五代史·霍存傳》。中華書局本有校勘記："'五十'，《册府》卷三四六同，本書卷一《梁太祖紀》一、《册府》卷一八七作'三十'。"見明本《册府》卷三四六、《輯本舊史》卷一《梁太祖紀一》大順元年四月乙卯條、《宋本册府》卷一八七大順元年四月乙卯條，按本條《舊史》即輯自《册府》卷一八七。

　　[15]馬牢川：地名。位於今山西澤州縣。

　　[16]晉：明本《册府》卷三四六作"虜"。

　　[17]淇門：地名。位於今河南浚縣。是衛河與淇河的交匯處。

　　[18]三千：《新五代史·霍存傳》同，明本《册府》卷三四六作"三十"。　　乃渡河襲淇門，殺三千餘人：《宋本册府》卷一八七大順元年十二月辛丑條："十二月辛丑，帝遣丁會、葛從周率衆渡河取黎陽、臨河，又令龐師古、霍存下淇門、衛縣，帝徐以大軍繼其後。"明本《册府》卷四二五《將帥部·死事門二》："唐昭宗大順二年正月，令丁會下黎陽，龐師古與存西路下淇門、衛縣。自是常爲先鋒，雄猛善戰，士皆仗之爲氣。"《通鑑》卷二五八大順元年十二月辛丑條："辛丑，汴將丁會、葛從周擊魏，渡河，取黎陽、臨河，龐師古、霍存下淇門、衛縣，朱全忠自以大軍繼之。"

　　[19]刺史：官名。漢武帝時始置。州一級行政長官。總掌考覈官吏、勸課農桑、地方教化等事。唐中期以後，節度、觀察使轄州而設，刺史爲其屬官，職任漸輕。從三品至正四品下。　　郭紹賓：

人名。籍貫不詳。唐末將領。事見本書本卷、卷九、卷一六。

[20]“始，朱友裕以大軍伐鄆”至“拔爲諸軍都指揮使”：亦見明本《册府》卷三四六、《宋本册府》卷三九六《將帥部·勇敢門三》。

　　景福二年春，[1]太祖親至曹州，留騎軍數千，令存將之，且曰：“有急則倍道兼行以赴之。”俄聞朱瑾領兵二萬入援彭門，[2]存乃領騎軍馳赴之，與徐、兗之衆合戰於石佛山下，[3]大敗之，存亦中流矢而卒，時人稱其忠勇。[4]

[1]景福：唐昭宗李曄年號（892—893）。

[2]彭門：地名。指徐州。

[3]石佛山：山名。即今江蘇徐州市南雲龍山。其東南嶺有大石佛，故名。

[4]“景福二年春”至“時人稱其忠勇”：明本《册府》卷三四六《將帥部·佐命門七》：“與徐、兗之衆合戰於石佛山下，中流矢而卒。”同書卷四二五《將帥部·死事門二》：“大破朱瑾衆於墉下，督戰晝夜不懈，勒戰卒閱礮，倚立修竿，忽爲飛矢所中，卒，太祖深傷惜之。”《新唐書》卷一八八《時溥傳》：“朱友裕率軍攻溥，嬰城不出。有語全忠曰：‘軍行非吉日，故師無功。’全忠遣參謀徐瑤至軍責諭，友裕答曰：‘溥困且破，乃徇妖辭，士心墮矣。’焚其書，督餫饋，急攻之，溥將徐汶出降。溥求救於朱瑾。全忠自以兵屯曹，將去，留精騎數千授霍存曰：‘事急，可倍道趨之。’瑾兵二萬與溥合攻友裕，存引兵疾戰，瑾、溥還壁。明日復戰，霍存敗，死之。”《通鑑》卷二五九景福二年（893）二月辛卯條：“時溥求救於朱瑾，朱全忠遣其將霍存將騎兵三千軍曹州以備之。瑾將兵二萬救徐州，存引兵赴之，與朱友裕合擊徐、兗兵於石佛山下，

大破之，瑾遁歸兗州。辛卯，徐兵復出，存戰死。"

　　初，朱珍、李唐賓之殁，龐師古代珍，存代唐賓，戰伐功績，多與師古同。始遙領韶州牧，[1]又改賀州，[2]後用爲權知曹州刺史，官至檢校右僕射。及太祖登極，屢有征討，因起猛士之歎。一日，幸講武臺閲兵，謂諸將曰："霍存在，朕安有此勞苦耶！諸君其思之。"他日語又如是。[3]累贈官至太保。

　　[1]遙領：雖居此官職，然實際上並不赴任。　韶州：州名。治所在今廣東韶關市。
　　[2]賀州：州名。治所在今廣西賀州市。
　　[3]"一日"至"他日語又如是"：其事亦見《新五代史》卷二一《霍存傳》。

　　子彦威，[1]後唐明宗朝爲青州節度使。[2]《永樂大典》卷一萬八千一百二十六。[3]

　　[1]子彦威：《輯本舊史》卷六四《霍彦威傳》、《宋本册府》卷八六三《總録部·爲人後門》、《新五代史》卷四六《霍彦威傳》云霍彦威爲霍存養子。
　　[2]後唐明宗：即五代後唐明宗李嗣源。沙陀部人。原名邈佶烈，李克用養子。926年至933年在位。紀見本書卷三五至卷四四、《新五代史》卷六。　青州：州名。治所在今山東青州市。此處代指平盧軍。
　　[3]《大典》卷一八一二六"將"字韻"五代後梁將（一）"事目。

符道昭

符道昭，淮西人。[1]性强敏，有武略，秦宗權用爲心膂，使監督諸軍。後爲騎將，尤能布陣，勇聞於時。然剛而無操，善迎人意，一見若盡肺腑，必甚愛其才，而道昭之心腹颺矣。秦宗權之將敗也，有薛潛者，[2]支擘隊伍，道昭謂所私曰："蔡弱矣。"乃歸潛。潛欲敗，復奔洋州依葛佐。[3]佐攻興元軍不利，[4]復奔於岐。宋文通愛之，[5]養爲己子，名繼遠，遂易其宗。及得軍職，悉超儕伍。後爲巴州刺史，[6]又奏爲隴州防禦使兼中軍都指揮使。[7]太祖迎奉昭宗，[8]駐軍於岐下，[9]道昭頻領騎士敢鬬戰，屢爲王師所敗，遂來降。[10]太祖素聞其名，待之甚厚。[11]昭宗反正，奏授秦州節度使、同平章事，[12]遣兵援送，不克而還。

[1]淮西：方鎮名。即淮南西道。治所在蔡州（今河南汝南縣）。　符道昭，淮西人：《舊五代史考異》："案：《歐陽史》作蔡州人。"見《新五代史》卷二一《符道昭傳》。《通鑑》卷二六三從《新五代史》，亦作蔡州人。符道昭，《新唐書》卷二一〇《羅紹威傳》、《通鑑》卷二六五有作"苻道昭"。

[2]薛潛：人名。籍貫不詳。秦宗權部將。事見本書本卷。《輯本舊史》之影庫本粘籤："薛潛，原本作'雪潛'，今從《歐陽史》改正。"

[3]洋州：州名。治所在今陝西洋縣。　葛佐：人名。籍貫不詳。唐末將領。事見本書卷一五。

[4]興元軍：地名。位於今陝西漢中市。

[5]宋文通：人名。即李茂貞。深州博野（今河北蠡縣）人。

唐末、五代軍閥。傳見本書卷一三二、《新五代史》卷四〇。

[6]巴州：州名。治所在今四川巴中市。

[7]隴州：州名。治所在今陝西隴縣。 防禦使：官名。唐代始置，設有都防禦使、州防禦使兩種。常由刺史或觀察使兼任，實際上爲唐代後期州或方鎮的軍政長官。 中軍都指揮使：官名。中軍，戰鬥時編成中位居中軍者。都指揮使，爲所部統兵將領。

[8]昭宗：即唐昭宗李曄，888 年至 904 年在位。紀見《舊唐書》卷二〇上、《新唐書》卷一〇。

[9]岐下：地名。岐山之下，指鳳翔。

[10]"宋文通愛之"至"遂來降"：《輯本舊史》卷一三二《李茂貞傳》："（李茂貞）性至寬，有部將符道昭者，人或告其謀變，茂貞親至其家，去其爪牙，熟寢經宿而還。"《新唐書》卷三六《五行志》："乾寧四年，李茂貞遣將符道昭攻成都，至廣漢，震雷，有石隕于帳前。"《通鑑》卷二六一乾寧四年（897）二月癸酉條："鳳翔將李繼昭救梓州，留偏將守劍門，西川將王宗播擊擒之。"《輯本舊史》卷二三《康懷英傳》："天復元年冬，太祖率師迎昭宗於鳳翔。時李茂貞遣大將符道昭領兵萬餘屯武功以拒，太祖命諸軍擊之，以懷英爲前鋒，領衆先登，一鼓而大破之，擄甲士六千餘人，奪馬二千匹。"亦見明本《册府》卷三四六《將帥部·佐命門七》、《宋本册府》卷三六〇《將帥部·立功門一三》，《宋本册府》卷三六〇作"虜甲士六十餘人"。《宋本册府》卷一八七《閏位部·勳業門五》：天復元年十月壬戌，"（全忠）次于咸陽。偵者云：'天子昨暮至岐山，旦日宋文通扈蹕入其闉矣。'是時，岐人遣大將符道昭領兵萬人屯于武功以拒帝，帝遣唐懷英（"康懷英"之誤）敗之，虜甲士六千餘衆"。《通鑑》卷二六二繫於十一月癸亥。《輯本舊史·康懷英傳》："（天復）二年四月，符道昭復領大軍屯於虢縣之漠谷。其建寨之所，前臨巨澗，後倚峻皐，險不可升，太祖遣懷英提騎數千急擊之。道昭以懷英兵寡，有俯視之意，乃率甲士萬人，絕澗以挑戰。懷英始以千騎夜鬭，戰酣，發伏以擊

之，岐軍大敗。”亦見明本《册府》卷三四六。《通鑑》卷二六三繫於四月乙巳。《通鑑》卷二六三天復二年（902）十二月丁酉條：“上召李茂貞、蘇檢、李繼誨、李彦弼、李繼岌、李繼遠、李繼忠食，議與朱全忠和，上曰：‘十六宅諸王以下，凍餒死者日有數人。在内諸王及公主、妃嬪，一日食粥，一日食湯餅，今亦竭矣。卿等意如何？’皆不對。上曰：‘速當和解耳！’”十二月丁酉條：“鳳翔兵十餘人遮韓全誨於左銀臺門，詬罵曰：‘闔境塗炭，闔城餒死，正爲軍容輩數人耳！’全誨叩頭訴於茂貞，茂貞曰：‘卒輩何知！’命酌酒兩盃，對飲而罷。又訴於上，上亦諭解之。李繼昭謂全誨曰：‘昔楊軍容破楊守亮一族，今軍容亦破繼昭一族邪！’慢罵之，遂出降於全忠，復姓符，名道昭。”

[11]太祖素聞其名，待之甚厚：《舊五代史考異》：“案《通鑑》：李繼昭出降於全忠，復姓符，名道昭。據《薛史》則道昭在岐，自名繼遠，非繼昭也。《通鑑》疑傳寫之訛。”

[12]秦州：州名。治所在今甘肅天水市。此處代指天雄軍。同平章事：官名。“同中書門下平章事”之簡稱。唐高宗以後，凡實際任宰相之職者，常在其本官後加同平章事的職銜。後成爲宰相專稱。或爲節度使加銜。

先是，李周彝棄鄜州自投歸國，[1]署爲元帥府行軍左司馬，[2]寵冠霸府。及道昭至，以爲右司馬，使與周彝同領寇彦卿、南大豐、閻寶已下大軍伐滄州。[3]及太祖幸魏州，討牙軍，中軍前有魏博將山河營指揮使左行遷，[4]聞府中有變，引軍還屯歷亭，[5]自稱留後，從亂者數萬人。道昭佐周彝與彦卿已下大破之，殺四萬餘人，擒左行遷，斬之。有史仁遇亦聚徒數萬據高唐，[6]又破之，擒仁遇以獻。乘勝取澶、博二州，[7]平之，復殺萬餘人。[8]

[1]李周彝：人名。籍貫不詳。唐末、五代軍閥。事見本書本卷、卷二、卷六、卷九、卷一九、卷二三。　鄜州：州名。治所在今陝西富縣。

[2]行軍左司馬：官名。與行軍右司馬同掌弼戎政，專器械、糧糒、軍籍。

[3]南大豐：人名。籍貫不詳。唐末將領。本書僅此一見。閻寶：人名。鄆州（今山東東平縣）人。五代後唐將領。傳見本書卷五九、《新五代史》卷四四。　滄州：州名。治所在今河北滄縣舊州鎮。

[4]魏博：方鎮名。治所在魏州貴鄉縣（今河北大名縣）。山河營：部隊番號。《輯本舊史》之影庫本粘籤：“山河營，原本作‘山阿’，今從《通鑑》改正。”山河營，又見《宋本冊府》卷三六〇《將帥部·立功門一三》。　左行遷：人名。籍貫不詳。唐末軍閥。事見本書本卷。

[5]歷亭：縣名。治所在今山東武城縣。

[6]史仁遇：人名。籍貫不詳。唐末軍閥。事見本書本卷、卷二、卷一四、卷二六。　高唐：縣名。治所在今山東高唐縣。後梁開平二年（908）改高唐縣爲魚丘縣，後唐同光二年（924）復名高唐縣。

[7]澶：州名。唐武德四年（621）治澶水縣（今河南濮陽縣西），大曆七年（772）治頓丘縣（今河南清豐縣西南），五代後晉天福四年（939）移治德勝城（今河南濮陽縣東南），後周徙治今濮陽縣。　博：州名。治所在今山東聊城市。

[8]“及太祖幸魏州”至“復殺萬餘人”：《新唐書》卷二一〇《羅紹威傳》：“魏牙軍，起田承嗣募軍中子弟爲之，父子世襲，姻黨盤互，悍驕不顧法令，憲誠等皆所立，有不慊，輒害之無噍類。

厚給稟，姑息不能制。時語曰：‘長安天子，魏府牙軍。’謂其勢彊也。紹威懲曩禍，雖外示優假，而内不堪。俄而小校李公佺作亂，不克，奔滄州。紹威乃決策屠翦，遣楊利言與全忠謀。全忠乃遣符道昭將兵合魏軍二萬攻滄州，求公佺，又遣李思安助戰，魏軍不之疑。紹威子，全忠壻也，會女卒，使馬嗣勳來助葬，選長直千人納盟器，實甲以入。全忠自滑濟河，聲言督滄景行營。紹威欲出迎，假銳兵以入，軍中勸毋出而止。紹威遣人潛入庫，斷絃解甲，注夜，將奴客數百與嗣勳攻之，軍趨庫得兵，不可戰，因夷滅凡八千族，閭市爲空。”《通鑑》卷二六五天祐三年（906）四月癸未朔條：“羅紹威既誅牙軍，魏之諸軍皆懼，紹威雖數撫諭之，而猜怨益甚。朱全忠營於魏州城東數旬，將北巡行營，會天雄牙將史仁遇作亂，聚衆數萬據高唐，自稱留後，天雄巡内諸縣多應之。全忠移軍入城，遣使召行營兵還攻高唐，至歷亭，魏兵在行營者作亂，與仁遇相應。元帥府左司馬李周彝、右司馬符道昭擊之，所殺殆半，進攻高唐，克之，城中兵民無少長皆死。擒史仁遇，鋸殺之。”《宋本册府》卷一八七《閏位部·勳業門五》則曰：四月，“晋人圍邢州，刺史牛存節堅壁固守，帝遣符道昭帥師救之，晋人乃遁去”。

道昭性勇果，多率先犯陣，屢有摧失，而周彝、彦卿犄角繼進，連以捷告，護兵者上功不實，皆以道昭爲首，太祖陰知之，俱不議賞。[1]及滄州之圍也，不用騎士，令道昭牧馬於堂陽。[2]太祖受禪後，委以兵柄，[3]與康懷英等攻潞州，[4]以“蚰蜒壍”繚之，飛鳥不度。既踰歲，晋人援至，王師大敗，道昭爲晋軍所殺。[5]《永樂大典》卷一萬八千一百二十七。[6]

[1]“道昭性勇果”至“俱不議賞”：《輯本舊史》卷三《梁

太祖紀三》：開平元年（907）五月："丙申，御玄德殿，宴犒諸軍使劉捍、符道昭已下，賜物有差。"亦見《宋本册府》卷一九七《閏位部·宴會門》。

[2]堂陽：縣名。治所在今河北新河縣西北。中華書局本有校勘記："原作'唐陽'，據劉本、邵本校改。按《新唐書》卷三九《地理志》三，堂陽屬河北道冀州。《漢書》卷二八上《地理志》上注引應劭曰：'在堂水之陽。'"

[3]委以兵柄：中華書局本有校勘記："'以'字原闕，據《册府》卷四四四補。"見《宋本册府》卷四四四《將帥部·陷没門》。

[4]康懷英：人名。兗州（今山東濟寧市兗州區）人。唐末、五代將領。本名懷貞，避後梁末帝朱友貞諱改懷英。傳見本書卷二三、《新五代史》卷二二。　潞州：州名。治所在今山西長治市。

[5]"既踰歲"至"道昭爲晉軍所殺"：《輯本舊史》卷二七《唐莊宗紀一》："（天祐五年）五月辛未朔，晨霧晦暝，帝率親軍伏三垂崗下，詰旦，天復昏霧，進軍直抵夾城。時李嗣源總帳下親軍攻東北隅，李存璋、王霸率丁夫燒寨，斷夾城爲二道，周德威、李存審各分道進攻，軍士鼓譟，三道齊進。李嗣源壞夾城東北隅，率先掩擊，梁軍大恐，南向而奔，投戈委甲，噎塞行路，斬萬餘級，獲其將副招討使符道昭泊大將三百人、芻粟百萬。梁招討使康懷英得百餘騎，出天井關而遁。"亦見《宋本册府》卷四五《帝王部·謀略門》。《通鑑》卷二六六開平二年五月辛未條："晉王伏兵三垂岡下，詰旦，大霧，進兵直抵夾寨。梁軍無斥候，不意晉兵之至，將士尚未起，軍中驚擾。晉王命周德威、李嗣源分兵爲二道，德威攻西北隅，嗣源攻東北隅，填塹燒寨，鼓譟而入。梁兵大潰，南走，招討使符道昭馬倒，爲晉人所殺；失亡將校士卒以萬計，委棄資糧器械山積。"《新五代史》卷一四《唐太祖家人傳·皇后劉氏傳》："先時，莊宗攻梁軍於夾城，得符道昭妻侯氏，寵專諸宮，宮中謂之'夾寨夫人'。莊宗出兵四方，常以侯氏從軍。"

[6]《大典》卷一八一二七"將"字韻"後梁將（二）"

事目。

徐懷玉

徐懷玉，本名琮，亳州焦夷縣人。[1]少以雄傑自任，隨太祖起軍。唐中和末，從至大梁。[2]光啓初，蔡寇屯金堤驛，[3]懷玉將輕騎連破之，由是累遷親從副將，改左長劍都虞候。[4]又從破蔡賊於板橋，[5]收秦宗權八寨，奏加檢校右散騎常侍。文德初，[6]同諸軍解河陽之圍，[7]復從破徐、宿。[8]乾寧中，奏加檢校刑部尚書，太祖賜名懷玉。破朱瑾於金鄉南，[9]擒宗江以獻，[10]表授金紫光祿大夫、[11]檢校右僕射。

[1]焦夷縣：縣名。治所在今安徽亳州市東南。

[2]唐中和末，從至大梁：明本《册府》卷三四六《將帥部‧佐命門七》作：“唐僖宗中和末，從赴大梁。”《新五代史》卷二二《徐懷玉傳》：“從太祖鎮宣武，爲永城鎮將。”

[3]光啓：唐僖宗李儇年號（885—888）。 金堤驛：地名。位於今河南滑縣東。

[4]左長劍都虞候：官名。左長劍爲部隊番號。都虞候爲統兵將領。 “光啓初”至“改左長劍都虞候”：《新五代史‧徐懷玉傳》：“秦宗權攻梁，壁金隄、靈昌、酸棗，懷玉以輕騎連擊破之，俘殺五千餘人，遷左長劍都虞候。又破宗權於板橋、赤岡，拔其八柵。”

[5]板橋：地名。位於汴州（今河南開封市）城西。

[6]文德：唐僖宗李儇年號（888）。

[7]諸軍：明本《册府》卷三四六作“諸將”。 河陽：縣名。

治所在今河南孟州市。

［8］“文德初”至“復從破徐、宿”：《輯本舊史》卷一六《張歸霸傳》：“文德初，大軍臨蔡州，賊將蕭顥來斫寨，歸霸與徐懷玉各以所領兵自東南二扉分出，合勢殺賊，蔡人大敗。及太祖整衆離營，寇塵已息。太祖召至，賞之曰：‘昔耿弇不俟光武擊張步，言不以賊遺君父，弇之功，爾其二焉。’”《新五代史》卷二二《張歸霸傳》：“太祖攻蔡州，蔡將蕭顥急擊太祖營，歸霸不暇請，與徐懷玉分出東南壁門，合擊敗之，太祖得拔營去。”

［9］金鄉：縣名。治所在今山東金鄉縣。　破朱瑾於金鄉南：《新五代史·徐懷玉傳》：“從太祖攻魏，敗魏兵黎陽，遂東攻兖，破朱瑾於金鄉。”

［10］宗江：人名。籍貫不詳。唐末將領。事見本書本卷。中華書局本有校勘記：“彭本、《册府》卷三四六、卷三八六作‘宋江’。”見明本《册府》卷三四六、《宋本册府》卷三八六《將帥部·褒異門一二》。《輯本舊史·張歸霸傳》作“宗江”。

［11］金紫光禄大夫：官名。本兩漢光禄大夫。魏晉以後，光禄大夫之位重者，加金章紫綬，因稱金紫光禄大夫。北周、隋爲散官。唐貞觀後列入文散官。正三品。

乾寧四年，龐師古失利於清口，懷玉獨完軍以退。[1]光化初，[2]轉滑州右都押牙兼右步軍指揮使，[3]俄奏授沂州刺史。[4]頃之，王師範以青州叛，[5]屢出兵侵軼，懷玉擊退之。天復四年，[6]轉齊州防禦使，[7]加檢校司空，從大軍迎駕於岐下。歸署華州觀察留後。[8]一年，復領所部兵戍雍州，[9]尋召赴河中，補晋、絳、同、華五州馬步都指揮使。[10]天祐三年，[11]授左羽林統軍，[12]轉右龍虎統軍，[13]領六軍之士赴澤州。[14]尋爲晋軍所攻，畫夜衝擊，穴地而入，[15]懷玉率親兵逆殺於隧中，晉軍遂退。[16]開平元年，授曹州刺史，加檢校司徒。明年，除晉州刺史。其秋，晉軍大至，已乘其堞，懷玉選親兵五十餘人，[17]擁殺下城。晉軍既退，出家財以賞戰士。[18]歲中，晉軍又至，懷玉領兵敗之於洪洞。[19]三年，制授鄜坊節度使、[20]特進、[21]檢校太保，練兵繕壁，人頗安之，加檢校太傅。

[1]"乾寧四年"至"懷玉獨完軍以退"：《新五代史》卷二二《徐懷玉傳》："又從龐師古攻楊行密，師古敗清口，懷玉獨完一軍，行收散卒萬餘人以歸。"

[2]光化：唐昭宗李曄年號（898—901）。

[3]滑州：州名。治所在今河南滑縣。　右都押牙：官名。"押衙"即"押牙"。唐、五代時期節度使辟署的屬官，有稱左、右都押衙或都押衙者。掌領方鎮儀仗侍衛、統率軍隊。參見劉安志《唐五代押牙（衙）考略》，武漢大學歷史系魏晉南北朝隋唐史研究室編《魏晉南北朝隋唐史資料》第16輯，武漢大學出版社1998年版。

[4]沂州：州名。治所在今山東臨沂市。《輯本舊史》之影庫本粘籤："沂州，原本作'忻州'，今從《歐陽史》改正。"見《新五代史·徐懷玉傳》。

[5]王師範：人名。青州（今山東青州市）人。唐末、五代軍閥。傳見本書卷一三、《新五代史》卷四二。

[6]天復四年：明本《冊府》卷三四六《將帥部·佐命門七》作"天復三年"。

[7]齊州：州名。治所在今山東濟南市。

[8]華州：州名。治所在今陝西渭南市華州區。　觀察留後：官名。唐、五代時，代行方鎮長官之職者稱留後。代行觀察使之職

者，即爲觀察留後。掌一州或數州軍政。

[9]雍州：地名。即京兆府，治所在今陝西西安市。

[10]晋：州名。治所在今山西臨汾市。　絳：州名。治所在今山西新絳縣。　同：州名。治所在今陝西大荔縣。

[11]天祐：唐昭宗李曄開始使用的年號（904）。唐哀帝李柷即位後沿用（904—907）。唐亡後，河東李克用、李存勗仍稱天祐，沿用至天祐二十年（923）。五代其他政權亦有行此年號者，如南吳、吳越等，使用時間長短不等。

[12]左羽林統軍：官名。唐置六軍，分左右羽林、左右龍武、左右神武，即"北衙六軍"。興元元年（784），六軍各置統軍，以寵勳臣。五代沿之。其品秩，《唐會要》卷七一、《舊唐書》卷一二記載爲從二品，《通鑑》卷二二九記載爲從三品。《舊五代史考異》："案：《歐陽史》作右羽林統軍。"見《新五代史·徐懷玉傳》。

[13]右龍虎統軍：官名。五代後梁禁衛部隊右龍虎軍統兵官。

[14]澤州：州名。治所在今山西澤州縣。

[15]穴地而入：明本《册府》卷三四六作"穴地而入之"。

[16]晋軍遂退：明本《册府》卷三四六作"晋人遂退"。"天祐三年"至"晋軍遂退"：《輯本舊史》卷一六《張歸厚傳》："天祐二年，（張歸厚）改左羽林統軍，與徐懷玉同守澤州，時晋軍五萬來攻，郡中戎士甚寡，歸厚極力拒守，并軍乃還。"亦見《宋本册府》卷三八六《將帥部·褒異門一二》。

[17]五十：明本《册府》卷四〇〇《將帥部·固守門二》作"五千"。

[18]"其秋"至"出家財以賞戰士"：《通鑑》卷二六七開平二年（908）九月："晋周德威、李嗣昭將兵三萬出陰地關，攻晋州，刺史徐懷玉拒守；帝自將救之，丁丑，發大梁，乙酉，至陝州。戊子，岐王所署延州節度使胡敬璋寇上平關，劉知俊擊破之。周德威等聞帝將至，乙未，退保隰州。"

［19］洪洞：縣名。治所在今山西洪洞縣。

［20］制授：授官方式。唐制，封授三品以上官用冊，爲册授，五品以上制授，六品以下敕授。　酈坊：方鎮名。治所在坊州（今陝西黄陵縣）。

［21］特進：官名。西漢末期始置，授給列侯中地位較特殊者。隋唐時期，特進爲散官，授給有聲望的文武官員。正二品。

乾化二年，[1]庶人友珪既簒立，[2]河中朱友謙拒命，[3]遣兵襲酈州，懷玉無備，尋爲河中所擄，囚於公館。及友珪遣康懷英率師圍河中，友謙慮懷玉有變，遂害之。懷玉材氣剛勇，臨陣未嘗折退，平生金瘡被體，有戰將之名焉。《永樂大典》卷一萬八千一百二十七。[4]

［1］乾化：五代後梁太祖朱温年號（911—912）。末帝朱友貞沿用（913—915）。

［2］友珪：人名。即朱友珪。朱温次子，後勾結韓勍殺朱温。後追廢爲庶人。傳見本書卷一二、《新五代史》卷一三。

［3］朱友謙：人名。許州（今河南許昌市）人。朱温養子，唐末、五代軍閥。傳見本書卷六三、《新五代史》卷四五。

［4］《大典》卷一八一二七“將”字韻“後梁將（二）”事目。

郭言

郭言，太原人也。家於南陽新野，[1]少以力穡養親，鄉里稱之。唐廣明中，[2]黄巢擁衆西犯秦、雍，言爲巢黨所執。後從太祖赴汴，初爲騎軍，繼有戰功，後擢爲裨校。言性剛直，有權略，勤於戎事，或以家財分給將士之貧者，由是頗得士心。[3]屢將兵與蔡寇戰於浚郊，[4]每以少擊衆，出必勝歸。太祖嘉其勇果，謂賓佐曰："言乃吾之虎侯也。"[5]時秦宗權支黨數十萬，[6]太祖兵不過數十旅，[7]每恨其寡，與之不敵。一日，命言董數千人，越河洛，趨陝虢，[8]招召丁壯，以實部伍。言夏往冬旋，得銳士萬餘，遂遷步軍都將。[9]自是隨太祖掩襲蔡寇，[10]斬獲掠奪，不可勝紀，宗權以茲敗北，太祖盡收其地。因命言將兵導達貢奉，以安郵傳，自汴、鄭迄於潼關，[11]去奸恤弱，甚得其所。

[1]南陽：縣名。治所在今河南南陽市。　新野：縣名。治所在今河南新野縣。

[2]廣明：唐僖宗李儇年號（880—881）。

[3]"言性剛直"至"由是頗得士心"：事亦見《宋本册府》卷四一二《將帥部·得士心門》。

[4]浚郊：地名。指開封城郊。明本《册府》卷四一九作"後郊"，疑誤。

[5]虎侯：人名。三國名將許褚外號。譙國譙（今安徽亳州市）人。曹操貼身護衛。傳見《三國志》卷一八。　"屢將兵與蔡寇戰於浚郊"至"虎侯也"：明本《册府》卷四一九《將帥部·以少擊衆門》："郭言，從太祖赴汴，爲裨校。屢將兵與蔡賊秦宗權戰于後郊，每以少擊衆，出必勝歸。太祖嘉其勇果，謂賓佐曰：'言乃吾之虎侯也。'"

[6]時秦宗權支黨數十萬："秦"字原闕，據明本《册府》卷三四六《將帥部·佐命門七》補。

[7]太祖兵不過數十旅：明本《册府》卷三四六作"太祖兵不

過數千”。

[8]河洛：地區名。黄河與洛水交匯地區。　陜虢：方鎮名。治所在陜州（今河南三門峽市陜州區），唐龍紀元年（889）改爲保義軍。

[9]“一日”至“遂遷步軍都將”：《輯本舊史》卷一六《葛從周傳》：“太祖遣郭言募兵於陜州，有黄花子賊據於温谷，從周擊破之。”《輯本舊史》卷一九《李重胤傳》：“（重胤）與李讜率騎軍至陜，應接郭言，迴次澠池，破賊帥黄花子之衆。”《通鑑》卷二五七光啓三年（887）四月辛亥條：“全忠又使牙將新野郭言募兵於河陽、陜、虢，得萬餘人而還。”

[10]自是隨太祖掩襲蔡寇：《通鑑》卷二五六光啓二年五月癸巳，“（朱全忠）遣都將郭言將步騎三萬擊蔡州。”

[11]鄭：州名。治所在今河南鄭州市。　潼關：關隘名。位於今陜西潼關縣。

　　光啓中，唐天子以太祖兵威日振，命兼領揚州節度使。[1]太祖遣幕吏李璠領兵赴維揚以制置爲名，[2]時言爲李璠前鋒，深入淮甸，破盱眙而還。[3]梁祖東伐徐、鄆，言將偏師，略地千里，頻逢寇敵，言出奇決戰，所向皆捷，大挫東人之鋭。太祖録其績，以“排陣斬斫”之號委之，尋表爲宿州刺史、檢校右僕射。[4]于時徐、宿兵鋒日夕相接，控扼偵邏，以言爲首。景福初，時溥大舉來攻宿州，言勇於野戰，喜逢大敵，自引鋭兵擊溥，殺傷甚衆，徐戎乃退。言爲流矢所中，一夕而卒。[5]《永樂大典》卷二萬二千一百六十。[6]

　　[1]領：領字原闕，據明本《册府》卷三四六《將帥部·佐命

門七》補。　揚州：州名。治所在今江蘇揚州市。　　"光啓中"至"命兼領揚州節度使"：按，《輯本舊史》卷一《梁太祖紀一》：光啓三年五月，"揚州節度使高駢爲裨將畢師鐸所害，復有孫儒、楊行密互相攻伐，朝廷不能制，乃就加帝檢校太尉、兼領淮南節度使"。

[2]李璠（fán）：人名。籍貫不詳。唐末將領。事見本書卷一。　維揚：地名。揚州別稱。明本《册府》卷三四六作"淮揚"。　制置：官名。即制置使。唐後期臨時差遣官，爲地方用兵時控制該地秩序而設。

[3]盱眙：縣名。治所在今江蘇盱眙縣。　破盱眙而還：《輯本舊史》之案語："《通鑑》云：時溥以師襲之，言力戰得免。《梁祖紀》亦作不克進而還，與傳異。"　　"太祖遣幕吏李璠"至"破盱眙而還"：《輯本舊史》卷一《梁太祖紀一》：（唐光啓三年）閏月甲寅，帝"遣大將郭言領兵援送以赴揚州"。"文德元年正月，帝率師東赴淮海，行次宋州，聞楊行密已拔揚州，遂還。是時，李璠、郭言行至淮上，爲徐戎所扼，不克進而還。"事亦見《宋本册府》卷一八七《帝王部·勳業門五》。《輯本舊史》卷二一《李唐賓傳》："（朱）珍之擒石璠也，唐賓亦沿淮與郭言犄角下盱眙。"事亦見《宋本册府》卷三六〇《將帥部·立功門一三》："（朱）珍之擒石潘也，唐賓亦沿淮與郭言犄角下盱眙。"《輯本舊史》卷一三四《楊行密傳》："梁祖兼領淮南，乃遣牙將張廷範使於淮南，與行密結盟，尋遣行軍司馬李璠權知淮南留後，令都將郭言以兵援送。"《新唐書》卷一八八《時溥傳》唐大順元年（890）："溥自以先起，功名顯朝廷，位都統，顧不得而全忠得之，頗悵恨。全忠使司馬李璠、郭言等東，兵道宿州，遣溥書請假道。溥辭不可，間其憧，以兵襲之。言戰甚力，解而還。"《通鑑》卷二五七光啓三年（887）十一月戊午條："朱全忠遣内客將張廷範致朝命於楊行密，以行密爲淮南節度副使，又以宣武行軍司馬李璠爲淮南留後，遣牙將郭言將兵千人送之。感化節度使時溥自以於全忠爲先進，官爲都統，顧

不得領淮南，而全忠得之，意甚恨望。全忠以書假道於溥，溥不許。（李）璠至泗州，溥以兵襲之，郭言力戰得免而還，徐、汴始構怨。”

[4]“梁祖東伐徐、鄆”至“檢校右僕射”：事亦見明本《册府》卷三四六、《宋本册府》卷三八六《將帥部·褒異門一二》。

[5]“于時徐、宿兵鋒日夕相接”至“一夕而卒”：亦見明本《册府》卷四二五《將帥部·死事門二》。《通鑑》卷二五九景福二年（893）：“春，正月，時溥遣兵攻宿州，刺史郭言戰死。”

[6]《大典》卷二二一六〇“郭”字韻“姓氏（五）”事目。

李唐賓

李唐賓，陝州陝縣人也。[1]中和四年二月，尚讓之寇繁臺也，[2]唐賓與李讜、[3]霍存並爲巢將，與太祖之軍戰于尉氏門外。[4]三月，太祖破瓦子寨，[5]唐賓與王虔裕來降。[6]時黃巢壁于陳郊，乃命唐賓摩其西闉焚焉。王滿之師、王夏之陣，[7]唐賓悉在戰中。後與朱珍趣淄州，所向摧敵。及取滑平蔡，前後破兗、鄆、淮、徐之衆，[8]功與朱珍略等，而驍勇絶倫，善用矛，未嘗不率先陷陣，其善於治軍行師之道，亦與珍齊名。[9]珍之擒石璠也，唐賓亦沿淮與郭言犄角下盱眙，[10]其後渡河破黎陽、李固等鎮，[11]攻澶州，下内黃，[12]敗魏師，未嘗不與珍同。[13]暨攻蔡之役，珍自西南破其外垣，唐賓亦堙壕坎墉，摧其東北隅。乃伐徐取豐，時溥軍於吳康，[14]珍亟遇之，未能却，唐賓引本軍擊敗之，珍遂大勝。每興師必與珍偕用，故往無不利，然而剛中用壯，遂爲珍所害，以謀叛聞。太祖聞之，痛惜累日。及誅朱珍後，令其妻孥至軍收葬，而加弔祭焉。[15]《永樂大典》卷一萬三百八十八。[16]

[1]陝縣：縣名。治所在今河南三門峽市陝州區。

[2]尚讓：人名。黃巢部將，後被時溥所殺。事見《舊唐書》卷二〇〇下、《新唐書》卷二二五下。 繁臺：地名。又稱禹王臺。位於今河南開封市。

[3]李讜：人名。河中臨晋（今山西臨猗縣）人。五代後梁將領。傳見本書卷一九。

[4]尉氏：縣名。治所在今河南尉氏縣。

[5]瓦子寨：寨名。位於陳州（今河南淮陽縣）東北。

[6]王虔裕：人名。琅邪臨沂（今山東臨沂市）人。唐末、五代將領。傳見本書本卷、《新五代史》卷二三。 "三月"至"來降"：《通鑑》卷二五五中和四年（884）三月甲子條："朱全忠擊黃巢瓦子寨，拔之；巢將陝人李唐賓、楚丘王虔裕降于全忠。"

[7]王滿：汴河渡口。位於今河南中牟縣。 王夏：寨名。位於今河南西華縣。

[8]淮：即淮南。方鎮名。治所在揚州（今江蘇揚州市）。前後破兗、鄆、淮、徐之衆：中華書局本有校勘記："'兗'字原闕，據《冊府》卷三六〇補。"見《宋本冊府》卷三六〇《將帥部·立功門一三》）。

[9]"及取滑平蔡"至"亦與珍齊名"：《輯本舊史》卷一《梁太祖紀一》唐僖宗光啓二年（886）："十一月，滑州節度使安師儒以怠於軍政，爲部下所殺。帝聞之，乃遣朱珍、李唐賓襲而取之，由是遂有滑臺之地。"亦見《宋本冊府》卷一八七《閏位部·勳業門五》，"李唐賓"於本卷《冊府》作"李唐實"。《輯本舊史》卷一九《朱珍傳》："會滑州節度使安師儒戎政不治，太祖命珍

與李唐賓率步騎以經略之。始入境，遇大雪，令軍士無得休息，一夕馳至壁下，百梯並升，遂乘其墉，滑州平。”亦見《宋本册府》卷三六九《將帥部·攻取門二》。《新五代史》卷一《梁太祖紀上》：“光啓二年三月，進爵王。義成軍亂，逐其節度使安師儒，推牙將張驍爲留後，師儒來奔，殺之。遣朱珍、李唐賓陷滑州，以胡真爲留後。”《通鑑》卷二五六光啓二年十一月丙戌條：“天平節度使朱瑄謀取滑州，遣濮州刺史朱裕將兵誘張驍，殺之。朱全忠先遣其將朱珍、李唐賓襲滑州，入境，遇大雪，珍等一夕馳至壁下，百梯並升，遂克之，虜（安）師儒以歸。”安師儒事，《輯本舊史》與《册府》卷一八七、卷三六九同，與《新五代史》《通鑑》異。《輯本舊史》卷一六《張歸霸傳》：“（張歸霸）從太祖伐鄆，副李唐賓渡淮，咸著奇績。”亦見明本《册府》卷三四六《將帥部·佐命門七》。《輯本舊史》卷一九《李思安傳》：“尋領軍襲蔡寇於鄭，都將李唐賓馬躓而墜，思安援槊刺追者，唐賓復其騎而還。”《通鑑》卷二五七光啓三年十一月：“初，宣武都指揮使朱珍與排陳斬斫使李唐賓，勇略、功名略相當，全忠每戰，使二人偕，往無不捷；然二人素不相下。珍使人迎其妻於大梁，不白全忠，全忠怒，追還其妻，殺守門者，使親吏蔣玄暉召珍，以漢賓代總其衆。館驛巡官馮翊敬翔諫曰：‘朱珍未易輕取，恐其猜懼生變。’全忠悔，使人追止之。珍果自疑，丙子夜，珍置酒召諸將。唐賓疑其有異圖，斬關奔大梁，珍亦棄軍單騎繼至。全忠兩惜其才，皆不罪，遣還濮州，因引兵歸。”

[10]石璠：人名。籍貫不詳。唐末將領。事見本書本卷。　石璠、犄角：《宋本册府》卷三六〇分別作“石潘”“掎角”。

[11]黎陽：縣名。治所在今河南浚縣。　李固：地名。位於今河南魏縣。

[12]内黄：縣名。治所在今河南内黄縣。

[13]“珍之擒石璠也”至“未嘗不與珍同”：《輯本舊史·朱珍傳》：“梁山之役，始與李唐賓不協。珍在軍嘗私迎其室於汴，而

不先請，太祖疑之，密令唐賓察之，二將不相下，因而交諍。唐賓夜斬關還汴以訴，珍亦棄軍單騎而至，太祖兩惜之，故不罪，俾還於師。復以踏白騎士入陳、亳間，以邀蔡人，遂南至斤溝，破淮西石瑭之師二萬，擒瑭以獻。珍旋師自亳北趣靜戎，濟舟于滑，破黎陽、臨河、李固三鎮。軍於內黃，敗樂從訓萬餘人，分命聶金、范居實略澶州，與魏師遇於臨黃，魏軍有豹子軍二千人，戮之無噍類，威振河朔。復攻淮西，至蔡，夾河而寨，敗賊將蕭皓之衆，皆擠於河溺死之。”《通鑑》卷二五七文德元年（888）三月癸卯條：“朱全忠裹糧於宋州，將攻秦宗權；會樂從訓來告急，乃移軍屯滑州，遣都押牙李唐賓等將步騎三萬攻蔡州，遣都指揮使朱珍等分兵救樂從訓。自白馬濟河，下黎陽、臨河、李固三鎮；進至內黃，敗魏軍萬餘人，獲其將周儒等十人。”

［14］豐：縣名。治所在今江蘇豐縣。　吳康：地名。位於今江蘇豐縣吳康鎮。《舊五代史考異》：“案：原本訛‘吳唐’，今據《歐陽史》改正。”見《新五代史》卷二一《朱珍傳》：“梁攻徐州，遣珍先攻下豐縣，又敗時溥於吳康，與李唐賓等屯蕭縣。”《輯本舊史·朱珍傳》：“時溥乃以全師會戰於豐南吳康里。”

［15］“每興師必與珍偕用”至“加弔祭焉”：《輯本舊史·朱珍傳》：“龍紀初，（朱珍）與諸將屯於蕭縣，以禦時溥，珍慮太祖自至，令諸軍葺馬廄以候巡撫，李唐賓之裨將嚴郊獨慢焉，軍候范權恃珍以督之。唐賓素與珍不協，果怒，乃見珍以訴其事，珍亦怒曰：‘唐賓無禮！’遂拔劍斬之，珍命騎列狀陳其事。太祖初聞唐賓之死，驚駭，與敬翔謀，詐令有司收捕唐賓妻子下獄，以安珍心。太祖遂徑往蕭縣，距蕭一舍，珍率將校迎謁，梁祖令武士執之，責其專殺，命丁會行戮。都將霍存等數十人叩頭以救，太祖怒，以坐床擲之，乃退。”亦見明本《册府》卷四四九《將帥部·專殺門》。《新五代史·梁太祖紀上》：龍紀元年（889）“七月，朱珍殺李唐賓，王如蕭縣，執珍殺之，遂攻徐州”。《通鑑》卷二五八龍紀元年：“朱珍拔蕭縣，據之，與時溥相拒，朱全忠欲自往臨之。珍命

諸軍皆葺馬厩，李唐賓部將嚴郊獨惰慢，軍吏責之，唐賓怒，見珍
訴之；珍亦怒，以唐賓爲無禮，拔劍斬之，遣騎白全忠，云唐賓謀
叛。淮南左司馬敬翔，恐全忠乘怒，倉猝處置違宜，故留使者，逮
夜，然後從容白之，全忠果大驚。翔因爲畫策，詐收唐賓妻子繫
獄，遣騎往慰撫，全忠從之，軍中始安。秋，七月，全忠如蕭縣，
未至，珍出迎，命武士執之，責以專殺而誅之。諸將霍存等數十人
叩頭爲之請，全忠怒，以牀擲之，乃退。丁未，至蕭縣，以龐師古
代珍爲都指揮使。"《輯本舊史》卷二一《霍存傳》："朱珍、李唐
賓之殁，龐師古代珍，存代唐賓，戰伐功績，多與師古同。"事亦
見《新五代史》卷二一《龐師古傳》《霍存傳》。

[16]《大典》卷一〇三八八"李"字韻"姓氏（三三）"
事目。

王虔裕

王虔裕，琅琊臨沂人也，家於楚丘。[1]少有膽勇，
多力善射，以弋獵爲事。唐乾符中，[2]諸葛爽聚徒於青、
棣間，[3]攻剽郡縣，虔裕依其衆。及爽歸順，乃以虔裕
及其衆隸於宣武軍。[4]太祖鎮汴，四郊多事，始議選將
征討，首以虔裕綰騎兵，恒爲前鋒。及太祖擊巢、蔡於
陳州，虔裕連拔數寨，擒獲萬計。巢孽既遁，虔裕躡其
迹，追至萬勝戍，[5]賊衆饑乏，短兵纔接而潰。太祖以
其勞，表授義州刺史。[6]蔡人日縱侵掠，陳、鄭、許、
亳之郊，頻年大戰，虔裕掩襲攻拒，凡百餘陣，勦戮生
擒，不知紀極。秦宗賢寇汴南鄙，[7]太祖令虔裕逆擊於
尉氏，不利而還。太祖怒，命削職，拘於別部。踰年，
邢州孟遷請降。[8]未幾，晉人伐邢，孟遷遣使來乞師，

太祖先遣虔裕選勇士百餘人徑往赴之，伺夜突入邢州，明日，循堞樹立旗幟，晉人不測，乃退。[9]數月，復來圍邢，時太祖大軍方討兗、鄆，未及救援，[10]邢人困而攜貳，遷乃縶虔裕送於太原，尋爲所害。[11]《永樂大典》卷一萬八千一百二十七。[12]

[1]臨沂：縣名。治所在今山東臨沂市。　楚丘：縣名。治所在今山東曹縣。

[2]乾符：唐僖宗李儇年號（874—879）。

[3]諸葛爽：人名。青州博昌（今山東博興縣）人。唐末軍閥，時爲河陽節度使。傳見《舊唐書》卷一八二、《新唐書》卷一八七。　棣：州名。治所在今山東惠民縣。

[4]“唐乾符中”至“隸於宣武軍”：《新五代史》卷二三《王虔裕傳》：“少從諸葛爽起青、棣間，其後爽爲汝州防禦使，率兵北擊沙陀，還入長安攻黃巢，爽兵敗降巢，巢以爽爲河陽節度使。中和三年，孫儒陷河陽，虔裕隨爽奔于梁。”降梁者非諸葛爽，爲其子諸葛仲方。《通鑑》卷二五五中和四年（884）三月甲子條：“朱全忠擊黃巢瓦子寨，拔之；巢將陝人李唐賓、楚丘王虔裕降于全忠。”

[5]萬勝戍：地名。位於今河南中牟縣。

[6]義州：州名。治所在今河南信陽市。

[7]秦宗賢：《新五代史》卷一《梁太祖紀上》、《通鑑》卷二五六作“秦賢”。

[8]孟遷：人名。邢州（今河北邢臺市）人。唐末將領。傳見《新唐書》卷一八七。

[9]“踰年”至“乃退”：《通鑑》卷二五八龍紀元年（889）六月條：“李克用大發兵，遣李罕之、李存孝攻孟方立，六月，拔磁、洺二州。方立遣大將馬溉、袁奉韜將兵數萬拒之，戰於琉璃

陂，方立兵大敗，二將皆爲所擒，克用乘勝進攻邢州。方立性猜忌，諸將多怨，至是皆不爲方立用，方立慙懼，飮藥死。弟攝洺州刺史遷，素得士心，衆奉之爲留後，求援於朱全忠。全忠假道於魏博，羅弘信不許；全忠乃遣大將王虔裕將精甲數百，間道入邢州共守。"

［10］未及救援：《輯本舊史》之影庫本粘籤："未及救援，原本作'未幾'，今從《通鑑考異》所引《薛史》改正。"

［11］"數月"至"尋爲所害"：《輯本舊史》之案語："《通鑑考異》云：是時全忠方攻時溥，未討兖、鄆也。傳誤。"《輯本舊史》卷二五《唐武皇紀上》、明本《册府》卷七《帝王部·創業門三》、《新唐書》卷一八七《孟遷傳》均作大順元年事。明本《册府》卷七曰："大順元年，（李克用）遣李存孝攻邢州，孟遷以邢、洺、磁三州降，執汴將王虔裕三百人以獻。"《通鑑》卷二五八繫於大順元年（890）正月戊子條後："李克用急攻邢州，孟遷食竭力盡，執王虔裕及汴兵以降。"《通鑑考異》曰："《唐末見聞録》：'龍紀元年，大軍守破邢州城，孟遷投來，拜李存孝邢州刺史。十一月四日，孟遷補充教練使。'《太祖紀年録》及薛居正《五代史·太祖紀》，皆曰：'大順元年，李存孝攻邢州急，邢帥孟遷以邢、洺、磁三州歸于我，執朱溫之將王虔裕等三百人以獻'，而無月。《太祖紀年録》又曰：'太祖徙孟遷于太原，以大將安金俊爲邢洺團練使。'《薛史·孟遷傳》曰：'大順元年，二月，遷執王虔裕等乞降，武皇令安金俊代之。'今從實録。"《薛史·虔裕傳》曰：'時太祖大軍方討兖、鄆，未及救援，邢人困而攜貳，遷乃縶虔裕送于太原，尋爲所殺。'按是時全忠方攻時溥，未討兖、鄆也。《虔裕傳》誤。"《新唐書》卷一八七《孟遷傳》亦作遷請援於全忠，全忠方攻時溥，不即至。

［12］《大典》卷一八一二七"將"字韻"後梁將（二）"事目。

劉康乂

劉康乂，壽州安豐縣人也。[1]以農桑爲業。唐乾符中，關東群盜並起，江、淮間偏罹其苦，[2]因爲巢黨所掠。康乂沉默有膂力，善用矛槊，然不樂爲暴。中和三年，從太祖赴鎮，委以心腹，康乂枕戈擐甲，夷險無憚。其後累典親軍，襲巢破蔡，斬獲尤多，累以戰功遷元從都將。[3]從太祖連年攻討徐、兗、鄆，所向多捷，尤善於營壘，充諸軍壕寨使。及太祖盡下三鎮，議其功，奏加檢校右僕射，兼領軍衛，尋遷密州刺史，[4]政甚簡静。時王師範叛據青州，乞師於淮夷，淮人遂攻密州。密兵素少，執鋭者不滿千夫，而淮賊踰萬，康乂率老弱守陴，自別領少壯，日與接戰於密之四郊，俘擒千計。賊知密州虚弱，援兵未至，晝夜急攻，遂陷，康乂爲賊所害。[5]《永樂大典》卷九千九十八。[6]

[1]安豐縣：縣名。治所在今江蘇興化市安豐鎮。

[2]偏罹其苦：中華書局本有校勘記："'苦'，《册府》卷三四六作'酷'。"見明本《册府》卷三四六《將帥部・佐命門七》。又，"偏"，明本《册府》卷三四六作"徧"。

[3]元從：自初始即追隨在側的部屬。　都將：官名。唐、五代時節度使屬將。

[4]密州：州名。治所在今山東諸城市。《輯本舊史》之影庫本粘籤："密州，原本作'宣州'，考《新唐書・昭宗紀》：'楊行密陷密州，刺史劉康乂死之。''宣'字係'密'字之誤，今改正。"見《新唐書》卷一〇《昭宗紀》。

[5]"時王師範叛據青州"至"康乂爲賊所害"：《新唐書》卷

一〇《昭宗紀》天復三年（903）："三月……楊行密陷密州，刺史劉康乂死之。"《通鑑》卷二六四天復三年五月壬子條後："淮南將王茂章會王師範弟萊州刺史師誨攻密州，拔之，斬其刺史劉康乂，以淮海都遊弈使張訓爲刺史。"

[6]《大典》卷九〇九八"劉"字韻"姓氏（二六）"事目。

王彦章

王彦章，字賢明，[1]鄆州壽張縣人也。[2]祖秀，父慶宗，俱不仕，以彦章貴，秀贈左散騎常侍，[3]慶宗贈右武衞將軍。[4]彦章少從軍，隸太祖帳下，以驍勇聞。稍遷軍職，累典禁兵。從太祖征討，所至有功，常持鐵鎗衝堅陷陣。[5]開平二年十月，自開封府押牙、左親從指揮使授左龍驤軍使。[6]三年，轉左監門衞上將軍，[7]依前左龍驤軍使。[8]乾化元年，改行營左先鋒馬軍使，[9]又加金紫光禄大夫、檢校司空，依前左監門衞上將軍。二年，庶人友珪篡位，加檢校司徒。三年正月，授濮州刺史、本州馬步軍都指揮使，[10]依前左先鋒馬軍使。未幾，改先鋒步軍都指揮使。四年，爲澶州刺史，進封開國伯。[11]

[1]王彦章，字賢明：《輯本舊史》之案語："《歐陽史》作字子明。"見《新五代史》卷三二《王彦章傳》。《歐陽文忠公集》卷三九《王彦章畫像記》亦作字子明。

[2]壽張：縣名。治所在今山東梁山縣。　鄆州壽張縣人也：《輯本舊史》之案語："《歐陽史》作鄆州壽昌人。"《舊五代史考異》卷一《王彦章傳》："案《歐陽史》作字子明。《通鑑》從《薛

史》作壽張。”見《新五代史·王彦章傳》、《通鑑》卷二六七開平
三年（909）十二月己丑條。《宋本册府》卷八四五《總録部·膂
力門》：“梁王彦章，曹南人。”《王彦章畫像記》亦作鄆州壽張
人也。

[3]左散騎常侍：官名。門下省屬官。掌侍奉規諷，備顧問應
對。正三品下。

[4]右武衛將軍：官名。唐置，掌宫禁宿衛。唐代置十六衛，
即左右衛、左右驍衛、左右武衛、左右威衛、左右領軍衛、左右金
吾衛、左右監門衛、左右千牛衛，各置上將軍，從二品；大將軍，
正三品；將軍，從三品。

[5]常持鐵鎗衝堅陷陣：中華書局本有校勘記：“句下《册府》
卷三四六、卷三九三、卷八四五有‘敵人畏之，目之爲王鐵槍’一
句。”見明本《册府》卷三四六《將帥部·佐命門七》、卷三九三
《將帥部·威名門二》，《宋本册府》卷八四五《總録部·善武藝
門》。《太平御覽》卷三五四《兵部·槍門》：“《五代晋史》曰：梁
將有王彦章者，勇力過人，常執鐵槍僅百斤，所向辟易，莊宗畏
之。”《宋本册府》卷三九六《將帥部·勇敢門三》：“王彦章，以
驍勇見稱，累歷刺史。不知書，行師將兵無法術。能先登陷陣，奮
不顧身，每入陣使二鐵鎗，一横馬鞍，一秉在手，酣戰揮擊，敵人
避之。”同書卷八四五《總録部·膂力門》：“少好勇多力，太祖領
四鎮，擢爲偏校，常持一鐵槍重逾百斤，所向無敢當者。”《通鑑》
卷二六七開平三年十二月己丑條：“王彦章驍勇絶倫，每戰用二鐵
槍，皆重百斤，一置鞍中，一在手，所向無前，時人謂之王鐵槍。”

[6]開封府：府名。後梁都城。治所在今河南開封市。　左親
從指揮使：官名。所部統兵將領。左親從爲部隊番號。　左龍驤軍
使：官名。所部統兵將領。左龍驤爲部隊番號。

[7]左監門衛上將軍：官名。唐代置十六衛之一，掌宫禁宿衛。
從二品。

[8]“三年”至“依前左龍驤軍使”：《通鑑》卷二六七開平三

年十二月己丑條：“岐王欲取靈州以處劉知俊，且以爲牧馬之地，使知俊自將兵攻之。朔方節度使韓遜告急；詔鎮國節度使康懷貞、感化節度使寇彦卿將兵攻邠寧以救之。懷貞等所向皆捷，克寧、衍二州，拔慶州南城，刺史李彦廣出降。遊兵侵掠至涇州之境，劉知俊聞之，十二月，己丑，解靈州圍，引兵還。帝急召懷貞等還，遣兵迎援於三原青谷；懷貞等還，至三水，知俊遣兵據險邀之，左龍驤軍使壽張王彦章力戰，懷貞等乃得過。”

[9]行營左先鋒馬軍使：官名。所部統兵將領。

[10]馬步軍都指揮使：官名。州級軍隊長官。

[11]四年，爲澶州刺史，進封開國伯：《輯本舊史》卷八《梁末帝紀上》乾化四年（914）四月丁丑條：“以行營左先鋒馬軍使、濮州刺史王彦章爲澶州刺史，充行營先鋒步軍都指揮使，加光禄大夫、檢校太保，封開國伯。”

　　五年三月，朝廷議割魏州爲兩鎮，慮魏人不從，遣彦章率精騎五百屯鄴城，駐於金波亭，[1]以備非常。是月二十九日夜，魏軍作亂，首攻彦章於館舍，彦章南奔。[2]七月，晋人攻陷澶州，彦章舉家陷没。晋王遷其家於晋陽，[3]待之甚厚，遣細人間行誘之，彦章即斬其使以絶之。後數年，其家被害。[4]九月，授汝州防禦使、[5]檢校太保，依前行營先鋒步軍都指揮使。[6]貞明二年四月，[7]改鄭州防禦使。[8]三年十二月，授西面行營馬軍都指揮使，加檢校太傅，依前鄭州防禦使。[9]頃之，授行營諸軍左廂馬軍都指揮使。[10]五年五月，遷許州兩使留後，[11]軍職如故。[12]六年正月，正授許州匡國軍節度使，[13]充散指揮都頭都軍使，[14]進封開國侯。[15]未幾，授北面行營副招討使。[16]七年正月，移領滑州。[17]

[1]鄴城：地名。位於今河北大名縣。　遣彥章率精騎五百屯鄴城：《宋本册府》卷三七四《將帥部·忠門五》作"遣彥章率精騎五百人入鄴城"。　金波亭：亭名。位於魏州城（今河北大名縣東）內。

[2]"五年三月"至"彥章南奔"：《輯本舊史》卷八《梁末帝紀上》、《通鑑》卷二六九繫於貞明元年（915）三月己丑條。

[3]晉王：即唐莊宗李存勗。小字亞子，沙陀部人，太原（今山西太原市）人。晉王李克用之子，後唐開國皇帝。紀見本書卷二七至卷三四及《新五代史》卷四、卷五。　晉陽：縣名。治所在今山西太原市。

[4]"晉人攻陷澶州"至"其家被害"：亦見《宋本册府》卷三七四、明本《册府》卷四一七《將帥部·不顧親門》。《輯本舊史》之案語："《通鑑》：晉人夜襲澶州，陷之。刺史王彥章在劉鄩營，晉人獲其妻子。是當時澶州之陷，因刺史他出而掩其不備，非彥章力不能守也。《歐陽史》極推重彥章，而載澶州事不詳，蓋未博考。"見《新五代史》卷三二《王彥章傳》、《通鑑》卷二六九貞明元年七月條。

[5]汝州：州名。治所在今河南汝州市。

[6]"九月"至"依前行營先鋒步軍都指揮使"：《輯本舊史·梁末帝紀上》貞明元年九月條："九月，以行營先鋒步軍都指揮使、行澶州刺史、檢校太保王彥章爲汝州防禦使，依前行營先鋒步軍都指揮使。"

[7]貞明：後梁末帝朱友貞年號（915—921）。

[8]貞明二年四月，改鄭州防禦使：《輯本舊史·梁末帝紀上》貞明二年四月條："是月，以行營先鋒步軍都指揮使、汝州防禦使王彥章爲鄭州防禦使，依前先鋒步軍都指揮使。"

[9]"三年十二月"至"依前鄭州防禦使"：《輯本舊史》卷九《梁末帝紀中》貞明三年十二月丙寅條："丙寅，以西面行營馬軍都指揮使、檢校太保、鄭州刺史、充本州防禦使王彥章爲檢校太傅。"

[10]行營諸軍左廂馬軍都指揮使：官名。所部統兵官。

[11]兩使留後：官名。即節度觀察留後。唐、五代時，代行方鎮長官之職者稱留後。代節度使、觀察使之職者，即爲節度觀察留後。掌一州或數州軍政。

[12]"頃之"至"軍職如故"：《輯本舊史·梁末帝紀中》貞明五年五月條："是月，以行營諸軍左廂馬軍都指揮使、鄭州防禦使王彥章爲許州匡國軍節度觀察留後，依前行營諸軍左廂馬軍都指揮使。"《通鑑》卷二七〇貞明四年十二月壬戌、癸亥、甲子條："行營左廂馬軍都指揮使、鄭州防禦使王彥章軍先敗，西走趣濮陽。"

[13]匡國軍：方鎮名。後梁改忠武軍置，治所在許州（今河南許昌市）。

[14]散指揮都頭都軍使：官名。所部統兵將領，位次於都指揮使。散指揮都頭爲部隊番號。

[15]"六年正月"至"進封開國侯"：《輯本舊史》卷一〇《梁末帝紀下》貞明六年正月戊子條："以許州匡國軍節度觀察留後、充散指揮都軍使、檢校太傅王彥章爲匡國軍節度使，進封開國侯，軍職如故。"

[16]北面行營副招討使：官名。不常置，爲一路或數路地區統兵官。掌招撫討伐等事務。兵罷則省。位於招討使下。

[17]七年正月，移領滑州：梁末帝貞明七年五月丙戌朔改元龍德元年。《輯本舊史·梁末帝紀下》龍德元年（921）正月甲辰條："以北面行營副招討使、匡國軍節度、陳許蔡等州觀察處置等使、光禄大夫、檢校太傅王彥章爲宣義軍節度副大使，知節度事，鄭、滑、濮等州觀察處置等使，依前北面副招討使。"《通鑑》卷二七一龍德元年（921）四月條："陳州刺史惠王友能反，舉兵趣大梁，詔陝州留後霍彥威、宣義節度使王彥章、控鶴指揮使張漢傑將兵討之。友能至陳留，兵敗，走還陳州，諸軍圍之。"

龍德三年四月晦，[1]晋師陷鄆州，中外大恐。五月，以彦章代戴思遠爲北面招討使。[2]拜命之日，促裝以赴滑臺，遂自楊村砦浮河而下，[3]水陸俱進，斷晋人德勝之浮梁，[4]攻南城，拔之，晋人遂棄北城，併軍保楊劉。[5]彦章以舟師沿流而下，晋人盡徹北城，析屋木編栿，[6]置步軍於其上，與彦章各行一岸。[7]每遇轉灘水匯，即中流交鬭，流矢雨集，或舟栿覆没，比及楊劉，凡百餘戰。彦章急攻楊劉，晝夜不息，晋人極力固守，垂陷者數四。六月，晋王親援其城，彦章之軍，重壕複壘，晋人不能入。晋王乃於博州東岸築壘，[8]以應鄆州。彦章聞之，馳軍而至，急攻其栅，自旦及午，其城將拔，會晋王以大軍來援，彦章乃退。[9]七月，晋王至楊劉，彦章軍不利，遂罷彦章兵權，詔令歸闕，以段凝爲招討使。[10]

[1]龍德：後梁末帝朱友貞年號（921—923）。　三年四月晦：中華書局本有校勘記：“本書卷一〇《梁末帝紀下》、《新五代史》卷三《梁本紀》繫其事於龍德三年。”見《輯本舊史》卷一〇《梁末帝紀下》龍德三年（923）閏四月壬寅條、《新五代史》卷三《梁末帝紀》龍德三年閏四月條。

[2]戴思遠：人名。籍貫不詳。後梁、後唐將領。傳見本書卷六四。　招討使：官名。唐貞元年間始置。戰時任命，兵罷則省。常以大臣、將帥或地方軍政長官兼任。掌招撫討伐等事務。　北面招討使：《通鑑》卷二七二同光元年（923）五月癸卯條同，《輯本舊史·梁末帝紀下》龍德三年五月條作“北面行營招討使”。

[3]楊村砦：地名。位於今河南濮陽市西南。

[4]德勝：地名。原爲德勝渡，黃河重要渡口之一。位於今河

南濮陽縣。德勝沿黄河設城，河北岸爲北城，南岸爲南城。

[5]北城：《輯本舊史》之影庫本粘籤："北城，原本作‘博城’，今據《歐陽史》改正。"見《新五代史》卷三二《王彦章傳》。 楊劉：地名。黄河渡口。位於今山東東阿縣。

[6]析屋木編栰：《宋本册府》卷二六九《將帥部·攻取門二》無"析"字；

[7]與彦章各行一岸："彦章"下《册府》有"軍"字。

[8]博州：州名。治所在今山東聊城市。

[9]"晋師陷鄆州"至"彦章乃退"：亦見《宋本册府》卷三六九。

[10]段凝：人名。開封（今河南開封市）人。其妹爲朱温美人，因其妹而爲朱温親信。後梁將領。傳見本書卷七三、《新五代史》卷四五。 "七月"至"以段凝爲招討使"：《輯本舊史·梁末帝紀下》龍德三年八月條："八月，以段凝代王彦章爲北面行營招討使。"《通鑑》卷二七二同光元年八月戊子條："初，梁主遣段凝監大軍於河上，敬翔、李振屢請罷之，梁主曰：‘凝未有過。’振曰：‘俟其有過，則社稷危矣。’至是，凝厚賂趙、張求爲招討使，翔、振力争以爲不可；趙、張主之，竟代王彦章爲北面招討使，於是宿將憤怒，士卒亦不服。"

先是，趙、張二族撓亂朝政，[1]彦章深惡之，性復剛直，不能緘忍。及授招討之命，因謂所親曰："待我立功之後，回軍之日，當盡誅姦臣，以謝天下。"趙、張聞之，私相謂曰："我輩寧死於沙陀之手，[2]不當爲彦章所殺。"因協力以傾之。時段凝以賄賂交結，自求兵柄，素與彦章不協，潛害其功，陰行逗撓，遂至王師不利，竟退彦章而用段凝。未及十旬，國以之亡矣。[3]

[1]趙、張二族：指趙巖、張漢傑家族。

[2]沙陀：古部族名。原意爲沙漠。沙陀部源出西突厥。隋文帝開皇二年（582），突厥汗國分裂爲東、西突厥。處月部爲西突厥所屬部落，朱邪是處月的別部。唐初，處月部居於大磧（今古爾班通古特沙漠），因稱沙陀突厥。唐中期時西突厥、處月部均已衰落，朱邪部遂自號沙陀，其首領以朱邪爲姓。事詳見《新唐書》卷二一八《沙陀列傳》、本書卷二五、《新五代史》卷四末歐陽修考證。參見樊文禮《沙陀的族源及其早期歷史》，《民族研究》1999 年第 6 期。

[3]“先是”至“國以之亡矣”：《通鑑》卷二七二同光元年（923）七月甲子條：“王彥章疾趙、張亂政，及爲招討使，謂所親曰：‘待我成功還，當盡誅姦臣以謝天下！’趙、張聞之，私相謂曰：‘我輩寧死於沙陀，不可爲彥章所殺。’相與協力傾之。段凝素疾彥章之能而諂附趙、張，在軍中與彥章動相違戾，百方沮撓之，惟恐其有功，潛伺彥章過失以聞於梁主。每捷奏至，趙、張悉歸功於凝，由是彥章功竟無成。及歸楊村，梁主信讒，猶恐彥章旦夕成功難制，徵還大梁。使將兵會董璋攻澤州。”

是歲秋九月，朝廷聞晉人將自兗州路出師，末帝急遣彥章領保鑾騎士數千於東路守捉，[1]且以鄆州爲敵人所據，因圖進取，令張漢傑爲監軍。[2]一日，彥章渡汶，[3]以略鄆境，至遞坊鎮，[4]爲晉人所襲，彥章退保中都。[5]十月四日，晉王以大軍至，彥章以衆拒戰，兵敗，爲晉將夏魯奇所擒。[6]魯奇嘗事太祖，與彥章素善，及彥章敗，識其語音，曰：“此王鐵槍也。”揮矟刺之，彥章重傷，馬踣，遂就擒。[7]

[1]末帝：即後梁末帝朱友貞，913 年至 923 年在位。紀見本

書卷八至卷一〇、《新五代史》卷三。　保鑾：皇帝的護衛兵。皇帝的車駕叫鑾駕，故稱其衛士爲保鑾。　守捉：官名。即守捉使。唐制，軍隊戍守邊地，大者稱軍，小者稱守捉，其下則有城、有鎮。軍、城、鎮、守捉皆設使。　末帝急遣彥章領保鑾騎士數千於東路守捉：亦見《宋本册府》卷四四三《將帥部·敗衄門三》。《輯本舊史》之案語："《歐陽史》從《家傳》作保鑾士五百人，又作《畫像記》，極辨《舊史》領數千人以往之非。今考《通鑑》云：‘梁主命王彥章將保鑾士及他兵合萬人，屯兗、鄆之境。’是彥章所將且不止《薛史》所云數千矣。又考《通鑑》，李嗣源敗彥章于遞坊鎮，獲將士三百人，斬首二百級。使彥章所將止於五百，是師徒盡喪，單騎遁還，不應尚能再戰也。彥章忠于所事，百折不回，不幸爲監軍張漢傑所制，力竭而亡，非戰之罪。《歐陽史》必欲減其兵數，恐轉非實録。"見《新五代史》卷三二《王彥章傳》，《通鑑》卷二七二同光元年（923）八月戊子條、九月戊辰條。

[2]張漢傑：人名。清河（今河北清河縣）人。張歸霸之子。五代後梁將領。傳見本書附録、《新五代史》卷二二。　監軍：官名。爲臨時差遣，代表朝廷協理軍務，督察將帥。

[3]汶：水名。即今山東大汶河。

[4]遞坊鎮：地名。位於今山東東平縣西。

[5]中都：縣名。治所在今山東汶上縣。

[6]夏魯奇：人名。青州（今山東青州市）人。後唐將領。傳見本書卷七〇、《新五代史》卷三三。

[7]"十月四日"至"遂就擒"：《通鑑》卷二七二同光元年十月甲戌條："甲戌旦，遇梁兵，一戰敗之，追至中都，圍其城。城無守備，少頃，梁兵潰圍出，追擊，破之。王彥章以數十騎走，龍武大將軍李紹奇單騎追之，識其聲，曰：‘王鐵槍也！’拔矟刺之，彥章重傷，馬躓，遂擒之，并擒都監張漢傑、曹州刺史李知節、裨將趙廷隱、劉嗣彬等二百餘人，斬首數千級。"

　　晋王見彦章，謂之曰："爾常以孺子待我，今日服未？"又問："我素聞爾善將，何不保守兖州？此邑素無城壘，何以自固？"彦章對曰："大事已去，非臣智力所及。"晋王惻然，親賜藥以封其創。[1]晋王素聞其勇悍，欲全活之，令中使慰撫，[2]以誘其意。彦章曰："比是匹夫，本朝擢居方面，與皇帝十五年抗衡，今日兵敗力窮，死有常分，皇帝縱垂矜宥，何面目見人！豈有爲臣爲將，朝事梁而暮事晋乎！得死，幸矣。"晋王又謂李嗣源曰：[3]"爾宜親往諭之，庶可全活。"時彦章以重傷不能興，嗣源至卧内以見之，謂嗣源曰："汝非邈佶烈乎？"邈佶烈，蓋嗣源小字也。彦章素輕嗣源，故以小字呼之。既而晋王命肩輿隨軍至任城，[4]彦章以所傷痛楚，堅乞遲留，遂遇害，時年六十一。[5]

　　[1]"晋王見彦章"至"親賜藥以封其創"：亦見《宋本册府》卷四四三《將帥部·敗衄門三》。

　　[2]中使：皇宫中派出的使臣。多由宦官擔任。

　　[3]李嗣源：人名。即五代後唐明宗。926 年至 933 年在位。原名邈佶烈，沙陀部人，爲李克用養子。同光四年（926），莊宗李存勗在兵變中被殺，李嗣源入洛陽，稱監國，後稱帝，改名亶。在位時，精減宫人伶官，廢内藏庫，百姓賴以休息。李嗣源病危時，次子李從榮作亂被殺，悲駭憂慮而死。紀見本書卷三五至卷四四、《新五代史》卷六。

　　[4]任城：縣名。治所在今山東濟寧市。

　　[5]"晋王素聞其勇悍"至"時年六十一"：《宋本册府》卷三七四《將帥部·忠門五》："彦章恃其魕暴，每謂人曰：'晋王鬭雞小兒，彼何足畏？'至是見擒，素憐其勇悍，欲全活之，令中使宣

詔慰撫，欲觀其心。對曰：‘臣比自匹夫，朱氏拔擢，位居方面，與皇帝十五年抗衡，今日兵敗力窮，罪有常分。皇帝縱垂矜宥，臣何面目見人？鼙鼓徇師，得死爲幸。’帝令牀舁隨軍，至任縣，彥章言所傷楚痛，因乞遲留，遂令斬之（一云莊宗欲留之，彥章曰：‘安有爲將兼相朝事梁而暮事晉，臣所不爲也。得就鈇鉞，甘之如薺。’莊宗知不可屈，遂殺之以成其志）。”明本《册府》卷四二五《將帥部·死事門二》：“晉王素聞其勇悍，欲全活之，令中使慰撫以誘其意，彥章曰：‘此是匹夫，本朝擢居方面，與皇帝十五年抗衡，今日兵敗力窮，死有常分。皇帝縱垂矜宥，臣何面目見人？豈有爲臣爲將朝事梁而暮事晉乎？得死爲幸。’遂遇害。”《王彥章畫像記》云彥章葬於鄭州之管城。《通鑑》卷二七二同光元年十月乙亥條：“乙亥，帝發中都，舁王彥章自隨，遣中使問彥章曰：‘吾此行克乎？’對曰：‘段凝有精兵六萬，雖主將非材，亦未肯遽爾倒戈，殆難克也。’帝知其終不爲用，遂斬之。”

彥章性忠勇，有膂力，臨陣對敵，奮不顧身。居嘗謂人曰：“李亞子鬭鷄小兒，何足顧畏！”初，晉王聞彥章授招討使，自魏州急赴河上，[1]以備衝突，至則德勝南城已爲所拔。晉王嘗曰：“此人可畏，當避其鋒。”一日，晉王領兵迫潘張寨，[2]大軍隔河，未能赴援，彥章援槍登船，叱舟人解纜，[3]招討使賀瓌止之，[4]不可。晉王聞彥章至，抽軍而退，其驍勇如此。[5]及晉高祖遷都夷門，[6]嘉彥章之忠款，詔贈太師，[7]搜訪子孫録用。[8]《永樂大典》卷一萬八千一百二十七。[9]

[1]自魏州急赴河上：明本《册府》卷三九三《將帥部·威名門二》無“上”字。

[2]潘張寨：寨名。位於今山東鄄城縣。

[3]叱舟人解纜：明本《册府》卷三九三作"比舟人解之"。

[4]賀瑰：人名。濮陽（今河南濮陽市）人。五代後梁將領。傳見本書卷二三、《新五代史》卷二三。

[5]"晋王聞彦章授招討使"至"其驍勇如此"：亦見明本《册府》卷三九三。

[6]晋高祖：即後晋高祖石敬瑭。沙陀部人。五代後唐將領、後晋開國皇帝。紀見本書卷七五至卷八〇、《新五代史》卷八。夷門：地名。原指戰國魏都大梁城東門，故址在今河南開封城內東北隅。夷門位於夷山，夷山因山勢平夷而得名，故門亦以山爲名。此處代指開封。

[7]太師：《輯本舊史》之影庫本粘籤："太師，原本作'太尉'，《歐陽史》作太師，考《薛史・晋高祖紀》亦作太師，今改正。"

[8]"及晋高祖遷都夷門"至"搜訪子孫録用"：《輯本舊史》卷七六《晋高祖紀二》天福二年（937）四月："丁亥，制：……梁故滑州節度使王彦章，效命當時，致身所事，稟千年之生氣，流百代之令名，宜令超贈太師，子孫量才敍録。"《王彦章畫像記》載彦章孫睿所録家傳，言彦章有五子，其二同彦章死節。

[9]《大典》卷一八一二七"將"字韻"後梁將（二）"事目。《輯本舊史》引《五代史補》："王彦章之應募也，同時有數百人，而彦章營求爲長。衆皆怒曰：'彦章何人，一旦自草野中出，便欲居我輩之上，是不自量之甚也。'彦章聞之，乃對主將指數百人曰：'我天與壯氣，自度汝等不及，故求作長耳。汝等咄咄，得非勝負將分之際耶！且大凡健兒開口便言死，死則未暇，且共汝輩赤腳入棘針地走三五遭，汝等能乎？'衆初以爲戲，既而彦章果然。衆皆失色，無敢效之者。太祖聞之，以爲神人，遂擢用之。"

賀德倫

賀德倫，其先河西部落人也。[1]父懷慶，[2]隸滑州軍爲小校。[3]德倫少爲滑之牙將。[4]太祖領四鎮，[5]德倫以本軍從，繼立軍功，累歷刺史、留後，遷平盧軍節度使。[6]及魏博楊師厚卒，朝廷以德倫代其任。[7]貞明元年三月二十九日夜，魏軍作亂，執德倫，囚於別館，盡殺其部衆，爲亂首張彥所迫，[8]遣使歸款于太原。[9]晋王自黃澤嶺東下，至臨清，[10]德倫遣從事司空頲密啓晋王，[11]訴以張彥凌辱之事。晋王至永濟，[12]斬彥等八人，然後入于魏，德倫即以符印上晋王。尋授雲州節度使，[13]行次河東，[14]監軍張承業留之不遣。[15]頃之，王檀以急兵襲太原，[16]德倫部下多奔逸，承業懼其爲變，遂誅德倫，并其部曲盡殺之。[17]《永樂大典》卷一萬七千四百六十七。[18]

[1]河西：方鎮名。治所在涼州（今甘肅武威市）。

[2]懷慶：人名。即賀懷慶。本書僅此一見。

[3]小校：官名。五代時期軍隊中下級軍官的別稱，可越級提拔爲副指揮使或指揮使。

[4]牙將：官名。古代軍隊中的中低級軍官。　德倫少爲滑之牙將：《輯本舊史》卷一六《葛從周傳》："（光化二年）春，幽州劉仁恭率軍十萬寇魏州，屠貝郡。從周自邢臺馳入魏州，燕軍突上水關，攻館陶門。從周與賀德倫率五百騎出戰，謂門者曰：'前有敵，不可返顧！'命闔其門。從周等極力死戰，大敗燕人，擒都將薛突厥、王鄒郎等。翌日，破其八寨，追擊至臨清，劉仁恭走滄州，從周授宣義軍行軍司馬"。亦見《宋本册府》卷三九六《將帥

部・勇敢門三》、明本《册府》卷三四六《將帥部・佐命門七》。
《輯本舊史》卷一三五《劉守光傳》作正月事，曰：“時葛從周率
邢、洺之衆入魏州，與賀德倫、李暉出擊賊營。是夜，仁恭燒營遁
走，汴人長驅追擊，自魏至長河數百里，殭屍蔽地，敗旗折戟，縶
縶於路。”《通鑑》卷二六一作三月事，曰：“時葛從周自邢州將精
騎八百已入魏州。戊申，仁恭攻上水關、館陶門，從周與宣義牙將
賀德倫出戰，顧門者曰：‘前有大敵，不可返顧。’命闔其扉。從周
等殊死戰，仁恭復大敗，擒其將薛突厥、王郿郎。明日，汴、魏乘
勝合兵擊仁恭，破其八寨，仁恭父子燒營而遁。汴、魏之人長驅追
之，至臨清，擁其衆入永濟渠，殺溺不可勝紀。鎮人亦出兵邀擊於
東境，自魏至滄五百里間，僵尸相枕。仁恭自是不振，而全忠益橫
矣。德倫，河西胡人也。”《宋本册府》卷四一四《將帥部・赴援
門》則作光化元年（898）正月事，曰：“淮南楊行密舉全吳之師寇
徐州，幽州劉仁恭又舉十萬衆攻陷貝郡。從周自山東馳救魏壁，入
上萬歲亭下。遲明，燕人突上水關，攻館陶門。從周與賀德綸、李
暉、馬言騎五六百人出壁外，謂門者曰：‘前有大敵，不可返顧。’
命下緪闔焉。與德綸等殊死戰，燕人大衄，擒其將薛突厥、王郿郎
等。翌日，乘勢統諸將張存敬、齊奉國、程暉等連破八寨，襲至臨
清，擁其師于御河，溺死甚衆，恭走滄州。”《輯本舊史》卷一六
《葛從周傳》：“（光化二年）五月，并人討李罕之於潞州，太祖以丁
會代罕之，令從周馳入上黨。七月，并人陷澤州，太祖召從周，令
賀德倫守潞州，德倫等尋棄城而歸”。亦見明本《册府》卷三四
六。《輯本舊史》卷二六《唐武皇紀下》：“五月，武皇令都指揮使
李君慶將兵收澤、潞，爲汴軍所敗而還。以李嗣昭爲都指揮使，進
攻潞州。八月，嗣昭營於潞州城下，前鋒下澤州。時汴將賀德倫、
張歸厚等守潞州。是月，德倫等棄城而遁，潞州平。九月，武皇表
汾州刺史孟遷爲潞州節度使。”《輯本舊史》卷五二《李嗣昭傳》：
“李罕之襲我潞州也，嗣昭率師攻潞州，與汴將丁會戰於含口，俘
獲三千，執其將蔡延恭，代李君慶爲蕃漢馬步行營都將。進攻潞

州，遣李存質、李嗣本以兵扼天井關。汴將澤州刺史劉巳棄城而遁，乃以李存璋爲刺史。梁祖聞嗣昭之師大至，召葛從周謂曰：'并人若在高平，當圍而取之，先須野戰，勿以潞州爲敵。'及聞嗣昭軍韓店，梁祖曰：'進通扼八議路，此賊決與我鬭，公等臨事制機，勿落姦便。'賀德倫閉壁不出，嗣昭日以鐵騎環城，汴人不敢芻牧，援路斷絶。八月，德倫、張歸厚棄城遁去，我復取潞州。"亦見明本《册府》卷三四七《將帥部·佐命門八》、《宋本册府》卷三六九《將帥部·攻取門二》。《宋本册府》卷一八七《閏位部·勳業門五》：七月"戊戌，晋人陷澤州。帝遣召葛從周於潞，留賀德倫以守之。未幾，德倫爲晋人所逼，遂棄潞而歸，由是潞州復爲晋人所有"。《新唐書》卷一〇《昭宗紀》："八月，李克用陷澤、潞、懷三州。"《通鑑》卷二六一光化二年八月："朱全忠召葛從周於潞州，使賀德倫守之。八月，丙寅，李嗣昭引兵至潞州城下，分兵攻澤州。己巳，汴將劉巳棄澤州走，河東兵進拔天井關，以李孝璋爲澤州刺史。賀德倫閉城不出，李嗣昭日以鐵騎環其城，捕芻牧者，附城三十里禾黍皆刈之。乙酉，德倫等棄城宵遁，趣壺關，河東將李存審伏兵邀擊之，殺獲甚衆。葛從周以援兵至，聞德倫等已敗，乃還。"考諸書，晋人陷潞州，《輯本舊史》卷一六《葛從周傳》、明本《册府》卷三四六俱作七月；《輯本舊史》卷二六《唐武皇紀下》、卷五二《李嗣昭傳》，明本《册府》卷三四七、《宋本册府》卷三六九、《新唐書·昭宗紀》、《通鑑》卷二六一，俱作八月。《輯本舊史·唐武皇紀下》："（天復元年）四月，汴將氏叔琮率兵五萬自太行路寇澤潞，魏博大將張文恭領軍自新口入，葛從周領兖、鄆之衆自土門入，張歸厚以邢洺之衆自馬嶺入，定州王處直之衆自飛狐入，侯言以晋、絳之兵自陰地入。氏叔琮、康懷英營於澤州之昂車。武皇令李嗣昭將三千騎赴澤州援李存璋而歸，賀德倫、氏叔琮軍至潞州，孟遷開門迎，沁州刺使蔡訓亦以城降於汴，氏叔琮悉其衆趨石會關"。《宋本册府》卷一八七：三月，全忠"遣大將賀德倫、氏叔琮領大軍以伐太原，叔琮等自太行路入，魏博都將張文恭自磁州新口入，葛從周以兗、鄆之衆自土門路入，洺州刺史張歸厚以本軍自馬嶺入，定州以本軍自飛狐入，晋州侯言自陰地入。澤州刺史李存璋棄郡奔歸太原。叔琮引軍逼潞州，節度使（孟）遷乞降。河東屯將李審建、王周領步軍一萬、騎二千詣叔琮歸命，乃進軍趨太原。四月，乙卯，大軍出石會關，營於洞渦驛。都將白奉國自井陘入，收承天軍。張歸厚引兵至遼州，刺史張鄂迎降。氏叔琮日與諸軍至陽城下，城中雖時出精騎來戰，然危蹙至甚，將謀遁矣。會叔琮以芻糧不給，遂班師"。《新五代史》卷四三《氏叔琮傳》："太祖下河中，取晋、絳，晋王遣使致書太祖求成，太祖以晋書詞嫚，乃遣叔琮與賀德倫等攻之。"

[5]太祖領四鎮：指宣武、宣義、天平、護國四方鎮。

[6]"太祖領四鎮"至"遷平盧軍節度使"：《輯本舊史》卷六九《王正言傳》："正言早孤貧，爲沙門，學工詩，密州刺史賀德倫令歸俗，署郡職。德倫鎮青州，表爲推官，移鎮魏州，改觀察判官。"明本《册府》卷二一〇《閏位部·延賞門》："（開平五年）五月甲申朔，制曰：諸道節度使錢鏐、張宗奭、馬殷、王審知、劉隱各賜一子六品正員官，高季昌賜一子八品正員官，賀德倫賜一子九品正員官。"《輯本舊史》卷二八《唐莊宗紀二》天祐九年（912）二月庚戌朔條："梁祖大舉河南之衆以援守光，以陝州節度使楊師厚爲招討使，河陽李周彝爲副；青州賀德倫爲應接使，鄆州袁象先爲副。甲子，梁祖自洛陽趨魏州，遣楊師厚、李周彝攻鎮州之棗强，命賀德倫攻蓨縣。"明本《册府》卷二〇五《閏位部·巡幸門》：乾化二年二月，"壬戌，帝將巡按北境，中外戒嚴"，"甲戌，次昌樂縣。丁丑，次于永濟縣。青州節度使賀德倫奏，統領兵士赴歷亭軍前"。《通鑑》卷二六八乾化二年（912）二月乙亥條："帝至魏州，命都招討使宣義節度使楊師厚、副使前河陽節度使李周彝圍棗强，招討應接使平盧節度使賀德倫、副使天平留後袁象先圍蓨縣。德倫，河西胡人；象先，下邑人也。"《輯本舊史·唐莊宗紀二》：天祐九年，"三月壬午，梁祖自督軍攻棗强。甲申，城陷，

屠之。時李存審與史建瑭以三千騎屯趙州，相與謀曰：'梁軍若不攻蓨城，必西攻深、冀。吾王方北伐，以南鄙之事付我輩，豈可坐觀其弊。'乃以八百騎趨冀州，扼下博橋，令史建瑭、李都督分道擒生。翌日，諸軍皆至，獲芻牧者數百人，盡殺之，縱數人逸去，且告：'晉王至矣。'建瑭與李都督各領百餘騎，旗幟軍號類梁軍，與芻牧者雜行，暮及賀德倫營門，殺守門者，縱火大呼，俘斬而旋。又執芻牧者，斷其手令迴，梁軍乃夜遁。蓨人持鉏耰白挺追擊之，悉獲其輜重。梁祖聞之大駭，自棗強馳歸貝州，殺其將張正言、許從實、朱彥柔，以其亡師於蓨故也。梁祖先抱痼疾，因是愈甚。"亦見《輯本舊史》卷五五《史建瑭傳》、《宋本冊府》卷三六七《將帥部‧機略門七》、《新五代史》卷二五《史建瑭傳》，均作天祐九年事，未書月日。《通鑑》卷二六八乾化二年三月："時蓨縣未下，帝引楊師厚兵五萬，就賀德倫共攻之。丁亥，始至縣西，未及置營，建瑭、嗣肱各將三百騎，效梁軍旗幟服色，與樵芻者雜行，日且暮，至德倫營門，殺門者，縱火大譟，弓矢亂發，左右馳突，既暝，各斬馘執俘而去。營中大擾，不知所為。斷臂者復來曰：'晉軍大至矣！'帝大駭，燒營夜遁，迷失道，委曲行百五十里，戊子旦乃至冀州；蓨之耕者皆荷鉏奮梃逐之，委棄軍資器械不可勝計。既而復遣騎覘之，曰：'晉軍實未來，此乃史先鋒遊騎耳。'帝不勝慚憤，由是病增劇，不能乘肩輿。"《輯本舊史》卷五〇《李嗣肱傳》則作天祐十年事，曰："與存審屯趙州，擊汴人於觀津。時梁祖新屠棗強，其將賀德倫急攻蓨縣，梁祖率師五萬合勢營於蓨之西。嗣肱自下博率騎三百，薄晚與梁之樵芻者相雜，日既晡，入梁軍營門，諸騎相合，大譟，弧矢星發，虓闞馳突。汴人不知所為，營中大擾，既暝，斂騎而退。是夜，梁祖燒營而遁，解蓨縣之圍。"亦為《御覽》卷二五五《職官部‧刺史下》所引，未書年。《宋本冊府》卷二九一《宗室部‧立功門二》同《輯本舊史‧李嗣肱傳》。《宋本冊府》卷三九六《將帥部‧勇敢門三》則稍異，未書年；且"嗣肱自下博率騎三百"，《冊府》卷三九六作

"二百"。

[7]及魏博楊師厚卒，朝廷以德倫代其任：《輯本舊史》卷八《梁末帝紀上》、卷二八《唐莊宗紀二》、卷二三《劉鄩傳》，《新五代史》卷三《梁末帝紀》，均作貞明元年三月，《通鑑》卷二六九繫於丁卯條後。《輯本舊史·梁末帝紀上》：三月，"以平盧軍節度使賀德倫爲天雄軍節度使，遣劉鄩率兵六萬屯河朔……朝廷既分魏博六州爲兩鎮，命劉鄩統大軍屯于南樂，以討王鎔爲名，遣澶州刺史、行營先鋒步軍都指揮使王彥章領龍驤五百騎先入於魏州，屯於金波亭。詔以魏州軍兵之半隷于相州，并徙其家焉。又遣主者檢察魏之帑廩。既而德倫促諸軍上路，姻族辭決，哭聲盈巷。其徒乃相聚而謀曰：'朝廷以我軍府强盛，故設法殘破。況我六州，歷代藩府，軍門父子，姻族相連，未嘗遠出河門，離親去族，一旦遷於外郡，生不如死。'"《新五代史》卷四四《賀德倫傳》："貞明元年，魏州楊師厚卒，末帝以魏兵素驕難制，乃分相、澶、衛三州建昭德軍，以張筠爲節度使；魏、博、貝三州仍爲天雄軍，以德倫爲節度使。遣劉鄩以兵六萬渡河，聲言攻鎮、定，王彥章以騎兵五百入魏州，屯金波亭以虞變；分魏牙兵之半入昭德。租庸使遣孔目吏閱魏兵籍，檢校府庫。德倫促牙兵上道，牙兵親戚相訣別，哭聲盈塗。效節軍將張彥謀於其衆曰：'朝廷以我軍府彊盛，設法殘破之。況我六州舊爲藩府，未嘗遠出河門，一旦離親戚，去鄉里，生不如死。'乃相與夜攻金波亭，彥章走出。"《通鑑》卷二六九貞明元年（915）三月丁卯條："天雄節度使兼中書令鄴王楊師厚卒……帝以平盧節度使賀德倫爲天雄節度使；置昭德軍於相州，割澶、衛二州隷焉，以宣徽使張筠爲昭德節度使，仍分魏州將士府庫之半於相州。筠，海州人也。二人既赴鎮，朝廷恐魏人不服，遣開封尹劉鄩將兵六萬自白馬濟河，以討鎮、定爲名，實張形勢以脅之。"己丑（二十九）條："魏兵皆父子相承數百年，族姻磐結，不願分徙。德倫屢趣之，應行者皆嗟怨，連營聚哭。己丑，劉鄩屯南樂，先遣澶州刺史王彥章將龍驤五百騎入魏州，屯金波亭。魏兵相與謀曰：

'朝廷忌吾軍府强盛，欲設策使之殘破耳。吾六州歷代藩鎮，兵未嘗遠出河門，一旦骨肉流離，生不如死。'是夕，軍亂，縱火大掠，圍金波亭，王彥章斬關而走。"

[8]張彥：人名。籍貫不詳。唐末魏博軍校，後梁貞明元年（915）魏州軍亂，張彥囚禁節度使賀德倫，叛梁降晋，爲晋王李存勖所誅。事見本書卷八。

[9]"貞明元年三月二十九日夜"至"遣使歸款于太原"：詳見《輯本舊史·梁末帝紀上》、《新五代史·賀德倫傳》、《通鑑》卷二六九。《輯本舊史·梁末帝紀上》："三月二十九日夜，魏軍乃作亂，放火大掠，首攻龍驤軍，王彥章斬關而遁。遲明，殺德倫親軍五百餘人於牙城，執德倫置之樓上。有効節軍校張彥者，最爲粗暴，膽氣伏人，乃率無賴輩數百，止其剽掠。是日，魏之士庶被屠戮者不可勝紀。帝聞之，遣使齎詔安撫，仍許張彥除郡厚賜，將士優賞。彥等不遜，投詔於地，侮罵詔使，因迫德倫飛奏，請卻復相、衛，抽退劉鄩軍。帝復遣諭曰：'制置已定，不可改易。'如是者三。彥等奮臂南向而罵曰：'傭保兒，敢如是也！'復迫德倫列其事。……張彥又以楊師厚先兼招討使，請朝廷依例授之，故復逼德倫奏。……詔至，張彥壞裂，抵之於地，謂德倫曰：'梁主不達時機，聽人穿鼻，城中擾攘，未有所依。我甲兵雖多，須資勢援，河東晋王統兵十萬，匡復唐朝，世與大梁仇讎。若與我同力，事無不濟，請相公改圖，以求多福。'德倫不得已而從之，乃遣牙將曹廷隱奉書求援於太原。彥使德倫告諭軍城曰：'可依河東稱天祐十二年，此後如有人將文字於河南往來，便仰所在處置。'"《通鑑》卷二六九貞明元年："（三月己丑）是夕，軍亂，縱火大掠，圍金波亭，王彥章斬關而走。詰旦，亂兵入牙城，殺賀德倫之親兵五百人，劫德倫置樓上。有効節軍校張彥者，自帥其黨，拔白刃，止剽掠。夏四月，帝遣供奉官扈異撫諭魏軍，許張彥以刺史。彥請復相、澶、衛三州如舊制。異還，言張彥易與，但遣劉鄩加兵，立當傳首。帝由是不許，但以優詔答之。使者再返，彥裂詔書抵於地，

戟手南向訴朝廷，謂德倫曰：‘天子愚暗，聽人穿鼻。今我兵甲雖強，苟無外援，不能獨立，宜投款於晉。’遂逼德倫以書求援於晉。”《通鑑考異》曰：“《莊宗列傳》：‘二十七日，劉鄩屯南樂，遣龍驤都將王彥章以五百騎入魏州，是夜三鼓，魏軍亂。’是月辛酉朔，《薛史·紀》云己丑魏博軍作亂，蓋《莊宗列傳》‘九’字誤爲‘七’字耳。”魏兵之亂，《輯本舊史·梁末帝紀上》及卷二八《唐莊宗紀二》、《新五代史》卷三《梁末帝紀》、《通鑑》卷二六九，俱作二十九日。

[10]黄澤嶺：山名。在今山西左權縣東南、河北武安市西北。爲歷代穿越太行山的主要通道之一。　臨清：縣名。治所在今河北臨西縣。

[11]從事：泛指一般屬官。　司空頲：人名。貝州清陽（今河北清河縣）人。唐末、五代將領。傳見本書卷七一、《新五代史》卷五四。

[12]永濟：縣名。治所在今河北臨西縣。

[13]雲州：州名。治所在今山西大同市。　“晉王自黄澤嶺東下”至“尋授雲州節度使”：“奉書者”，《輯本舊史·唐莊宗紀二》及卷七一《司空頲傳》、《通鑑》卷二六九同作司空頲，《輯本舊史·梁末帝紀上》、《新五代史·賀德倫傳》則以爲牙將曹廷隱。《宋本册府》卷七六六《總録部·攀附門二》：“曹廷隱，本魏州人，爲本州典謁虞候，賀德綸使西迎莊宗於晉陽。”《輯本舊史·唐莊宗紀二》：“帝命馬步副總管李存審自趙州帥師屯臨清，帝自晉陽東下，與存審會。賀德倫遣從事司空頲至軍，密啓張彦狂勃之狀，且曰：‘若不蕲此亂階，恐貽後悔。’帝默然，遂進軍永濟。張彦謁見，以銀槍効節五百人從，皆被甲持兵以自衛。帝登樓諭之曰：‘汝等在城，濫殺平人，奪其妻女，數日以來，迎訴者甚衆，當斬汝等，以謝鄴人。’遽令斬彦及同惡者七人，軍士股慄，帝親加慰撫而退。翌日，帝輕裝緩策而進，令張彦部下軍士被甲持兵，環馬而從，命爲帳前銀槍，衆心大服。”《輯本舊史·梁末帝紀上》：

"（貞明元年）六月庚寅，晋王入魏州，以賀德倫爲大同軍節度使，舉族遷於晋陽。是月，晋人陷德州。"《輯本舊史·唐莊宗紀二》："六月庚寅朔，帝入魏州，賀德倫上符印，請帝兼領魏州，帝從之。墨制授德倫大同軍節度，令取便路赴任。帝下令撫諭鄴人，軍城畏肅，民心大服。"明本《册府》卷八《帝王部·創業門四》："（唐天祐十二年）三月，帝命馬步副摠管李存審自鎮州帥前軍先進，屯臨清。五月，帝帥親軍會之。德倫遣從事於司空陳密旨言：'軍士張彥爲亂軍之首，迫德倫上章請却復六州。大王鎮撫魏人，宜誅首惡。'及帝進軍次於永濟，張彥選銀槍効節軍五百人，皆勇悍者，持矛仗戟，自衛而來。帝登驛樓，數其罪而斬之。六月，入府城，撫勞軍士。賀德倫上符印，請帝兼領魏、鎮，帝承制授德倫大同軍節度使。"《新五代史》卷五《唐莊宗紀下》："王入魏州，行至永濟，誅其亂首張彥，以其兵五百自衛，號帳前銀槍軍。六月，王兼領魏博節度使。取德州。七月，取澶州。"《通鑑》卷二六九貞明元年："晋王得賀德倫書，命馬步副總管李存審自趙州進據臨清。五月，存審至臨清，劉鄩屯洹水。賀德倫復遣使告急于晋，晋王引大軍自黃澤嶺東下，與存審會於臨清，猶疑魏人之詐，按兵不進。德倫遣判官司空頲犒軍，密言於晋王曰：'除亂當除根。'因言張彥凶狡之狀，勸晋王先除之，則無虞矣。王默然……晋王進屯永濟，張彥選銀槍效節五百人，皆執兵自衛，詣永濟謁見，王登驛樓語之曰：'汝陵脅主帥，殘虐百姓，數日中迎馬訴冤者百餘輩。我今舉兵而來，以安百姓，非貪人土地。汝雖有功於我，不得不誅以謝魏人。'遂斬彥及其黨七人，餘衆股栗。王召諭之曰：'罪止八人，餘無所問。自今當竭力爲吾爪牙。'衆皆拜伏，呼萬歲。明日，王緩帶輕裘而進，令張彥之卒擐甲執兵，翼馬而從，仍以爲帳前銀槍都。衆心由是大服……六月，庚寅朔，賀德倫帥將吏請晋王入府城慰勞。既入，德倫上印節，請王兼領天雄軍，王固辭，曰：'比聞汴寇侵逼貴道，故親董師徒，遠來相救；又聞城中新罹塗炭，故暫入存撫。明公不垂鑒信，乃以印節見推，誠非素懷。'德倫再拜曰：

‘今寇敵密邇，軍城新有大變，人心未安，德倫心腹紀綱爲張彥所殺殆盡，形孤勢弱，安能統衆！一旦生事，恐負大恩。’王乃受之。德倫帥將吏拜賀，王承制以德倫爲大同節度使，遣之官。”上述皆以張彥被殺於永濟，《新五代史·賀德倫傳》則作莊宗斬彥於臨清而後入魏州。“德倫即以符印上晉王”，《舊五代史考異》：“案《通鑑》：晉王既入，德倫上印節，請王兼領天雄軍。王固辭，曰：‘比聞汴寇侵逼貴道，故親董師徒，遠來相救；又聞城中新罹塗炭，故暫入存撫。明公不垂鑒信，乃以印節見推，誠非素懷。’德倫再拜曰：‘今寇敵密邇，軍城新有大變，人心未安，德倫心腹紀綱爲張彥所殺殆盡，形孤勢弱，安能統軍！一旦生事，恐負大恩。’王乃受之。”

[14] 河東：方鎮名。治所在太原（今山西太原市）。

[15] 張承業：人名。同州（今陝西大荔縣）人。唐末、五代宦官，河東監軍。傳見本書卷七二、《新五代史》卷三八。

[16] 王檀：人名。京兆（今陝西西安市）人。後梁將領。傳見本書卷二二、《新五代史》卷二三。

[17] 部曲：此處指部下。　“行次河東”至“并其部曲盡殺之”：《新五代史·賀德倫傳》：“行至太原，監軍張承業留之。王檀攻太原，德倫麾下多奔檀，承業懼德倫爲變，殺之。”《通鑑》卷二六九貞明二年（916）二月壬寅條：“梁兵之在晉陽城下也，大同節度使賀德倫部兵多逃入梁軍，張承業恐其爲變，收德倫，斬之。”

[18] 《大典》卷一七四六七“賀”字韻“姓氏（一）”事目。

舊五代史　卷二二

梁書二十二

列傳第十二

楊師厚

楊師厚，穎州斤溝人也。[1]初爲李罕之部將，[2]以猛決聞，尤善騎射。及罕之敗，退保澤州，[3]師厚與李鐸、何絪等來降，[4]太祖署爲忠武軍牙將，[5]繼歷軍職，累遷檢校右僕射，表授曹州刺史。[6]

[1]穎州：州名。治所在今安徽阜陽市。　斤溝：地名。位於今安徽太和縣斤溝鎮。　楊師厚，穎州斤溝人也：明本《册府》卷三四六《將帥部·佐命門七》：“楊師厚，穎川斤溝人也。”《通鑑》卷二六四天復三年（903）七月壬子條：“師厚，穎州人也。”《廿二史考異》卷六二《五代史二》云：“唐、宋《地理志》皆無斤溝縣。胡三省云：‘九域志，穎州萬壽縣有斤溝鎮。萬壽，唐汝陰縣之百尺鎮也。開寶六年置縣。”見《通鑑》卷二六四天復三年七月壬子條胡注。

[2]李罕之：人名。陳州項城（今河南沈丘縣）人。唐末軍閥，後依附於諸葛爽。傳見《新唐書》卷一八七、本書卷一五、《新五代史》卷四二。

[3]澤州：州名。治所在今山西澤州縣。

[4]李鐸：人名。籍貫不詳。唐末、五代將領。事見《舊唐書》卷一九下、本書本卷。　何綢：人名。籍貫不詳。唐末、五代將領。事見本書本卷、卷二、卷一四。《輯本舊史》之影庫本粘籤："何綢，原本作‘何細’，考《歐陽史》作何綢，今改正。"見《新五代史》卷四二《王珂傳》。明本《册府》卷三四六作"何綱"。

[5]太祖：即後梁太祖朱温。紀見本書卷一至卷七及《新五代史》卷一、卷二。　忠武軍：方鎮名。貞元十年（794）以陳許節度使爲忠武軍，治所在許州（今河南許昌市）。天復元年移治陳州（今河南淮陽縣）。　牙將：官名。古代軍隊中的中低級軍官。

[6]"初爲李罕之部將"至"表授曹州刺史"：亦見明本《册府》卷三四六。《宋本册府》卷一八七《閏位部・勳業門五》乾寧四年八月："帝遣張存敬、楊師厚等領兵赴陝，既而與蒲人戰于猗氏，大敗之"。明本《册府》卷九四九《總錄部・亡命門》："梁楊師厚，穎州人，初爲李罕之小校。太祖平定，罕之預其功，遂受澤州刺史。當罕之至晉陽，謁見太祖，太祖以嘗有軍功，遇之甚厚。罕之有驍卒百餘人，太祖素知，意欲留之。罕之識其旨，乃列籍以獻。時師厚在其籍中，後得罪，懼奔于梁。"《新五代史》卷二三《楊師厚傳》："少事河陽李罕之，罕之降晉，選其麾下勁卒百人獻于晉王，師厚在籍中。師厚在晉，無所知名，後以罪奔于梁，太祖以爲宣武軍押衙、曹州刺史。"《通鑑》卷二六一乾寧四年（897）三月丙子條後："保義節度使王珙攻護國節度使王珂，珂求援於李克用，珙求援於朱全忠。宣武將張存敬、楊師厚敗河中兵於猗氏南。""初爲李罕之部將"，中華書局本有校勘記："‘初’字原闕，據《册府》卷三四六、卷九四九補。《新五代史》卷二三《楊師厚傳》敘其事作‘少事河陽李罕之’。""何綢"，《輯本舊史》之影庫

本粘籤："何綑，原本作'何細'，考《歐陽史》作何綑，今改正。"見《新五代史》卷四二《王珂傳》。明本《册府》卷三四六作"何綑"。

　　唐天復二年，[1]從太祖迎昭宗於岐下，[2]李茂貞以勁兵出戰，[3]爲師厚所敗。及王師範以青州叛，[4]太祖遣師厚率兵東討，時淮賊王景仁以衆二萬來援師範，[5]師厚逆擊，破之，追至輔唐縣，[6]斬數百級，授齊州刺史。[7]將之任，太祖急召見於鄆西境，[8]遣師厚率步騎屯於臨朐，而聲言欲東援密州，[9]留輜重於臨朐。師範果出兵來擊，師厚設伏於野，追擊至聖王山，[10]殺萬餘衆，擒都將八十人。[11]未幾，萊州刺史王師誨以兵救師範，[12]又大敗之。自是師範不復敢戰。師厚移軍寨于城下，師範力屈，竟降。[13]天復四年三月，[14]加檢校司徒、徐州節度使。[15]天祐元年，加諸軍行營馬步都指揮使。[16]

　　[1]天復：唐昭宗李曄年號（901—904）。　二年：中華書局本有校勘記："'二年'原作'三年'，據《册府》卷三四六改。按《通鑑》卷二六三亦繫其事於天復二年。"見明本《册府》卷三四六《將帥部‧佐命門七》。

　　[2]昭宗：即唐昭宗李曄，888年至904年在位。紀見《舊唐書》卷二〇上、《新唐書》卷一〇。　岐下：地名。即鳳翔。治所在今陝西鳳翔縣。

　　[3]李茂貞：人名。深州博野（今河北蠡縣）人。唐末、五代軍閥。傳見本書卷一三二、《新五代史》卷四〇。

　　[4]王師範：人名。青州（今山東青州市）人。唐末、五代軍閥。傳見本書卷一三、《新五代史》卷四二。　青州：州名。治所

在今山東青州市。

[5]王景仁：人名。合淝（今安徽合肥市）人。後梁將領。傳見本書卷二三、《新五代史》卷二三。

[6]輔唐縣：縣名。治所在今山東安丘市。

[7]斬數百級：明本《冊府》卷三四六作"斬首數百級"。齊州：州名。治所在今山東濟南市。

[8]鄆：州名。治所在今山東東平縣。

[9]臨朐：縣名。治所在今山東臨朐縣。 密州：州名。治所在今山東諸城市。

[10]聖王山：山名。今地不詳。

[11]都將：官名。唐五代時節度使屬將。

[12]萊州：州名。治所在今山東萊州市。 刺史：官名。漢武帝時始置。州一級行政長官，總掌考覈官吏、勸課農桑、地方教化等事。唐中期以後，節度、觀察使轄州而設，刺史爲其屬官，職任漸輕。從三品至正四品下。 王師誨：人名。籍貫不詳。唐末將領。本書僅此一見。

[13]"及王師範以青州叛"至"竟降"：《舊唐書》卷二〇上《昭宗紀》天復三年（903）三月壬寅條："三月壬寅朔，全忠引四鎮之兵征王師範。先是，大將朱友寧、楊師厚前軍臨淄、青，師範求援于淮南，楊行密遣將王景仁帥衆萬人赴之。"同年九月條："汴將楊師厚大敗青州軍於臨朐。"同年十一月丁酉條："十一月丁酉朔，王師範以青州降楊師厚，全忠復令師範知青州事。"《宋本冊府》卷一八七《閏位部·勳業門五》：唐天復三年四月丙子夕，"淮將王景仁以所部援軍宵遁，帝遣楊師厚追及輔唐，殺千人，乘勝攻下密州。八月戊辰，以伐叛之柄委于楊師厚，帝乃東還。九月癸卯，師厚率大軍與王師範戰于臨朐，青軍大敗，殺萬餘人，并擒師範弟師克，卯時，徙寨以逼其城"。《新五代史》卷一《梁太祖紀》上天復三年九月條："楊師厚敗青人于臨朐，取其棣州，師範以青州降，而（劉）鄩亦降。"《新五代史》卷二三《楊師厚傳》：

"梁攻王師範,師厚戰臨朐,擒其偏將八十餘人,取棣州,以功拜齊州刺史。"亦見《新五代史》卷四二《王師範傳》。《新唐書》卷一八七《王敬武附王師範傳》:"全忠留楊師厚圍青州,敗師範兵於臨朐,執諸將,又獲其弟師克。是時,師範聚尚十餘萬,諸將請決戰,而師範以弟故,乃請降。"《通鑑》卷二六四天復三年七月壬子條:"(王)茂章度衆寡不敵,是夕,引軍還。全忠遣曹州刺史楊師厚追之,及於輔唐。茂章命先鋒指揮使李虔裕將五百騎爲殿,虔裕殊死戰,師厚擒而殺之。"同年八月戊辰條:"八月戊辰朔,朱全忠留齊州刺史楊師厚攻青州,身歸大梁。"同年九月條:"楊師厚屯臨朐,聲言將之密州,留輜重於臨朐。九月,癸卯,王師範出兵攻臨朐,師厚伏兵奮擊,大破之,殺萬餘人,獲師範弟師克。明日,萊州兵五千救青州,師厚邀擊之,殺獲殆盡,遂徙寨抵其城下……戊午,王師範遣副使李嗣業及弟師悦請降於楊師厚,曰:'師範非敢背德,韓全誨、李茂貞以朱書御札使之舉兵,師範不敢違。'仍請以其弟師魯爲質。""斬首數百級,"首"字原闕,據明本《册府》卷三四六補。

[14]天復四年三月:明本《册府》卷三四六作"三年二月"。

[15]檢校司徒:官名。爲散官或加官,以示恩寵,無實際執掌。 徐州:州名。治所在今江蘇徐州市。此處指感化軍。 節度使:官名。唐時在重要地區所設掌握一州或數州軍、民、財政的長官。

[16]天祐:唐昭宗李曄開始使用的年號(904)。唐哀帝李柷即位後沿用(904—907)。唐亡後,河東李克用、李存勗仍稱天祐,沿用至天祐二十年(923)。五代其他政權亦有行此年號者,如南吳、吳越等,使用時間長短不等。 行營馬步軍都指揮使:官名。唐末、五代行軍統兵主帥。

天祐元年,加諸軍行營馬步都指揮使。二年八月,太祖討趙匡凝於襄陽，[1]命師厚統前軍以進，趙匡凝嚴兵以備。師厚至穀城西童山，[2]刊材造浮橋，引軍過漢水，[3]一戰，趙匡凝敗散，攜妻子沿漢遁去。[4]翌日，表師厚爲山南東道節度留後，[5]即令南討荆州，留後趙匡明亦棄軍上峽，不浹旬，併下兩鎮，乃正授襄州節度使。[6]先是，漢南無羅城，師厚始興板築，周十餘里，郛郭完壯。[7]

[1]趙匡凝：人名。蔡州（今河南汝南縣）人。趙德諲之子，唐末將領。傳見本書卷一七、《新五代史》卷四一。　襄陽：縣名。治所在今湖北襄陽市。

[2]穀城：縣名。治所在今湖北穀城縣。　童山：山名。位於湖北穀城縣西。

[3]漢水：水名。發源於今陝西西南，流經陝西、湖北，在武漢市流入長江。

[4]“二年八月”至“攜妻子沿漢遁去”：《舊唐書》卷二〇下《哀帝紀》天祐二年（905）八月乙未條：“全忠遣大將楊師厚討匡凝，收唐、鄧、復、郢、隨等州，全忠自率親軍赴之。”九月條：“辛酉，楊師厚於襄州西六十里陰谷江口伐竹木爲浮梁。癸亥，梁成，引軍渡江。甲子，趙匡凝率勁兵二萬，陣於江之湄。師厚一戰敗之，遂乘勝躡之，陣於城下。是夜，匡凝挈其孥潰圍遁去。乙丑，師厚入襄陽。”十一月條：“辛巳……又制以楊師厚爲襄州兵馬留後。”《宋本册府》卷一八七《閏位部·勳業門五》：天祐二年七月庚午，“遣大將軍楊師厚率前軍討趙（匡）凝于襄州……八月，楊師厚進收唐、鄧、復、郢、隨、均、房等七州，帝駐軍漢江北，自循江干，經度濟師之所。九月甲子，師厚於陰谷江口造梁以濟師，趙（匡）凝率兵二萬振于江湄，師厚麾兵進擊，襄人大敗，殺萬餘衆。丙寅，帝入襄州，於府署見金銀數百鋌，遂以百餘鋌賜楊

師厚"。"荆、襄二州平，帝以都將賀瓌權領荆州，楊師厚權領襄州，即表其事。"同書卷一九四《閏位部·崇儒門》："梁太祖開平元年十月，山南東道節度楊師厚進納趙（匡）凝東第書籍。先是，收復襄、漢，帝閱其圖書，至是命師厚進焉。"同書卷三七四《將帥部·忠門五》："天祐二年秋七月，遣楊師厚率師討之（趙匡凝）。（匡）凝以兵數萬逆戰，大爲師厚所敗，乃燔其州，單舸沿漢遁于金陵。"同書卷三八六《將帥部·褒異門一二》："楊師厚爲徐州節度使，昭宗天祐元年，加諸軍行營馬步都指揮使。二年八月，太祖討趙（匡）凝於襄陽，命師厚統前軍，一戰敗趙（匡）凝。翌日，表師厚爲山南東道節度留後，即令南討荆州，留後趙（匡）明亦棄軍上峽，不浹旬，併下兩鎮。乃正授襄州節度使。開平元年，加檢校太保、同平章事，又加檢校太傅。三年三月詔朝，詔兼潞州行營都招討使，以奇兵進攻劉知俊於鳳翔，降賊將王建，制加師厚檢校太尉。"明本《册府》卷四三八《將帥部·奔亡門》："天祐二年秋，太祖既平襄州，遣楊師厚乘勝趨荆門。（匡）明懼，乃舉族去峽奔蜀。"《新五代史》卷一《梁太祖紀》上天祐二年九月條："王欲代唐，使人諭諸鎮，襄州趙匡凝以爲不可。遣楊師厚攻之，取其唐、鄧、復、郢、隨、均、房七州。王如襄州，軍于漢北。九月，師厚破襄州，匡凝奔于淮南。師厚取荆南，荆南留後趙匡明奔于蜀"。《新五代史》卷四一《趙匡凝傳》："太祖弑昭宗，將謀代唐，畏匡凝兄弟不從，遣使告之，匡凝對使者流涕答曰：'受唐恩深，不敢妄有佗志。太祖遣楊師厚攻之，太祖以兵殿漢北，匡凝戰敗，以輕舟奔于楊行密。師厚進攻荆南，匡明奔于蜀。"《新唐書》卷一八六《趙匡凝傳》："全忠以其兵分可圖也，乃使楊師厚攻匡凝，自將中軍繼之，屯臨漢。匡凝遣客謝，囚不遣，敗荆南救兵，俘其將。全忠循江而南，師厚緣陰谷伐木爲梁。匡凝以兵二萬瀕江戰，大敗，乃燔州，單舸夜奔揚州。行密見之曰：'君在鎮，輕車重馬輸於賊，今敗乃歸我邪？'（王）筠自殺。全忠以師厚爲山南東道節度留後，遂趨江陵。"《通鑑》卷二六五天祐二年八月條："朱全忠以趙匡凝東與楊行密交通，西與王建結婚，乙未，遣武寧節度使楊師厚將兵擊之。"同年九月條："楊師厚攻下唐、鄧、復、郢、隨、均、房七州，朱全忠軍于漢北。九月，辛酉，命師厚作浮梁於陰谷口，癸亥，引兵渡漢。甲子，趙匡凝將兵二萬陳于漢濱，師厚與戰，大破之，遂傳其城下。是夕，匡凝焚府城，帥其族及麾下士沿漢奔廣陵。乙丑，師厚入襄陽；丙寅，全忠繼至……戊辰，朱全忠以楊師厚爲山南東道留後，引兵擊江陵；至樂鄉，荆南牙將王建武遣使迎降。全忠以都將賀瑰爲荆南留後。全忠尋表師厚爲山南東道節度使。" "刊材造浮橋"，明本《册府》卷三四六 "材"作"木"。

[5]山南東道：方鎮名。治所在襄州（今湖北襄陽市）。 留後：官名。唐五代節度册府使多以子弟或親信爲留後，以代行節度使職務，亦有軍士、叛將自立爲留後者。掌一州或數州軍政。 翌日，表師厚爲山南東道節度留後：《輯本舊史》之原輯者案語："《舊唐書》：天祐三年六月甲申，敕：'襄州近因趙匡凝作帥，請別立忠義軍額，既非往制，固是從權，忠義軍額宜停廢，依舊爲山南東道節度使。'是山南東道復置于天祐三年，而《薛史》于二年八月已云表師厚爲山南東道節度留後，蓋史家追書之。"見《舊唐書·哀帝紀》天祐三年六月條。《新五代史》卷二三《楊師厚傳》"師厚進攻荆南，又走匡凝弟匡明，功爲多，拜山南東道節度使、同中書門下平章事。"

[6]荆州：州名。治所在今湖北荆州市。 趙匡明：人名。蔡州（今河南汝南縣）人。趙匡凝之弟，唐末、五代將領。傳見本書卷一七。 襄州：州名。治所在今湖北襄陽市。

[7]漢南：指漢水以南的襄陽南城。 羅城：古代爲加强防守，在城墻外加建的凸出形小城圈，即城外環墻。 郛郭：外城。"先是"至"郛郭完壯"：亦見明本《册府》卷四一〇《將帥部·壁壘門》。《宋本册府》卷三六〇《將帥部·立功門一三》："天祐二年春，命（黄文靖）佐楊師厚深入淮甸，赴壽春，侵廬江，軍至

大獨山遇淮夷，殺五千餘衆，振旅而還。"

　　開平元年，加檢校太保、同平章事。[1]明年，又加檢校太傅。三年三月，入朝，詔兼潞州行營都招討使。[2]無何，劉知俊據同州叛，[3]師厚與劉鄩率軍西討，至潼關，擒知俊弟知浣以獻。[4]知俊聞師厚至，即西走鳳翔，師厚進攻，至長安。時知俊已引岐寇據其城，師厚以奇兵傍南山急行，自西門而入，賊將王建驚愕，[5]不知所爲，遽出降。[6]制加師厚檢校太尉。頃之，晉王與周德威、丁會、符存審等以大衆攻晉州甚急，[7]太祖遣師厚帥兵援之，軍至絳州，晉軍扼蒙阬之險，師厚整衆而前，晉人乃徹圍而遁。[8]四年二月，移授陝州節度使。[9]

　　[1]開平：後梁太祖朱温年號（907—911）。　同平章事：官名。"同中書門下平章事"的簡稱。唐高宗以後，凡實際任宰相之職者，常在其本官後加同平章事的職銜。後成爲宰相專稱。或爲使相加銜。後晉天福五年（940），升中書門下平章事爲正二品。
　　[2]潞州：州名。治所在今山西長治市。　行營都招討使：官名。五代時掌一方招撫討伐等事務。戰時任命，兵罷則省。常以大臣、將帥或地方軍政長官兼任。　三年三月，入朝，詔兼潞州行營都招討使：《輯本舊史》卷五《梁太祖紀五》開平三年九月條："開平三年九月，御崇勳殿，宴群臣文武百官賜張宗奭、楊師厚白綾各三百匹、銀鞍轡馬。"《宋本册府》卷一九六《閏位部·封建門》：梁太祖開平三年四月（909），制"山南東道節度使楊師厚封弘農郡王"。同書卷一九七《閏位部·宴會門》：梁太祖開平三年九月丙辰，"御崇勳殿，召韓建、楊涉、薛貽矩、趙光逢、杜曉、河南

尹張宗奭、襄州節度使楊師厚、宣州節度使王景仁等賜食，賜宰臣銀鞍轡馬、分物、銀器、細茶等”。同卷《閏位部·慶賜門》：“（梁太祖開平三年）九月，御崇勳殿，宴群臣文武百官，賜張宗奭、楊師厚白綾各三百匹、銀鞍轡馬。”《通鑑》卷二六七開平三年三月甲戌條：“三月，甲戌，帝發洛陽。以山南東道節度使楊師厚兼潞州四面行營招討使。”

[3]劉知俊：人名。徐州沛縣（今江蘇沛縣）人。唐末、五代軍閥。傳見本書卷一三、《新五代史》卷四四。　同州：州名。治所在今陝西大荔縣。

[4]劉鄩：人名。密州安丘（今山東安丘市）人。唐末、五代將領。傳見本書卷二三、《新五代史》卷二二。　潼關：關隘名。位於今陝西潼關縣。　知浣：人名。即劉知浣。徐州沛縣（今江蘇沛縣）人。唐末將領。事見本書卷四。

[5]鳳翔：方鎮名。治所在鳳翔府（今陝西鳳翔縣）。　南山：山名。即終南山。位於今陝西西安市。　王建：人名。籍貫不詳。唐末將領。事見本書本卷、卷二三。

[6]“無何”至“遂出降”：《輯本舊史》卷二七《唐莊宗紀一》天祐六年（909）八月條：“梁祖遣楊師厚領兵赴援，（周）德威乃收軍而退。”明本《册府》卷八《帝王部·創業門四》：“（天祐六年）八月，帝御軍南征，令周德威、李存審丁會統大軍出陰北關攻晉州。刺史邊繼威登陴拒守。梁祖令其將楊師厚領兵赴援，屯於絳州。我軍攻城急，小校莨諫募兵，寡不敵而退。我爲地道，壞城二十餘步，城中血戰拒守，夜復乘城，汴軍至蒙坑，周德威逆戰，敗之，斬首二百級。師厚退保絳州。”《宋本册府》卷三六〇《將帥部·立功門一三》：“劉知俊之叛也，（王景仁）從駕至陝，始佐楊師厚西入關。”同書卷四一四《將帥部·赴援門》：“楊師厚，爲潞州行營都招討使。時晉王與周德威、丁會、符存審等以大衆攻晉州甚急，太祖遣師厚帥兵援之。軍至絳州，晉軍扼蒙坑之險。師厚整衆而前，晉人乃徹圍而遁。”《新五代史》卷二三《楊師厚

傅》："劉知俊叛，攻陷長安，劉鄩、牛存節等攻之，久不克。師厚以奇兵出，旁南山入其西門，降其守者，遂克之。"《通鑑》卷二六七開平三年六月條："庚戌，詔削（劉）知俊官爵，以山南東道節度使楊師厚爲西路行營招討使，帥侍衞馬步軍都指揮使劉鄩等討之……帝遣劉知俊姪嗣業持詔詣同州招諭知俊；知俊欲輕騎詣行在謝罪，弟知偃止之。楊師厚等至華州，知俊將犒賞開門降。知俊聞潼關不守，官軍繼至，蒼黃失圖，乙卯，舉族奔岐。楊師厚至長安，岐兵已據城，師厚以奇兵並南山急趨，自西門人，遂克之。"同年七月乙亥條後："初，帝召山南東道節度使楊師厚，欲使督諸將攻潞州，以前兗海留後王班爲留後，鎮襄州。師厚屢爲班言牙兵王求等凶悍，宜備之，班自恃左右有壯士，不以爲意，每聚辱之。戊寅，謫求戍西境，是夕，作亂，殺班，推都指揮使雍丘、劉玘乃留後；玘僞從之，明日，與指揮使王延順逃詣帝所。"

[7]晋王：即李存勗。代北沙陀部人。後唐開國皇帝。紀見本書卷二七至卷三四、《新五代史》卷四至卷五。　周德威：人名。朔州馬邑（今山西朔州市朔城區東北）人。唐末、五代河東將領。傳見本書卷五六、《新五代史》卷二五。　丁會：人名。壽春（今安徽壽縣）人。唐末將領。傳見本書卷五九、《新五代史》卷四四。　符存審：人名。陳州宛丘人（今河南淮陽縣）。後唐將領。傳見本書卷五六、《新五代史》卷二五。　晋州：州名。治所在今山西臨汾市。

[8]絳州：州名。治所在今山西新絳縣。　蒙阬：地名。即蒙坑。在今山西曲沃縣北三十五里蒙城村、襄汾縣南十五里蒙亨村附近。　"頃之"至"晋人乃徹圍而遁"：《輯本舊史》卷二七《唐莊宗紀一》天祐七年冬十月條："梁祖遣大將李思安、楊師厚率師營於澤州，以攻上黨。"明本《册府》卷二一六《閏位部·征伐門》："（梁太祖開平四年）七月，劉知俊攻逼夏州，以宣化軍留後李思安爲東北面行營都指揮使，陝州節度使楊師厚爲兩路行營招討使。"《新五代史·梁太祖紀》下開平四年八月辛未條："護國軍節

度使楊師厚爲西路行營招討使以伐岐。"《通鑑》卷二六七開平四年八月辛未條："辛未，以鎮國節度使楊師厚爲西路行營招討使，會感化節度使康懷貞將兵三萬屯三原。"同年十月條："冬，十月，遣鎮國節度使楊師厚、相州刺史李思安將兵屯澤州以圖上黨。"同年十一月己丑條："十一月，己丑，以寧國節度使、同平章事王景仁充北面行營都指揮招討使，潞州副招討使韓勍副之，以李思安爲先鋒將，趣上黨。尋遣景仁等屯魏州，楊師厚還陝。"《舊五代史考異》："案原本'阬'作'岧'，考《通鑑注》云：蒙阬在汾水之東，東西三百餘里，蹊徑不通。即此處也，今改正。"見《通鑑》卷二六七開平三年八月辛酉條後胡注。《新五代史·楊師厚傳》"晋周德威攻晋州以應知俊，師厚敗之于蒙坑，以功遷保義軍節度使，徙鎮宣義。""晋人乃徹圍而遁"，《輯本舊史》之案語："《通鑑考異》引《梁實錄》云：生擒賊將蕭萬通等，賊由是棄寨而遁。《莊宗實錄》云：汴軍至蒙阬，周德威逆戰，敗之，斬首二百級。二軍各言勝捷，其互異如此。《通鑑》定從《薛史》及《梁實錄》。"見《通鑑》卷二六七開平三年八月辛酉條後《考異》。《新五代史·楊師厚傳》："是時，梁兵攻趙久無功，太祖病卧洛陽，少間，乃自將北擊趙。師厚從太祖至洹水，夜行迷失道，明旦，次魏縣，聞敵將至，梁兵潰亂不可止，久之無敵，乃定。已而太祖疾作，乃還。"

[9]陝州：州名。治所在今河南三門峽市陝州區。此處指保義軍。 四年二月，移授陝州節度使：《輯本舊史·梁太祖紀五》開平四年二月辛巳條："楊師厚赴鎮于陝。"《宋本册府》卷一九七《閏位部·宴會門》"（開平四年）八月西征，庚午次陝府。辛未，宴本府節度使楊師厚及扈從官于行宫，賜師厚帛千匹，仍授西路行營招討使。"

五年正月，王景仁敗於柏鄉，晋人乘勝圍邢州，掠魏博，南至黎陽。[1]師厚受詔以兵屯衛州，晋軍攻魏州，不克而退，師厚追襲，過漳河，[2]解邢州之圍，改授滑州節度使。[3]明年，太祖北征，令師厚以大軍攻棗强，[4]逾旬不能克，太祖屢加督責，師厚晝夜奮擊，乃破之，盡屠其城。車駕還，師厚屯魏州。[5]

[1]柏鄉：縣名。治所在今河北柏鄉縣。　邢州：州名。治所在今河北邢臺市。　魏博：方鎮名。治所在魏州貴鄉縣（今河北大名縣）。　黎陽：縣名。治所在今河南浚縣。

[2]衛州：州名。治所在今河南衛輝市。　魏州：州名。治所在今河北大名縣。　漳河：水名。有清漳水（今清漳河）、濁漳水（今濁漳河）兩支上源，分別出自山西長子縣和沁縣，二源至今河南林州市相合，流入河南安陽市北，下游河道屢有變化。

[3]滑州：州名。治所在今河南滑縣。　“五年正月”至“改授滑州節度使”：《輯本舊史》卷二七《唐莊宗紀一》天祐八年（911）五月條：“梁祖遣都招討使楊師厚將兵三萬屯邢州，帝令李嗣昭出師掠相、衛而還。”明本《册府》卷八《帝王部·創業門四》“（天祐八年正月）時汴軍自王景仁敗後，殺戮大半，其餘漏刃亡散皆青、徐、兗、鄆諸道之軍，各歸本鎮。梁祖遣楊師厚於河陽招聚亡敗之衆，旬餘，方得萬人。二月……梁祖在潞，聞我師將攻河陽，率親軍屯白司馬坡，令楊師厚戒嚴。”《宋本册府》卷一九九《閏位部·選將門》：“（開平）五年正月，詔徵陝州鎮國軍節度使楊師厚至京，見于崇勳殿，帝指授方略，依前充北面都招討使，恩賚甚厚，使督軍進發。”明本《册府》卷二〇五《閏位部·巡幸門》：“（貞明二年三月，916）丙戌，鎮、定諸軍招討使楊師厚奏下棗疆縣……庚寅，楊師厚與副招討使李周彝等准詔來朝。”同書卷二一四《閏位部·訓兵門》：“（乾化元年十月，911）丙子，帝御城東教場閱兵，諸軍都指揮、北面招討使、太尉楊師厚總領鐵馬

步甲十萬，廣亘十數里陳焉。士卒之雄銳，部隊之嚴肅，旌旗之雜遝，戈甲之炤曜，屹若山嶽，勢動天地。帝甚悦焉，即命丞相洎文武從臣列侍賜食，逮晚方歸。"同書卷二一五《閏位部·招懷門》："乾化元年六月乙卯，命北面都招討使、鎮國軍節度使楊師厚出屯邢、雒。"同書卷二一七《閏位部·交侵門》："末帝乾元（按：乾元唐肅宗年號，此處當爲乾化）三年五月乙巳，天雄軍節度使楊師厚及劉守奇率魏博、邢、洺、徐、兗、鄆、滑之衆十萬，討鎮州。庚戌，營於鎮之南門外，壬子，晉將史建瑭自趙州領騎五百人入於鎮州，師厚知其有備，自九月移軍於下博，劉守奇以一軍自貝州掠冀州衡水、阜城，陷下博，師厚自弓高渡御河，迫滄州，張萬進懼，送款于師厚。師厚表請以萬進爲青州節度使，以劉守奇爲滄州節度使。七月，晉王率師自黃澤嶺東下，寇邢、洺，魏博節度使楊師厚軍於漳水之東，晉將曹進金來奔，晉軍遂退。"《宋本册府》卷三六七《將帥部·機略門七》："（天祐九年）楊師厚攻棗彊，賀德倫寇蓨縣，攻城甚急。"同書卷三六九《將帥部·攻取門二》："楊師厚爲滑州節度使，太祖北征，令師厚以大軍攻棗强，逾旬不能克。太祖屢加督責，師厚晝夜奮擊，乃破之，盡屠其城。"《新五代史》卷二《梁太祖紀》下乾化元年正月癸巳條："天雄軍節度使楊師厚爲北面行營招討使。"《通鑑》卷二六七乾化元年正月癸巳條："復以楊師厚爲北面都招討使，將兵屯河陽，收集散兵，旬餘，得萬人。"同年二月條："會楊師厚自磁、相引兵救邢、魏，壬申，晉解圍去；師厚追之，逾漳水而還，邢州圍亦解。師厚留屯魏州。"同書卷二六八乾化元年六月乙卯條後："帝命楊師厚將兵三萬屯邢州。"同年七月辛丑條："趙王鎔以楊師厚在邢州，甚懼，會晉王于承天軍。晉王謂鎔父友也，事之甚恭。鎔以梁寇爲憂，晉王曰：'朱温之惡極矣，天將誅之，雖有師厚輩不能救也。脱有侵軼，僕自帥衆當之，叔父勿以爲憂。'"

　　[4]棗强：縣名。治所在今河北棗强縣。

　　[5]"明年"至"師厚屯魏州"：《輯本舊史》卷二八《唐莊

宗紀二》天祐九年二月條：“二月庚戌朔，梁祖大舉河南之衆以援
守光，以陝州節度使楊師厚爲招討使，河陽李周彝爲副……甲子，
梁祖自洛陽趨魏州，遣楊師厚、李周彝攻鎮州之棗强，命賀德倫攻
蓚縣。”《新五代史》卷二三《楊師厚傳》：“明年，少間，而晋軍
攻燕，燕王劉守光求援於梁，太祖爲之擊趙以牽晋，屯于龍花，遣
師厚攻棗彊，三月不能下。太祖怒，自往督兵戰，乃破，屠之，進
圍篠縣。晋史建瑭以輕兵夜擊梁軍，梁軍大擾，太祖與師厚皆棄輜
重南走。太祖還東都，師厚留屯魏州。”《通鑑》卷二六八乾化二
年二月乙亥條：“乙亥，帝至魏州，命都招討使宣義節度使楊師厚、
副使前河陽節度使李周彝圍棗强，招討應接使、平盧節度使賀德
倫，副使、天平留後袁象先圍蓚縣。”同年三月條：“帝晝夜兼行，
三月，辛巳，至下博南，登觀津冢。趙將符習引數百騎巡邏，不知
是帝，遽前逼之。或告曰：‘晋兵大至矣！’帝棄行幄，亟引兵趣棗
强，與楊師厚軍合……棗强城小而堅，趙人聚精兵數千人守之，師
厚急攻之，數日不下，城壞復脩，死傷者以萬數。城中矢石將竭，
謀出降，有一卒奮曰：‘賊自柏鄉喪敗已來，視我鎮人裂眥，今往
歸之，如自投虎狼之口耳。困窮如此，何用身爲！我請獨往試之。’
夜，縋城出，詣梁軍詐降，李周彝召問城中之備，對曰：‘非半月
未易下也。’因謀曰：‘某既歸命，願得一劍，效死先登，取守城將
首。’周彝不許，使荷擔從軍。卒得間舉擔擊周彝首，踣地，左右
救至，得免。帝聞之，愈怒，命師厚晝夜急攻，丙戌，拔之，無問
老幼皆殺之，流血盈城……時蓚縣未下，帝引楊師厚兵五萬，就賀
德倫共攻之。丁亥，始至縣西，未及置營，（史）建瑭、（李）嗣
肱各將三百騎，效梁軍旗幟服色，與樵芻者雜行，日且暮，至德倫
營門，殺門者，縱火大譟，弓矢亂發，左右馳突，既暝，各斬馘執
俘而去。營中大擾，不知所爲。”

　　及庶人友珪篡位，魏州衙内都指揮使潘晏與大將臧

延範、趙訓謀變，[1]有密告者，師厚布兵擒捕，斬之。越二日，又有指揮使趙賓夜率部軍擐甲，[2]俟旦爲亂。師厚以衙兵圍捕，賓不能起，乃越城而遁，師厚遣騎追至肥鄉，擒其黨百餘人歸，斬于府門。[3]友珪即以師厚爲魏博節度使、檢校侍中。未幾，鎮人、晋人侵魏之北鄙，師厚率軍至唐店，[4]破之，斬首五千級，擒其都將三十餘人。是時，師厚握河朔兵，威望振主，友珪患之，詔師厚赴闕。師厚乃率精甲萬人至洛陽，嚴兵於都外，自以十餘人入謁，友珪懼，厚禮而遣之。[5]

[1]友珪：人名。即朱友珪。朱溫次子，後勾結韓勍殺朱溫。傳見本書卷一二、《新五代史》卷一三。　衙內都指揮使：官名。節度使府衙內部隊統兵將領。　潘晏：人名。籍貫不詳。後梁將領。事見本書本卷、卷七。　臧延範：人名。籍貫不詳。後梁將領。事見本書本卷、卷二、卷七。　趙訓：人名。籍貫不詳。後梁將領。本書僅此一見。

[2]趙賓：人名。籍貫不詳。後梁將領。本書僅此一見。

[3]肥鄉：縣名。治所在今河北邯鄲市肥鄉區。　"及庶人友珪篡位"至"斬于府門"：輯本《舊史》之案語："《歐陽史》云：師厚乘間殺魏牙將潘晏、臧延範等，逐出節度使羅周翰。與《薛史》異。"見《新五代史》卷二三《楊師厚傳》。亦見明本《册府》卷四二三《將帥部·討逆門》。《新五代史》卷三九《羅紹威傳》："（羅）周翰襲父位，乾化二年八月爲楊師厚所逐，徙爲宣義軍節度使，卒于官，年十四。"《通鑑》卷二六八乾化二年（912）七月條："天雄節度使羅周翰幼弱，軍府事皆決於牙內都指揮使潘晏；北面都招討使、宣義節度使楊師厚軍於魏州，久欲圖之，憚太祖威嚴，不敢發。至是，師厚館於銅臺驛，潘晏入謁，執而殺之，引兵

入牙城，據位視事。壬子，制以師厚爲天雄節度使，徙周翰爲宣義節度使。"

[4]鎮：州名。治所在今河北正定縣。 唐店：地名。位於今河北廣宗縣南。

[5]"是時"至"厚禮而遣之"：《新五代史》卷二三《楊師厚傳》："師厚已得志，乃復置銀槍效節軍。友珪陰欲圖之，召師厚入計事。其吏田温等勸師厚勿行，師厚曰：'吾二十年不負朱家，今若不行，則見疑而生事，然吾知上爲人，雖往，無如我何也。'乃以勁兵二萬朝京師，留其兵城外，以十餘人自從，入見友珪，友珪益恐懼，賜與鉅萬而還。"《通鑑》卷二六八乾化二年十月丁亥條："楊師厚既得魏博之衆，又兼都招討使，宿衛勁兵多在麾下，諸鎮兵皆得調發，威勢甚重，心輕郢王友珪，遇事往往專行不顧。友珪患之，發詔召之，云'有北邊軍機，欲與卿面議。'師厚將行，其腹心皆諫曰：'往必不測。'師厚曰：'吾知其爲人，雖往，如我何！'乃帥精兵萬餘人，渡河趣洛陽，友珪大懼。丁亥，至都門，留兵於外，與十餘人入見，友珪喜，甘言遜詞以悅之，賜與巨萬。癸巳，遣還。"同年十一月癸丑條："十一月，趙將王德明將兵三萬掠武城，至於臨清，攻宗城，下之。癸丑，楊師厚伏兵唐店，邀擊，大破之，斬首五千餘級。"

及末帝將圖友珪，遣使謀於師厚，師厚深陳款効，且馳書于侍衛軍使袁象先及主軍大將，[1]又遣都指揮使朱漢賓率兵至滑州以應禁旅。[2]友珪既誅，末帝即位於東京，首封師厚爲鄴王，加檢校太師、中書令，[3]每下詔不名，以官呼之，事無巨細，必先謀於師厚，師厚頗亦驕誕。[4]先是，鎮人以我柏鄉不利之後，屢擾邊境，師厚總大軍直抵鎮州城下，焚盪閭舍，移軍掠藁城、束鹿，[5]至深州而歸。[6]乾化五年三月，卒于鎮。[7]廢朝三日，贈太師。[8]

[1]侍衛軍使：官名。侍衛軍統兵官。　袁象先：人名。宋州下邑（今河南夏邑縣）人。五代後梁將領，後投後唐。傳見本書卷五九、《新五代史》卷四五。

[2]都指揮使：官名。所部統兵官。　朱漢賓：人名。亳州譙縣（今安徽亳州市）人。五代後梁、後唐將領。傳見本書卷六四、《新五代史》卷四五。　"及末帝將圖友珪"至"又遣都指揮使朱漢賓率兵至滑州以應禁旅"："師厚深陳款効"，中華書局本有校勘記："'師厚'二字原闕，據《册府》卷三七四、卷四五一補。"見《宋本册府》卷三七四《將帥部·忠門五》、明本《册府》卷四五一《將帥部·矜伐門》。"馳書"，《宋本册府》卷三七四作"託書"。《輯本舊史》卷八《梁末帝紀上》："友珪以篡逆居位，群情不附。會趙巖至東京，從帝私讌，因言及社稷事，帝以誠款謀之，巖曰：'此事易如反掌，成敗在招討楊令公之手，但得一言諭禁軍，其事立辦。'巖時典禁軍，泪還洛，以謀告侍衛親軍袁象先。帝令腹心馬慎交之魏州見師厚，且言成事之日，賜勞軍錢五十萬緡，仍許兼鎮。慎交，燕人也，素有膽辨，乃説師厚曰：'郢王殺君害父，篡居大位，宮中荒淫，靡所不至。洛下人情已去，東京物望所歸，公若因而成之，則有輔立之功，討賊之効。'師厚猶豫未決，謂從事曰：'吾於郢王，君臣之分已定，無故改圖，人謂我何！'慎交曰：'郢王以子弑父，是曰元凶。均王爲君爲親，正名仗義。彼若一朝事成，令公何情自處！'師厚驚曰：'幾悞計耳！'乃令小校王舜賢至洛，密與趙巖、袁象先圖議。"《新五代史》卷三《梁末帝紀》乾化三年二月條："駙馬都尉趙巖至東都，王私與之謀，遣馬慎交之魏州，見楊師厚計事。師厚遣小校王舜賢至洛陽，告左龍虎統軍袁象先使討賊。"《新五代史》卷二三《楊師厚傳》："已而末

帝謀討友珪，問於趙巖，巖曰'此事成敗，在招討楊公爾。得其一言諭禁軍，吾事立辦。'末帝乃遣馬慎交陰見師厚，布腹心。師厚猶豫未決，謂其下曰：'方郢王弑逆時，吾不能即討。今君臣之分已定，無故改圖，人謂我何！'其下或曰："友珪弑父與君，乃天下之惡，均王仗大義以誅賊，其事易成。彼若一朝破賊，公將何以自處？師厚大悟，乃遣其將王舜賢至洛陽，見袁象先計事，使朱漢賓以兵屯滑州爲應。末帝卒與象先殺友珪。"亦見《新五代史》卷四二《趙犨附趙巖傳》、《新五代史》卷四五《袁象先傳》、《通鑑》卷二六八乾化三年（913）二月條。

[3]東京：地名。即開封府。治所在河南開封市。　中書令：官名。漢代始置，隋、唐前期爲中書省長官，屬宰相之職；唐後期多爲授予元勳大臣的虛銜。正二品。

[4]"友珪既誅"至"師厚頗亦驕誕"：《輯本舊史·梁末帝紀上》乾化三年三月庚戌條："以天雄軍節度使、充潞州行營都招討使、開府儀同三司、檢校太尉、兼侍中、弘農郡王楊師厚爲檢校太師、兼中書令，進封鄴王。"《宋本册府》卷三七四："友珪既誅，末帝即位於東京，首封師厚爲鄴王，加檢校太師、中書令。"明本《册府》卷四五一："末帝即位，首封師厚爲鄴王，加檢校太師、中書令。每下詔不名，以官呼之。事無巨細，必先謀於師厚，師厚頗亦驕誕。"《宋本册府》卷一九六《閏位部·封建門》末帝乾化三年三月，"制進封天雄軍節度使、弘農郡王楊師厚爲鄴王"。《新五代史·楊師厚傳》："末帝即位，封師厚鄴王，詔書不名，事無巨細皆以諮之，然心益忌而畏之。"《通鑑》卷二六八乾化三年三月庚戌條："庚戌，加楊師厚兼中書令，賜爵鄴王，賜詔不名，事無巨細必咨而後行。"

[5]藁城：縣名。治所在今河北石家莊市藁城區。　束鹿：縣名。治所在今河北辛集市。

[6]深州：州名。治所在今河北深州市。　"先是"至"至深州而歸"：《輯本舊史·梁末帝紀上》乾化三年五月條："五月乙巳，

天雄軍節度使楊師厚及劉守奇率魏博、邢、洺、徐、兗、鄆、滑之衆十萬討鎮州。庚戌，營於鎮之南門外。壬子，晋將史建瑭自趙州領騎五百入于鎮州，師厚知其有備，自九門移軍於下博。劉守奇以一軍自貝州掠冀州衡水、阜城，陷下博。師厚自弓高渡御河，迫滄州，張萬進懼，送款，師厚表請以萬進爲青州節度使，以劉守奇爲滄州節度使。”同卷乾化四年七月條：“晋王率師自黃澤嶺東下，寇邢、洺，魏博節度使楊師厚軍於漳水之東，晋將曹進金來奔，晋軍遂退。”同書卷二八《唐莊宗紀二》天祐十年（913）五月乙巳條："梁將楊師厚會劉守奇率大軍侵鎮州，時帝之先鋒將史建瑭自趙州率五百騎入真定，師厚大掠鎮、冀之屬邑。王鎔告急於周德威，德威分兵赴援，師厚移軍寇滄州，張萬進懼，遂降于梁。”同年七月甲子條："五院軍使李信攻下莫州。時守光繼遣人乞降，將緩帝軍，陰令其將孟脩、阮通謀於滄州節度使劉守奇，及求援於楊師厚，帝之游騎擒其使以獻。”同卷天祐十一年秋七月條："梁將楊師厚軍於漳東，帝軍次張公橋，既而裨將曹進金奔於梁，帝軍不利而退。”《宋本册府》卷四一四《將帥部·赴援門》："天祐十年正月（當爲五月）乙巳，梁將楊師厚、劉守奇率邢、洺、魏博、徐、兗、汴、滑之衆十萬，大掠鎮、冀。師厚自邢州柏鄉攻王門，逼趙州。庚戌，至鎮州，營於南門外，燔其關城。壬子，史建瑭自趙州領騎五百入鎮州。是日，王德明亦自西山入。師厚知其有備，自九門軍於下博，劉守奇以一軍自貝州入掠冀州衡水、阜城，與師厚會。所在焚蕩廬舍，驅虜人物，陷下博城。我趙州戍將李存審、史建瑭兵寡不敵，周德威令（李）紹衡會存審，徵鎮州大將王德明兵同襲賊。乙丑，王鎔遣使告急於德威，分兵赴援。師厚、守奇自弓高渡御河，而東寇滄州。張方進懼，請歸河南，師厚表爲青州節度使，以劉守奇代之而旋。”《通鑑》卷二六八乾化三年五月條："楊師厚與劉守奇將汴、滑、徐、兗、魏、博、邢、洺之兵十萬大掠趙境，師厚自柏鄉入攻土門，趣趙州，守奇自貝州入趣冀州，所過焚掠。庚戌，師厚至鎮州，營於南門外，燔其關城。壬子，師厚自九門退軍下博，守奇引兵與師厚會攻下博，拔之。晋將李存審、史建瑭戍趙州，兵少，趙王告急於周德威。德威遣騎將李紹衡會趙將王德明同拒梁軍。師厚、守奇自弓高渡御河而東，逼滄州，張萬進懼，請遷于河南；師厚表徙萬進鎮青州，以守奇爲順化節度使。”同書卷二六九乾化四年七月條：“秋，七月，會趙王鎔及周德威於趙州，南寇邢州，李嗣昭引昭義兵會之。楊師厚引兵救邢州，軍於漳水之東。”

〔7〕乾化：五代後梁太祖朱温年號（911—912），末帝朱友貞沿用（913—915）。　乾化五年三月，卒于鎮：《輯本舊史·梁末帝紀上》：貞明元年三月丁卯，“魏博節度使楊師厚薨，輟視朝三日。”《新五代史·楊師厚傳》：“已而師厚瘍發卒，末帝爲之受賀於宮中。”《新五代史》卷三三《張源德傳》：“梁貞明三年，魏博節度使楊師厚卒，末帝分魏、相等六州爲兩鎮，懼魏軍不從，乃遣劉鄩將兵萬人，屯于魏以虞變。”《通鑑》卷二六九貞明元年三月丁卯條後：“天雄節度使兼中書令鄴王楊師厚卒。”

〔8〕廢朝：古代帝王遇親喪或文武大臣病故，停止視朝數日，以示哀悼。　太師：官名。與太師、太保合稱三師，唐後期、五代多爲大臣、勳貴加官。正一品。

　　師厚純謹敏幹，[1]深爲太祖知遇，委以重兵劇鎮，他莫能及。然而末年矜功恃衆，驟萌不軌之意，於是專割財賦，置銀槍效節軍，凡數千人，[2]皆選摘驍鋭，[3]縱恣豢養，復故時牙軍之態，時人病之。向時河朔之俗，[4]上元比無夜遊，[5]及師厚作鎮，乃課魏人户立燈竿，千釭萬炬，[6]洞照一城，縱士女嬉遊。復彩畫舟舫，令女妓櫂歌於御河，[7]縱酒彌日。又於黎陽採巨石，將紀德政，以鐵車負載，驅牛數百以拽之，所至之處，丘墓廬舍悉皆毀壞，百姓望之，皆曰"碑來"。[8] 及碑石纔至，[9] 而師厚卒，魏人以爲"悲來"之應。末帝聞其卒也，[10] 於私庭受賀，乃議裂魏州爲兩鎮。[11] 既而所樹親軍，果爲叛亂，[12] 以招外寇，致使河朔淪陷，宗社覆滅，由師厚兆之也。《永樂大典》卷一萬八千一百二十六。[13]

[1]師厚純謹敏幹：明本《册府》卷四五四《將帥部·豪橫門》作"師厚以計謀敏幹"。《宋本册府》卷四一二《將帥部·得士心門》："楊師厚，爲魏博節度使。性寬簡，無威儀，善撫士衆。初爲太祖部曲，頗得士心。累爲刺史，遷襄、陵、滑等州節度使，有戰功。"

[2]銀槍效節軍：魏博牙兵。李存勗將其編組爲帳前銀槍軍。後唐建立以後，爲侍衛親軍的一支。置銀槍效節軍凡數千人，《舊五代史考異》："案《清異錄》云：槍材難得十全，魏州石屋材多可用，楊師厚時，銀槍效節都皆採於此。"《輯本舊史》卷三八《唐明宗紀》天成二年四月癸已條："龍睅所部之衆，即梁故魏博節度使楊師厚之所招置也，皆天下雄勇之士，目其都爲銀槍效節，僅八千人。師厚卒，賀德倫不能制。"《新五代史》卷四六《房知溫傳》："魏州自羅紹威誅衙軍，楊師厚爲節度使，復置銀槍效節軍。當梁末帝時，師厚幾爲梁患。師厚卒，以賀德倫代之。"《通鑑》卷二六九貞明元年三月丁卯條後："師厚晚年矜功恃衆，擅割財賦，選軍中驍勇，置銀槍效節都數千人，給賜優厚，欲以復故時牙兵之盛。"

[3]皆選摘驍鋭："驍"，明本《册府》卷四五四作"騎"。

[4]向時：中華書局本有校勘記："'向時'，殿本、孔本、《册府》卷四五四作'承前'。"　河朔：泛指黄河以北地區。

[5]上元比無夜遊："上元"下明本《册府》卷四五四有

“夜”字。

[6]千釭萬炬：明本《册府》卷四五四作“千缸萬鉅”。

[7]御河：水名。即永濟渠、衛河，流經魏州（今河北大名縣），至今天津市入海。

[8]皆曰碑來：“碑來”，明本《册府》卷四五四同，宋本《册府》卷九五《總録部·咎徵門》作“碑來，碑來”。

[9]及碑石纔至：宋本《册府》卷九五一同，明本《册府》卷四五四作“石纔至”。

[10]末帝聞其卒也：“卒”，明本《册府》卷四五四作“死”。

[11]乃議裂魏州爲兩鎮：《輯本舊史》卷八《梁末帝紀》上貞明元年（915）三月丁卯條：“初，師厚握强兵，據重鎮，每邀朝廷姑息，及薨，輟視朝三日，或者以爲天意。租庸使趙巖、租庸判官邵贊獻議於帝曰：‘魏博六州，精兵數萬，蠹害唐室百有餘年。羅紹威前恭後倨，太祖每深含怒。太祖尸未屬纊，師厚即肆陰謀。蓋以地廣兵强，得肆其志，不如分削，使如身使臂，即無不從也。陛下不以此時制之，寧知後人之不爲楊師厚耶！若分割相、魏爲兩鎮，則朝廷無北顧之患矣。’帝曰：‘善。’即以平盧軍節度使賀德倫爲天雄軍節度使，遣劉鄩率兵六萬屯河朔。”《新五代史》卷四二《趙犨附趙巖傳》：“故時，魏州牙兵驕，數爲亂，羅紹威盡誅之。太祖崩，楊師厚逐羅氏，據魏州，復置牙兵二千，末帝患之。師厚死，巖與租庸判官邵贊議曰：‘魏爲唐患，百有餘年，自先帝時，嘗切齒紹威，以其前恭而後倨。今先帝新棄天下，師厚復爲陛下憂，所以然者，以魏地大而兵多也。陛下不以此時制之，寧知後人不爲師厚也？不若分相、魏爲兩鎮，則無北顧之憂矣。’末帝以爲然，乃分相、澶、衛爲昭德軍。牙兵亂，以魏博降晋，梁由是盡失河北。”事亦見《新五代史》卷四四《賀德倫傳》。《通鑑》卷二六九貞明元年三月丁卯條後：“租庸使趙巖、判官邵贊言於帝曰：‘魏博爲唐腹心之蠹，二百餘年不能除去者，以其地廣兵强之故也。羅紹威、楊帥厚據之，朝廷皆不能制。陛下不乘此時爲之計，所謂

“彈疽不嚴，必將復聚”，安知來者不爲師厚乎！宜分六州爲兩鎮以弱其權。’帝以爲然，以平盧節度使賀德倫爲天雄節度使；置昭德軍於相州，割澶、衞二州隸焉，以宣徽使張筠爲昭德節度使，仍分魏州將士府庫之半於相州。”

[12]果爲叛亂：明本《册府》卷四五四作“果爲亂”。

[13]《大典》卷一八一二六“將”字韻“五代後梁將（一）”事目。

牛存節

牛存節，字贊貞，[1]青州博昌人也。[2]本名禮，太祖改而字之。少以雄勇自負。唐乾符末，鄉人諸葛爽爲河陽節度使，[3]存節往從之。爽卒，存節謂同輩曰：“天下洶洶，當擇英主事之，以圖富貴。”遂歸於太祖。初授宣義軍小將。[4]屬蔡寇至金堤驛，犯酸棗、靈昌，[5]存節日與之鬭，凡二十餘往，每往必執俘而還，前後斬首二千餘級，[6]獲孳畜甚衆。太祖擊蔡賊於板橋、赤堈、酸棗門、封禪寺、枯河北，[7]存節皆預其行。與諸將於濮州南劉橋、范縣大破鄆衆，[8]自此深爲太祖獎遇。

[1]牛存節，字贊貞：《舊五代史考異》：“案：原本作‘替貞’，《夏文莊集》引《薛史》又作‘潛真’，今據《歐陽史》改正。”《新五代史》卷二二《牛存節傳》：“牛存節，字贊正。”《宋本册府》卷三九六《將帥部·勇敢門三》、卷八二五《總録部·名字門二》、《文莊集》卷三一《奉和御製讀五代梁史》作“贊貞”。《牛存節墓誌》：“公諱存節，字贊臣。王父諱崇，不仕。考諱孝恭，累贈右僕射。”存節子《牛知業墓誌》（拓片刊謝光林編著《洛陽

北邙古代家族墓》，中州古籍出版社 2015 年版）：“曾祖諱崇，力行不仕。祖諱考，梁贈右僕射。烈考諱存節，字贊臣，梁天平軍帥，贈太師。”

〔2〕博昌：縣名。治所在今山東博興縣。

〔3〕乾符：唐僖宗李儇年號（874—879）。　諸葛爽：人名。青州博昌（今山東博興縣）人。唐末軍閥，時爲河陽節度使。傳見《舊唐書》卷一八二、《新唐書》卷一八七。　河陽：方鎮名。治所在孟州（今河南孟州市）。

〔4〕宣義軍：方鎮名。治所在滑州（今河南滑縣）。　初授宣義軍小將：明本《册府》卷三四六《將帥部·佐命門七》同，《宋本册府》卷七六六《總録部·攀附門二》作“授宣義軍小將”。中華書局本有校勘記：“‘宣義’，《册府》卷四一九、《牛存節墓誌》（拓片刊《河洛墓刻拾零》）作‘宣武’。按宣義軍即滑州，宣武軍爲汴州。”見明本《册府》卷四一九《將帥部·以少擊衆門》。

〔5〕金堤驛：地名。位於今河南滑縣東。　酸棗：地名。位於今河南延津縣西南。　靈昌：地名。位於今河南滑縣西南。

〔6〕前後斬首二千餘級：中華書局本有校勘記：“‘二千’，原作‘二十’，據《册府》卷三四六、卷三九六改。”見明本《册府》卷三四六、《宋本册府》卷三九六。

〔7〕板橋：地名。位於今河南開封市。　赤堈：地名。今名霍赤岡。位於今河南開封市東北。　酸棗門：城門名。位於今河南開封市。　封禪寺：寺名。初建於北齊天保十年（559），名獨居寺。唐玄宗開元十七年（729），詔改爲封禪寺。宋太祖開寶三年（970）改爲開寶寺。今爲河南開封市鐵塔公園。　枯河：河流名。今地不詳。

〔8〕濮州：州名。治所在今山東鄄城縣。　南劉橋：地名。位於今山東高唐縣固河鎮。　范縣：縣名。治所在今河南范縣。

文德元年夏，李罕之以并軍圍張宗奭於河陽，[1]太祖遣存節率軍赴之。屬歲歉，饋餉不至，村民有儲乾椹者，存節以器用、錢帛易之，以給軍食。大破賊於沇河，[2]罕之引衆北走。又預討徐、宿有功。[3]及討河北，存節前鋒下黎陽，收臨河，至內黃西，[4]以兵千餘人當魏人萬二千衆，大破其陣，殭仆蔽野。太祖深所歎激，謂有神兵之助。[5]

[1]文德：唐僖宗李儇年號（888）。　并：州名。治所在今山西太原市。　張宗奭：人名。濮州臨濮（今山東鄄城縣臨濮鎮）人。後梁將領。傳見本書卷六三、《新五代史》卷四五。　軍：《宋本冊府》卷四一四《將帥部·赴援門》同，明本《冊府》卷三四六《將帥部·佐命門七》作“兵”。

[2]沇（yǎn）河：水名。又稱濟水。源出今河南，流經山東入渤海。中華書局本有校勘記：“原作‘淇河’，據邵本校、本書卷一五《李罕之傳》、卷五五《康君立傳》、《新五代史》卷一《梁本紀》、卷二一《葛從周傳》、卷四二《李罕之傳》、卷四四《丁會傳》、卷四五《張全義傳》改。《舊五代史考異》卷一：‘案原本訛“汦河”，今據《歐陽史》及《通鑑》改正。’”見《輯本舊史》卷一五《李罕之傳》、卷五五《康君立傳》，《新五代史》卷一《梁太祖紀上》文德元年（888）三月庚子條、卷四二《李罕之傳》均作“沇河”，《新五代史》卷四四《丁會傳》、卷四五《張全義傳》作“沇水”。明本《冊府》卷三四六、《宋本冊府》卷四一四作“淇河”，《新唐書》卷一八七《李罕之傳》作“沇河聚”。《通鑑》卷二五七繫其事於文德元年四月壬午條後，未提及沇河：“朱全忠遣其將丁會、葛從周、牛存節將兵數萬救河陽。李存孝令李罕之以步兵攻城，自帥騎兵逆戰於溫，河東軍敗，安休休懼罪，奔蔡州。汴人分兵欲斷太行路，康君立等懼，引兵還。”

　　[3]宿：州名。治所在今安徽宿州市。

　　[4]臨河：縣名。治所在今河南浚縣東北。　內黃：縣名。治所在今河南內黃縣。

　　[5]"及討河北"至"謂有神兵之助"：亦見明本《册府》卷四一九《將帥部·以少擊衆門》。《牛存節墓誌》云：文德二年，"遣宋州都教練使，仍充都侯"。

　　大順元年，[1]改滑州左右廂牢城使。[2]與諸將討時溥，[3]累破賊軍。景福元年秋，改遏後都指揮使。[4]攻濮之役，領軍先登，遂拔其壘。二年四月，下徐州，梟時溥，存節力戰，其功居多。[5]乾寧二年，[6]授檢校工部尚書。[7]三年夏，太祖東討鄆州，存節領軍次故樂亭，扼其要路，都指揮使龐師古屯馬頰，[8]存節密與都將王言謀入鄆壘。[9]十二月，存節遣王言夜伏勇士於州西北，[10]以船踰濠，舉梯登陴。既而王言不克入，存節獨率伏軍負梯？破其西甕城，奪其濠橋，[11]諸軍俱進。四年四月，[12]陷其城，尋與葛從周降下兗州，[13]加檢校右僕射。

　　[1]大順：唐昭宗李曄年號（890—891）。　大順元年：中華書局本有校勘記："《牛存節墓誌》繫其事於文德元年。"

　　[2]牢城使：官名。唐及五代前期州鎮的統兵軍官，後兼具管理配隸罪囚場所。參見杜文玉、王鳳翔《唐宋時期牢城使考述》，《陝西師範大學學報》2006年第2期。

　　[3]時溥：人名。徐州彭城（今江蘇徐州市）人。唐末地方武裝割據，平定了黃巢之亂，後割據徐州。傳見本書卷一三、《舊唐書》卷一八二、《新唐書》卷一八八。　與諸將討時溥：明本《册

府》卷三四六《將帥部・佐命門七》無"與"字。

[4]景福：唐昭宗李曄年號（892—893）。　遏後都指揮使：官名。所部統兵官。《宋本册府》卷三六九《將帥部・攻取門二》云存節爲滑州遏後指揮使。

[5]"二年四月"至"其功居多"：《舊唐書》卷二〇上《昭宗紀》景福二年（893）四月己巳條："汴將王重師、牛存節陷徐州，節度使時溥舉家自燔而死。"同書卷一八二《時溥傳》："溥求援於兗州，朱瑾出兵救之，值大雪，糧盡而還。城中守陴者飢甚，加之病疫。汴將王重師、牛存節夜乘梯而入，溥與妻子登樓自焚而卒，景福二年四月也。"

[6]乾寧：唐昭宗李曄年號（894—898）。　乾寧二年：《宋本册府》卷三八六《將帥部・褒異門一二》同，中華書局本有校勘記："《牛存節墓誌》繫其事於乾寧元年。"

[7]檢校工部尚書：官名。地方使職帶檢校三公、三師及臺省官之類，表示遷轉經歷和尊崇的地位，檢校兵部尚書爲其中之一階，爲虛銜。句上《宋本册府》卷三八六有"表"字。

[8]龐師古：人名。曹州（今山東曹縣）人。唐末將領。傳見本書卷二一、《新五代史》卷二一。　馬頰：地名。位於今山東東平縣。

[9]王言：人名。籍貫不詳。唐末將領。事見本書本卷。

[10]西北：明本《册府》卷三四六、《新五代史》卷二二《牛存節傳》同，《宋本册府》卷三六九《將帥部・攻取門二》作"西"。

[11]甕城：城門外月形城。　濠橋：護城河上的橋樑。

[12]四年四月：中華書局本有校勘記："'四月'，《册府》卷三四六作'正月'。按本書卷一《梁太祖紀》一、《通鑑》卷二六一皆繫其事於正月。《牛存節墓誌》繫其檢校右僕射事於三年。"見明本《册府》卷三四六，《輯本舊史》卷一《梁太祖紀一》乾寧四年（897）正月辛卯、乙未條，《通鑑》卷二六一乾寧四年正月

辛卯、癸巳、丙申條。《宋本册府》卷三八六亦作"四年正月"。

[13]葛從周：人名。濮州鄄城（今山東鄄城縣）人。唐末、五代將領。傳見本書卷一六、《新五代史》卷二一。

　　其年秋，大舉以伐淮南，至濠州東，[1]聞前軍失利於清口，諸軍退至淠河，[2]無復隊伍。存節遏其後，與諸將釋騎步鬭，諸軍稍得濟，收合所部並敗兵共八千餘人，至于淮涘，時不食已四日矣。存節訓勵部分，以禦追寇，遂得旋師。[3]五年，除亳州刺史，[4]俄遷宣武軍都指揮使，[5]改宿州刺史。明年，淮賊大至彭城，存節乃以部下兵夜發，直趣彭門。[6]淮人訝其神速，震恐而退，諸將服其智識。

　　[1]淮南：方鎮名。治所在揚州（今江蘇揚州市）。此處代指楊吳政權。　濠州：州名。治所在今安徽鳳陽縣。

　　[2]清口：地名。原爲泗水入淮之口，位於今江蘇淮安市淮陰區。　淠（pài）河：水名。流經今安徽壽縣、長豐縣一帶，注入淮河。

　　[3]"其年秋"至"遂得旋師"：明本《册府》卷四一八《將帥部·嚴整門》："唐乾寧四年秋，大舉以伐淮南，至濠州東，聞前軍失利于青口，諸軍退至淠河，無復隊伍。存節尾其後，與諸軍釋騎步鬭。諸軍退，得濟。收合所部并敗兵共八千餘人，至於淮浚，時不食已四日矣。存節訓勵部分，以禦追寇，得旋歸。"《武經總要後集》卷四《先鋒後殿門》："五代梁牛存節大舉以伐淮南，至濠州東，聞前軍失利於清口，謝軍退至淠河，無復隊伍。存節遏其後，與諸將釋騎步鬭，諸軍稍得齊，收拾所部兵，并敗兵共八千餘人，至于淮涘，時不食已四五日矣。存節訓勵部分，以禦追寇，遂得旋

師。"《輯本舊史》之案語："《舊唐書·昭宗紀》：葛從周自霍丘渡淮，至濠州，聞師古敗，乃退軍，信宿至淠河，方渡，而朱瑾至。是日殺傷溺死殆盡，還者不滿千人，唯牛存節一軍先渡獲免。比至潁州，大雪寒凍，死者十五六。據《舊唐書》，存節以先渡得免，而《薛史》以爲存節遏其後，蓋傳聞之異。"見《舊唐書》卷二〇上《昭宗紀》乾寧四年（897）十一月癸酉條，其事亦見《通鑑》卷二六一乾寧四年十一月癸酉條。"與諸將釋騎步鬭"，中華書局本有校勘記："'與'字原闕，據《册府》卷三四六、卷四一八、《武經總要後集》卷四補。"見明本《册府》卷三四六《將帥部·佐命門七》、卷四一八，《武經總要後集》卷四；明本《册府》卷三四六作"與諸將大騎步鬭"，卷四一八作"與諸軍釋騎步鬭"。

　　[4]亳州：明本《册府》卷三四六作"濠州"。

　　[5]宣武軍：方鎮名。治所在汴州（今河南開封市）。

　　[6]彭城：縣名。治所在今江蘇徐州市。　彭門：指徐州。

　　光化二年，罷歸，復爲左衙都將兼馬步教練使。[1]天復元年，授潞州馬步都指揮使，[2]法令嚴整，[3]士庶安之。及追赴行在，士卒泣送者不絕於道，加金紫光禄大夫、檢校司空，改滑州左衙步軍指揮使，知邢州軍州事。[4]天祐元年，授邢州團練使。[5]時州兵纔及二百人，晋人知之，以大軍來寇。太祖在鄴，發長直兵二千人赴援，存節率壯健出鬭，以家財賞激戰士，并軍急攻，七日不能克而去。[6]太祖召至，勞慰久之，厚賚金帛鞍馬，加檢校司徒。冬，罷郡，[7]署爲元帥府左都押衙。[8]四年，太祖受禪，除右千牛衛上將軍。[9]其秋，攻潞州，以存節爲行營馬步軍都排陣使。[10]

[1]光化：唐昭宗李曄年號（898—901）。 左衙都將：官名。
唐、五代節度使屬將。 衙：明本《册府》卷三四六《將帥部·
佐命門七》作“衛”。 教練使：官名。唐、五代方鎮使府軍將，
選善兵法武藝者充任，掌教練兵法及武藝，亦或領兵出戰。

[2]馬步都指揮使：官名。即馬步軍都指揮使。唐、五代侍衛
親軍或方鎮馬步軍長官， 授潞州馬步都指揮使：宋代夏竦《文莊
集》卷三一《奉和御製讀五代梁史》：“初授潞州步軍都指揮使。”
《牛存節墓誌》：“授潞州都指揮使，轉階金紫，加秩司空，知邢
州事。”

[3]法令嚴整：《新五代史》卷二二《牛存節傳》同，明本
《册府》卷三四六作“法令之整”，《宋本册府》卷四一二《將帥
部·得士心門》作“發令嚴整”。

[4]金紫光禄大夫：官名。本兩漢光禄大夫。魏晉以後，光禄
大夫之位重者，加金章紫綬，因稱金紫光禄大夫。北周、隋爲散
官。唐貞觀後列入文散官。正三品。 左衙步軍指揮使：官名。
唐、五代方鎮步軍統兵官。

[5]團練使：官名。唐代中期以後，於不設節度使的地區設團
練使，掌本區各州軍事。

[6]長直：部隊番號。 “時州兵纔及二百人”至“七日不能
克而去”：《輯本舊史》卷二六《唐武皇紀下》天祐三年（906）正
月條：“天祐三年正月，魏博既殺牙軍，魏將史仁遇據高唐以叛，
遣人乞師於武皇，武皇遣李嗣昭率三千騎攻邢州以應之，遇汴將牛
存節、張筠於青山口，嗣昭不利而還。”《宋本册府》卷一八七
《閏位部·勳業門五》天祐三年四月條：“是時晉人圍邢州，刺史牛
存節堅壁固守，帝遣符道昭帥師救之，晉人乃遁去。”《通鑑》卷
二六五天祐三年四月丙午條：“先是，仁遇求救於河東及滄州，李
克用遣其將李嗣昭將三千騎攻邢州以救之。時邢州兵纔二百，團練
使牛存節守之，嗣昭攻七日不克。全忠遣右長直都將張筠將數千騎
助存節守城，筠伏兵於馬嶺，擊嗣昭，敗之，嗣昭遁去。”時州兵

纔及二百人，《宋本册府》卷三八六《將帥部·褒異門一二》、卷四〇〇《將帥部·固守門二》同，明本《册府》卷三四六作"時州兵未及二百人"。并軍急攻，《宋本册府》卷四〇〇同，句下明本《册府》卷三四六有"之"字。

[7]罷郡：中華書局本有校勘記："原作'罷軍'，據《册府》卷三四六改。"

[8]元帥府左都押衙：官名。"押衙"即"押牙"。唐、五代時期節度使辟署的屬官，有稱左、右都押衙或都押衙者。掌領方鎮儀仗侍衞、統率軍隊。參見劉安志《唐五代押牙（衙）考略》，武漢大學歷史系魏晋南北朝隋唐史研究室編《魏晋南北朝隋唐史資料》第 16 輯，武漢大學出版社 1998 年版。

[9]右千牛衞上將軍：官名。唐置，掌宮禁宿衞。唐代置十六衞，即左右衞、左右驍衞、左右武衞、左右威衞、左右領軍衞、左右金吾衞、左右監門衞、左右千牛衞，各置上將軍，從二品；大將軍，正三品；將軍，從三品。

[10]排陣使：官名。唐節度使所屬武官中有排陣使，五代後梁以後設於諸軍，爲先鋒之職。參見王軼英《中國古代排陣使述論》，《西北大學學報》2010 年第 6 期。　以存節爲行營馬步軍都排陣使：《新五代史》卷二二《牛存節傳》作"爲行營排陣使"，《牛存節墓誌》作"以公爲排陣使"。

　　開平二年二月，自右監門衞上將軍轉右龍虎統軍，駐留洛下。[1]是歲，王師敗於上黨，[2]晋人乘勝進迫澤州，州城將陷。河南留守張全義召存節謀，[3]遂以本軍及右龍虎、羽林等軍往應接上黨。師至天井關，[4]存節謂諸將曰："是行也，雖不奉詔旨，然要害之地，[5]不可致失。"時晋人新勝，其鋒甚盛，存節引衆而前，銜枚夜至澤州，適遇守埤者已縱火鼓噪，以應外軍，刺史保

衙城，[6]不知所爲。存節纔入，晉軍已至矣，乃分布守
禦。晉軍四面攻鬬，開地道以入城，存節亦以隧道應
之，逆戰于地中，晉軍不能進。又以勁弩射之，中者人
馬皆洞，經十三日，晉軍死傷者甚衆，焚營而退，郡以
獲全，[7]太祖屢歎賞之。五月，遷左龍虎統軍、充六軍
馬步都指揮使。[8]十月，授絳州刺史。

[1]右監門衛上將軍：官名。唐代十六衛之一。掌宮禁宿衛。
從二品。　右龍虎統軍：官名。五代後梁禁衛部隊右龍虎軍統兵
官。　洛下：即洛陽。

[2]上黨：即潞州。治所在今山西長治市。

[3]河南：府名。治所在今河南洛陽市。　留守：官名。古代
皇帝出巡或親征時指定親王或大臣留守京城，綜理國家軍事、行
政、民事、財政等事務，稱京城留守。在陪都或軍事重鎮也常設留
守，以地方長官兼任。　張全義：人名。濮州臨濮（今山東鄄城
縣）人。唐末將領，後降於諸葛爽。傳見本書卷六三、《新五代
史》卷四五。

[4]天井關：關隘名。位於今山西澤州縣南太行山上。

[5]然要害之地：《新五代史》卷二二《牛存節傳》作“然澤
州要害”，《武經總要後集》卷一五《守城門》作“然澤州要地”，
《通鑑》卷二六六開平二年（908）五月辛未條作“澤州要害地”。

[6]衙城：又稱牙城。唐、五代藩鎮主帥所居之城。　刺史保
衙城：中華書局本有校勘記：“‘刺史’下《武經總要後集》卷一五
有‘王班’二字。本書卷二七《唐莊宗紀》一敍其事云：‘周德威
乘勝攻澤州，刺史王班登城拒守。’”見《武經總要後集》卷一
五、《輯本舊史》卷二七《唐莊宗紀一》天祐五年五月條。

[7]郡以獲全：《舊五代史考異》：“案：存節自潞州行營入爲統
軍，留駐洛下，其後夾城之敗，存節未嘗在軍中也。《歐陽史》迺

云：晉兵已破夾城，存節以餘兵歸，行至天井關，還救澤州。《通鑑考異》已辨其誤。"見《新五代史·牛存節傳》、《通鑑》卷二六六開平二年五月辛未條《考異》。

[8]六軍：既泛指皇帝的禁衛軍，又指唐代所置左右神武天騎、左右羽林、左右龍武等六軍，稱"北衙六軍"。《周禮·夏官·司馬》："凡制軍，萬有二千五百人爲軍。王六軍。"　五月遷左龍虎統軍、充六軍馬步都指揮使：明本《册府》卷二〇五《閏位部·巡幸門》開平二年九月乙丑條："乙丑，六軍統軍牛存節、黄文靖各領所部將士赴行在。"《新五代史·牛存節傳》："遷左龍虎統軍、六軍都指揮使。"《通鑑》卷二六六開平二年五月壬辰條："帝賞牛存節全澤州之功，以爲六軍馬步都指揮使。"五月，中華書局本有校勘記："按《牛存節墓誌》繫其事於四月。"

　　三年四月，除鄜州留後。[1]六月，劉知俊以同州叛，尋授同州留後，未幾，加檢校太保、同州節度使。[2]乾化二年，加檢校太傅，進封開國公。存節戒嚴軍旅，常若敵至。先是，州中井水鹹苦，人不可飲，及并人、岐人來迫州城，[3]或以爲兵士渴乏，[4]陷在旦夕。存節乃肅拜虔祝，擇地鑿八十餘井，其味皆甘淡，由是人馬汲濯有餘，衆以爲至誠之感。[5]自八月至三年春末，人馬未嘗釋甲，以至寇退。尋加同平章事，詔赴闕。末帝召慰勉，賞賜甚厚。[6]十一月，加開府儀同三司，食邑一千戶，授鄆州節度使。[7]四年，加淮南西北面行營招討使，[8]控扼淮澨，邊境安之。

　　[1]鄜州：州名。治所在今陝西富縣。　三年四月，除鄜州留後：《通鑑》卷二六七開平三年（909）四月己未條："以絳州刺史

牛存節爲保大節度使。"按，保大軍節度使，領鄜、坊等州。

[2]"六月"至"加檢校太保、同州節度使"：《新五代史》卷
二二《牛存節傳》："同州劉知俊叛，奔鳳翔，乃遷存節匡國軍節度
使。"《通鑑》卷二六八乾化元年（911）三月己酉條："岐王募華
原賊帥溫韜以爲假子，以華原爲耀州，美原爲鼎州。置義勝軍，以
韜爲節度使，使帥邠、岐兵寇長安。詔感化節度使康懷貞、忠武節
度使牛存節以同華、河中兵討之。己酉，懷貞等奏擊韜於車度，
走之。"

[3]及并人、岐人來迫州城：《通鑑》卷二六八乾化二年九月
壬申條："康懷貞等與忠武節度使牛存節合兵五萬屯河中城西，攻
之甚急。晉王遣其將李存審、李嗣肱、李嗣恩將兵救之，敗梁兵于
胡壁。"

[4]或以爲兵士渴乏：中華書局本有校勘記："'或'，《册府》
卷三九八作'咸'。"見《宋本册府》卷三九八《將帥部·冥
助門》。

[5]"存節乃肅拜虔祝"至"衆以爲至誠之感"：《輯本舊史》
之案語："《夏竦集》引《薛史》作存節鑿八十餘井，味皆甘淡，病
渴具消。疑引《薛史》而稍有移易也。"夏竦《文莊集》卷三一
《奉和御製讀五代梁史》："存節乃肅拜虔祝，擇地鑿八十餘井，味
皆甘淡，以爲至誠之感，病渴且消。""甘淡"，《宋本册府》卷三
九八作"甘冷"。

[6]"尋加同平章事"至"賞賜甚厚"：《宋本册府》卷三八六
《將帥部·褒異門一二》："三年，加同平章事。詔赴闕，末帝召見
慰勉，賞賜甚厚。"

[7]開府儀同三司：官名。曹魏始置，隋、唐時爲散官之最高
官階，多授功勳重臣。從一品。　　食邑：即封地、封邑。食邑之
名，蓋取受封者不之國，僅食其租稅之意。　　食邑一千户：《宋本
册府》卷三八六同，中華書局本有校勘記："《牛存節墓誌》：'乾化
二年，加太傅，進國公，邑千户。明年春，加同平章事，十一月加

開府儀同三司，增邑二千户。'"

[8]行營招討使：武官名。自後梁至後周均設行營招討使，負責地方征討招撫之事。掌管區域較大而且主官資深者，則委以諸道行營都招討使和副都招討使，否則爲行營招討使和副招討使。

其冬，蔣殷據徐州逆命，存節方以大衆戍潁州，得殷逆謀，密以上聞，遂奉詔與劉鄩同討之，頓於埇上。[1]淮賊朱瑾以兵救殷，[2]距宿之兩舍，聞存節兵大至，即委糧棄甲而遁，竟平徐州。[3]詔加太尉。[4]夏中病渴且瘠，[5]屬河北用軍，末帝令率軍屯陽留以張劉鄩之勢。[6]存節忠憤彌篤，未嘗言病，料敵治戎，旦夕愈厲。病革，詔歸汶陽，[7]翌日而卒。[8]將終，戒其子知業、知讓等以忠孝，[9]言不及他。册贈太師。

[1]蔣殷：人名。即王殷。河中節度使王重盈養子。後梁太祖時官至宣徽院使。朱友珪篡位稱帝，被任爲徐州節度使。末帝時拒不免官，兵敗自殺。傳見本書卷一三、《新五代史》卷四三。 埇上：地名。指符離縣。治所在今安徽宿州市埇橋區。

[2]朱瑾：人名。宋州下邑（今河南夏邑縣）人。唐末軍閥。傳見《新五代史》卷四二。

[3]"其冬"至"竟平徐州"：《輯本舊史》卷八《梁末帝紀上》乾化四年（914）九月、貞明元年（915）春條："九月，徐州節度使王殷反。時朝廷以福王友璋鎮徐方，殷不受代，乃下詔削奪殷在身官爵，仍令却還本姓蔣，便委友璋及天平軍節度使牛存節、開封尹劉鄩等進軍攻討。是時，蔣殷求救於淮南，楊溥遣大將朱瑾率衆來援，存節等逆擊，敗之。貞明元年春，牛存節、劉鄩拔徐州，逆賊蔣殷舉族自燔而死，於火中得其屍，梟首以獻。"《新五代

史》卷三《梁末帝紀》乾化四年四月丁丑、貞明元年正月條："四年夏四月丁丑，貶于兗爲萊州司馬。武寧軍節度使蔣殷反，天平軍節度使牛存節討之。貞明元年春正月，存節克徐州。"《通鑑》卷二六九乾化四年九月、十月條："帝以福王友璋爲武寧節度使。前節度使王殷，友珪所置也，懼，不受代，叛附於吳；九月，命淮南西北面招討應接使牛存節及開封尹劉鄩將兵討之。冬，十月，存節等軍于宿州。吳平盧節度使朱瑾等將兵救徐州，存節等逆擊，破之，吳兵引歸。"同卷貞明元年二月條："二月，牛存節等拔彭城，王殷舉族自焚。"

　　[4]太尉：官名。與司徒、司空並爲三公，唐後期、五代多爲大臣、勳貴加官。正一品。　詔加太尉：《輯本舊史·梁末帝紀上》貞明元年三月辛酉條："三月辛酉朔，以天平軍節度副大使、知節度事、兼淮南西北面行營招討應接等使、檢校太傅、同平章事牛存節爲檢校太尉，加食邑一千户，賞平徐之功也。"

　　[5]痟（xiāo）：消渴症。　夏中病渴且痟：《宋本册府》卷三七四《將帥部·忠門五》作"夏中病渴至痟"。

　　[6]陽留：地名。又稱楊劉。位於今山東東阿縣。　末帝令率軍屯陽留以張劉鄩之勢：《輯本舊史》之案語："陽留即楊劉，見《通鑑考異》。又考《李存進碑》作楊留，蓋地名通用。"見《通鑑》卷二六九貞明元年五月條《考異》。李存進碑，原作"李重進碑"，《全唐文》卷八四〇《後唐招討使李存進墓碑》有"楊留初下，渡口是防"語，按《輯本舊史》卷五三《李存進傳》云存進本姓孫，名重進，景福中，唐武皇賜姓名李存進，天祐十四年從攻楊劉，李重進爲後周臣，《宋史》卷四八四有傳，未提楊劉事，輯者誤將"存"作"重"，故改之。《通鑑》卷二六九貞明元年五月條："帝聞魏博叛，大悔懼，遣天平節度使牛存節將兵屯楊劉，爲鄩聲援。會存節病卒，以匡國節度使王檀代之。"

　　[7]汶陽：縣名。治所在今山東泰安市。　詔歸汶陽：《新五代史》卷二二《牛存節傳》作"召歸京師"。

[8]翌日而卒：《輯本舊史·梁末帝紀上》貞明元年五月條載牛存節薨。《太平廣記》卷四五九《蛇門四》引《玉堂閒話》牛存節條："梁牛存節鎮鄆州，於子城西南角大興一第。因板築穿地，得蛇一穴，大小無數。存節命殺之，載于野外，十數車載之方盡。時有人云：'此蛇藪也。'是歲，存節疽背而薨。"《牛存節墓誌》："公以梁太祖帝乾化五年夏六月十九日薨于鄆。輟朝三日。命兵部侍郎崔昭愿、都官員外郎柳瑗簡册鹵簿，贈太師，諡曰威。享年六十有三。"

[9]知業：人名。即牛知業。牛存節之子。曾任房州刺史、右羽林軍統軍。事見本書卷九。　知讓：人名。即牛知讓。牛存節之子。本書僅此一見。　戒其子知業、知讓等以忠孝："戒"，《宋本册府》卷三七四作"屬"。《輯本舊史》卷八《梁末帝紀》中貞明四年十二月乙巳條："以前房州刺史牛知業爲右羽林統軍。"《牛存節墓誌》："公有子四人：長曰知業，梁寧州刺史；次曰知讓，晋吏部郎中；次曰知謙；次曰知訓。長女度爲尼，次女適清河張漢貂。"《牛知業墓誌》："公諱知業，字子英。"該墓誌詳録牛知業生平，録之於次："公始以父任爲殿頭，以從太師征伐有功，時初立馬前都充馬前第三都頭，稍轉控鶴都虞候。太師授同州節度使，太祖召公謂曰：'朕聞孝於家則忠於國，爾常在我左右，我備諳爾忠勤。以爾父子久别，想多鬱戀，朕欲成孝敬而厚人倫，俾爾奉温清而居職位，今授爾同州馬步軍都指揮使。'公于是舞蹈稱謝，感恩泣下。太祖撫背而遣之。太師移鎮汶陽，轉補鄆州衙内都指揮使。太師招討東南，詔公留統州事，無何屯兵陽留。復命太師爲招討，忽以疽發於背，數日而終。時衙兵有青衫子都竊圖不軌，欲陷府城。公脱衰裳披金革，號令而攻，逆黨盡戮。飛奏上聞，優詔褒飾，授起復雲麾將軍、使持節房州諸軍事、房州刺史。越二年，授右羽林統軍，俄充開西行營步軍都指揮使，獨領衙隊千人首下寧州，幕府上功，授寧州刺史。當賊兵勢挫，城將不守，逆魁命其徒縱火焚□衙署略盡，公之始至，出家財而構焉。未幾，以脚瘡請退。詔許歸

闕。肩輿即路，至于灞橋漸覺羸頓，以其日終于公館，時龍德三年四月六日也，享年四十四。初娶孟氏早逝，生子曰宗嗣，東頭供奉官。後娶蕭氏，封蘭陵縣君，生子曰宗德，累官至閤門使，出爲永興軍節度副使，今爲彰武軍節度副使。次曰宗諫，累爲令長。公以戎副在內職，曰贈右衛上將軍。”

存節武鷙慷慨，有大節，野戰壁守，皆其所長，威名聞於境外，[1]深爲末帝所重，[2]而木强忠厚，有賈復之風焉。[3]《永樂大典》卷八千八百六十一。[4]

[1]“存節武鷙慷慨”至“威名聞於境外”：明本《册府》卷三九三《將帥部·威名門二》：“牛存節，開平中爲鄆州節度使。慷慨有大節，野戰壁守，皆其所長，威名聞於境外。”夏竦《文莊集》卷三一《奉和御製讀五代梁史》：“武鷙有大節，威名聞于敵境。”

[2]深爲末帝所重：《宋本册府》卷三七四《將帥部·忠門五》作“深爲時所重”。

[3]賈復：人名。南陽冠軍（今河南鄧州市西北）人。爲東漢光武帝信用的部將。傳見《後漢書》卷一七。

[4]《大典》卷八八六一“牛”字韻“姓氏（二）”事目。

王檀

王檀，字衆美，京兆人也。[1]曾祖泚，唐左金吾衛將軍、隴州防禦使。[2]祖曜，定難功臣、渭橋鎮遏使。[3]父環，鴻臚卿，以檀貴，累贈左僕射。[4]檀少英悟，美形儀，好讀兵書，洞曉韜略。唐中和中，[5]太祖鎮大梁，檀爲小將。四年，汴將楊彥洪破巢將尚讓、李讜於尉氏門外，[6] 檀在戰中，摧鋒陷陣，遂爲太祖所知，稍蒙擢用。[7] 預破蔡賊於斤溝、汜河、八角，[8] 遷踏白都副將。[9]

[1]京兆：府名。治所在今陝西西安市。

[2]沚：人名。即王沚。事跡不詳。 隴州：州名。治所在今陝西隴縣。 防禦使：官名。唐代始置，設有都防禦使、州防禦使兩種。常由刺史或觀察使兼任，實際上爲唐代後期州或方鎮的軍政長官。

[3]曜：人名。即王曜。事跡不詳。 渭橋：漢、唐時長安渭水上修建的橋梁。參見辛德勇《古代交通與地理文獻研究》，商務印書館 2018 年版。 鎮遏使：官名。軍鎮長官。掌軍鎮防守工作。

[4]環：人名。即王環。事跡不詳。 鴻臚卿：官名。秦稱典客，漢初改大行令，漢武帝時改大鴻臚，北齊置鴻臚寺，以鴻臚寺卿爲主官，後代沿置。掌四夷朝貢、宴飲賞賜、送迎外使等禮儀活動。從三品。 左僕射：官名。秦始置。隋、唐前期，以左、右僕射佐尚書令總理六官、綱紀庶務；如不置尚書令，則總判省事，爲宰相之職。唐後期多爲大臣加銜。從二品。

[5]中和：唐僖宗李儇年號（881—885）。

[6]楊彥洪：人名。籍貫不詳。唐末、五代將領。事見《通鑑》卷二五五。 巢：人名。即黃巢。曹州冤句（今山東菏澤市）人。唐末農民起義領袖。傳見《舊唐書》卷二〇〇下、《新唐書》卷二二五下。 尚讓：人名。黃巢部將，後被時溥所殺。事見《舊唐書》卷二〇〇下、《新唐書》卷二二五下。 李讜：人名。河中臨晉（今山西臨猗縣）人。五代後梁將領。傳見本書卷一九。 尉氏門：城門名。位於今河南開封市。因南通尉氏縣而名。

[7]“四年”至“稍蒙擢用”：亦見《宋本册府》卷三九六

《將帥部·勇敢門三》，唯《册府》無"四年"二字。

[8]澭河：地名。位於今安徽亳州市。　八角：地名。即八角鎮。位於今河南開封市。

[9]踏白都副將：官名。所部統兵將領。踏白爲部隊番號。《新五代史》卷二三《王檀傳》作："遷踏白副指揮使。"

　　光啓二年，[1]從胡真擊淮西之衆，[2]解河陽之圍。蔡賊張存敢乘亂據洛陽，[3]檀與勇士數十人潛入賊栅，邀其輜重，存敢遁走。胡真至陝州，開通貢路，遣檀攻玉山寨，降賊帥石令殷。[4]從擊秦宗賢於鄭州西北河灘之上，於太祖馬前射賊將孫安，應弦而斃。[5]三年，佐都指揮使朱珍敗徐戎於孫師陂，[6]獲其將孫用和、束詡以獻。[7]從擊蔡賊於板橋，偏將李重胤追賊馬蹄，[8]爲蔡人所擒，[9]檀奪取而旋，獲賊將薛注。[10]太祖破朱瑾於劉橋，[11]檀盡收其軍實。

[1]光啓：唐僖宗李儇年號（885—888）。

[2]胡真：人名。江陵（今湖北荆州市）人。後梁朱温部將。傳見本書卷一六。　淮西：地區名。唐中後期指淮河以西及以南一帶。詳見楊文春《"淮西"地名考釋》，《首都師範大學學報》2013年第4期。

[3]張存敢：人名。籍貫不詳。唐末將領。本書僅此一見。

[4]玉山寨：地名。今地不詳。　石令殷：人名。籍貫不詳。唐末軍閥。本書僅此一見。

[5]秦宗賢：人名。籍貫不詳。唐末將領。事見本書卷一六、卷二〇、卷二一。《宋本册府》卷三九六《將帥部·勇敢門三》作"秦賢"。　孫安：人名。籍貫不詳。唐末將領。本書僅此一見。

“蔡賊張存敢乘亂據洛陽”至“應弦而斃”：《宋本册府》卷三九六：“蔡賊張存敢乘亂據洛陽，檀與勇士數十人潛入賊栅，邀其輜重，存敢遁走。檀初爲汴小將，從擊秦賢於鄭州西北河灘之上，於太祖馬前射賊將孫安，應弦而斃。”

[6]朱珍：人名。徐州豐（今江蘇豐縣）人，後梁朱温部將。傳見本書卷一九、《新五代史》卷二一。　孫師陂：地名。今地不詳。

[7]孫用和、束詡：人名。籍貫不詳。唐末將領。本書僅此一見。

[8]李重胤：人名。宋州下邑（今河南夏邑縣）人。唐末將領。傳見本書卷一九。

[9]爲蔡人所擒：句上《大典》卷六八五〇引《五代薛史》有“僅”字。

[10]薛注：人名。籍貫不詳。唐末將領。本書僅此一見。

[11]劉橋：地名。位於今山東鄆城縣。

　　文德元年三月，[1]討羅弘信，[2]敗魏人於内黄，檀獲其將周儒、邵神劍以歸，[3]補衝山都虞候。[4]是歲，與諸軍平蔡州。明年，佐朱珍大破時溥之衆，檀獲賊將何肱，[5]改左踏白馬軍副將。預征兖、鄆，累立戰功。大順元年，從龐師古渡淮深入，討孫儒之亂，奪邵伯堰，破高郵軍。[6]檀奮命擊賊，刃傷左臂。未幾，遷順義都將。[7]天復中，從太祖率四鎮之師圍鳳翔，以迎昭宗。屢立戎効，遷左踏白指揮使。從攻王師範於青丘，[8]檀以偏師收復密郡，[9]遂權知軍州事，[10]充本州馬步軍都指揮使，尋表授檢校右僕射，[11]守密州刺史。郡接淮戎，舊無壁壘，乃率丁夫修築羅城，[12]六旬而畢，居民賴之，加檢校司空。

[1]文德元年三月：中華書局本有校勘記：“‘三月’，《册府》卷三八六作‘二月’。”見《宋本册府》卷三八六《將帥部·褒異門一二》。

[2]羅弘信：人名。魏州貴鄉（今河北大名縣）人。唐末、五代軍閥。傳見《舊唐書》卷一八一、《新唐書》卷二一〇。

[3]周儒、邵神劍：人名。籍貫不詳。唐末、五代將領。本書僅此一見。

[4]衡山都虞候：官名。即衡山軍都虞候。爲唐末、五代時期衡山軍的統兵官。衡山，《宋本册府》卷三八六、《大典》卷六八五〇引《五代薛史》同；《輯本舊史》之案語：“原本作‘衡山’，今從《歐陽史》改正。”見《新五代史》卷二三《王檀傳》。

[5]何肱：人名。籍貫不詳。唐末、五代將領。本書僅此一見。

[6]邵伯堰：地名。位於今江蘇揚州市。 高郵：縣名。治所在今江蘇高郵市。

[7]順義：方鎮名。治所在耀州（今陝西銅川市耀州區）。

[8]青丘：地名。位於今山東廣饒縣。中華書局本有校勘記：“‘青丘’，原作‘青州’，據孔本、《永樂大典》卷六八五〇引《五代薛史》、《册府》卷三八六改。”見《宋本册府》卷三八六、《大典》卷六八五〇。

[9]密郡：指密州。治所在今山東諸城市。 檀以偏師收復密郡：《舊五代史考異》：“案《永陽志》云：張訓守密州刺史，朱全忠至青州，訓謂諸將曰：‘汴人將至，何以禦之？’諸將請焚城大掠而歸。訓曰：‘不可。’乃封府庫，植旗幟於城上，遣羸弱居前，自以精兵殿其後而去。全忠遣王檀攻密州，數日乃敢入城。”《通鑑》卷二六四天復三年（903）七月壬子條：“全忠遣左踏白指揮使王檀攻密州，既至，望旗幟，數日乃敢入城；見府庫城邑皆完，遂不復

追。訓全軍而還。全忠以檀爲密州刺史。”“收”,《宋本册府》卷三八六無。

[10]權知軍州事:官名。州行政長官。

[11]尋表授檢校右僕射:中華書局本有校勘記:“‘右’,《册府》卷三八六同。《永樂大典》卷六八五〇引《五代薛史》作‘左’。”見《宋本册府》卷三八六、《大典》卷六八五〇,《册府》卷三八六無“尋”字。

[12]乃率丁夫修築羅城:《大典》卷六八五〇同,中華書局本有校勘記:“‘丁’字原闕,據《御覽》卷二五八引《五代史·梁書》、《册府》卷六九六補。”見《太平御覽》卷二五八《職官部·良刺史門下》、《宋本册府》卷六九六《牧守部·修武備門》。《宋本册府》卷三八六作“乃築羅城”。

開平二年六月,授邢州保義軍節度使、檢校司徒。[1]三年,加檢校太保,充潞州東北面行營招討使。[2]乾化元年正月,王景仁與晉人戰於柏鄉,王師敗績,河朔大震。景仁餘衆爲虜騎所追,[3]檀戒嚴設備,[4]應接敗軍,助以資裝,獲濟者甚衆。俄而晉軍大至,重圍四合,土山地穴,晝夜攻擊,太祖憂之。檀密上表,[5]請駕不親征,[6]而悉力枝梧,竟全城壘。三月,以功就加檢校太傅、同平章事。七月,又加開府儀同三司、檢校太尉,[7]進封琅琊郡王,[8]命宣徽使趙殷衡齎詔慰諭,[9]賜絹千疋、銀千兩,賞守禦邢州之功也。庶人友珪借位,授鄧州宣化軍節度使、檢校太尉、兼侍中。[10]

[1]邢州保義軍:方鎮名。治所在邢州(今河北邢臺市)。

[2]充潞州東北面行營招討使:中華書局本有校勘記:“‘東北

面’,《册府》卷四一四同,《册府》卷三八六、《新五代史》卷二《梁本紀》、《通鑑》卷二六七作‘東面’。”見《宋本册府》卷四一四《將帥部·赴援門》、卷三八六《將帥部·襃異門一二》,《新五代史》卷二《梁太祖紀下》開平三年(909)九月丁未條,《通鑑》卷二六七開平三年九月丁未條;《新五代史》卷二三《王檀傳》、《大典》卷六八五○引《五代薛史》亦作“東北面”。

[3]景仁餘衆爲虜騎所追:“虜”原作“敵”,據《宋本册府》卷四一四、《大典》卷六八五○引《五代薛史》改。

[4]檀戒嚴設備:“戒”字原闕,據《宋本册府》卷四一四、《大典》卷六八五○補。《通鑑》卷二六七乾化元年(911)正月丁亥條:“保義節度使王檀嚴備,然後開城納敗卒,給以資糧,散遣歸本道。”

[5]檀密上表:《宋本册府》卷四○○《將帥部·固守門二》同。中華書局本有校勘記:“《册府》卷三八六同,《永樂大典》卷六八五○引《五代薛史》無‘密’字。”見《宋本册府》卷三八六、《大典》卷六八五○。

[6]請駕不親征:《宋本册府》卷四○○同,《宋本册府》卷三八六無“親”字。

[7]又加開府儀同三司、檢校太尉:《宋本册府》卷三八六無“又”字。

[8]進封琅琊郡王:《宋本册府》卷三八六無“進封”二字。《宋本册府》卷一九六《閏位部·封建門》乾化元年七月條:“七月(按,“月”原誤作“年”),封保義節度使王檀爲瑯邪郡王。”

[9]宣徽使:官名。唐後期置。宣徽院的長官,初用宦官,五代以後改用士人。掌内諸司及三班内侍之名籍,郊祀、朝會、宴享供帳之儀,應内外進奉,悉檢視名物,用其印。 趙殷衡:人名。籍貫不詳。唐末、五代官員。本書僅此一見。

[10]鄧州宣化軍:方鎮名。治所在鄧州(今河南鄧州市)。侍中:官名。秦始置。隋、唐前期爲門下省長官。唐後期多爲大臣

加銜，不參與政務，實際職務由門下侍郎執行。正二品。

　　末帝即位，移授許州匡國軍節度使，[1]加檢校太師。五年，蔡州刺史王彦温作亂，[2]檀受詔討平之，加兼中書令。貞明元年三月，魏博軍亂。六月，[3]晋王入魏州，分兵收下屬郡，[4]河北大擾，檀受詔與開封尹劉鄩犄角進師，以援河北。檀攻澶州、魏縣，[5]下之，擒賊將李巖、王門關以獻。[6]頃之，檀密疏請以奇兵西趣河中，自陰地關襲取晋陽，[7]末帝許之，即馳兵而去。二年二月，師至晋陽，晝夜急攻其壘，并州幾陷。既而蕃將石家才自潞州以援兵至，[8]檀引軍大掠而還。[9]尋授天平軍副大使、知節度事，[10]充鄆、齊、曹等州觀察等使。

　　[1]許州匡國軍：方鎮名。後梁改忠武軍置。治所在許州（今河南許昌市）。　移授許州匡國軍節度使：《宋本册府》卷三八六《將帥部·褒異門一二》作“移授許州節度”。
　　[2]王彦温：人名。籍貫不詳。唐末、五代將領。事見本書本卷、卷二三。
　　[3]六月：《宋本册府》卷三六九無。
　　[4]收下：《宋本册府》卷三六九作“攻下”。
　　[5]魏縣：縣名。治所在今河北魏縣。
　　[6]李巖：人名。籍貫不詳。唐末、五代將領。事見本書本卷、卷二八。《舊五代史考異》：“案：《通鑑考異》引《莊宗實録》作李嚴。”見《通鑑》卷二六九貞明元年（915）七月條《考異》。王門關：人名。籍貫不詳。唐末、五代將領。事見本書本卷、卷七〇。中華書局本有校勘記：“原作‘王開關’，據《永樂大典》卷六八五〇引《五代薛史》、《册府》（宋本）卷三六九改。影庫本粘

籤：'"開關"，原本作"門關"，今據《歐陽史》改正。'按今檢《新五代史》未記此人。"《通鑑》卷二六九貞明元年五月條云，天平軍節度使牛存節病卒，以匡國節度使王檀代之。同年八月條載，王檀與賀瓌攻澶州，拔之，執李巖，送東都。 "貞明元年三月"至"擒賊將李巖、王門關以獻"：亦見《宋本冊府》卷三六九《將帥部‧攻取門二》。

[7]河中：府名。治所在今山西永濟市。 陰地關：關隘名。位於今山西靈石縣西南。 晉陽：縣名。治所在今山西太原市。

[8]石家才：人名。又名石君立。趙州昭慶（今河北隆堯縣）人。五代將領。傳見本書卷六五。

[9]"頃之"至"檀引軍大掠而還"：亦見《宋本冊府》卷三六九，唯《冊府》卷三六九無"二年二月"四字。《輯本舊史》卷八《梁末帝紀上》、明本《冊府》卷二一七《閏位部‧交侵門》貞明二年二月條云，帝命許州節度使王檀等率師自陰地關抵晉陽，急攻其壘，不克而旋。《輯本舊史》卷二八《唐莊宗紀二》天祐十三年二月條："是月，梁主遣別將王檀率兵五萬，自陰地關趨晉陽，急攻其城，昭義李嗣昭遣將石嘉才率騎三百赴援。時安金全、張承業堅守於內，嘉才救援於外，檀懼，乃燒營而遁，追擊至陰地關。時劉鄩敗於莘縣，王檀遁於晉陽，梁主聞之曰：'吾事去矣！'"《通鑑》卷二六九貞明二年二月辛丑條："匡國節度使王檀密疏請發關西兵襲晉陽，帝從之，發河中、陝、同華諸鎮兵合三萬，出陰地關，奄至晉陽城下，晝夜急攻；城中無備，發諸司丁匠及驅市人乘城拒守，城幾陷者數四，張承業大懼。代北故將安金全退居太原，往見承業曰：'晉陽根本之地，若失之，則大事去矣。僕雖老病，憂兼家國，請以庫甲見授，爲公擊之。'承業即與之。金全帥其子弟及退將之家得數百人，夜出北門，擊梁兵於羊馬城內；梁兵大驚，引卻。昭義節度使李嗣昭聞晉陽有寇，遣牙將石君立將五百騎救之；君立朝發上黨，夕至晉陽。梁兵扼汾河橋，君立擊破之，徑至城下大呼曰：'昭義侍中大軍至矣。'遂入城。夜，與安金全等分

出諸門擊梁兵，梁兵死傷什二三。詰朝，王檀引兵大掠而還……帝聞劉鄩敗，又聞王檀無功，歎曰：‘吾事去矣！’”

[10]天平軍：方鎮名。治所在鄆州（今山東東平縣）。　副大使：官名。指節度副大使。方鎮中僅次於節度使之使職，如持節，則位同於節度使。　知節度事：官名。方鎮實際掌權者。中華書局本有校勘記：“‘節度’下原有‘使’字，據《永樂大典》卷六八五〇引《五代薛史》刪。”見《大典》卷六八五〇。

　　先是，檀招誘群盜，選其勁悍者置於帳下，以爲爪牙。至是，數輩竊發，突入府第，檀素不爲備，遂爲所害，時年五十一。[1]節度副使裴彥聞變，[2]率府兵盡擒諸賊，州城帖然。尋册贈太師，謚曰忠毅，[3]葬於開封縣之皐門原。[4]有子六人，皆升朝列。《永樂大典》卷六千八百五十。[5]

　　[1]“先是”至“時年五十一”：《輯本舊史》卷八《梁末帝紀上》貞明二年（916）九月己卯條：“己卯，天平軍節度副大使、知節度事、檢校太師、兼中書令、瑯琊郡王王檀薨。”《通鑑》卷二六九貞明二年九月己卯條：“天平節度使兼中書令琅邪忠毅王王檀，多募群盜，置帳下爲親兵，己卯，盜乘檀無備，突入府殺檀。節度副使裴彥帥府兵討誅之，軍府由是獲安。”“五十一”，《舊五代史考異》：“案：《歐陽史》作五十八。”見《新五代史》卷二三《王檀傳》。

　　[2]節度副使：官名。唐、五代方鎮屬官。位於行軍司馬之下、判官之上。　裴彥：人名。籍貫不詳。五代後梁官員。事見本書本卷。

　　[3]謚曰忠毅：《輯本舊史》之影庫本粘籤：“忠毅，原本作‘思毅’，今從《册府元龜》改正。”檢《册府》未見此説，《新五

代史·王檀傳》、《大典》卷六八五〇引《五代薛史》作“忠毅”，《通鑑》卷二六九貞明二年九月己卯條作琅邪忠毅王王檀。

[4]開封縣：縣名。治所在今河南開封市祥符區。 皋門原：地名。位於今河南開封市祥符區。

[5]《大典》卷六八五〇“王”字韻“姓氏（三五）”事目。

史臣曰：夫大都偶國，《春秋》所非。當師厚之據鄴城也，縮敷萬之甲兵，擅六州之輿賦，名既震主，勢亦滔天。逮其喪亡，須議分割，由茲以失河朔，[1]因是以啓晉人，《詩》所謂“誰生厲階”者，師厚之謂歟！存節、王檀俱出身事主，抵力圖功。觀其方略，皆將帥之良者也。《永樂大典》卷六千八百五十。[2]

[1]由茲以失河朔：“由”，《大典》卷六八五〇《五代薛史》作“猶”。

[2]《大典》卷六八五〇“王”字韻“姓氏（三五）”事目。

舊五代史　卷二三

梁書二十三

列傳第十三

劉鄩

　　劉鄩，密州安丘縣人也。[1]祖綏，密州户掾，累贈左散騎常侍。[2]父融，安丘令，累贈工部尚書。[3]鄩幼有大志，好兵略，涉獵史傳。唐中和中，事青州節度使王敬武爲小校。[4]敬武卒，三軍推其子師範爲留後，[5]朝廷命崔安潛鎮青州，[6]州人拒命。棣州刺史張蟾將襲師範，[7]師範遣都指揮使盧弘攻棣州，[8]弘反與蟾通，僞旋軍以襲師範。師範知之，設伏兵以迎弘，既而享之，先誡鄩曰：“弘至即斬之。”鄩如約，斬弘於座上，同亂者皆誅之。師範以鄩爲馬步軍副都指揮使，[9]攻下棣州，殺張蟾，朝廷因授師範平盧軍節度使。[10]光化初，師範表鄩爲登州刺史。[11]歲餘，移刺淄州，[12]署行軍司馬。[13]

[1]密州：州名。治所在今山東諸城市。　安丘縣：縣名。治所在今山東安丘市。

[2]户掾：官名。指州司户參軍。掌本州屬縣之户籍、賦税、倉庫受納等事。上州從七品下，中州正八品下，下州從八品下。左散騎常侍：官名。門下省屬官。掌侍奉規諷，備顧問應對。正三品下。

[3]工部尚書：官名。尚書省工部主官。掌百工、屯田、山澤之政令。正三品。

[4]中和：唐僖宗李儇年號（881—885）。　青州：州名。治所在今山東青州市。　節度使：官名。唐時在重要地區所設掌握一州或數州軍、民、財政的長官。　王敬武：人名。青州（今山東青州市）人。唐末將領。傳見《新唐書》卷一八七。　“鄩幼有大志”至“事青州節度使王敬武爲小校”：亦見於《宋本册府》卷三八八《將帥部·儒學門》。

[5]師範：人名。即王師範。青州（今山東青州市）人。唐末、五代軍閥。傳見本書卷一三、《新五代史》卷四二。　留後：官名。唐、五代節度使多以子弟或親信爲留後，以代行節度使職務，亦有軍士、叛將自立爲留後者。掌一州或數州軍政。

[6]崔安潛：人名。清河武城（今山東武城縣）人。唐末大臣。傳見《舊唐書》卷一七七、《新唐書》卷一一四。《輯本舊史》之影庫本粘籤：“崔安潛，原本作“守潛”，今從《新唐書》改正。”見《舊唐書》卷一八七《王敬武傳》。

[7]棣州：州名。治所在今山東惠民縣。　刺史：官名。漢武帝時始置。州一級行政長官，總掌考覈官吏、勸課農桑、地方教化等事。唐中期以後，節度、觀察使轄州而設，刺史爲其屬官，職任漸輕。從三品至正四品下。　張蟾：人名。籍貫不詳。唐末將領。事見本書本卷、卷一三，《新五代史》卷四二。

[8]都指揮使：官名。唐末、五代軍隊多置都指揮使、指揮使，爲統兵將領。　盧弘：人名。籍貫不詳。唐末將領。事見本書卷一

三、《新五代史》卷四二。

[9]馬步軍副都指揮使：官名。馬步軍副長官。

[10]平盧軍：方鎮名。治所在青州（今山東青州市）。 "敬武卒"至"朝廷因授師範平盧軍節度使"：據《舊唐書》卷二〇上《昭宗紀》，王敬武卒於龍紀元年（889）十月己未朔。又《通鑑》卷二五八龍紀元年十月條："平盧節度使王敬武薨；子師範，年十六，軍中推爲留後，棣州刺史張蟾不從。詔以太子少師崔安潛兼侍中，充平盧節度使。蟾迎安潛至州，與之共討師範。"同書卷二五八大順二年（891）三月乙亥條載："王師範遣都指揮使盧弘擊棣州刺史張蟾，弘引兵還攻師範，師範使人以重賂迎之，曰：'師範童駿，不堪重任，願得避位，使保首領，公之仁也。'弘以師範年少，信之，不設備；師範密謂小校安丘劉鄩曰：'汝能殺弘，吾以汝爲大將。'弘入城，師範伏甲而享之，鄩殺弘於座及其黨數人。師範慰諭士卒，厚賞重誓，自將以攻棣州，執張蟾，斬之；崔安潛逃歸京師。師範以鄩爲馬步都指揮使。詔以師範爲平盧節度使。"

[11]光化：唐昭宗李曄年號（898—901）。 登州：州名。治所在今山東蓬萊市。

[12]移刺淄州：改任淄州刺史。

[13]行軍司馬：官名。出征將領及節度使的屬官。掌軍籍符伍，號令印信，是藩鎮重要的軍政官員。 移刺淄州，署行軍司馬：《宋本册府》卷三六七《將帥部·機略門七》："劉鄩，唐末爲淄州刺史、淄青行軍司馬。"明本《册府》卷四一七《將帥部·德義門》："梁劉鄩，唐末刺淄州，署行軍司馬。"

天復元年，[1]昭宗幸鳳翔，[2]太祖率四鎮之師奉迎於岐下。[3]李茂貞與内官韓全誨矯詔徵天下兵入援，[4]師範覽詔，慷慨泣下，遣腹心乘虛襲取太祖管内州郡。所在同日竊發，其事多泄，唯鄩以偏師陷兖州，遂據其郡。[5]初，鄩遣細人詐爲鬻油者，覘兗城内虛實及出入之所，視羅城下一水竇可以引衆而入，遂誌之。[6]鄩乃告師範，請步兵五百，宵自水竇銜枚而入，一夕而定，軍城晏然，市民無擾。[7]太祖命大將葛從周攻之。[8]時從周爲節度使，領兵在外，州城爲鄩所據，家屬悉在城中。鄩善撫其家，移就外第，供給有禮，升堂拜從周之母。及從周攻城，鄩以板輿請母登城，母告從周曰："劉將軍待我甚至，不異於兒，新婦已下，並不失所。劉將軍與爾各爲其主，爾其察之。"從周歔欷而退。[9]鄩料簡城中老疾及婦人浮食百姓不足與守者，[10]悉出之於外，與將士同甘苦，分衣食，以抗外軍，戢兵禁暴，居人泰然。[11]從周攻圍既久，鄩無外援，人情稍有去就之意。一日，節度副使王彦溫踰城而奔，[12]守陴者從之而逸，鄩之守兵禁之不可，鄩即遣人從容告彦溫曰：[13]"請副使少將人出，非素遣者請勿帶行。"又揚言於衆曰："素遣從副使行者即勿禁，其擅去者族之。"守民聞之皆惑，[14]奔逸者乃止。外軍聞之，果疑彦溫有姦，即戮之於城下，自是軍城遂固。[15]及王師範兵力漸窘，從周以禍福諭鄩，俾之革面，鄩報曰："俟青州本使歸降，即以城池還納。"[16]天復三年十一月，師範告降，且言先差行軍司馬劉鄩領兵入兗州，請釋其罪，亦以告鄩，鄩即出城聽命。[17]太祖嘉其節槩，以爲有李英公之風。[18]

[1]天復：唐昭宗李曄年號（901—904）。

[2]昭宗：即唐昭宗李曄，888年至904年在位。紀見《舊唐

書》卷二〇上、《新唐書》卷一〇。　鳳翔：方鎮名。治所在鳳翔府（今陝西鳳翔縣）。

　　[3]太祖：即後梁太祖朱温。紀見本書卷一至卷七。　岐下：地名。指鳳翔。治所在今陝西鳳翔縣。

　　[4]李茂貞：人名。深州博野（今河北蠡縣）人。唐末、五代軍閥。傳見本書卷一三二、《新五代史》卷四〇。　韓全誨：人名。籍貫不詳。唐末宦官。傳見《新唐書》卷二〇八。

　　[5]兗州：州名。治所在今山東濟寧市兗州區。　“天復元年”至“遂據其郡”：《宋本册府》卷三七四《將帥部·忠門五》：“梁王師範初仕唐，天復元年爲青州節度使。其年冬，李茂貞劫遷車駕幸鳳翔，韓全誨矯詔加罪於太祖，令方鎮出師赴難。詔至青州，師範承詔泣下，曰：‘吾輩天子籓籬，君父有難，略無奮力者，皆强兵自衛，縱賊如此，使上失守宗祧，危而不持，是誰之過，吾今日成敗以之。’乃發使通楊行密，遣將劉鄩襲兗州，别將襲齊、棣。時太祖方圍鳳翔，師範遣將張居厚部興夫二百，言有獻於太祖，至華州東城，守將婁敬思疑其有異，剖興視之，乃兵仗也，居厚等因大呼殺敬思，聚衆攻西城。時崔胤在華州，遣部下閉關距之，遂遁去。是日，劉鄩下兗州，河南數十郡同日發，太祖遣朱友寧討之。”此事亦見《輯本舊史》卷一三《王師範傳》。明本《册府》卷四一七《將帥部·德義門》：“及韓全誨矯詔徵天下兵，鄩以偏師陷兗州，一夕而定，軍城晏然，市民無擾。”

　　[6]細人：間諜。　羅城：古代爲加强防守，在城墻外加建的凸出形小城圈，即城外環墻。　水竇：水道。

　　[7]“鄩遣細人詐爲鬻油者”至“一夕而定”：亦見於《宋本册府》卷三六七《將帥部·機略門七》。“覘兗城内虛實及出入之所”，《册府》無“内”字。“鄩乃告師範”，《册府》作“鄩乃告青帥王師範”。《通鑑》卷二六三繫此事於天復三年（903）正月條：劉鄩“先遣人爲販油者入城，詗其虛實及兵所從入；丙午，鄩將精兵五百夜自水竇入，比明，軍城悉定，市人皆不知”。《舊五代

史考異》：“案《金華子》云：鄠以大竹藏兵仗。與《薛史》異。”

軍城晏然，市民無擾：《舊五代史考異》：“案《金華子》云：鄠入據子城，甲兵精銳，城內人皆束手，莫敢旅拒。加以州將悍，人情不附，鄠因而撫治，民皆安堵。”

[8]葛從周：人名。濮州鄄城（今山東鄄城縣）人。唐末、五代將領。傳見本書卷一六、《新五代史》卷二一。　太祖命大將葛從周攻之：《輯本舊史》之案語：“《金華子》作兗帥張姓，疑傳聞之誤。”

[9]板輿：又稱步輿，一種人抬的代步工具。　“太祖命大將葛從周攻之”至“從周歔欷而退”：亦見於明本《册府》卷四一七《將帥部·德義門》。《通鑑》卷二六四天復三年十月丁丑條：“葛從周急攻兗州，劉鄠使從周母乘板輿登城，謂從周曰：‘劉將軍事我不異於汝，新婦輩皆安居，人各爲其主，汝可察之。’從周歔欷而退，攻城爲之緩。”《新輯會證》：“《金華子雜編》卷下：劉鄠本事販鬻。王氏既承昭皇密詔，會諸道將伐朱氏，乃遣鄠偷取兗州。鄠乃詐爲回圖軍將，於兗州置邸院，日催傭夫數百詣青州，潛遇健卒，僞白衣，逐晨就役，夜即留寓於密室，如是數月間，得敢死之士千餘人。又於大竹內藏兵仗入，監門皆不留意。既而迎曉突入州，據其甲仗庫。時兗州節度使姓張，統師伐河北，鄠既入據子城，甲兵精銳，城內人皆束手，莫敢旅拒。加以州將素無恩信於衆，鄠諭以將爲順舉，戢御嚴明，雞犬無撓，軍庶悅伏。青州益師又至，兼招誘武勇，不日衆逾數萬。張氏家族在州，供備逾於其舊，張帥有母，鄠端簡候問，備晨昏之敬，加以容止重厚，見者畏而敬之。俄而張帥聞變，回師圍城。張母登陴呼其子而語之曰：‘我今雖在城內，與汝隔絶，而劉司空晨夕端笏問我起居，其餘燕雀莫敢誼雜，汝切不可無禮於他。’由是張頓兵緩攻青州，聽命於梁。圍解，鄠乃歸降梁。梁太祖得鄠大喜，累用征伐，皆獲殊勳，平魏府後，遂爲梁氏元帥，威名顯於北朝矣。”　“升堂拜從周之母”，《新輯會證》：“《文苑英華》卷四一九有錢珝《泰寧軍節度使

葛從周母廣平郡太君宋氏進封廣平郡太夫人制》。"

[10]料簡：清理，挑選。

[11]居人泰然：《宋本册府》卷四〇〇《將帥部·固守門二》下有"太祖命大將葛"六字。

[12]節度副使：官名。唐、五代方鎮屬官。位於行軍司馬之下、判官之上。 王彥溫：人名。籍貫不詳。唐末將領。事見本書本卷、卷二二。

[13]鄩即遣人從容告彥溫曰："即"，《宋本册府》卷四〇〇作"則"。

[14]惑：《宋本册府》卷四〇〇作"感"。

[15]"鄩料簡城中老疾及婦人浮食百姓不足與守者"至"自是軍城遂固"：亦見於《宋本册府》卷四〇〇。《通鑑》卷二六四天復三年十月丁丑條："鄩悉簡婦人及民之老疾不足當敵者出之，獨與少壯者同辛苦，分衣食，堅守以扞敵；號令整肅，兵不爲暴，民皆安堵。久之，外援既絕，節度副使王彥溫踰城出降，城上卒多從之，不可遏。鄩遣人從容語彥溫曰：'軍士非素遣者，勿多與之俱。'又遣人徇於城上曰：'軍士非素遣從副使而敢擅往者，族之！'士卒皆惶惑不敢出。敵人果疑彥溫，斬之城下，由是衆心益固。"

[16]"及王師範兵力漸窘"至"即以城池還納"：亦見於《宋本册府》卷三八八《將帥部·有禮門》。"俾之革面"，《册府》同，《輯本舊史》之影庫本粘籤："革面，原本作'薰面'，今據文改正。"

[17]"天復三年十一月"至"鄩即出城聽命"：《舊五代史考異》："案：劉鄩叛附于梁，《新唐書·昭宗紀》作十月丁丑，與《薛史》作十一月異。"見《新唐書》卷一〇《昭宗紀》天復三年十月丁丑條。《新輯會證》："《北夢瑣言》卷一七：王師範之鎮青州，以部將劉鄩竊據兗州。先是，汴將葛從周鎮於是邦，因出征，劉鄩將圖兗也，詐爲茶商，苞苴鎧甲，大起店肆，剖巨木藏兵仗而入。竊發之日，得其徒千人，據其府舍，升堂拜從周之母，仍以禮

待其妻子，子弟職掌妻孥供億如常。俄而從周攻其城，梯轒雲合。鄩以板輿請從周母登城，諭從周曰：'劉將軍待我不異於兒，新婦已下，並不失所。'從周在城下歔欷，即時退舍。及青州兵敗，師範納款，梁祖遣使諭鄩。鄩曰：'臣知王公修好，與梁國通盟，但臣本受王公之命，保有州城，一旦見其勢窮，擅命不顧，非盡心於所事也。僕俟王公之命，俛首非晚。'至是師範諭之，方以城歸。梁祖多其義，超擢非次，官至方鎮，為梁之名將。"見《北夢瑣言》卷一七劉鄩忠于舊主條。《通鑑》卷二六四亦繫於天復三年十月丁丑條。然《舊唐書》卷二○上《昭宗紀》天復三年十一月丁酉條："十一月丁酉朔，王師範以青州降楊師厚，全忠復令師範知青州事。邠州、鳳翔兵士逼京畿。汴軍屯河中。青州牙將劉鄩以兗州降葛從周，稟師範命也。"《宋本册府》卷一八七《閏位部·勳業門五》亦載：天復三年，"十一月丁酉，青將劉鄩舉兗州來降。鄩，王師範之將也，師範令竊據兗州。久之，及聞師範降，鄩乃歸命"。《宋本册府》卷三八八未言時間，作"師範告降從周即出城聽命"，似誤。

[18]李英公：即李勣。曹州離狐（今河南濮陽市）人。唐朝大臣。傳見《舊唐書》卷六七、《新唐書》卷九三。　以為有李英公之風：《舊五代史考異》："案：原本訛'殷公'，考《新唐書》李勣封英國公，今改正。"見《新唐書》卷九三《李勣傳》。

　　鄩既降，[1]從周具行裝服馬，請鄩歸大梁。[2]鄩曰："未受梁王捨釋之旨，[3]乘肥衣裘，非敢聞命。"即素服跨驢而發。[4]及將謁見，太祖令賜冠帶，鄩曰："縲囚負罪，請就繫而入。"太祖不許。及見，慰撫移時，且飲之酒，鄩以量小告太祖，太祖曰："取兗州，量何大耶！"旋授元從都押牙。[5]太祖牙下諸將，皆四鎮舊人，鄩一旦以羈旅之臣，驟居眾人之右，及與諸將相見，並用階庭之禮，太祖尤奇重之。未幾，表爲鄜州留後。[6]

[1]鄆既降：中華書局本有校勘記：“‘既’，原作‘即’，據殿本、《册府》卷三八八改。”

[2]大梁：地名。指開封（今河南開封市）。

[3]梁王：指朱温。唐僖宗封朱温爲梁王。

[4]素服：本色或白色的衣服。

[5]都押牙：官名。“押牙”即“押衙”。唐、五代時期節度使辟署的屬官，有稱左、右都押衙或都押衙者。掌領方鎮儀仗侍衛、統率軍隊。參見劉安志《唐五代押牙（衙）考略》，武漢大學歷史系魏晉南北朝隋唐史研究室編《魏晉南北朝隋唐史資料》第16輯，武漢大學出版社1998年版。　“鄆既降”至“旋授元從都押牙”：亦見於《宋本册府》卷三八八《將帥部·有禮門》。“鄆以量小告太祖”，《册府》闕“太祖”二字；“旋”，《册府》作“尋”。《舊唐書》卷二〇上《昭宗紀》天復三年（903）十一月丁酉條：“全忠嘉之，署爲元帥府都押衙，權知鄜州留後事。”《宋本册府》卷一八七《閏位部·勳業門五》：“帝以鄆善事其主，待之甚優，尋署爲元帥府都押牙，權知鄜州留後。”《通鑑》卷二六四天復三年十月丁丑條：“從周爲具齎裝，送鄆詣大梁。鄆曰：‘降將未受梁王寬釋之命，安敢乘馬衣裘乎！’乃素服乘驢至大梁。全忠賜之冠帶，辭；請囚服入見，不許。全忠慰勞，飲之酒，辭以量小。全忠曰：‘取兗州，量何大邪！’以爲元從都押牙。”

[6]鄜州：州名。治所在今陝西富縣。此處指保大軍。　“太祖牙下諸將”至“表爲鄜州留後”：《舊唐書·昭宗紀》、《宋本册府》卷一八七均載劉鄆權知鄜州留後。《通鑑》卷二六四天復三年十月丁丑條：“是時四鎮將吏皆功臣、舊人，鄆一旦以降將居其上，諸將具軍禮拜於廷，鄆坐受自如，全忠益奇之；未幾，表爲保大留後。”該條胡注：“保大軍鄜州，以捍李茂貞。”

是時，邠、岐之衆，[1]屢寇其境，鄩禦捍備至，太祖以其地遠，慮失鄩，即令棄郡引軍屯於同州。[2]天祐二年二月，授右金吾衛大將軍，充街使。[3]三年正月，太祖授元帥之任，以鄩爲元帥府都押牙，執金吾如故。開平元年，授右金吾上將軍，充諸軍馬步都指揮使。[4]其年秋，與諸將征潞州，遷檢校司徒。[5]三年二月，轉右威衛上將軍，依前諸軍馬步都虞候。五月，改左龍武統軍，[6]充侍衛親軍馬步軍都指揮使。[7]

[1]邠：指邠寧軍李繼徽（楊崇本）勢力。　岐：此處指岐王李茂貞勢力。

[2]同州：州名。治所在今陝西大荔縣。　“是時”至“即令棄郡引軍屯於同州”：《通鑑》卷二六五繫此事於天祐元年（904）六月條：“李茂貞、王建、李繼徽傳檄合兵以討朱全忠；全忠以鎮國節度使朱友裕爲行營都統，將步騎擊之；命保大節度使劉鄩棄鄜州，引兵屯同州。”

[3]天祐：唐昭宗李曄開始使用的年號（904）。唐哀帝李柷即位後沿用（904—907）。唐亡後，河東李克用、李存勗仍稱天祐，沿用至天祐二十年（923）。五代其他政權亦有行此年號者，如南吳、吳越等，使用時間長短不等。　右金吾上將軍：官名。唐置，掌宮禁宿衛。唐代置十六衛，即左右衛、左右驍衛、左右武衛、左右威衛、左右領軍衛、左右金吾衛、左右監門衛、左右千牛衛，各置上將軍，從二品；大將軍，正三品；將軍，從三品。明本《册府》作“授右衛上將軍”。　街使：官名。掌巡查京城六街。　充街使：《舊唐書》卷二〇下《哀帝紀》天祐二年二月壬辰條載制以劉鄩“充右街使”。

[4]馬步都指揮使：官名。即馬步軍都指揮使。五代時侍衛親

軍之長官。多爲皇帝親信。

　　[5]潞州：州名。治所在今山西長治市。　檢校司徒：官名。爲散官或加官，以示恩寵，無實際執掌。

　　[6]左龍武統軍：官名。唐置六軍，分左右羽林、左右龍武、左右神武等，即“北衙六軍”。興元元年（784），六軍各置統軍，以寵勳臣。其品秩，《唐會要》卷七一、《舊唐書》卷一二記載爲從二品，《通鑑》卷二二九記載爲從三品。

　　[7]侍衛親軍馬步軍都指揮使：官名。五代時侍衛親軍長官。多爲皇帝親信。　“開平元年”至“充侍衛親軍馬步軍都指揮使”：亦見於《宋本册府》卷三八六《將帥部·襃異門一二》。

　　其年夏，同州劉知俊反，引岐人襲據長安，分兵扼河、潼。[1]太祖幸陝，命鄩西討，即奪取潼關，[2]擒知俊弟知浣以獻，[3]遂引兵收復長安，知俊棄郡奔鳳翔。太祖以鄩爲佑國、同州軍兩使留後，尋改佑國軍爲永平軍，[4]以鄩爲節度使、檢校司徒、行大安尹、金州管内觀察使。[5]是時，西鄙未寧，密邇寇境，鄩練兵撫衆，獨當一面。四年，加檢校太保、同平章事。[6]庶人友珪篡位，加檢校太傅。[7]

　　[1]劉知俊：人名。徐州沛縣（今江蘇沛縣）人。五代將領。傳見本書卷一三、《新五代史》卷四四。　河：水名。黃河。　潼：關隘名。指潼關。位於今陝西潼關縣。

　　[2]即奪取潼關：中華書局本有校勘記：“‘奪’，原作‘奮’，據《册府》卷三六〇、卷三八六改。”

　　[3]陝：州名。治所在今河南三門峽市陝州區。　知浣：人名。即劉知浣。徐州沛縣（今江蘇沛縣）人。唐末將領。事見本書

卷四。

[4]佑國軍、永平軍：方鎮名。治所在大安府（今陝西西安市）。

[5]大安尹：府名。五代後梁改京兆府（今陝西西安市）爲大安府。長官爲大安府尹。　金州：州名。治所在今陝西安康市。觀察使：官名。又稱觀察處置使。唐肅宗乾元元年（758）停諸道採訪處置使、黜陟使而置，掌考察州縣官吏政績，後兼理民事、軍事，並兼刺史。宋朝諸州沿置，有實任與遙領之別；後多用爲武臣及宗室寄禄官。

[6]同平章事：官名。“同中書門下平章事”的簡稱。唐高宗以後，凡實際任宰相之職者，常在其本官後加同平章事的職銜。後成爲宰相專稱。　“其年夏”至“加檢校太保、同平章事”：亦見於《宋本册府》卷三六〇《將帥部·立功門一三》、卷三八六《將帥部·褒異門一二》。“太祖以鄩爲佑國同州軍兩使留後”，《册府》兩處均無“同州”二字。密邇寇境，《册府》卷三六〇同，卷三八六無。《通鑑》卷二六七開平三年（909）六月庚申條：“以劉鄩權佑國留後”。

[7]友珪：人名。即朱友珪。朱温次子，後勾結韓勍殺朱温。傳見《舊五代史》卷一二、本書卷一三。　庶人友珪篡位加檢校太傅：亦見於《宋本册府》卷三八六。

乾化三年正月，丁内艱，[1]友珪命起復視事。末帝即位，[2]尤深倚重。明年夏，詔鄩歸闕，授開封尹，[3]遙領鎮南軍節度使。[4]旋屬晋人寇河朔，[5]鄩奉詔與魏博節度使楊師厚禦之而退。[6]九月，徐州節度使蔣殷據城叛。[7]時朝廷以福王友璋鎮徐方，[8]殷不受代，末帝遣鄩與鄆帥牛存節率兵攻之。[9]殷求援於淮夷，僞吳楊溥遣大將朱瑾領衆赴援，[10]鄩逆擊破之。貞明元年春，[11]城

陷，殷舉族自燔，於火中得其尸，梟首以獻，詔加檢校
太尉。[12]

[1]乾化：後梁太祖朱温年號（911—912），末帝朱友貞沿用
（913—915）。　丁内艱：丁母憂。

[2]末帝：即朱友貞。後梁皇帝，913 年至 923 年在位。乾化
三年（913）發動政變，誅殺朱友珪，即皇帝位。後唐軍渡河進逼
開封，末帝勢窮自殺。後梁遂亡。紀見本書卷八、《新五代史》
卷三。

[3]開封尹：官名。五代除後唐外均定都開封，因置開封府尹。
執掌京師政務。從三品。

[4]遥領：雖居此官職，然實際上並不赴任。　鎮南軍：方鎮
名。治所在洪州（今江西南昌市）。　“末帝即位”至“遥領鎮南
軍節度使”：亦見於《宋本册府》卷三八六《將帥部・褒異門一二》。

[5]晉人：指李存勗勢力。　河朔：地區名。泛指黄河以北
地區。

[6]魏博：方鎮名。治所在魏州（今河北大名縣）。　楊師厚：
人名。潁州斤溝（今安徽太和縣阮橋鎮斤溝村）人。唐末、五代將
領。傳見本書卷二二、《新五代史》卷二三。

[7]徐州：州名。治所在今江蘇徐州市。此處指武寧軍。　蔣
殷：人名。即王殷。河中節度使王重盈養子。後梁太祖時官至宣徽
院使。朱友珪篡位稱帝，被任爲徐州節度使。末帝時拒不免官，兵
敗自殺。傳見本書卷一三、《新五代史》卷四三。

[8]友璋：人名。即朱友璋。宋州碭山（今安徽碭山縣）人。
後梁太祖朱温第五子，封福王。傳見本書卷一二。　徐方：指
徐州。

[9]鄆：州名。治所在今山東東平縣。此處指天平軍。

[10]淮夷：此處代指楊吳政權。　楊溥：人名。五代十國吳睿

帝，後禪位於徐知誥。傳見本書卷一三四、《新五代史》卷六一。

朱瑾：人名。宋州下邑（今河南夏邑縣）人。唐末軍閥。傳見本書卷一三、《新五代史》卷四二。

[11] 貞明：後梁末帝朱友貞年號（915—921）。

[12]“九月”至“詔加檢校太尉”：《宋本册府》卷三六九《將帥部·攻取門二》：“會蔣殷據徐州以叛，朝廷以福王友璋鎮徐方，殷不授代。末帝遣鄩與鄆帥牛存節率兵攻之，殷求援於淮夷，僞吳楊溥遣大將朱瑾領衆赴援，鄩逆擊破之。城陷，殷舉族自燔，於火中得其尸，梟首以獻。”《宋本册府》卷三八六：“九月，徐州蔣殷叛，鄩與鄆師牛存節率兵攻擊破之，梟殷首以獻，詔加檢校太尉。”《通鑑》卷二六九乾化四年（914）條：“以福王友璋爲武寧節度使。前節度使王殷，友珪所置也，懼，不受代，叛附於吳；九月，命淮南西北面招討應接使牛存節及開封尹劉鄩將兵討之。冬，十月，存節等軍于宿州。吳平盧節度使朱瑾等將兵救徐州，存節等逆擊，破之，吳兵引歸。”同卷貞明元年（915）二月條：“牛存節等拔彭城，王殷舉族自焚。”

三月，魏博楊師厚卒，朝廷分相、魏爲兩鎮，遣鄩率大軍屯南樂，以討王鎔爲名。[1] 既而魏軍果亂，囚節度使賀德倫，送款於太原。[2] 六月，晉王入魏州，[3] 鄩以精兵萬人自洹水移軍魏縣，[4] 晉王來覘，鄩設伏於河曲叢木間，俟晉王至，大譟而進，圍之數匝，殺獲甚衆，晉王僅以身免。[5] 是月，鄩潛師由黃澤西趨太原，[6] 將行，慮爲晉軍所追，乃結蒭爲人，縛旗於上，以驢負之，循堞而行，數日，晉人方覺。軍至樂平，[7] 會霖雨積旬，師不克進，鄩即整衆而旋。[8] 魏之臨清，[9] 積粟之所，鄩引軍將據之，遇晉將周陽五自幽州率兵至，[10] 鄩

乃趨貝州，[11]與晉軍遇於堂邑，[12]鄩邀擊却之，追北五
十餘里，遂軍於莘縣，[13]增城壘，浚池隍，自莘及河，
築甬道以通餉路。[14]

[1]南樂：縣名。治所在今河南南樂縣。　王鎔：人名。回鶻
人。唐末、五代軍閥，朱溫後封趙王。傳見本書卷五四、《新五代
史》卷三九。　“三月”至“以討王鎔爲名”：“朝廷分相”至
“屯南樂”，亦見於《宋本册府》卷三六七《將帥部・機略門七》。
分魏博爲兩鎮之事，明本《册府》卷二一四《閏位部・權略門》：
“末帝貞明初，租庸使趙巖、租庸判官邵贊獻議於帝，曰：‘魏博六
州，精兵數萬，蠹害唐室，百有餘年。羅紹威前恭後倨，太祖每深
含怒。太祖口未屬纊，師厚即肆陰謀，蓋以地廣兵彊，得肆其志，
不如分削，使如身使臂，即無不從也。陛下不以此時制之，寧知後
之人不爲師厚邪？若分割相、魏爲兩鎮，則朝廷無北顧之患矣。’
帝曰：‘善。’詔以平盧軍節度使賀德倫爲天雄軍節度使，遣劉鄩率
兵六萬屯河朔。詔曰：‘分疆裂土，雖賞勳勞；建節屯師，亦從機
便。比者魏博一鎮，巡屬六州，爲河朔之大藩，實國家之巨屏。所
分憂寄，久爲重難，將叶事機，湏期通濟。但緣鎮、定賊境，最爲
魏博親隣；其次相、衛兩州，皆控澤潞山口。兩道並連，於并、晉
分頭，常寇於魏封。既湏日有枝梧，未若俱分節制。免勞兵力，困
奔命於兩途；稍泰人心，俾安居於終日。其相州宜建節爲昭德軍，
以澶、衛兩州爲屬郡，以張筠爲相州節度使。’”事亦見於《通
鑑》卷二六九貞明元年（915）三月己丑條。

[2]賀德倫：人名。後梁將領。其先係河西部落人，後居滑州
（今河南滑縣）。傳見本書卷二一、《新五代史》卷四四。　“既而
魏軍果亂”至“送款於太原”：《通鑑》卷二六九貞明元年三月條：
“魏兵皆父子相承數百年，族姻磐結，不願分徙。德倫屢趣之，應
行者皆嗟怨，連營聚哭。己丑，劉鄩屯南樂，先遣澶州刺史王彥章

將龍驤五百騎入魏州，屯金波亭。魏兵相與謀曰：'朝廷忌吾軍府強盛，欲設策使之殘破耳。吾六州歷代藩鎮，兵未嘗遠出河門，一旦骨肉流離，生不如死。'是夕，軍亂，縱火大掠，圍金波亭，王彥章斬關而走。詰旦，亂兵入牙城，殺賀德倫之親兵五百人，劫德倫置樓上。有效節軍校張彥者，自帥其党，拔白刃，止剽掠。"同年四月條："夏，四月，帝遣供奉官扈異撫諭魏軍，許張彥以刺史。彥請復相、澶、衛三州如舊制。異還，言張彥易與，但遣劉鄩加兵，立當傳首。帝由是不許，但以優詔答之。使者再返，彥裂詔書抵於地，戟手南向詬朝廷，謂德倫曰：'天子愚暗，聽人穿鼻。今我兵甲雖強，苟無外援，不能獨立，宜投款於晋。'遂逼德倫以書求援於晋。"

[3]六月，晋王入魏州：《通鑑》卷二六九貞明元年六月庚寅條："六月，庚寅朔，賀德倫帥將吏請晋王入府城慰勞。既入，德倫上印節，請王兼領天雄軍，王固辭，曰：'比聞汴寇侵逼貴道，故親董師徒，遠來相救；又聞城中新罹塗炭，故暫入存撫。明公不垂鑒信，乃以印節見推，誠非素懷。'德倫再拜曰：'今寇敵密邇，軍城新有大變，人心未安，德倫心腹紀綱爲張彥所殺殆盡，形孤勢弱，安能統衆！一旦生事，恐負大恩。'王乃受之。德倫帥將吏拜賀，王承制以德倫爲大同節度使，遣之官。德倫至晋陽，張承業留之。"

[4]洹水：縣名。治所在今河北魏縣。因境有洹水，故名

[5]"鄩以精兵萬人自洹水移軍魏縣"至"晋王僅以身免"：亦見於《宋本冊府》卷三六七。"鄩以精兵萬人"，"鄩"《冊府》作"尋"。《輯本舊史》之案語："《通鑑》作晋王帥騎馳突，所向披靡，自午至申乃得出，亡其七騎。而《薛史》以爲殺獲甚衆，晋王僅以身免。蓋當時梁、唐二史，各有夸張掩飾，故所紀互異如此。《通鑑》所載，當是據《唐實錄》。"《宋本冊府》卷四四《帝王部·神武門》："莊宗初爲晋王，嘗勞軍於魏縣，因率百餘輕騎循河而上，將覘梁軍。時陰晦未霽，劉鄩率群賊五千伏於河曲叢木

間，伺帝已過，群賊大譟，圍帝數十重，戈稍如林，帝以百騎馳穿其間，左右奮擊，賊稍皆萃於帝，帝躍馬大呼而乘之，梁軍辟易四處，斬十餘級，決圍而出，會援軍至，梁軍遂退。帝顧軍士曰：‘幾爲寇嗤！’軍士咸曰：‘大王神武應天，英才間世，故非殘孽敢犯車塵。今日之事，適令賊見大王之威略耳。’”

[6]黃澤：關隘名。位於今山西左權縣東南。

[7]樂平：地名。位於今山東茌平縣樂平鎮。

[8]“鄩潛師由黃澤西趨太原”至“鄩即整衆而旋”：亦見於《宋本冊府》卷三六七。“鄩潛師由黃澤西趨太原”，“鄩”後《冊府》有“乃”字；“循堞而行”，《冊府》無“行”字。明本《冊府》卷一二五《帝王部·料敵門》載：“天祐十三年，與梁將劉鄩戰于洹水，數日兵不交，寂若無聲。我遣邏騎覘之，無斥候者，摩壘而觀之，則營中有班馬之聲，而無烟火之狀，望其壘烏止於上，又有旗幟循堞往來。覘者還，以事聞，帝曰：‘我聞劉鄩一步百變，營外不見賊軍，必以詭計愒我。’命覘者入其城中，乃以芻爲人，縛旗上，以驢負之，循堞而行，故旗幟嬰城不息。問城中羸老者，曰軍去已二日矣。覘者還以聞。帝曰：‘劉鄩使兵短於決戰，愛乘人不備，謂我大軍一盡於此，料晉陽城内全無備兵，必欲出奇絶我根本。虛營設詐，懼有追兵，計彼行程，纔及山下。’既而有人自賊中來，言劉鄩兵趣黃澤矣。帝遽發奇軍追之。”同書卷三四七《將帥部·佐命門八》：“劉鄩之北趨樂平也，（李）嗣恩襲之，倍程先入晉陽。時城中無備，得嗣恩兵至，人百其勇。鄩聞其先過，乃遁。”《新輯會證》：“《北夢瑣言》卷一七：晉王之入魏博，梁將劉鄩先屯洹水，寂若無人。因令覘之，云城上有旗幟來往。晉王曰：‘劉鄩一步一計，未可輕進。’更令審探。果縛芻爲人，插旗於上，以驢負之，循堞而行，故旗幟嬰城不息。問城中羸老者，曰：‘軍去已二日矣。’果趨黃澤，欲寇太原，以霖潦不克進。其計謀如是。《武經總要後集》卷六：劉鄩圍晉陽，誡衆曰：‘有病者殺而焚之。’三軍咸稱不病。及退，因選精卒殿後而退之。至石會關，留數馬及

旌旗，虚設于高崗之上。晋人疑有伏兵，遂不敢追，時服其謀。《册府元龜》卷三六七以此爲氏叔琮事。"見《北夢瑣言》卷一七縛驢戴旗條、《武經總要後集》卷六疑兵條、《宋本册府》卷三六七。

[9]臨清：縣名。治所在今河北臨西縣。

[10]周陽五：人名。即周德威。朔州馬邑（今山西朔州市朔城區東北）人。唐末、五代河東將領。傳見本書卷五六、《新五代史》卷二五。

[11]貝州：州名。治所在今河北清河縣。　鄩乃趨貝州：中華書局本有校勘記："'趨'，原作'取'，據《册府》卷三九〇、《十七史百將傳》卷一〇改。《通鑑》卷二六九敘其事作'鄩引軍趨貝州'。按時貝州刺史張源德尚爲梁守。"見《宋本册府》卷三九〇、《十七史百將傳》卷一〇《梁劉鄩傳》、《通鑑》卷二六九貞明元年七月條。

[12]堂邑：縣名。治所在今山東冠縣。

[13]莘縣：縣名。治所在今山東莘縣。

[14]"魏之臨清"至"築甬道以通餉路"：明本《册府》卷三四七：天祐十二年"汴將劉鄩自洹水乘虚將寇太原，（周）德威在幽州聞之，徑以五百騎馳入土門，聞鄩軍至樂平不進，德威徑至南宮以候汴軍。初，劉鄩欲據臨清以扼鎮、定轉餉之路，行次陳宋口，德威遣將擒數十人，皆傳刃於背，縶而遣之，既至，謂劉鄩曰：'周侍中已據宗城矣。'德威其夜急騎扼臨清，劉鄩乃入貝州"。《宋本册府》卷三九〇《將帥部·警備門》："劉鄩爲鎮南軍節度使。末帝貞明元年，禦晋人於沿朔，以魏之臨清，積粟所在，引軍將據之，遇將周陽五自幽州率兵至，鄩乃趨貝州，與晋軍遇於堂邑，邀擊却之，追北五十餘里，遂軍於華（莘）縣，增城壘，浚池湟，自華及河築埇道以通餉路。"

八月，末帝賜鄩詔曰："閫外之事，[1]全付將軍。河朔諸州，一旦淪沒，勞師弊旅，患難日滋，退保河壖，久無鬭志。昨東面諸侯，奏章來上，皆言倉儲已竭，飛輓不充，[2]于役之人，每遭擒擄，夙宵軫念，惕懼盈懷。將軍與國同休，當思良畫，如聞寇敵兵數不多，宜設機權，以時剪撲，則予之負荷，無累先人。"鄩奏曰："臣受國深恩，忝茲閫政，敢不枕戈假寐，罄節輸忠！昨者，比欲西取太原，斷其歸路，然後東收鎮冀，解彼連雞，止於旬時，再清河朔。豈期天方稔亂，國難未平，纔出師徒，積旬霖潦，資糧殫竭，軍士札瘥，切慮蒼黃，乖於統攝，乃詢部伍，皆欲旋歸。凡次舍經行，每張犄角，又欲絕其餉道，且據臨清。纔及宗城，[3]周陽五奄至，騎軍馳突，變化如神。臣遂領大軍保於莘縣，深溝高壘，享士訓兵，日夜戒嚴，伺其進取。偵視營壘，兵數極多，樓煩之人，[4]皆能騎射，最爲勍敵，未可輕謀。臣若苟得機宜，焉敢坐滋患難？臣誠心體國，[5]天鑒具明。"[6]末帝又遣使問鄩決勝之策，鄩曰："臣無奇術，但人給糧十斛，盡則破敵。"末帝大怒，讓鄩曰："將軍蓄米，將療饑耶？[7]將破賊耶？"乃遣中使督戰。鄩集諸校而謀曰："主上深居宮禁，未曉兵機，與白面兒共謀，終敗人事。大將出征，君命有所不受，臨機制變，安可預謀。今揣敵人，未可輕動，諸君更籌之。"時諸將皆欲戰，鄩默然。他日，復召諸將列坐軍門，人具河水一器，因命飲之，衆未測其旨，或飲或辭。鄩曰："一器而難若是，滔滔河流，可勝既乎！"衆皆失色。居數日，鄩率萬餘人薄鎮、定之營，時鄩軍奄至，上下騰亂，殺獲甚衆。少頃，晉軍繼至，乃退。[8]

[1]閫外：指統兵在外。閫，特指城郭的門檻。

[2]飛輓：飛芻輓粟的省稱。謂迅速運送糧草。

[3]纔及宗城：《輯本舊史》之影庫本粘籤：“纔及宗城，原本脱‘城’字，今據《通鑑》增入。”

[4]樓煩：中華書局本有校勘記：“原作‘婁煩’，據殿本、劉本、彭校、《册府》卷四五〇改。”

[5]臣誠心體國：中華書局本有校勘記：“‘誠’字原闕，據《册府》卷四五〇補。”

[6]“閫外之事”至“天鑒具明”：亦見於明本《册府》卷四五〇《將帥部·譴讓門》。“奏章來上”，“章”《册府》作“事”；“忝兹”，《册府》作“當思”；“止於旬時”，“旬”《册府》作“此”；“偵視營壘”，《册府》作“偵其營壘”；“臣若苟得機宜焉敢坐滋患難”，《册府》作“臣若苟得機謀，詎敢坐滋患難”；“勍敵”，《册府》作“劫掠”。

[7]療饑：解除饑餓。

[8]“末帝又遣使問鄩決勝之策”至“乃退”：亦見於《宋本册府》卷四五六《將帥部·不和門》。“未曉兵機，與白面兒共謀”，《册府》作“未曉兵家，與白面兒矢謀”；“復召諸將列坐軍門”，“將”《册府》作“校”；“殺獲甚衆”，“衆”《册府》作“多”。同書卷四四三《將帥部·敗衄門三》載：“帝又問鄩決勝之策，鄩奏曰：‘人給糧十斛，盡則破敵。’帝不悦，復遣促戰。鄩召諸將會議，諸將皆欲戰，鄩默然。一日，鄩引軍攻鎮、定之營，彼衆大駭，上下勝亂，俘斬甚衆。”《通鑑》卷二六九貞明元年（915）八月條：“鄩將萬餘人薄鎮、定營，鎮、定人驚擾。晉李存審以騎兵二千横擊之，李建及以銀槍千人助之，鄩大敗，奔還。晉

人逐之，及寨下，俘斬千計。”

二年三月，鄩自莘引軍襲魏州，[1]與晉王戰於故元城，[2]王師敗績，鄩脱身南奔，自黎陽濟河至滑州。[3]尋授滑州節度使，[4]詔屯黎陽。三年二月，晉王悉衆來攻黎陽，鄩拒之而退。及鄩歸闕，再授開封尹，領鎮南軍節度使。其年，河朔失守，朝廷歸咎於鄩，鄩亦不自安，上表避位。九月，落平章事，授亳州團練使。[5]屬淮人寇蔡、潁、亳三郡，[6]鄩奉命渡淮，至霍丘，[7]大殲賊黨。五年，兗州節度使張萬進反，[8]北結晉人爲援，末帝遣鄩攻之，鄩爲兗州安撫制置使。[9]是冬，萬進危蹙，小將邢師遇潛應王師，[10]遂拔其城，梟萬進首以獻。十一月，制授泰寧軍節度使、檢校太尉、同平章事。[11]

[1]鄩自莘引軍襲魏州：“莘”，明本《册府》卷四一七《將帥部·引咎門》作“華縣”。劉鄩襲魏州事，《宋本册府》卷四五《帝王部·謀略門》記載尤詳：“（天祐）十三年二月，（李存勗）與梁將劉鄩相拒于澶州。帝知劉鄩將速戰，乃聲言歸晉陽，誘動其兵。帝令副總管李存審守營，嚴駕如西行之備，實勞軍於貝州。劉鄩覘知，謂帝已歸晉陽，乃令楊延直自澶州率兵萬人會我城下。延直夜半至于南門，城中選士五百持短兵竊出，乘其無備，突入其中，譟聲動地，梁軍自亂，踰垣赴塹，爭相蹋藉。遲明，鄩軍自莘至於城東，與延直殘衆合。劉鄩軍之起也，李存審率兵躡其後。時命明宗典親軍，自魏州出戰，俄而帝自貝州至，與明宗當其前，劉鄩卒見帝軍，懼形于色，曰：‘乃晉王邪！’引軍漸却，帝追之至于故元城西，李存審大軍已成列矣。我師前後爲方陣，賊於其間爲圓

陣，賊四面受敵，初一合擒賊騎軍數百，再合劉鄩引騎軍突西南而走，我騎軍追擊之。賊步兵合戰，短兵既接，我軍鼓譟，圍之數重，埃塵漲天，明宗馳鐵騎千餘突入其間，賊四向披靡，相輔如積，我師四面斬擊，棄甲之聲聞數十里。追討敗衆，皆匿於村園茂樹，登者既衆，其枝殆折，皆命下樹適去，騎軍追及河上，十萬爲群，赴水而死，時賊步軍七萬殲亡殆盡。"

[2]元城：縣名。治所在今河北大名縣。

[3]黎陽：縣名。治所在今河南浚縣。　滑州：州名。治所在今河南滑縣。

[4]"自黎陽濟河至滑州"至"尋授滑州節度使"：亦見於《宋本冊府》卷四五六《將帥部・不和門》。《輯本舊史》卷八《末帝紀上》貞明二年（916）三月己巳條："己巳，制以鄩爲滑州宣義軍節度副大使、知節度事。"明本《冊府》卷四一七《將帥部・引咎門》作"自黎陽濟河至渭州，尋授渭州節度使"。

[5]亳州：州名。治所在今安徽亳州市。《輯本舊史》之影庫本粘籤："亳州，原本作'高州'，今據《歐陽史》改正。"　團練使：官名。唐代中期以後，於不設節度使的地區設團練使，掌本區各州軍事。　"三年二月"至"授亳州團練使"：亦見於明本《冊府》卷四一七《將帥部・引咎門》。"領鎮南軍節度使"，《冊府》作"領南鎮軍節度使"。《輯本舊史》卷九《末帝紀中》貞明三年二月甲申條："二月甲申，晋王攻我黎陽，劉鄩拒之而退。"《通鑑》卷二七〇貞明三年九月條："劉鄩自滑州入朝，朝議以河朔失守責之，九月，落鄩平章事，左遷亳州團練使。"

[6]蔡：州名。治所在今河南汝南縣。　潁：州名。治所在今安徽阜陽市。

[7]霍丘：縣名。治所在今安徽霍邱縣。

[8]張萬進：人名。又名張守進。雲州（今山西大同市）人。唐末、五代將領。傳見本書卷一三。

[9]安撫制置使：官名。唐後期臨時差遣官，爲地方用兵時控

制當地秩序而設。

　　[10]邢師遇：人名。籍貫不詳。五代將領。本書僅此一見。

　　[11]制授：唐朝任命三品以下、五品以上的官職稱爲“制授”。《新唐書‧百官志一》：“五品以上，以名上而聽制授；六品以下，量資而任之。”　泰寧軍：方鎮名。治所在兗州（今山東濟寧市兗州區）。　“五年”至“制授泰寧軍節度使、檢校太尉、同平章事”：《輯本舊史‧末帝紀中》貞明五年三月癸未條：“癸未，制削奪兗州節度使張守進在身官爵，以其叛故也。仍命劉鄩爲兗州管內安撫制置使，領兵以攻之。”同年十月條：“冬十月，晉王復至魏州。是月，劉鄩攻下兗州，擒張守進，夷其族。”同年十一月丁丑條：“十一月丁丑，以兗州安撫制置使、特進、檢校太傅、大彭郡開國公劉鄩爲兗州節度使、開府儀同三司、檢校太尉、同平章事，賞平兗之功也。”《輯本舊史》卷一三《張萬進傳》云：“萬進性既輕險，專圖反側，貞明四年冬，據城叛命，遣使送款於晉王。末帝降制削其官爵，仍復其本名，遣劉鄩討之，晉人不能救。五年冬，萬進危蹙，小將邢師遇潛謀內應，開門以納王師，遂拔其城，萬進族誅。”《通鑑》卷二七〇貞明四年八月己酉條：“泰寧節度使張萬進，輕險好亂。時嬖幸用事，多求賂於萬進，萬進聞晉兵將出，己酉，遣使附晉，且求援。以亳州團練使劉鄩爲兗州安撫制置使，將兵討之。”同書卷二七一貞明五年十月條載：“劉鄩圍張萬進於兗州經年，城中危窘，晉王方與梁人戰河上，力不能救。萬進遣親將劉處讓乞師於晉，晉王未之許，處讓於軍門截耳曰：‘苟不得請，生不如死！’晉王義之，將爲出兵，會鄩已屠兗州，族萬進，乃止。”《新輯會證》：“《岱宗學刊》一九九九年一期刊寧陽神童山龍德元年石刻，中云：‘梁貞明五年，守兗州節度張太尉不順□□□黨畬軍。正月內，有龍來村百姓吳貴籠集人戶，置立山寨。至二月九日，有天軍使劉太尉統領兵軍，馭使結池。’”

　　六年六月，授河東道招討使，[1]與華州尹皓攻取同州。[2]先是，河中朱友謙襲取同州，[3]以其子令德爲留後，[4]表請旄鉞，[5]末帝怒，命鄩討之。[6]其年九月，晋將李嗣昭率師來援，[7]戰於城下，王師不利，敗兵走河南，橋梁陷，溺死者甚衆，鄩以餘衆退保華州羅文寨。[8]先是，鄩與河中朱友謙爲婚家，及王師西討，行次陝州，鄩遣使齎檄與友謙，諭以禍福大計，誘令歸國，友謙不從，如是停留月餘。尹皓、段凝輩素忌鄩，[9]遂搆其罪，言鄩逗留養寇，俾俟援兵，末帝以爲然。及兵敗，詔歸洛，河南尹張宗奭承朝廷密旨，[10]逼令飲酖而卒。[11]時年六十四，詔贈中書令。

　　[1]河東道招討使：官名。爲河東道地區統兵官，掌招撫討伐等事務。

　　[2]華州：州名。治所在今陝西渭南市華州區。　尹皓：人名。籍貫不詳。五代後梁將領。傳見本書附錄。

　　[3]河中：府名。治所在今山西永濟市。　朱友謙：人名。許州（今河南許昌市）人。朱溫養子，唐末、五代軍閥。傳見本書卷六三、《新五代史》卷四五。

　　[4]令德：人名。即朱令德。籍貫不詳。五代後梁將領。事見本書卷九、卷二九。

　　[5]旄鉞：白旄和黄鉞。代指軍權。此處指節度使。

　　[6]“六年六月”至“命鄩討之”：《輯本舊史》卷一〇《末帝紀下》貞明六年（920）六月條：“六月，遣兗州節度使劉鄩、華州節度使尹皓、崇州節度使溫昭圖、莊宅使段凝領軍攻同州。先是，河中朱友謙襲陷同州，節度使程全暉單騎奔京師。友謙以其子令德爲同州留後，表求節旄，不允。既而帝慮友謙怨望，遂命兼鎮

同州。制命將下而友謙已叛，遣使求援於晉，故命將討之。”九月庚寅條。“晉王遣都將李嗣昭、李存審、王建及率師來援同州，戰于城下。我師敗績，諸將以餘衆退保華州羅文寨。”明本《册府》卷四四〇《將帥部·忌害門》：“尹皓爲華州節度使，末帝貞明六年，河東道招討使劉鄩與皓攻取同州。先是，河東朱友謙襲取同州，以其子令德爲留後，表請旄鉞，末帝怒，命鄩討之。晉將李嗣（招）〔昭〕率師來援，戰于城下，王師不利。先是，鄩與河中朱友（珪）〔謙〕爲婚家，及王師西討，行次陝州，鄩遣使齎檄諭友謙以禍福大計，誘令歸國，友謙不從，如是停留月餘。尹皓、段凝董素忌鄩，遂搆其罪，言鄩逗遛養寇，俾候援兵，末帝以爲然。及兵敗，詔河南尹張宗奭承朝廷密旨，逼令飲酖而卒。”劉鄩、尹皓攻同州的時間，《輯本舊史》卷二九《莊宗紀三》、《宋本册府》卷一六六《帝王部·招懷門四》、卷三六七《將帥部·機略門七》，皆作七月，《輯本舊史·末帝紀下》、《通鑑》卷二七一作六月。究其原因，當是因劉鄩爲招懷朱友謙而“停留月餘”，故後梁所出文獻記爲六月，而後唐方面所出則記爲秋七月。

[7]李嗣昭：人名。汾州（今山西汾陽市）人。唐末、五代李克用義子、部將。傳見本書卷五二、《新五代史》卷三六。

[8]羅文寨：地名。位於今陝西渭南市華州區。

[9]段凝：人名。開封（今河南開封市）人。其妹爲朱溫美人，因其妹而爲朱溫親信。後梁將領。傳見本書卷七三、《新五代史》卷四五。

[10]河南尹：官名。唐開元元年（713）改洛州爲河南府，治所在今河南洛陽市，河南府尹總其政務。從三品。　張宗奭：人名。濮州臨濮（今山東鄄城縣臨濮鎮）人。後梁將領。傳見本書卷六三、《新五代史》卷四五。

[11]逼令飲酖而卒：《輯本舊史》之案語：“《通鑑考異》引《莊宗實錄》云：憂恚發病卒。《通鑑》從《薛史》。”見《通鑑》卷二七一龍德元年（921）五月丁亥條及《考異》。《輯本舊史·末

帝紀下》龍德元年五月條載，“兗州節度使、充河東道行營都招討使劉鄩卒”。

子遂凝、遂雍別有傳。《永樂大典》卷一萬八千一百二十六。[1]

[1]《大典》卷一八一二六“將”字韻“五代後梁將（一）”事目。

賀瓌

賀瓌，字光遠，濮陽人也。[1]曾祖延，以瓌貴，贈左監門上將軍。[2]祖華，贈左散騎常侍。[3]父仲元，贈刑部尚書。瓌少倜儻，負雄勇之志，遇世亂入軍。朱瑄爲濮州刺史兼鄆州馬步軍都指揮使，[4]拔爲小將。唐光啟初，[5]鄆州三軍推瑄爲留後，[6]以瓌爲馬步軍都指揮使，表授檢校工部尚書。[7]及瑄與太祖搆隙，瓌受瑄命，數領軍於境上。

[1]濮陽：地名。位於今河南濮陽市。
[2]左監門上將軍：官名。唐代置十六衞之一。掌宮禁宿衞。從二品。
[3]左散騎常侍：官名。門下省屬官。掌侍奉規諷，備顧問應對。正三品下。
[4]朱瑄：人名。一作朱宣。宋州下邑（今河南夏邑縣）人。唐末、五代軍閥，後爲天平軍節度使。傳見《舊唐書》卷一八二、《新唐書》卷一八八、本書卷一三、《新五代史》卷四二。

[5]光啓：唐僖宗李儇年號（885—888）。

[6]唐光啓初，鄆州三軍推瑄爲留後：《輯本舊史》卷一三《朱瑄傳》載：“光啓初，魏博韓允中攻鄆，（曹）全晟爲其所害。瑄據城自固，三軍推爲留後。”《通鑑》卷二五五繫此事於中和二年（881）十月癸丑條後：“韓簡復引兵擊鄆州，節度使曹存實逆戰，敗死。天平都將下邑朱瑄收餘衆，嬰城拒守，簡攻之不下。詔以瑄權知天平留後。”

[7]檢校工部尚書：官名。爲散官或加官，以示恩寵，無實際執掌。

　　乾寧二年十月，太祖親征兖、鄆。十一月，瑄遣瓌與太原將何懷寶率兵萬餘人以援朱瑾，[1]師次待賓館，[2]斷我糧運。太祖偵知之，自中都引軍夜馳百餘里，[3]遲明至鉅野東，[4]與瓌等接戰，兖人大敗。瓌竄於棘塚之上，大呼曰：“我是鄆州都將賀瓌，願就擒，幸勿傷也。”太祖聞之，馳騎至塚前，遂擒之。并獲何懷寶及將吏數十人，徇於兖壁之下，悉命戮之，唯留瓌一人，釋縛，[5]置之麾下，尋署爲教練使，[6]奏授檢校左僕射。瓌感太祖全宥之恩，私誓以身報國。

[1]何懷寶：人名。籍貫不詳。後梁將領。事見本書本卷、卷一、卷一三。

[2]待賓館：地名。今地不詳。《輯本舊史》之影庫本粘籤：“待賓館，原本作‘待實館’，今據《通鑑》改正。”事見《通鑑》卷二六〇乾寧二年（895）十一月庚午條，但未見“待賓館”三字；《新五代史》卷二三《賀瓌傳》言及待賓館。

[3]中都：縣名。治所在今山東汶上縣。

[4]鉅野：縣名。治所在今山東巨野縣。

[5]“十一月”至“釋縛”：《宋本册府》卷一八七《閏位部·勳業門五》：“（乾寧二年）十一月，朱瑄復遣將賀瓌、柳存及蕃將何懷寶等萬餘人以襲曹州，庶解兖州之圍也。帝知之，自兖領軍策馬先路至鉅野南，追而敗之，殺戮將盡，生擒賀瓌、柳存、何懷寶及賊黨三千餘人。是日申時，狂風暴起，塵沙沸湧，帝曰：‘此乃殺人未足耳。’遂下令盡殺所獲囚俘，風亦止焉。翌日，縶賀瓌等以示于兖。帝素知瓌名，乃釋之，惟斬何懷寶於兖城之下，乃班師。”明本《册府》卷九四三《總録部·不誼門》朱瑾條：“乾寧二年春，太祖令大將朱友恭攻瑾，掘塹柵以環之，朱瑄遣將賀瓌及蕃將何懷寶赴援，爲友恭所擒。十一月，瑾從兄齊州刺史瓊以州降，太祖令執賀瓌、懷寶及瓊徇於城下。”按明本《册府》卷九四三將賀瓌誤作“賀環”，據《舊五代史》、《宋本册府》卷一八七改之。《通鑑》卷二六〇乾寧二年十一月條：“朱瑄遣其將賀瓌、柳存及河東將薛（何）懷寶將兵萬餘人襲曹州，以解兖州之圍。瓌，濮陽人也。丁卯，全忠自中都引兵夜追之，比明，至鉅野南，及之，屠殺殆盡，生擒瓌、存、懷寶，俘士卒三千餘人。是日晡後，大風沙塵晦冥，全忠曰：‘此殺人未足耳！’下令所得之俘盡殺之。庚午，縛瓌等徇於兖州城下。”同月辛巳條：“殺柳存、懷寶；聞賀瓌名，釋而用之。”“何懷寶”，《册府》卷一八七、卷九四三同。

[6]教練使：官名。唐末、五代節度使屬官，諸州亦置此職。掌訓練軍士。

天復中，預平青州王師範，以功授曹州刺史、兼先鋒都指揮使，[1]加檢校司空。天祐二年，與楊師厚從太祖平荊、襄，[2]授荊南兩使留後，[3]未幾，徵還，爲行營左廂步軍都指揮使。[4]開平二年十月，授左龍虎軍馬步都指揮使。[5]十二月，改左衛上將軍，[6]充六軍馬步都虞候。[7]三年五月，轉右龍虎統軍，[8]未幾，加檢校司徒、邢州團練使。四年二月，改澤州刺史，充昭義軍節度留後、檢校太保，[9]進封開國侯。乾化二年七月，授相州刺史，[10]尋加檢校太傅，有頃，轉左龍虎統軍。[11]

[1]先鋒都指揮使：官名。先鋒，即先鋒部隊。都指揮使，爲所部統兵將領。

[2]荊：州名。治所在今湖北荊州市。　襄：州名。治所在今湖北襄陽市。

[3]荊南：方鎮名。治所在荊州（今湖北荊州市）。　兩使：節度使、觀察使合稱“兩使”。

[4]“天復中”至“爲行營左廂步軍都指揮使”：亦見於《宋本冊府》卷三八六《將帥部·襃異門一二》。平王師範事，《通鑑》卷二六四繫於天復三年（903）三月至九月。平荊、襄事，《通鑑》卷二六五繫於天祐二年（905）八月至九月，並於九月戊辰條載“全忠以都將賀瓌爲荊南留後”。《宋本冊府》卷一八七《閏位部·勳業門五》：“（天祐二年九月）荊、襄二州平，帝以都將賀瓌權領荊州，楊師厚權領襄州，即表其事。”《通鑑》卷二六五天祐三年十月戊戌條：“武貞節度使雷彥威屢寇荊南，留後賀瓌閉城自守；朱全忠以爲怯，以潁州防禦使高季昌代之。”

[5]左龍虎軍馬步都指揮使：官名。左龍虎軍馬步軍統兵官。左龍虎軍爲禁軍番號。　開平二年十月，授左龍虎軍馬步都指揮使：明本《冊府》卷二一〇《閏位部·明賞門》：“梁太祖開平二年十月，以行營左廂步軍指揮使賀瓌爲左龍虎統軍。”

[6]左衛上將軍：官名。唐代置十六衛之一。掌宮禁宿衛。從二品。

[7]六軍馬步都虞候：官名。五代侍衛親軍馬步軍統兵官，僅次於馬步軍都指揮使、副都指揮使。

[8]右龍虎統軍：官名。五代後梁禁衛部隊右龍虎軍統兵官。

[9]昭義軍：方鎮名。治所在潞州（今山西長治市）。

[10]相州：州名。治所在今河南安陽市。

[11]“乾化二年七月”至“轉左龍虎統軍”：《輯本舊史》之案語：“《歐陽史》：太祖即位，累遷相州刺史。末帝時，遷左龍虎統軍。據《薛史》，瓌遷統軍不繫年月，《歐陽史》特以太祖時左龍虎統軍有袁象先而揣度言之耳。”見《新五代史》卷二三《賀瓌傳》。《通鑑》卷二六九貞明元年（915）八月條：“王檀與昭義留後賀瓌攻澶州，拔之，執李巖，送東都。”

貞明二年，慶州叛，[1]爲李繼陟所據，[2]瓌以本官充西面行營馬步軍都指揮使兼諸軍都虞候，[3]與張筠破涇、鳳之衆三萬，[4]下寧、衍二州。[5]三年秋，慶州平。十二月，瓌以功授滑州宣義軍節度使，[6]依前檢校太傅，加同平章事，[7]尋授北面行營招討使。[8]四年春，晋人取楊劉城據之。八月，瓌與許州節度使謝彦章領大軍營於濮州之行臺村，[9]對壘數月。一日，晋王以輕騎挑戰，瓌與彦章發伏兵奮擊，晋王僅以身免。[10]先是，瓌與彦章不協，是歲冬十二月，復爲諸軍都虞候朱珪所構，瓌乃伏甲士，殺彦章及濮州刺史孟審澄、別將侯温裕等於軍，[11]以謀叛聞。[12]是月，瓌與晋人大戰於胡柳陂，[13]晋人敗績，臨陣斬晋將周陽五。既晡，瓌軍亦敗。[14]五年春正月，晋人城德勝，[15]夾河爲栅。四月，瓌率大軍攻其南栅，以艨艟戰艦阨其中流，[16]晋人斷我艨艟，濟軍以援南栅，瓌退軍於行臺。[17]尋以疾卒，時年六十二。[18]詔贈侍中。[19]

[1]慶州：州名。治所在今甘肅慶陽市。

[2]李繼陟：人名。籍貫不詳。唐末將領。事見本書本卷、《通鑑》卷二六九。

[3]西面行營馬步軍都指揮使：官名。唐末、五代出征軍隊高級統兵官。　　瓛以本官充西面行營馬步軍都指揮使兼諸軍都虞候：《宋本册府》卷三八六《將帥部・褒異門一二》無“兼諸軍都虞候”六字。

[4]張筠：人名。海州（今江蘇連雲港市海州區）人。唐末軍閥。傳見本書卷九〇、《新五代史》卷四七。《舊五代史考異》：“案：原本訛‘張節’，今據《通鑑考異》改正。”見《通鑑》卷二六九貞明二年（916）條《考異》。　　涇：州名。治所在今甘肅涇川縣。　　“與張筠破涇、鳳之衆三萬”：《宋本册府》卷三八六作“與張筠、江鳳之衆三萬”，誤。《通鑑》卷二六九貞明二年條：“是歲，慶州叛附于岐，岐將李繼陟據之。詔以左龍虎統軍賀瓌爲西面行營馬步都指揮使，將兵討之，破岐兵，下寧、衍二州。”同書卷二七〇貞明三年十二月丁卯條：“帝論平慶州功，丁卯，以左龍虎統軍賀瓌爲宣義節度使、同平章事，尋以爲北面行營招討使。”

[5]寧：州名。治所在今甘肅寧縣。　　衍：州名。治所在今甘肅寧縣政平鄉。

[6]宣義軍：方鎮名。治所在滑州（今河南滑縣）。

[7]“貞明二年”至“加同平章事”：亦見於《宋本册府》卷三八六。但“貞明二年”，《册府》作“貞明元年”。

[8]行營招討使：官名。唐始置。戰時任命，兵罷則省。常以大臣、將帥或地方軍政長官兼任。掌招撫討伐等事務。

[9]謝彥章：人名。許州（今河南許昌市）人。後梁將領。傳見本書卷一六、《新五代史》卷二三。　　行臺村：村名。位於今河南濮陽市濮城鎮東北。參見《讀史方輿紀要》卷三四、《舊五代史》卷二八。

[10]“四年春”至“晋王僅以身免”：明本《册府》卷二一七

《閏位部・交侵門》："（貞明四年）八月，晋王率師次楊劉口，遂軍於麻家渡。北面招討使賀瓌以兵屯濮州北行臺村，對壘百餘日。晋王以輕騎來覘，許州節度使謝彥章發伏兵掩擊，圍之數重，會救軍至，僅以身免。"《通鑑》卷二七〇貞明三年十二月戊辰條："戊辰，晋王畋于朝城。是日，大寒，晋王視河冰已堅，引步騎稍渡。梁甲士三千戍楊劉城，緣河數十里，列柵相望，晋王急攻，皆陷之。進攻楊劉城，使步兵斬其鹿角，負葭葦塞塹，四面進攻，即日拔之，獲其守將安彥之。"同卷貞明四年八月乙丑條："晋王自魏州如楊劉，引兵略鄆、濮而還，循河而上，軍於麻家渡。賀瓌、謝彥章將梁兵屯濮州北行臺村，相持不戰。"《輯本舊史》卷九《末帝紀中》繫陷楊劉城在貞明三年十二月，《通鑑》卷二七〇繫於貞明三年十二月戊辰。

　　[11]孟審澄：人名。籍貫不詳。五代後梁將領。事見本書本卷、卷九、卷一六。　侯溫裕：人名。籍貫不詳。五代後梁將領。事見本書本卷、卷九、卷一六。《舊五代史考異》："案：《玉堂閒話》作侯溫，疑傳聞之訛。"《輯本舊史》之案語："《玉堂閒話》：梁朝與河北相持之際，有偏將侯溫者，軍中號爲驍勇，賀瓌爲統軍，專制忌克，以事殺之。考侯溫裕作侯溫，蓋傳聞之誤。（孔本）"見《太平廣記》卷一二四引《玉堂閒話》侯溫條。

　　[12]"先是"至"以謀叛聞"：明本《册府》卷四四〇《將帥部・忌害門》："梁賀瓌爲滑州節度使、北面招討使，時兩京馬軍都軍使、許州節度使謝彥章爲排陣使，同領大將駐於行臺寨，與晋人對壘。彥章時領騎軍與之挑戰，晋人或望我軍行陣整肅，則相謂曰：'必兩京太傅在此也。'不敢以名呼，其爲敵人所憚如此。是時，咸謂賀瓌能將步軍，彥章能領騎士，既名聲相軋，故瓌衷心忌之。一日與瓌同設伏於郊外，瓌指一方地謂彥章曰：'此地崗阜隆起，中央坦夷，好列柵之所。'尋而晋人舍之，故瓌疑彥章與晋人通。又瓌欲速戰，彥章欲持重以老敵人，瓌益疑之。會爲行營馬步軍都虞候朱珪所訴，瓌遂與珪協謀，因享士伏甲，以殺彥章及濮州

刺史孟審澄、別將侯溫裕等於軍，以謀叛聞。晉王聞之，喜曰：
'彼將帥如是，亡無日矣。'"類似記載亦見於明本《册府》卷三
九三《將帥部·威名門二》謝彥章條，《宋本册府》卷四五六《將
帥部·不和門》謝彥章條，《通鑑》卷二七〇貞明四年十二月庚
子、丁未、癸丑條。

[13]胡柳陂：地名。位於今河南濮陽縣。

[14]"是月"至"瓌軍亦敗"：亦見於《宋本册府》卷三六〇
《將帥部·立功門一三》賀瓌條。《輯本舊史》之案語："案《歐陽
史》：瓌陣無石山，日暮，晉軍攻之，瓌軍下山擊晉軍，瓌大敗。
據《薛史·莊宗紀》與《王建及傳》，乃是山爲晉軍所奪，晉軍下
山擊瓌軍，瓌大敗，與《歐陽史》異。"見《新五代史》卷二三
《賀瓌傳》，《輯本舊史》卷二八《唐莊宗紀二》天祐十五年（918）
十二月癸亥以下各條、卷六五《李建及傳》。明本《册府》卷二一
七："（貞明四年十二月）二十二日，晉王次臨濮，賀瓌、王彥章自
行臺寨軍躡之。二十四日，至胡柳陂，晉王領軍出戰，瓌軍已成
列，晉王以騎突之，王彥章一軍先敗，彥章走濮陽。晉人輜重在陳
西，瓌之領軍薄之，晉人大奔，自相陷籍，死者不可勝計，晉大將
軍周德威殁於陣。瓌軍登七山，列陣於山之下，晉王復領軍來戰，
瓌軍遂敗。"《册府》"王彥章"爲"謝彥章"之誤。《宋本册府》
卷八四六《總錄部·善射門》和凝條："凝尤善射。時瓌與唐莊宗
相拒於河上，戰於胡柳陂，瓌軍敗而北，唯凝隨之。瓌顧曰：'無
相隨，當自努力。'凝對曰：'大丈夫受人知，有難不報，非素志
也。但恨未有死所。'旋有一裨將來逐瓌，凝叱之不止，遂引弓以
射，應弦而斃。瓌獲免，既而謂諸子曰：'昨非和公，無以至此。
和公文武全才而有志氣，後必享重位爾。宜謹事之。'遂以女妻之，
由此聲望益隆。"和凝事亦見於明本《册府》卷七二五《幕府部·
盡忠門》。更爲詳細的記載見《通鑑》卷二七〇貞明四年十二月壬
戌、癸亥條。胡柳陂之戰的情形亦見於《宋本册府》卷八、卷四四
《帝王部·神武門》、卷四四三《將帥部·敗衄門三》、明本《册

府》卷一二五《帝王部・料敵門》。

[15]德勝：地名。原爲德勝渡，黃河重要渡口之一。位於今河南濮陽縣。

[16]艨（méng）艟（chōng）：亦作"艨衝"。古代戰船。

[17]"五年春正月"至"瓖退軍於行臺"：亦見於《宋本册府》卷三六〇。《宋本册府》卷四四三亦同，惟闕"以艨艟戰艦阨其中流"一句。《通鑑》卷二七〇貞明五年正月條："晋李存審於德勝南北築兩城而守之。"同年四月條："賀瓖攻德勝南城，百道俱進，以竹笮聯艨艟十餘艘，蒙以牛革，設睥睨、戰格如城狀，橫於河流，以斷晋之救兵，使不得渡。晋王自引兵馳往救之，陳於北岸，不能進；遣善游者馬破龍入南城，見守將氏延賞，延賞言矢石將盡，陷在頃刻。晋王積金帛於軍門，募能破艨艟者；衆莫知爲計，親將李建及曰：'賀瓖悉衆而來，冀此一舉；若我軍不渡，則彼爲得計。今日之事，建及請以死決之。'乃選效節敢死士得三百人，被鎧操斧，帥之乘舟而進。將至艨艟，流矢雨集，建及使操斧者入艨艟間，斧其竹笮，又以木罌載薪，沃油然火，於上流縱之，隨以巨艦實甲士，鼓譟攻之。艨艟既斷，隨流而下，梁兵焚溺者殆半，晋兵乃得渡。瓖解圍走，晋兵逐之，至濮州而還。瓖退屯行臺村。"此戰情形，亦見於《宋本册府》卷八、卷三九六《將帥部・勇敢門三》、卷四一四《將帥部・赴援門》。

[18]尋以疾卒，時年六十二：《通鑑》卷二七〇貞明五年八月乙未朔條："宣義節度使賀瓖卒。"

[19]侍中：官名。秦始置。隋、唐前期爲門下省長官。唐後期多爲大臣加銜，不參與政務，實際職務由門下侍郎執行。正二品。

長子光圖，仕後唐，爲供奉官。[1]《永樂大典》卷一萬八千一百二十七。[2]

[1]供奉官：泛指侍奉皇帝左右的臣僚，亦爲東、西頭供奉官通稱。

[2]《大典》卷一八一二七“將”字韻“後梁將（二）”事目。

康懷英

康懷英，兗州人也。[1]本名懷貞，避末帝御名，故改之。[2]始以驍勇事朱瑾爲列校。唐乾寧四年春，太祖既平鄆，命葛從周乘勝急攻兗州，時朱瑾在豐沛間搜索糧餉，[3]留懷英守其城，及從周軍至，懷英聞鄆失守，乃出降。[4]太祖素聞其名，得之甚喜，尋署爲軍校。[5]

[1]康懷英，兗州人也：亦見於明本《册府》卷三四六《將帥部·佐命門七》。《新輯會證》：“《洛陽出土歷代墓誌輯繩》七二一頁收天成元年房澭撰《康贊美墓誌》云：‘曾祖□，檢校工部尚書；祖琮，檢校司徒；父懷英，檢校太尉兼中書令。’可略知懷英家世。”

[2]本名懷貞，避末帝御名，故改之：《通鑑》卷二六三天復二年（902）二月己丑條胡注：“康懷英即康懷貞，後避梁均王友貞名，始改名懷英，斯時未改也；史雜書之。”

[3]豐：縣名。治所在今江蘇豐縣。　沛：縣名。治所在今江蘇沛縣。

[4]“唐乾寧四年春”至“乃出降”：《舊唐書》卷二〇上《昭宗紀》乾寧四年（897）二月戊申條：“戊申，汴將葛從周攻兗州，陷之，節度使朱瑾奔楊行密，其將康懷貞降從周。”《宋本册府》卷一八七《閏位部·勳業門五》：“時帝聞朱瑾與朱儼兒在豐沛間搜索糧餽，惟留康懷英以守兗州，帝因承勝遣葛從周以大軍襲

兗。懷英聞鄆失守，俄又我軍大至，乃出降。”明本《册府》卷四三八《將帥部·奔亡門》：“及龐師古陷鄆州，（朱瑾）與李承嗣方出兵求芻粟于豐沛間。瑾之二子及大將康懷英、（叛）〔判〕官辛綰、小校閻寶以城降于師古。”《通鑑》卷二六一乾寧四年二月戊申條：“朱瑾留大將康懷貞守兗州，與河東將史儼、李承嗣掠徐州之境以給軍食。全忠聞之，遣葛從周將兵襲兗州。懷貞聞鄆州已失守，汴兵奄至，遂降。”

[5]太祖素聞其名，得之甚喜，尋署爲軍校：亦見於明本《册府》卷三四六。

　　光化元年秋，從氏叔琮伐襄漢，[1]懷英以一軍攻下鄧州。[2]三年，從征河朔，佐張存敬敗燕軍於易水之上。[3]天復元年冬，太祖率師迎昭宗於鳳翔。時李茂貞遣大將符道昭領兵萬餘，[4]屯武功以拒太祖，[5]太祖命諸軍擊之，[6]以懷英爲前鋒，領衆先登，一鼓而大破之，擄甲士六千餘人，奪馬二千匹。[7]翌日，太祖方至，顧左右曰：“邑名武功，今首盪逆黨，真武功也。”乃召懷英，大加獎激，仍以駿馬、珍器賜之。[8]

[1]氏叔琮：人名。河南尉氏（今河南尉氏縣）人。唐末將領。傳見本書卷一九、《新五代史》卷四三。

[2]鄧州：州名。治所在今河南鄧州市。

[3]張存敬：人名。譙郡（治今安徽亳州市）人。唐末、五代將領。傳見本書卷二〇、《新五代史》卷二一。　易水：水名。發源於今河北易縣，流入白洋淀。　“光化元年秋”至“佐張存敬敗燕軍於易水之上”：亦見於明本《册府》卷三四六《將帥部·佐命門七》、《宋本册府》卷三六〇《將帥部·立功門一三》。《宋本

册府》卷三六九《將帥部·攻取門二》："唐昭宗光化元年，從氏叔琮伐襄陽，以一軍攻下鄧州。"伐襄州事，《通鑑》卷二六一光化元年（898）七月條："忠義節度使趙匡凝聞朱全忠有清口之敗，陰附於楊行密。全忠遣宿州刺史尉氏氏叔琮將兵伐之，丙申，拔唐州，擒隨州刺史趙匡璘，敗襄州兵於鄧城。"同年八月戊午條："戊午，汴將康懷貞襲鄧州，克之，擒刺史國湘。趙匡凝懼，遣使請服於朱全忠，全忠許之。"征河朔事亦見於《宋本册府》卷一八七《閏位部·勳業門五》光化三年十一月條："燕人劉守光赴援中山，寨于易水之上，繼爲康懷英、張存敬等所敗，斬獲甚衆。由是河朔知懼，皆弭伏焉。"《通鑑》卷二六二則繫於光化三年十月。

[4]符道昭：人名。蔡州（今河南汝南縣）人。唐末、五代後梁將領。傳見本書卷二一、《新五代史》卷二一。

[5]武功：縣名。治所在今陝西武功縣。　屯武功以拒太祖：中華書局本有校勘記："'太祖'二字原闕，據《册府》卷三四六、卷三六〇、卷三八六補。"

[6]軍：明本《册府》卷三四六作"將"。

[7]擄甲士六千餘人，奪馬二千匹：《册府》卷三四六同，卷三八六無，卷三六〇作"虜甲士六十餘人，奪馬二千匹"，《輯本舊史》卷二《梁太祖紀二》載"擄甲士六千餘衆"，《新五代史》卷二二《康懷英傳》載"擊殺岐兵萬餘人"，《新唐書》卷二〇八《宦者傳下》載"汴部將康懷英襲破李繼昭于武功，禽馘六千級"，則"六十"誤。

[8]"天復元年冬"至"仍以駿馬、珍器賜之"：亦見於明本《册府》卷三四六，《宋本册府》卷三六〇、卷三八六《將帥部·褒異門一二》。《宋本册府》卷三六九："天復元年，太祖率軍迎昭宗於鳳翔。李茂貞大將符道昭領兵萬餘屯武功，懷英領前鋒之衆先登，一鼓而破之。翌日，太祖方至。"《通鑑》卷二六二天復元年（901）十一月條："茂貞遣其將符道昭屯武功以拒全忠，癸亥，全忠將康懷貞擊破之。"此事亦載於《宋本册府》卷一八七。

二年四月，符道昭復領大軍屯於虢縣之漠谷。[1]其建寨之所，前臨巨澗，後倚峻阜，險不可升，太祖遣懷英提騎數千急擊之。道昭以懷英兵寡，有俯視之意，乃率甲士萬人，絕澗以挑戰。懷英始以千騎夜鬭，[2]戰酣，發伏以擊之，岐軍大敗。[3]秋八月，鄜帥李周彝屯軍於三原以援鳳翔，[4]太祖命懷英討之，周彝拔軍而遁，追至梨園，因攻下翟州，[5]擒其守來獻。俄而岐軍屯奉天，[6]太祖令懷英寨於岐軍之東北，以備敵人。一夕，岐軍大至，急攻其營，懷英以夜中不可驚動諸軍，獨以二千餘人抗數萬之衆，[7]自乙夜至四鼓，身被十餘創，[8]岐軍不勝而退。昭宗還京，賜迎鑾毅勇功臣。[9]

[1]虢縣：縣名。治所在今陝西寶雞市陳倉區。　漠谷：地名。一作“幕谷”。位於今陝西乾縣西北。中華書局本有校勘記：“原作‘漠谷’，據劉本、《册府》卷三六〇、卷三六九改。《册府》卷三四六、《通鑑》卷二六三作‘莫谷’。按《通鑑》卷二六三胡注：‘莫谷即漠谷。’”見明本《册府》卷三四六，《宋本册府》卷三六〇、卷三六九《將帥部·攻取門二》，《通鑑》卷二六三天復二年（902）四月條及其胡注。　二年四月，符道昭復領大軍屯於虢縣之漠谷：亦見於明本《册府》卷三四六《將帥部·佐命門七》、《宋本册府》卷三六〇《將帥部·立功門一三》。《通鑑》卷二六三天復二年二月：“李嗣昭等攻慈、隰，下之，進逼晉、絳。己丑，全忠遣兄子友寧將兵會晉州刺史氏叔琮擊之。李嗣昭襲取絳州，汴將康懷英復取之。”

[2]懷英始以千騎交鬭：“交”原作“夜”，據明本《册府》卷三四六、《宋本册府》卷三六九改。

[3]岐軍大敗：《宋本册府》卷三六九作“岐大軍敗”。　“其

建寨之所”至“岐軍大敗”：亦見於明本《册府》卷三四六、《宋本册府》卷三六九。《宋本册府》卷一八七《閏位部·勳業門五》："四月，岐人遣符道昭領大軍屯于虢縣，康懷英帥驍騎敗之。"《宋本册府》卷三六〇："太祖遣懷英提騎數千急擊之，岐軍大敗。"

[4]鄜：州名。治所在今陝西富縣。此處指保大軍。　李周彝：人名。籍貫不詳。唐末、五代軍閥。事見本書本卷、卷二、卷六、卷九、卷一九、卷二一。　三原：縣名。治所在今陝西三原縣。

[5]梨園：地名。位於今陝西淳化縣。　翟州：州名。治所在今陝西洛川縣東南鄜城。

[6]奉天：縣名。治所在今陝西乾縣。

[7]二：明本《册府》卷三四六作“三”。

[8]創：明本《册府》卷三四六作“槍”。

[9]“秋八月”至“賜迎鑾毅勇功臣”：亦見於明本《册府》卷三四六。《宋本册府》卷三六〇："八月，鄜帥李周彝屯軍於三原以援鳳翔，太祖命懷英討之，追至梨園，攻下翟州，擒其守來獻。"《宋本册府》卷三八六《將帥部·褒異門一二》："二年八月，岐軍屯奉天，太祖令懷英寨於岐軍之東北，岐軍不勝而退。昭宗還京，賜迎鑾毅勇功臣。"《宋本册府》卷三六九："鄜帥李周彝屯軍於三原，以爲茂貞聲援，又命懷英討之。周彝拔軍而遁，追至梨團，因攻下翟州，擒其守來獻。"《通鑑》卷二六三天復二年八月乙亥條："保大節度使李茂勳將兵屯三原，救李茂貞；朱全忠遣其將康懷貞、孔勍擊之，茂勳遁去。"

是歲，淮人聞青、兗之叛，遣兵數萬以寇宿州，[1]太祖命懷英馳騎以救之，淮人遁去，即以懷英爲權知宿州刺史。[2]天祐三年冬，佐劉知俊破邠、鳳之眾五萬於美原，[3]收十五餘寨，[4]乘勝引軍攻下鄜州，以功授陝州節度使。太祖受禪，[5]加檢校太保。[6]

［1］宿州：州名。治所在今安徽宿州市。

［2］"是歲"至"即以懷英爲權知宿州刺史"：亦見於明本《册府》卷三四六《將帥部·佐命門七》。《宋本册府》卷三八六《將帥部·襃異門一二》："是歲，淮人寇宿州，太祖命懷英馳騎以救之，淮人遁去，即以懷英爲權知晋州刺史。"《通鑑》卷二六四天復三年（903）十月丁丑條："葛從周久病，全忠以康懷英爲泰寧節度使代之。"

［3］美原：縣名。位於今陝西富平縣美原鎮。

［4］收十五餘寨：中華書局本有校勘記："'十五'，原作'五十'，據《册府》卷三四六、卷三六〇、卷三六九、卷三八六改。按本書卷二《梁太祖紀二》：'（天祐三年十月辛巳）邠州楊崇本以鳳翔、邠、寧、涇、鄜、秦、隴之衆合五六萬來寇，屯于美原，列十五寨。'"

［5］太祖受禪：其前内容亦見《宋本册府》卷三六〇《將帥部·立功門一三》。又，"太祖"前《宋本册府》卷三六九有"及"字。

［6］"天祐三年冬"至"加檢校太保"：亦見於明本《册府》卷三四六，《宋本册府》卷三六九《將帥部·攻取門二》、卷三八六。《輯本舊史》卷一三《楊崇本傳》："天祐三年冬十月，崇本復領鳳翔、邠、涇、秦、隴之師，會延州胡章之衆，合五六萬，屯于美原，列栅十五，其勢甚盛。太祖命同州節度使劉知俊及康懷英帥師拒之，崇本大敗，復歸於邠州，自是垂翅久之。"此事亦見於《宋本册府》卷一八七《閏位部·勳業門五》："（天祐三年）十月辛巳，邠州楊崇本以鳳翔、邠、寧、涇、鄜、秦、隴之衆合五六萬來寇，屯于美原，列十五寨，其勢甚盛。帝命同州節度使劉知俊、都將康懷英帥師禦之。知俊等大破邠寇，殺二萬餘衆，奪馬三千餘匹，擒其列校百餘人，楊崇本、胡章僅以身免。十一月庚戌，康懷英乘勝進軍，遂收鄜州。"明本《册府》卷三四七《將帥部·佐命門八》："天祐四年，（李嗣恩）逐康懷英於西河，解汾州之圍。"

《通鑑》卷二六五天祐三年十月戊戌條：“夏州告急於朱全忠；戊戌，全忠遣劉知俊及其將康懷英救之。楊崇本將六鎮之兵五萬，軍于美原。知俊等擊之，崇本大敗，歸于邠州。”同年十一月條：“十一月，劉知俊、康懷貞乘勝攻鄜、延等五州，下之；加知俊同平章事，以懷貞爲保義節度使。”

開平元年夏，命將大軍以伐潞州。將行，太祖謂懷英曰：“卿位居上將，勇冠三軍，向來破敵摧鋒，動無遺悔，至於高爵重禄，我亦無負於卿。夫忠臣事君，有死無二，韓信所謂‘漢王載我以車，[1]衣我以衣，食我以食，食人之禄，死人之憂’，我每思韓信此言，真忠烈丈夫耳！如丁會受我待遇之恩，[2]不謂不至，懷黄拖紫，裂土分茅，設令木石偶人，須感恩義，一朝反噬，倒戈授人，苟有天道明神，安能容此。大凡辜恩負理，忠良不爲。我今掃境内委卿，卿當勉思竭盡。況晉人新得上黨，[3]衆心未協和，以十萬之師，一舉可克，予當置酒高會，望卿歌舞凱旋。”懷英惶恐而退。[4]六月，懷英領大軍至潞，率衆晝夜攻城，半月之間，機巧百變。懷英懼太祖之言，期於必取，乃築壘環城，濬鑿池塹，然而屢爲晉將周德威騎軍所撓，懷英不敢即戰。太祖乃以李思安代之，[5]降爲行營都虞候。[6]夏五月，[7]晉王率蕃漢大軍攻下夾城，懷英逃歸，詣銀臺門待罪，[8]太祖宥之，改授右衛上將軍。[9]三年夏，命爲侍衛諸軍都指揮使，尋出爲陝州節度使兼西路行營副招討使。[10]

　　[1]韓信：人名。淮陰（今江蘇淮安市淮陰區）人。西漢開國

功臣、軍事統帥。後爲吕后所殺。傳見《史記》卷九二、《漢書》卷三四。　漢王：即漢高祖劉邦。沛（今江蘇沛縣）人。西漢王朝建立者。紀見《史記》卷八、《漢書》卷一。

［2］丁會：人名。壽春（今安徽壽縣）人。唐末、五代將領。傳見本書卷五九、《新五代史》卷四四。

［3］上黨：即潞州。治所在今山西長治市。

［4］“開平元年夏”至“懷英惶恐而退”：《通鑑》卷二六六開平元年（907）正月條：“河東兵猶屯長子，欲窺澤州。王命保平節度使康懷貞悉發京兆、同華之兵屯晋州以備之。”同年五月壬辰條：“壬辰，命保平節度使康懷貞將兵八萬會魏博兵攻潞州。”

［5］李思安：人名。河南陳留（今河南開封市陳留鎮）人。五代後梁將領。傳見本書卷一九。

［6］行營都虞候：官名。唐末五代時期出征軍隊高級統率官。“率衆晝夜攻城”至“降爲行營都虞候”：亦見於《宋本册府》卷三六九《將帥部·攻取門二》，《册府》無“懼太祖之言”五字。明本《册府》卷七《帝王部·創業門三》：“五月，梁祖遣其將康懷英率兵十萬圍潞州，築壘環城，帝遣周德威將兵赴援，梁祖以懷英無功，乃以李思安代之。”《通鑑》卷二六六開平元年六月條：“康懷貞至潞州，晋昭義節度使李嗣昭、副使李嗣弼閉城拒守。懷貞晝夜攻之，半月不克，乃築壘穿蚰蜒塹而守之，内外斷絶。晋王以蕃漢都指揮使周德威爲行營都指揮使，帥馬軍都指揮使李嗣本、馬步都虞候李存璋、先鋒指揮使史建瑭、鐵林都指揮使安元信、横衝指揮使李嗣源、騎將安金全救潞州。”同年八月丁巳條：“晋周德威壁于高河，康懷貞遣親騎都頭秦武將兵擊之，武敗。丁巳，帝以亳州刺史李思安代懷貞爲潞州行營都統，黜懷貞爲行營都虞候。”

［7］夏五月：中華書局本有校勘記：“按本卷上文敍六月事，此又云‘夏五月’，疑誤。本書卷四《梁太祖紀四》、《新五代史》卷二《梁本紀》、《通鑑》卷二六六皆繫其事於開平二年五月。”

［8］銀臺門：宫牆門。據《唐六典》，大明宫宣政殿東牆有左

銀臺門，西牆有右銀臺門。此處指洛陽後梁禁中的宮牆門。參見楊鴻年《隋唐宮廷建築考》，陝西人民出版社 1992 年版，第 377 頁。

　　[9]“夏五月”至“改授右衛上將軍”：《輯本舊史》卷二七《唐莊宗紀一》天祐五年（908）五月辛未朔條載“梁招討使康懷英得百餘騎，出天井關而遁”，此事亦見於明本《册府》卷八《帝王部·創業門四》、《宋本册府》卷四五《帝王部·謀略門》、《通鑑》卷二六六開平二年五月辛未朔條。明本《册府》卷二〇九《閏位部·寬恕門》：“梁太祖開平二年五月，王師敗於潞州。壬辰，軍前行營都將康懷英、孫海金以下主將四十三人於左銀臺門進狀待罪，帝以去年發軍之日不利，有違兵法，竝釋放，兼各賜分物酒食勞問。”《新五代史》卷二《梁太祖紀下》開平二年五月己丑條：“五月己丑，潞州行營都虞候康懷英及晋人戰于夾城，敗績。”

　　[10]行營副招討使：官名。不常置，爲一路或數路地區統兵官。掌招撫討伐等事務。兵罷則省。位於招討使下。　　“三年夏”至“尋出爲陝州節度使兼西路行營副招討使”：《宋本册府》卷四一四《將帥部·赴援門》：“康懷英，開平三年爲陝州節度使、西路行營副招討使。”《新五代史》卷二《梁太祖紀下》開平三年十一月條載，“鎮國軍節度使康懷英伐岐”。《通鑑》卷二六七開平三年八月甲寅條：“以鎮國節度使康懷貞爲西路行營副招討使。”同卷開平四年八月辛未條：“辛未，以鎮國節度使楊師厚爲西路行營招討使，會感化節度使康懷貞將兵三萬屯三原。”

　　及劉知俊奔鳳翔，引岐軍以圖靈武，[1]太祖遣懷英率兵救之，師次長城嶺，[2]爲知俊邀擊，懷英敗歸。[3]四年春，移華州節度使。乾化二年秋，命爲河中行營都招討使，與晋軍戰於白徑嶺，[4]敗歸於陝。[5]末帝嗣位，以岐軍屢犯秦、雍，[6]命懷英爲永平軍節度使、大安尹，[7]累加官至中書令。貞明中，卒於鎮。[8]《永樂大典》卷一萬八千一百二十六。[9]

[1]靈武：郡名。治所在今寧夏吳忠市。

[2]長城嶺：地名。又名馬嶺山。位於今陝西旬邑縣西。

[3]“及劉知俊奔鳳翔”至“懷英敗歸”：《輯本舊史》之案語：“案《歐陽史》云：還至昇平，知俊掩擊之，懷英大敗。據《通鑑》：懷貞等還，至三水，知俊遣兵據險邀之，左龍驤軍使壽張王彥章力戰，懷貞等乃得過。懷貞與裨將李德遇、許從實、王審權分道而行，皆與援兵不相值，至昇平，劉知俊伏兵山口，懷貞大敗，僅以身免，德遇等軍皆没。蓋懷英過長城嶺之險，已爲邀擊，後又敗於昇平也。”見《新五代史》卷二二《劉鄩傳》、《通鑑》卷二六七開平三年（909）十二月己丑條。明本《册府》卷二一六《閏位部·征伐門》：“（開平三年）十一月，靈州奏鳳翔賊將劉知俊率邠、岐、秦、涇之師侵迫州城，帝遣陝州康懷英、華州寇彥卿率兵攻邠、寧，以緩朔方之寇。”《宋本册府》卷四一四《將帥部·赴援門》載：“逆將劉知俊叛入鳳翔，宋文通地褊不能容，遂藉兵知俊以窺靈武，且圖牧擾之利。韓遜馳驛告急，乃命懷英率諸軍逼邠、寧，以緩朔方之寇，知俊不果入。懷英使奏十二月二十八日，逆賊劉知俊自靈武抽回，取涇州路入鳳翔。”《通鑑》卷二六七開平三年十二月己丑條：“岐王欲取靈州以處劉知俊，且以爲牧馬之地，使知俊自將兵攻之。朔方節度使韓遜告急；詔鎮國節度使康懷貞、感化節度使寇彥卿將兵攻邠、寧以救之。懷貞等所向皆捷，克寧、衍二州，拔慶州南城，刺史李彥廣出降。遊兵侵掠至涇州之境，劉知俊聞之，十二月己丑，解靈州圍，引兵還。帝急召懷貞等還，遣兵迎援於三原青谷；懷貞等還，至三水，知俊遣兵據險邀之，左龍驤軍使壽張王彥章力戰，懷貞等乃得過。懷貞與裨將李德遇、許從實、王審權分道而行，皆與援兵不相值，至昇平，劉知俊伏兵山口，懷貞大敗，僅以身免。”

[4]白徑嶺：地名。位於今山西運城市東南，爲中條山支嶺。路通陝州（今河南三門峽市陝州區西南）。

[5]“乾化二年秋”至“敗歸於陝”：明本《册府》卷八《帝王部・創業門四》載：天祐九年，“八月，（朱）友珪遣其將韓勍、康懷英、牛存節率兵五萬急攻河中，朱友謙遣使求援，帝（李存勗）令李存審率師救之。十月，帝自澤潞赴河中，遇梁將康懷英於平陽，破之，斬首千餘級，追至白徑嶺。友謙會帝於狋氏，梁軍解圍而去”。其事亦見於明本《册府》卷四四六《將帥部・觀望門》。《通鑑》卷二六八乾化元年（911）三月己酉條：“岐王募華原賊帥溫韜以爲假子，以華原爲耀州，美原爲鼎州。置義勝軍，以韜爲節度使，使帥邠、岐兵寇長安。詔感化節度使康懷貞、忠武節度使牛存節以同華、河中兵討之。己酉，懷貞等奏擊韜於車度，走之。”同卷乾化二年九月丁未條：“九月丁未，以感化節度使康懷貞爲河中都招討使，更以韓勍副之。”同月壬申條載：“康懷貞等與忠武節度使牛存節合兵五萬屯河中城西，攻之甚急。晉王遣其將李存審、李嗣肱、李嗣恩將兵救之，敗梁兵于胡壁。”同年十月條：“朱友謙復告急于晉，冬十月，晉王自將自澤潞而西，遇康懷貞於解縣，大破之，斬首千級，追至白徑嶺而還。梁兵解圍，退保陝州。”

[6]秦：州名。治所在今甘肅天水市。 雍州：州名。治所在今陝西西安市。

[7]“末帝嗣位”至“命懷英爲永平軍節度使、大安尹”：《輯本舊史》卷八《梁末帝紀上》乾化四年二月甲戌條：“二月甲戌，以感化軍節度使、華商等州觀察使、檢校太傅、同平章事、太原郡開國公康懷英爲大安尹，充永平軍節度使，大安金棣等州觀察處置使。”《通鑑》卷二六九乾化四年二月條：末帝“以岐人數爲寇，二月，徙感化節度使康懷英爲永平節度使，鎮長安”。

[8]貞明中，卒於鎮：《輯本舊史》卷九〇《張筠傳》：“會雍州康懷英以病告，詔筠往代之，比至，懷英已卒，因除筠爲永平軍節度使、大安尹。懷英在長安日，家財甚厚，筠盡奪之，復於大内

掘地，繼獲金玉。”

[9]《大典》卷一八一二六“將”字韻“五代後梁將（一）”事目。

王景仁

王景仁，[1]廬州合淝人。[2]材質魁偉，性暴率，無威儀，善用槊，頗推驍悍。[3]在淮南累職爲都指揮使，[4]楊行密僞署宣州節度使。[5]行密死，子渥自立，[6]忌其勇悍，且有私憾，欲害之。[7]景仁棄宛陵，[8]以腹心百人歸吳越王錢鏐，[9]鏐辟爲兩府行軍司馬，[10]具以狀聞。太祖復命遙領宣州節度使、檢校太傅、同平章事。[11]鏐以淮寇終爲巨患，欲速平之，命景仁奉表至闕，面陳水陸之計，請合禁旅。[12]太祖異禮待之，頒賜殊厚，顧曰：“待我平代北寇，[13]當盡以王師付汝南討。”於是留京師，每預丞相行列。

[1]王景仁：《輯本舊史》之案語：“景仁本名茂章，避梁諱改焉。詳見《通鑑》注。”《新五代史》卷二三《王景仁傳》云景仁初名茂章。《通鑑》卷二六七開平二年（908）八月條云“景仁即茂章也，避梁諱改焉”，胡注：“帝曾祖諱茂琳。按《薛史·梁紀》，元年六月，司天監上言，請改月辰内‘戊’字爲‘武’，避諱也。”

[2]廬州：州名。治所在今安徽合肥市。　合淝：縣名。治所在今安徽合肥市。

[3]“王景仁”至“頗推驍悍”：亦見於《宋本册府》卷八四五《總録部·善武藝門》。

[4]淮南：方鎮名。治所在揚州（今江蘇揚州市）。此處代指

楊吳政權。

[5]楊行密：人名。廬州合淝（今安徽合肥市）人。唐末軍閥，後追爲五代十國時期吳國太祖。傳見《新唐書》卷一八八、本書卷一三四、《新五代史》卷六一。　宣州：州名。治所在今安徽宣城市。此處指寧國軍。

[6]渥：人名。即楊渥。廬州合淝（今安徽合肥市）人。楊行密長子，唐末、五代將領。事見本書卷一七及《新五代史》卷四一、卷六七。

[7]“楊行密僞署宣州節度使”至“欲害之”：《輯本舊史》之案語：“《新唐書·楊行密傳》：渥求茂章親兵不得，宣輦帷茀以行，茂章嫚罵不與。踰年，遣兵五千襲之，茂章奔杭州。與《薛史》異。”見《新唐書》卷一八八《楊行密傳》。《通鑑》卷二六五天祐二年（905）九月乙酉條後：楊行密“以潤州團練使王茂章爲宣州觀察使”。同年十二月條：“楊渥之去宣州也，欲取其幄幕及親兵以行，觀察使王茂章不與，渥怒。既襲位，遣馬步都指揮使李簡等將兵襲之。”

[8]宛陵：縣名。治所在今安徽宣城市宣州區。

[9]錢鏐：人名。杭州臨安（今浙江杭州市臨安區）人。五代時期吳越國的建立者。傳見本書卷一三三、《新五代史》卷六七。

[10]行軍司馬：官名。出征將領及節度使的屬官。掌軍籍符伍、號令印信，是藩鎮重要的軍政官員。

[11]“景仁棄宛陵”至“太祖復命遥領宣州節度使、檢校太傅、同平章事”：《舊五代史考異》：“案《舊唐書》：天祐三年十二月，詔淮南僞署宣歙觀察使、檢校司徒王茂章可金紫光禄大夫、檢校太保，從錢鏐請也。所載官爵，與《薛史》異。《吳越備史》作景仁領寧國軍節度使，與《薛史》同。”見《舊唐書》卷二〇下《哀帝紀》天祐三年十二月己卯朔條。按《吳越備史》卷一《武肅王上》載開平三年正月：“時宣州觀察使王茂章爲淮人所圖，因奔于王，王以爲鎮東軍節度副使。”明本《册府》卷四四三《將帥

部·敗衄門三》載"王景仁遙領宣州節度使、檢校太傅、同平章事",與《輯本舊史》同。《通鑑》卷二六五天祐三年十二月乙酉條:"錢鏐表薦行軍司馬王景仁;詔以景仁領寧國節度使"。

[12]"鏐以淮寇終爲巨患"至"請合禁旅":《通鑑》卷二六七開平二年八月條載:"吳越王鏐遣寧國節度使王景仁奉表詣大梁,陳取淮南之策。"

[13]代北:方鎮名。治所在代州(今山西代縣)。此處指晋李存勗勢力。

劉知俊之叛也,從駕至陝,始佐楊師厚西入關,兵未交,知俊棄馮翊走,[1]進尅雍、華,降王建、張君練,[2]頗預戰有功,太祖嘉之。[3]時鎮、定作逆,[4]朋附蕃醜,遂擢爲上將,付步騎十萬,爲北面行營都招討使。開平二年正月二日,[5]與晋軍戰於柏鄉,[6]王師敗績,太祖怒甚,拘之私第。然以兩浙元勳所薦,[7]且欲收其後効,止落平章事、罷兵柄而已。[8]數月,復其官爵。[9]

[1]馮翊:縣名。治所在今陝西大荔縣。

[2]王建:人名。籍貫不詳。唐末將領。事見本書本卷、卷二二。　張君練:人名。籍貫不詳。五代將領。事見本書本卷、卷一九。

[3]"劉知俊之叛也"至"太祖嘉之":亦見於《宋本册府》卷三六〇《將帥部·立功門一三》。

[4]鎮:州名。治所在今河北正定縣。　定:州名。治所在今河北定州市。

[5]開平二年正月二日:中華書局本有校勘記:"本書卷二二

《楊師厚傳》、卷一三九《天文志》、《通鑑》卷二六七皆繫其事於
開平五年，本書卷二七《唐莊宗紀一》繫其事於天祐八年，按天祐
八年即開平五年。"

[6]柏鄉：縣名。治所在今河北柏鄉縣。

[7]兩浙：地區名。浙東、浙西的合稱。泛指今浙江全省及江
蘇南部一角。

[8]罷兵柄而已：《輯本舊史》之案語："《歐陽史》：景仁及晉
人戰，大敗於柏鄉。景仁歸訴於太祖，太祖曰：'吾亦知之，蓋韓
勍、李思安輕汝爲客，而不從節度爾。'與《薛史》異。"見《新
五代史》卷二三《王景仁傳》。

[9]"時鎮定作逆"至"復其官爵"：亦見於明本《冊府》卷
四四三《將帥部・敗衄門三》。"鎮定"，明本《冊府》卷四四三作
"鎮州"。明本《冊府》卷二一六《閏位部・征伐門》載：開平四
年，"十一月，以寧國軍節度使王景仁充北面行營都招討使"，"時
鎮州王鎔、定州王處直叛，結連晉人，故遣將討之"。《通鑑》卷
二六七乾化元年（911）正月己酉條："己酉，罷王景仁招討使，落
平章事。"柏鄉之戰的詳細過程，則見於《宋本冊府》卷八《帝王
部・創業門四》、卷三六七《將帥部・機略門七》，明本《冊府》
卷三四七《將帥部・佐命門八》、卷四二八《將帥部・料敵門》、
卷四四三《將帥部・敗衄門三》；亦見於《通鑑》卷二六七開平四
年十二月至乾化元年正月條。

　　末帝即位，復用爲淮南西北面行營招討應接使，[1]
以兵萬餘人伐壽州，至霍丘接戰，[2]擒賊將袁蔡、王彥
威、王璠等送京師。[3]俄而朱瑾以大軍至，景仁力戰不
屈，常以數騎身先奮擊，寇不敢逼，乃引兵還。及濟
淮，復爲殿軍，[4]故不甚衄，瑾亦不敢北渡。[5]及歸，病
疽而卒。詔贈太尉。[6]《永樂大典》卷六千八百五十。[7]

　　[1]復用爲淮南西北面行營招討應接使：中華書局本有校勘記：“‘淮南西北面’，原作‘南面北面’，據《册府》卷三六〇、卷三九六改。按《通鑑》卷二六八作‘淮南西北行營招討應接使’，胡注：‘梁攻淮南，攻其西北。’”見《宋本册府》卷三九六《將帥部·勇敢門三》、《通鑑》卷二六八乾化三年（913）十一月壬戌條後及胡注。

　　[2]壽州：州名。治所在今安徽壽縣。　霍丘：縣名。治所在今安徽霍邱縣。《舊五代史考異》：“案：《歐陽史》作戰於霍山。《通鑑》從《薛史》。”見《新五代史》卷二三《王景仁傳》、《通鑑》卷二六九乾化三年十二月條。

　　[3]袁蒙：人名。籍貫不詳。五代將領。本書僅此一見。　王彦威：人名。籍貫不詳。五代將領。本書僅此一見。　王瑶：人名。籍貫不詳。五代將領。本書僅此一見。中華書局本有校勘記：“《册府》卷三六〇作‘王燔’。”　“末帝即位”至“擒賊將袁蒙、王彦威、王瑶等送京師”：亦見於《宋本册府》卷三六〇《將帥部·立功門一三》。

　　[4]“俄而朱瑾以大軍至”至“復爲殿軍”：亦見於《宋本册府》卷三九六《將帥部·勇敢門三》。“復爲殿軍”，《册府》作“復自殿軍”。

　　[5]故不甚衄，瑾亦不敢北渡：《輯本舊史》之案語：“《九國志·朱景傳》：王茂章來寇，度淮水可涉處，立表識之，景易置於深潭水中，立表浮木之上。茂章軍敗，望表而涉，溺死者大半，積其尸爲京觀。是景仁實以敗歸，《傳》云師不甚衄，蓋《梁史》爲景仁諱言也。”見《九國志》卷一《朱景傳》。《通鑑》卷二六九乾化三年十二月條：“十二月，吳鎮海節度使徐温、平盧節度使朱瑾帥諸將拒之（王景仁），遇于趙步。吳徵兵未集，温以四千餘人與景仁戰，不勝而卻。景仁引兵乘之，將及於隘，吳吏士皆失色，左驍衛大將軍宛丘陳紹援槍大呼曰：‘誘敵太深，可以進矣。’躍馬還鬭，衆隨之，梁兵乃退。温拊其背曰：‘非子之智勇，吾幾困矣。’

賜之金帛，紹悉以分麾下。吳兵既集，復戰於霍丘，梁兵大敗；王景仁以數騎殿，吳人不敢逼。梁之渡淮而南也，表其可涉之津；霍丘守將朱景浮表於木，徙置深淵。及梁兵敗還，望表而涉，溺死者太半，吳人聚梁尸爲京觀於霍丘。”

[6]太尉：官名。與司徒、司空並爲三公，唐後期、五代多爲大臣、勳貴加官。正一品。

[7]《大典》卷六八五〇“王”字韻“姓氏（三五）”事目。中華書局本有校勘記：“按《永樂大典》卷六八五〇今存，僅録《舊五代史》本卷史臣贊，未録本傳，本書所記卷數疑誤。”

史臣曰：劉鄩以機略自負，賀瓌以忠毅見稱，懷英以驍勇佐時，景仁以貞純許國，較其器業，皆名將也。然雖有善戰之勞，亦有敗軍之咎，則知兵無常勝，豈虛言哉！然鄩之據兗州也，盡誠於師範，比跡於英公，方之數侯，加一等矣。《永樂大典》卷六千八百五十。[1]

[1]《大典》卷六八五〇“王”字韻“姓氏（三五）”事目。